U0358515

近代稀见旧版文献再造丛书

民国中国文化史要籍汇刊（影印本）

侯杰 主编

第十四卷 上

王治心 中国文化史类编（上）

南開大學出版社

图书在版编目(CIP)数据

民国中国文化史要籍汇刊. 第十四卷 ：全 2 册 / 侯杰主编. —影印本. —天津 ：南开大学出版社，2019.1

(近代稀见旧版文献再造丛书)

ISBN 978-7-310-05722-1

Ⅰ. ①民… Ⅱ. ①侯… Ⅲ. ①文化史—文献—汇编—中国 Ⅳ. ①K203

中国版本图书馆 CIP 数据核字(2018)第 278540 号

南开大学出版社出版发行
出版人：刘运峰
地址：天津市南开区卫津路 94 号　　邮政编码：300071
营销部电话：(022)23508339　23500755
营销部传真：(022)23508542　　邮购部电话：(022)23502200
*
北京隆晖伟业彩色印刷有限公司
全国各地新华书店经销
*
2019 年 1 月第 1 版　　2019 年 1 月第 1 次印刷
148×210 毫米　32 开本　27.625 印张　8 插页　794 千字
定价：340.00 元

如遇图书印装质量问题，请与本社营销部联系调换，电话：(022)23507125

出版说明

一、本书收录民国时期出版的中国文化史著述，包括通史性文化著述、断代史性文化著述和专题性文化史著述三大类；民国时期出版的非史书体裁的文化类著述，如文化学范畴类著述等，不予收录；同一著述如有几个版本，原则上选用初始版本。

二、个别民国时期编就但未正式出版过的书稿如吕思勉的《中国文化史六讲》和民国时期曾以文章形式公开发表但未刊印过单行本的著述如梁启超的《中国文化史·社会组织篇》，考虑到它们在文化史上的重要学术影响和文化史研究中的重要文献参考价值，特突破标准予以收录。

三、本书按体裁及内容类别分卷，全书共分二十卷二十四册；每卷卷首附有所收录著述的内容提要。

四、由于历史局限性等因，有些著述中难免会有一些具有时代烙印、现在看来明显不合时宜的内容，如『回回』『满清』『喇嘛』等称谓及其他一些提法，但因本书是影印出版，所以对此类内容基本未做处理，特此说明。

南开大学出版社
二〇一八年十一月

总序

侯 杰

中国文化，是世代中国人的集体创造，凝聚了难以计数的华夏子孙的心血和汗水，不论是和平时期的锲而不舍、孜孜以求，还是危难之际的攻坚克难、砥砺前行，都留下了历史的印痕，闪耀着时代的光芒。其中，既有精英们的思索与创造，也有普通人的聪明智慧与发奋努力；既有中华各民族儿女的发明创造，也有对异域他邦物质、精神文明的吸收、改造。中国文化，是人类文明的一座巨大宝库，发源于东方，却早已光被四表，传播到世界的很多国家和地区。

如何认识中国文化，是横亘在人们面前的一道永恒的难题。虽然，我们每一个人都不可避免地受到文化的熏陶，但是对中国文化的态度却迥然有别。大多离不开对现实挑战所做出的应对，或恪守传统，维护和捍卫自身的文化权利、社会地位，或从中国文化中汲取养料，取其精华，并结合不同历史时期的文化冲击与碰撞，进行综合创造，或将中国文化笼而统之地视为糟粕，当作阻碍中国迈向现代社会的羁绊，欲除之而后快。这样的思索和抉择，必然反映在人们对中国文化的观念和行为上。

中国文化史研究的崛起和发展是二十世纪中国史学的重要一脉，是传统史学革命的一部分——传统史学在西方文化的冲击下，偏离了故道，即从以帝王为中心的旧史学转向以民族文化为中心的新史学，又和中国的现代化进程有着天然的联系。二十世纪初，中国在经受了一系列内乱外患后，千疮百孔，国力衰微；与此同时，西方的思想文化如潮水般涌入国内，于是有些人开始对中国传统文化产生怀疑，甚至持否定态度，全盘西化论思潮的出笼，更是把这种思想推向极致。民族自信力的丧失既是严峻的社会现实，又是亟待解决的问题。而第一次世界大战的惨剧充分暴露出西方社会的弊端，其文化取向亦遭到人们的怀疑。人们认识到要解决中国文化的出路问题就必须了解中国文化的历史和现状。很多学者也正是抱着这一目的去从事文化史研究的。

在中国文化史书写与研究的初始阶段，梁启超是一位开拓性的人物。早在一九〇二年，他就深刻地指出：『中国数千年，唯有政治史，而其他一无所闻。』为改变这种状况，他进而提出：『历史者，叙述人群进化之现象也。』而所谓『人群进化之现象』，其实质是文化演进以及在这一过程中所进发出来的缤纷事象。以黄宗羲『创为学史之格』为楷模，梁启超呼吁：『中国文学史可作也，中国种族史可作也，中国财富史可作也，中国宗教史可作也。诸如此类，其数何限?」从而把人们的目光引向中国文化史的写作与研究。一九二一年他受聘于南开大学，讲授『中国文化史』，印有讲义《中国文化史稿》，后经过修改，于一九二二年在商务印书馆以《中国文化史稿第一编——中国历史研究法》之名出版。截至目前，中国学术界将该书视为最早的具有史学概论性质的著作，却忽略了这是梁启超对中国文化历史书写与研究的整体思考和潜心探索之举，充满对新史学的拥抱与呼唤。

与此同时，梁启超还有一个更为详细的关于中国文化史研究与写作的计划，并拟定了具体的撰写目录。梁启超的这一构想，部分体现于一九二五年讲演的《中国文化史·社会组织篇》中。在这个关于中国文化史的构想中，梁启超探索了中国原始文化以及传统社会的婚姻、姓氏、乡俗、都市、家族和宗法、阶级和阶层等诸多议题。虽然梁启超终未撰成多卷本的《中国文化史》（其生前，只有《中国文化史·社会组织篇》等少数篇目问世），但其气魄、眼光及其所设计的中国文化史的书写与研究的构架令人钦佩。因此，鉴于其对文化史的写作影响深远，亦将此篇章编入本丛书。

此后一段时期，伴随中西文化论战的展开，大量的西方和中国文化史著作相继被翻译、介绍给中国读者。桑戴克的《世界文化史》和高桑驹吉的《中国文化史》广被译介，影响颇大。国内一些学者亦仿效其体例，参酌其史观，开始自行编撰中国文化史著作。一九二一年梁漱溟出版了《东西文化及其哲学》，这是近代国人第一部研究文化史的专著。尔后，中国文化史研究进入了一个短暂而兴旺的时期，一大批中国文化史研究论著相继出版。在二十世纪二三十年代，有关中国文化史的宏观研究的著作不可谓少，如杨东莼的《本国文化史大纲》、陈国强的《物观中国文化史》、柳诒徵的《中国文化史》、陈登原的《中国文化史》、王德华的《中国文化史略》等。在这些著作中，柳诒徵所著《中国文化史》被称为『中国文化史的开山之作』，而杨东莼所撰写的《本国文化史大纲》则是第一本试图用唯物主义研究中国文化史的著作。与此同时，对某一历史时期的文化研究也取得很大进展。如孟世杰的《先秦文化史》、陈安仁的《中国上古中古文化史》和《中国近世文化史》等。在宏观研究的同时，微观研究也逐渐引起学人们的注意。其中，中西文化交流史研究成绩斐然，如郑寿麟的《中西文化之关系》、张星烺的《欧化东渐史》等。一九三六至一九三七年，商务印书馆出版了由王云五等主编的《中国文化史丛书》，共有五十余种，体例相当庞大，内容几乎囊括了中国文化史的大部分内容。

此外，国民政府在三十年代初期出于政治需要，成立了『中国文化建设会』，大搞『文化建设运动』，致力于『中国的本位文化建设』。一九三五年十月，陶希盛等十位教授发表了《中国本位文化建设宣言》，提出『国家政治经济建设既已开始，文化建设亦当着手，而且更重要』。因而主张从中国的固有文化即传统伦理道德出发建设中国文化。这也勾起了一些学者研究中国文化史的兴趣。

同时，这一时期又恰逢二十世纪中国新式教育发生、发展并取得重要成果之时，也促进了『中国文化史』课程的开设和教材的编写。清末新政时期，废除科举，大兴学校。许多文明史、文化史的著作因非常适合作为西洋史和中国史的教科书，遂对历史著作的编纂产生很大的影响。在教科书撰写方面，多部中国史的教材，无论是否以『中国文化史』命名，实际上都采用了文化史的体例。而这部分著作也占了民国时期中国文化史著作的一大部分。如吕思勉的《中国文化史二十讲》（现仅存六讲）、王德华的《中国文化史略》、丁留余的《中国文化史问答》、李建文的《中国文化史讲话》、范子田的《中国文化小史》等。

二十世纪的二三十年代实可谓中国学术发展的黄金时期，这一时期的文化史研究成就是有目共睹的，不少成果迄今仍有一定的参考价值。此后，从抗日战争到解放战争十余年间，中国文化史的书写和研究遇到了困难，陷入了停顿，有些作者还付出了生命的代价。但尽管如此，仍有一些文化史论著问世。此时，综合性的文化史研究著作主要有缪凤林的《中国民族之文化》、陈安仁的《中国文化史》、王治心的《中国文化史类编》、陈竺同的《中国文化史略》和钱穆的《中国文化史导论》等。其中，钱穆撰写的《中国文化史导论》和陈竺同撰写的《中国文化史略》两部著作影响较为深远。钱穆的《中国文化史导论》，完成于抗日战争时期。该书是继《国史大纲》后，他撰写的第一部系统讨论中国文化史的著作，专就中国通史中有关文化史一端作的导论。因此，钱穆建议读者『此书当与《国史大纲》合读，庶易获得写作之大意所在』。不仅如此，钱穆还提醒读者该书虽然主要是在专论中国，实则亦兼论及中西文化异同问题。数十年来，『余对中西文化问题之商榷讨论屡有著作，而大体论点并无越出本书所提主要纲宗之外』。故而，『读此书，实有与著者此下所著有关商讨中西文化问题各书比较合读之必要，幸读者勿加忽略』。陈竺同的《中国文化史略》一书则是用生产工具的变迁来说明文化的进程。他在该书中明确指出：『文化过程是实际生活的各部门的过程』，『社会生产，包含着生产力与生产关系。这本小册子是着重于文化的过程。至于生产关系，就政教说，乃是权力生活，属于精神文化，而为生产力所决定』。除了上述综合性著作外，这一时期还有罗香林的《唐代文化史研究》、朱谦之的《中国思想对于欧洲文化之影响》等专门性著作影响较为深远。

不论是通史类论述中国文化的著作，还是以断代史、专题史的形态阐释中国文化，都包含着撰写者对中国文化的情怀，也与其人生经历密不可分。柳诒徵撰写的《中国文化史》也是先在学校教习之用，后在出版社刊行。鉴于民国时期刊行的同类著作，有的较为简略，有的只可供学者参考，不便于学年学程之讲习，所以他发挥后发优势，出版了这部比较丰约适当之学校用书。更令人难忘的是，柳诒徵不仅研究中国文化史，更有倡行中国文化的意见和主张。他在《弁言》中提出：『吾尝妄谓今之大学宜独立史学院，使学者了然于史之封域非文学、非科学，且创为斯院者，宜莫吾国若。三二纪前，吾史之丰且函有亚洲各国史实，固俨有世界史之性。丽、鲜、越、倭所有国史，皆师吾法。夫以数千年丰备之史为之干，益以近世各国新兴之学拓其封，则独立史学院之自吾倡，不患其异于他国也。』如今，他的这一文化设想，在南开大学等国内高校已经变成现实。正是由于有这样的文化观念，所以他才自我赋权，主动承担起治中国文化史者之责任：『继往开来……择精语详，以诏来学，以贡世界。』

杨东莼基于『文化就是生活。文化史乃是叙述人类生活各方面的活动之记录』的认知，打破朝代观念，将各时代和作者认为有关而又影响现代生活的重要事实加以叙述，并且力求阐明这些事实前后相因的关键，希望读者对中国文化史有一个明确的印象，而不会模糊。不仅如此，他在叙述中，尽力坚持客观的立场，用经济的解释，以阐明一事实之前因后果与利弊得失，以及诸事实间之前后相因的关联。这也是作者对『秉笔直书』『夹叙夹议』等历史叙事方法反思之后的选择。

至于其他人的著述，虽然关注的核心议题基本相同，但在再现中国文化的时候却各有侧重，对中国文化的评价也褒贬不一，存在差异。这与撰写者对中国文化的认知，及其史德、史识、史才有关，更与其学术乃至政治立场、占有的史料、预设读者有关。其中，既有学者之间的对话，也有学者与读者的倾心交流，还有对大学生、中学生、小学生的知识普及与启蒙，对中外读者的文化传播，及其跨文化的思考。他山之石，可以攻玉。二十世纪二十年代日本学者高桑驹吉的著述以世界的眼光，叙述中国文化的历史，让译者感到：数千年中，我过去的祖先曾无一息与世界相隔离，处处血脉流转，气息贯通。如此叙述历史，足以养成国民的一种世界的气度。三十年代，中国学者陈登原不仅将中国文化与世界联系起来，而且还注意到海洋所带来的变化，以及妇女地位的变化等今天看来都亟待解决的重要议题。实际上，早在二十世纪二十年代，就有一些关怀中国文化命运的学者对十九世纪末到二十世纪初通行课本大都脱胎于日本人撰写的《东洋史要》一书等情形提出批评：以外人目光编述中国史事，精神已非，有何价值？而陈旧固陋，雷同抄袭之出品，竟占势力于中等教育界，垂二十年，亦可怜矣。乃者，学制更新，旧有教本更不适用。为改变这种状况，顾康伯广泛搜集文化史料，因宜分配，撰成《中国文化史》，脉络分明，宗旨显豁，不徒国史常识可由此习得，即史学门径，亦由此窥见。较之旧课本，不可以道里计，故而受到学子们的欢迎。此外，中国文化的海外传播、中国对世界文化的吸收以及中西文化关系等问题，也是民国时期中国文化史撰写者关注的焦点议题。

围绕中国文化史编纂而引发的有关中国文化的来源、内涵、特点、价值和贡献等方面的深入思考，耐人寻味，发人深思。孙德孚更将翻译美国人盖乐撰写的《中国文化辑要》的收入全部捐献给因日本侵华而处于流亡之中的安徽的难胞，令人感佩。

实际上，民国时期撰写出版的中国文化史著作远不止这些，出于各种各样的原因，没有收入本丛书，也是非常遗憾的事情。至于已经收入本丛书的各位作者对中国文化的定义、解析及其编写体例、使用的史料、提出的观点、得出的结论，我们并不完全认同。但是作为一种文化产品值得批判地吸收，作为一种历史的文本需要珍藏，并供广大专家学者，特别是珍视中国文化的读者共享。

感谢南开大学出版社的刘运峰、莫建来、李力夫诸君的盛情邀请，让我们徜徉于卷帙浩繁的民国时期中国文化史的各种论著，重新思考中国文化的历史命运；在回望百余年前民国建立之后越演越烈的文化批判之时，重新审视四十年前改革开放之后掀起的文化反思，坚定新时代屹立于世界民族之林的文化自信。

感谢与我共同工作、挑选图书、撰写和修改提要，并从中国文化中得到生命成长的区志坚、李净昉、马晓驰、王杰升等香港、天津的中青年学者和志愿者。李力夫全程参与了很多具体工作，表现出一位年轻编辑的敬业精神、专业能力和业务水平，从不分分内分外，让我们十分感动。

总目

陈国强　物观中国文化史（上、下）

第十三卷　丁留余　中国文化史问答

姚江滨　民族文化史论

缪凤林　中国民族之文化

第十四卷　王治心　中国文化史类编（上、中）

第十五卷　雷海宗　中国文化与中国的兵

蒋星煜　中国隐士与中国文化

第十六卷　孟世杰　先秦文化史

罗香林　唐代文化史研究

第十七卷　陈安仁　中国上古中古文化史

第十八卷　陈安仁　中国近世文化史

第十九卷　朱谦之　中国思想对于欧洲文化之影响

第二十卷

张星烺　欧化东渐史

郑寿麟　中西文化之关系

梁启超　中国文化史·社会组织篇

吕思勉　中国文化史六讲

王治心《中国文化史类编》（上、中）

王治心（1881—1968），名树声，基督教新教学者，浙江吴兴（今湖州）人。一九一一年起历任上海《华兴报》编辑、南京金陵神学院中国哲学教授。后于一九二六年任教于福州协和文理学院，并为沪江大学国文系主任。又受聘为金陵神学院中国文化与教会史教授，并出任《金陵神学志》主编。著有《中国基督教史纲》《中国宗教思想史大纲》《孔子的哲学》《孟子研究》《中国历史上的帝观》等著作，为中国基督教界有较大影响的、多产的著述家之一。

《中国文化史类编》由上海作者书店于一九四三年出版。共有六编，以专题为经、时间序列为纬，详加论述。该书分为『绪论』『政治与经济的制度』『社会与风俗的情形』『学术与思想的源流』『宗教与伦理的沿革』『艺术与器物的发明』等。前四编已经成书，分为上、中两册，后两编有『在编著中』的注解说明。该书将文化史细分为五类：政治、经济；社会、风俗；学术、思想；宗教、伦理；艺术、器物。每类下又设子目，如第四编中就设学术、文学、史学、文字学四类，并详细论述学术的变迁发展。

王治心教授編著

中國文化史類編

上編

中國文化史類編目錄

（第五編、第六編）在編著中

中國文化史類編

第一編　緒論

第一章　什麼是文化

文化的定義　要研究中國文化，必先了解到文化的定義。從來對于文化的定義，議論甚多，茲擇其重要的幾家，介紹于下：

（一）勒開氏 Lecky. 說：「文化乃是從野蠻粗魯的生活，進到藝術的知識的狀態」。又說：「修養靈智與體質的才能，是件極美的事，能革除我們所預見的不道德，亦未始不是件美善的事，文化的全部分，就是建築在這種信仰之上」。（見大英百科全書文化條）

（二）挨諾德氏 Arnold. 說：『文化就是我們心靈嫻熟世界所已知的美善和人類的

精神進化底歷程；所以文化乃是心的有系統底進化與精鍊的結晶」。（同上）

（三）泰羅氏 E. B. Tylor. 說：「文化乃是心靈修養的結果或情況。從廣義言之：凡心靈的精鍊或啓牖，學問或經驗，都是文化。……所謂文化或文明者，乃社會份子所得之複雜的全部裏頭包涵知識、信仰、美術、道德、法律、風俗、和其他才能與習慣」。（同上）

（四）白老克司 Broaks.說：「文化的廣義，據我看，乃是人類嫻熟各種知識中靈智之活動底新奇結果。這種的結果，可以贊助我們得到幸福，——正當的生活，和合理的行爲」。（同上）

（五）愛而屋特氏 Ellwood. 說：「文化的質素，乃是社會的遺傳」。（同上）

（六）戈登 Gorden 說：「我們的態度、信仰、觀念、判斷、價值、政法、制度、宗教、倫理、規序、禮俗、書籍、器具、科學、哲學、及其他、這些東西，與其他種種相互關係，構成爲我們的文化」。（見原始文化）

（七）梁啓超氏說：「文化是人類心能所開積出的共業」。（見飲冰室什麼是文化）

（八）梁漱溟氏說：「文化是什麼東西呢？不過是一民族的生活的樣法罷了！生活又是什麼呢？生活就是沒盡的意欲」。（見東西文化及其哲學第二章）又說：「文化並非別的，乃是人類生活的樣法」。（同上第三章）

（九）楊明齋氏說：「文化這件東西，是人類生活演進後纔有的。……與其說文化是一民族生活的樣法，不如說文化是補助生活的方法」。（見評中西文化觀）

（十）李石岑氏說：「在構成人類之進步的社會生活所必要的組織和生活樣法，就叫做文明，叫我們弄到這種組織和樣法的精神力，就叫做文化」。（見李石岑演講集）

（十一）陳獨秀氏說：「文化的內容，是包含着科學、宗教、道德、美術、文學、音樂這幾種」。（見新青年七卷五號）

夠了！我們不必再引證別人的說頭，可以從上列的幾說中歸納出一個結論，就是說：「文化是人類生活的結晶，有屬于精神的，有屬于藝術的，有屬于物質的，凡在人類生活上演進的成績，都可以叫做文化」。所以文化這個東西，不單是像哲學家認爲精神活動的產物，——康德 Kant，費希特 Fichte，哥德 Goethe，這些人，都是這樣解釋，以爲文化是精神的活動，道德的自由，自我的實現；都是從理想方面去理解文化。——也有屬于物質方面的。——社會學分文化爲兩類：一爲物質文化，如衣服、工具、舟車、宮室、……等等發明；一爲精神文化，如思想、信仰、道德、學術、……等等演進。——其實無論物質的精神的文化，都是根源于思想與歷史而來，所以我以爲：

「文化者，根據于民族的特性，與思想及歷史的演進，而表出于哲學、科學、宗教、道德、藝術、……等各方面的生活方法」。

因爲我們覺得世界上有各種不同的文化，關係于民族特性與民族思想和民族歷史——或者可以說是經驗——者甚大。因爲一民族有一民族的民族特性與思想和經驗，而積成爲某種民族的文化，例如：

印度文化表現于哲學者居多，我們可以稱牠爲哲學的文化。

希伯來文化表現于宗教者居多，我們可以稱牠爲宗教的文化。

希臘文化表現于藝術者居多，我們可以稱牠爲藝術的文化。

中國文化表現于倫理道德者居多，我們可以稱牠爲倫理的文化。

照此類推，則埃及之于築建，巴比倫之于雕刻，羅馬之于法律……等等，都各有他們特殊的表現。這種特殊的表現，與他們各個民族的特性與思想和歷史，都有密切的關係。不過上面所舉的各民族文化的特點，亦並不是絕對的，乃是從比較上表明某種文化的中心而已。例如說印度文化是哲學文化，並不是說在哲學以外便沒有別的東西，牠在宗教方面，何嘗有遜于希伯來？祇是牠的宗教，可以歸納到哲學範圍之中，所以印度的宗教，可稱爲哲學的宗教。換句話說：無論那一種思想或生活，都是以哲學爲出發點。中國文化是倫理文化，也是這樣，在中國一切政制、學術、生活、社會、等等，都是出發于倫理。推而至于希伯來的宗教，希臘的藝術，都不過是表明他們文化的中心而已。還可以見得一種文化的形成，逃不了民族性、思想、和歷史的關係。

文化與文明　文化與文明，究竟是一件事，還是兩樣東西？據德國學者斯賓格拉 Spengler 與曼恩 Thomas Mann 的意見，以爲是兩個根本不同而至于互相反對的東西。「文化是精神的、命運的、宗教的、歷史的、民族的、音樂的、悲觀的。而文明則是物質的、機械的、政治的、樂觀的、平民主義的。過去各民族的文化創造，既有文化與文明的不同，卽在近代歷史上的表現看來，德意志民族的各種創造，是屬于文化的：譬如路德 Martin Luther 的宗教改革，萬宜 Wagner 的音樂，是文化的。至拉丁民族所表現的，乃是文明，如法國的革命，自由平等的觀念，議會政治等等，與條頓民族不同」。（見前途第二卷第八號葉法無文化與中國文化的出路）中國梁漱溟氏等亦有認爲兩種東西的，在東西文化及其哲學的著作中曾說：

「……譬如中國所製造的器皿和中國的政治制度等，都是中國文明的一部分。生活中呆實的製作品算是文明，生活上抽象的樣法是文化」。（見東西文化及其哲學第三章）

李石岑氏對于這樣的分別，認爲不當，所以說：

「說生活的樣法，野蠻人也有他生活的樣法：說生活中的成績品，野蠻人也有他生活中的成績品；那又何別于文明人呢？」（見李石岑演講集第八頁）

他一方面這樣批評梁氏，而一方面乃介紹威爾曼氏的說法，說道：

「在構成人類之社會的生活所必要的組織和生活樣法，叫做文明；叫我們弄到這種社會組織和生活樣法的那種精神力，就叫做文化」。（同上）

他們在解釋上雖然不同，而看文化與文明是兩種不同的東西是一樣的，最多也不過認文化與文明爲精神的與物質的先後關係而已。平常我們一講到文化，就會想到德語的 Kultur，我們一講到文明，就會想到英語的 Civilization。普通把 Kultur 譯成文化，Civilization 譯成文明。所謂文明，大概指人類外部生活的發達，如生產、工業、法律、制度……等的進步而言。所謂文化，大概指學術、藝術、宗教、道德……等的發達而言。德語的 Kultur 就是英語的 Culture，在英語 Culture 的意義，也是指心智上道德上的文明，所以普通文化學家，往往把牠分精神的爲文化，物質的爲文明。但也有人認這兩者是分不開的，文化與文明，原有密切的關係，從來不曾見過愚昧混沌無思想的民族能有高級的物質建設，也不曾見思想進步的民族而穴居野處的。（見楊宙康文化起源論一頁）因此，可解釋文化是理想生活，文明是自然生活，就是根據生活上的理想而發展于自然界的事物以爲生活上作用。換句話說，就是憑着人類的能力把自然給以理想的作用化，那就見得這不是絕對不同的兩個東西。所以江亢虎氏很堅決地說：

「何謂文化？就廣義說，卽文明是也。英文文化之字爲Culture，而文明爲Civiliza ion，中國譯意，皆可謂之文化」。（見歐戰與中國文化）

江氏認這不過是譯文上的差異，是一物的兩名。日本米田莊太郎也是這樣說：

「自謂譯 Culture 爲文化，與 Civilization 之譯爲文明乃他所創，可謂造孽不鮮。」

（見許仕廉文化與政治附論所引）

同時，對于這個問題，胡適之與張崧年二氏曾經有過一番討論，胡氏在我們對于西洋近代文明的態度一文中，分別文明與文化的界域說：

「文明是一個民族應付他的環境的總成績，文化是文明所形成的生活的方式。」(見現代評論第四卷卅八期)

接着就有張崧年氏在東方雜誌上發表了一篇文明與文化，加以辯駁：

「……那便是說文明與文化不是同物，是二物。這便是一個大大可疑之點。……我意文明與文化，在中國文字語言中，只可看成差不多算學與數學一樣，只是一事物之二名，或一學名一俗名；不必強爲之區異。或則頂多說，文化是活動，文明是結果。也不過一事的兩看法」。

他並且駁胡氏文化是文明所形成的生活方式，說道：

「既認文化爲文明所形成，當然是文明先有，文化後出的，就令其間的時差，暫到極微，但這也豈是事實？且一種文明完成了時方形成一種文化，還是未完成時卽形成一種文化？如完成了時形成，一種文明完成了是否卽死了？如果卽死了，是否卽有他種

文明繼之？假如無之，是否文明可以中斷？……」（見東方雜誌廿三卷廿四號）

末了，便提他自己的意見，說：

「我不認文明文化有別，至少其所表示，並非厖然二物，而多也不過一物之兩樣看法。」（同上）

引證米田莊太郎的話，明文明文化的不能分：

「人類由相團結或成社會，爲達廣義之人生各目的（卽滿足欲望）而有的諸般行動及其產物，認爲在達那些目的上有一般或普遍的效力者，總而括之，謂之文化或文明。」（同上）

在上述的討論中，有兩個問題叫我們注意：一、就是文化與文明到底是一是二？二、就是文化與文明到底孰先孰後？關于前者，我認張氏的見解是對的，文化文明不能把牠分成絕對不同的兩個，至少是有互相因果的關係。至于後者，意見亦很紛歧，有以爲文化是精神的，文明是物質的；但也有相反的承認，說文明是精神的，文化是物質的。因爲認文化是精神的文明是物質的，所以以爲文化在先，文明是後出的，說文化是文明的資業，文明是文化的結晶。因爲認文明是精神的文化是物質的，所以以爲文明在先，文化是後出的，說文明是文化的原因，文化是文明所形成。孰是孰非，無從肯定。不過我們認二者不能這樣劃然的區分而爭論其先後，正如梁漱溟氏所說：「一種政治制度，可以說是一民族的生活樣法，也可以說是一民族的製作品」。所以二者是一而二，二而一的。

文化的內包

文化的範圍極廣，舉凡一切關于生活的供應，及知識學術上的發明，莫不是文化範圍內事。正如前述泰羅氏 E. B. Tylor 所說：「文化或文明，乃社會分子所得之複雜的全部裏包含的知識、信仰、美術、道德、法律、風俗、和其他才能與習慣。」可見文化是包含社會與生活的各方面，因爲牠原是社會與生活的產物，所以文化是離不開社會，離不開人生。正如許仕廉氏所說：

「人、文化、社會、三項、是相連不分的。人之所以爲人、而別于普通動物者，有文化耳；人道主義者，由文化同情而生者也。文化者，社會羣生之歷史遺傳也。人不能離社會而獨生，人無社會，不能造文化。社會而無文化，非形聚，即獸羣，決不能成社會。人與社會文化互相作用，於是人事益繁，文化之歷史益深。人之文化社會，日新又新，日變又變，變變相尋，遂有演化」。（見許仕廉文化與政治）

在這裏很明白說出人生與社會與文化的相互關係，惟有人能創造文化，因生活上的需要，力量雖不及禽獸，沒有翅膀以高飛，乃可以發明舟車以行遠，製造飛機以凌空；沒有爪牙以禦敵，乃可以發明弓矢以自衞，製造槍礮以制勝；因覓食的緣故，由漁獵而進到耕稼，因禦冷的緣故、由衣皮而進到衣服。這種因生活而積聚的經驗，便成為社會文化的基礎，後之人復憑藉前人的經驗，進而求生活的日趨安適。復有語言文字，傳達意志，由甲方而傳至乙地，由上古而傳至後世，打破時空的限制，層層積累，以達于最高點，以謀人羣的福利，以促社會的進展。居今日而言一切的發明，莫不是出于適應生活的心能開發，聚合多數人的心能開發，後人接前人，便成爲今日的文化。但在今日的我們，猶嫌其不足，于是一方面欲保持已往的成績，一方面將共同開闢其新領域，使文化的程度，愈趨于進步，質言之：人生無止境，社會無止境，文化亦無止境也。

由上看來，文化既是社會與生活的產物，則凡關于人生與社會的各種事物，都在文化範圍之內。就中國講，縱的方面，包括了五千年的歷史，橫的方面，包括了四萬五千萬人的生活，範圍既如是其廣大，我們將怎樣的加以研究呢？在這裏只有縮小範圍，從千頭萬緒中，提出五個綱領來敍述，就是：

（一）政治經濟的制度

（二）社會風俗的情狀

（三）學術思想的源流

（四）宗教倫理的變遷

（五）藝術器物的發明

這五個大綱，或者可以把整個的文化大約地包括起來。再從每一個大綱，分列出若干條目，以問題爲經，以時代爲緯，使讀者能了解于某個問題的前因後果，與普通文化史按照時代的敍述，略有不同。合起來可以成爲全部的文化史，分開來也可以成爲各自獨立的五種小史，使讀者對于整個的或部分的中國文化，能夠有一個較清切的認識。因研究普通文化的內包，順便述說到本書編輯的體例。

第二章　文化的起源

人類的原始　有世界，有人類，到現在究竟多少時候了？這在考古學家有不同的說法，據瓊斯 Jeans 氏的考定：

地球已有二十萬萬年的年齡

生物已有三百萬年的年齡

人類已有三十萬年的年齡

文化不過六千年的年齡

這個考定，大概為一般人所承認。但據其他考古學家根據從地層下所掘得的骸骨，考證地球上之有人類，猶在三十萬年之前。當一八九一年在爪哇 Java 發現的一骷髏頂蓋，一大腿骨，證明為立行猿人，距今約有一百萬年之久。一九二六年在北平周口店掘得的人齒化石，據瑞典國厄丕撒拉大學韋滿發授的考證，斷定生此齒的人，當在五十萬年以前，稱之爲北京猿人。此皆證明早于瓊斯氏所說的。迨一九一一年在英倫塞塞克斯 Sussex 之皮爾當Piltdown發現一骷髏碎骨，考得爲十萬年至五萬年前間的原人，其齒則與今日之人齒相類，其腦量在人與立行猿人之間，稱之爲「曉人」Eoanthropus與此曉人碎骨同雜在砂礫中的，尚有犀牛河馬之齒，與帶有雕痕的鹿腿骨，蝙蝠式的象骨器具。（見韋爾斯世界史綱第七章）又有一九〇七年在德國海德爾堡 Heidelberg 沙沸中發現的顎骨，與人骨無異，其齒亦與人齒同，斷定爲原人類，或早于皮爾當人，稱之爲海德爾堡人。並在沉澱石中有象馬犀牛野牛麋獅子等形跡。似已爲由類人猿進化到眞人的時期。發現地點大都在亞歐兩洲之間，尤以亞洲的爪哇猿人北京猿人爲最早，即從皮爾當人海德爾堡人計，亦承認在五萬年以前。

據歐洲學者依歐洲地層的研究，斷定地球的元始，經過四個冰河時期：第一期約在距今五十萬年之前，照他們的推定，以爲這個時候，在地球上還沒有人類。第二期約在四十萬年以前，乃有猿人。第三期約在十七萬年以前，第四期約在五萬年前。而各冰河期中的

動物及人類生活狀況，韋爾德氏 H.H. Wilder 曾有一表解：（見波特卡諾夫唯物史觀世界史教程日譯本附表）

代	紀	時代	動物界	人類種屬	技術	重要現象	年代
新生	第四	第一冰河時代	北極濕原的動物				500,000
		第一間冰河時代	溫暖時代的動物群（非洲—亞洲模型）的南地象，馬犀，河馬，劍齒虎、	類人猿	曙石		475,000
		第二冰河時代	北極濕原的動物群				400,000
		第二間冰河時代	溫暖動物群（非洲—亞洲模型）的古代象，馬犀，河馬，原始象。	海得堡人	削剝技術（Chellean and achenleian)期	手槌	375,000

代						
紀	第三冰河時代	嚴寒時代的瀰原動物羣，象，長毛犀，灰色熊，馴鹿之出現。	內安得塔爾人	投-割技術 Mansterean 期	埋火葬	175,000
	第三間冰河時代	溫暖時代的動物羣（非洲-亞洲模型）古代象，馬犀、原始象，馬及其他，	發掘的智人，克羅麥農，格里馬第，布柳尼人等。	壓-剝技術（Anrignacian, Soutrean and Magdalenian 期）	洞窟的藝術	150,000
	第四冰河時代	嚴寒時代的動物羣，象，長毛，犀，馴鹿，熊。				50,000
現代	冰河時代以後	混合的動物羣，象，馴鹿，野牛，鹿，猛熊，原始牛。	現代人	研磨技術（Azilian 期）	最初的斧	25,000

上述關于人類產生的時期，雖有多少相差，但對于現代人的發現，上表所認在二萬五千年，與近今北平地質陳列所推定的三萬年左右，大致相近。前此則為猿人時代。

有史以前的推測　從考古學家研究地層下所掘出的古器，斷定人類的生活工具，是由石器時代進而爲金屬器時代。而石器時代則又分爲舊石器與新石器；金屬器時代則又分爲紫銅器與青銅器與鐵器。美國人類學家羅威氏 Lowie. 考定其年代：

野蠻（舊石器時代）	西元前一〇〇〇〇〇——一〇〇〇〇
鋤耕（新石器時代）	西元前一〇〇〇〇——四〇〇〇
紫銅器時代	西元前四〇〇〇——三〇〇〇
青銅器時代	西元前三〇〇〇——二〇〇〇
鐵器時代	西元前二〇〇〇——現代

晚近考古學者復於舊石器時代之前，又有所謂始石器時代，亦稱爲曙石器時代。這時代在第三紀的末期及第四紀的中間，其石器非常粗鄙，大概是猿人時代的生活工具，我們現在實在無法考證。至舊石器時代，比較可以考證，據考古學家的考證，則分爲：

（一）查利安前期，Pre-Chellean 大概在一〇〇，〇〇〇——一五〇，〇〇〇之間，爲舊石器的最早時代。

（二）查利安期，Chellean 這期的石器，較前進步，能用燧石搥擊成箭矢的形式。

（三）亞趣利安期，Acheulean 這期的石器，漸趨專門，有刮削磨擦的特徵。

（四）慕斯他利安期，Mousterian 爲舊石器的中期，有石針刮刀等形式，同時，也開始應用骨器。北歐及蒙古均有同樣石器的發現。

（五）奧勒那西安期，Aurignacian 在這期中有葉片式的刮刀與割刀。

（六）梭盧特利安期，Solutrean 對于製造燧石的工具，較前進步。

（七）密達利爾安期，Magdalenian 這期適值後冰期，石器較有衰退狀態，但却能用骨器彫刻。

（八）亞追利安期，Azilian 這是舊石器結束，而開始進入新石器時代，其石器亦大有進步，能將燧石磨擦。

這時期所佔的時間極長，雖能考出其逐漸進步的痕跡，但仍舊是非常簡單，只達到刮削與磨擦爲止。及至從西元前一萬年開始，便進入新石器時代，在這時所使用的石器，其刮削磨擦的程度，乃有一點藝術化，有圓形，有長形，有錐形，有細如筷形，一端尖銳，一端有眼，可以作針。所使用之石斧，不若前期一端小一端粗笨，柄與斧連在一起，這時乃斧上有眼，可以另裝手柄。同時，亦能以泥製器，而爲陶器應用之始。總之：新石器時代的特點，則爲經營農業，飼養動物，以木造屋，製造陶器，發明弓箭。生活工具之進步，實遠勝于舊石器時代。其時亦發明銅器，乃入石銅器兼用時代，此後再進而爲銅器時代，與鐵器時代。（上述參考曾松友中國原始社會之探究）茲再抄錄曾松友氏所作表式：

時代	經濟生活	上層建築之一	上層建築之二
始石器時代	?	?	?
舊石器時代	採集漁獵之發生	有類似圖騰之初步組織然其集團份子無甚聯結	馬那Mana魔術初期的靈魂觀念
新石器時代	漁獵爲基礎畜牧之開始	圖騰制度	靈魂觀念之宇宙觀

石銅兼用時代	漁獵與畜牧並行	圖騰與民族之混合制度	系統的多神教之原始
銅器時代	畜牧爲基礎農業之開始	氏族制度	多神論之宇宙觀及人生觀

中國的石金器

中國有沒有經過石器時代？成爲一般考古學者討論的問題。有人以爲中國沒有石器時代，（見美人勞夫爾中國古玉考）也有人以爲中國在商朝還是石器時代。（見努力週報十二年七月十二期）在前者的意思，以爲中國在極古的時候，已經知道用金屬製器，虞夏時代，已有冶金之術，像堯典中有「金作贖刑」之說；禹貢揚州荊州有「金三品」之貢，梁州有「鏐鐵銀鏤」之貢；史記封禪書稱「黃帝採首山之銅以鑄鼎；左傳遂有王孫滿追述禹鑄九鼎之經過。鄭玄註禹貢「鏐爲黃金之美者，鏤爲鋼鐵可以刻鏤」云云；足證中國應用銅鐵之古。而後者的意見，以爲堯典禹貢皆爲後世僞書，其時尚在使用石器，何來金鐵？國語齊語中云：「銅稱美金，用以鑄戈戟，鐵稱惡金，用以鑄鉏斤」。孟子嘗問許子「以鐵耕乎」，夏時決不能有如鄭玄所云的鋼鐵。且所謂九鼎，大概是後世誇誕的話，近于神話。所以中國應用銅器，最早當在周初，秦漢始用鐵器，殷商尚沒有金屬器的發明。這兩方面的意見，都不見得十分正確。就前者講，據我們所知道的，博物學家德日進桑志華 Pere Teilhard de Chardin 及 Pere Sicent 等在陝甘河套一帶，特別是在寧夏南之水東溝，所發現很多石器，證明是舊石器的遺跡；同時，外蒙古亦有許多舊石器的發現。至于新石器的發現，除唐宋時所發現的石斧，俗稱雷公斧以外，（見英人哈頓人類學史）晚近的發現，已有十餘處之多。

第一個發現，是在河南澠池縣仰韶村。據中國農商部顧問瑞典考古學家安迪生在中華遠古文化中說：此處所發現的新石器甚多，如石斧石刀石鑿石磚扁平石環石鏃之類，以及無數的陶器與骨器。

第二個發現，是在遼寧錦西縣沙鍋屯的洞穴中，民國十一年夏季，安迪生等人在此處獲得許多新石器遺物，有磨光的小石斧，石刀，石箭，石鏃，石瑗等，以及許多陶器。

第三個發現，是在甘肅，在安迪生甘肅考古記中，以為甘肅所得石器，可以分為六期：

（一）齊家期，根據甘肅齊家坪所得石器與陶器，斷定爲西元前三〇〇〇年前的東西。

（二）仰韶期，在甘肅所得石器，與在河南仰韶村所得的相同，有石鏃，石刀，以及三足陶器。斷定爲西元前三〇〇〇年左右的東西。

（三）馬廠期，根據甘肅馬廠所得陶器，斷定爲西元前二〇〇〇年的東西，爲新石器的末期。

（四）新店期，在甘肅新店驛所得粗銅器，證明銅器應用的開始。

（五）寺窪期，在甘肅狄道寺窪山得了許多銅器，證明是新店期以後的東西。

（六）沙井期，在甘肅鎮番沙漠中所得銅器，更爲精緻。

此外在河套外蒙所得石器。考定爲一萬年前至四萬年間的東西。這種古器的發現，大在黃河流域，有許多是黃帝以前的遺物。可見由舊石器而至新石器而至銅鐵器的演進痕跡，與世界其他民族的歷程，初無分別。

由後者講，一般古籍的記載，雖不必盡可信，而傳說中的蚩尤以金造兵器，黃帝採首山之銅，及越絕書所說古代兵器，分以石爲兵，以玉爲兵，以銅爲兵，以鐵爲兵的四時代，與考古學家所分舊石器，新石器，銅器，鐵器的時代相同。不能不認金屬器的使用，必遠在三代以前，安迪生氏所考證的新店期，以時考之，當在中國的夏代。漢書王莽傳所云「虞舜七首」，呂覽所記「蚩尤造兵」。似乎失之過早，而遠古所遺留的古物如所謂夏鼎商彝，以及甲骨文非金屬不能雕刻的文字，皆足以證夏商時已有金屬器。疑古者以不信夏時用鐵，故斷禹貢爲僞書，即使夏時不知使用鐵器，但却不能斷定當時絕對無鐵。果然。現在從地下掘出的古物，只有銅器而沒有鐵器，須知鐵易銹蝕，不能長久保存。大約以鐵鑄器，至遲當始于周，如詩秦風云：「駟鐵孔阜」，荀子議兵篇云：「宛鉅鐵馳」，國策韓策有鞮鍪鐵幕的武裝，孟子有以釜甑爨的鐵耕，韓非則云「積鐵爲室」，呂覽則云「鐵甲鐵杖」，知當時之用鐵，已極盛行了。所以我們承認殷周以來，已入金屬器時代了。

（見史學雜誌一卷四期中國古代鐵兵考）我們再從周禮考工記見有「金有六齊」的話，六齊是什麼？即「六分其金而錫居一，謂之鐘鼎之齊；五分其金而錫居一，謂之斧斤之齊；四分其金而錫居一，謂之戈戟之齊；三分其金而錫居一，謂之大刃之齊；五分其金而錫居二，謂之削殺矢之齊；金錫半謂之鑒燧之齊。」金即銅，齊爲化冶之法，能以銅錫化合而成兵器農器，冶金術已有相當的進步了。

產生文化的古國　世界最早產生文化的國家，誰都要承認是處在尼羅河流域的埃及。近世所發現的古物，要以埃及爲最多，從古墓中所掘得的物品，如工具、武器、雕像、圖畫、等等，知道在西元前三千五百年那些古民族如印度波斯希臘羅馬尚在野蠻狀態的時候，埃及人已早知如何用銅，繪畫，雕刻書算的事。（見寒諾博古代文化史第三章）據近世考古學家的研究，推定埃及人始製陶器，遠在西元前一六・〇〇〇年。張君勱氏推定埃及發明物品的時期：

「埃及曆本之製作在西紀前四二四一年。

埃及黃銅之發見在西紀前四〇〇〇年。

埃及字母之發明在西紀前三〇〇〇年。

埃及第一金字塔建造在西紀前二九三〇年。」

他又加以說明：

「曆本之製作，非經長時間對于日月星辰之觀察，不易成功。在曆本製成之先，必其國中有安定之政府，有專心研究天文之學者可知。歐美學者因以埃及曆本之製成，謂爲此乃埃及脫野蠻而入于文明之始，故以西紀前四五〇〇年爲埃及文化之初期」。（見明日之文化第三講）

世界所盛稱的偉大建築——金字塔，本爲帝王的陵寢，最大的有四百八十尺高，建築工人有十萬人之多，歷時三十年始成。其他所遺留的建築遺跡，如首都、聖城、宮殿、住宅，皆足以證其文化之早于世界各國。

其次。可以推到巴比倫，巴比倫是處于迦勒底 Chaldea. 平原的一古國，繼亞述國之後而興起的。亦曾留下一些建築上宗教上及科學藝術的遺跡。不過因爲屢經戰亊，所以古跡的保存，不及埃及之多。所可考證的：其發明楔形文字，則在西元前二九〇〇年，其知道建築城牆，則在西元前二五〇〇年。從天文學推定七日爲星期。每日各拜一星，一年爲十二月，一日爲二十四小時，一小時爲六十分，一分爲六十秒，皆起源于巴比倫。其在耕稼上知道飼養家畜與灌溉方法，其在工具上用金屬製器，有謂尙在埃及人之先，據近代在巴比倫發現之石刻，認在西元前二四七四年以前，尙有十八朝代，其第一代當在四二〇〇年，時代上又提早了許多。（見明日之中國文化）

再其次則輪到中國，印度、希臘、羅馬。中國文化發明的時期與情形，容後詳述。玆且略言印度希臘羅馬等國：印度古代卽有所謂五明之學：一曰聲明，爲音樂；二曰工巧明，爲工藝美術學；三曰醫方明，爲醫藥學；四曰內明，爲哲學與宗教；五曰因明，爲論理學。此種學術，在婆羅門宗教成立之前已經有了。在婆羅門沒有確立以前，原有吠陀神崇拜與吠陀經誦禱，西元前一〇〇〇年方有婆羅門。在印度大學教授拉特哥里希納 S. Rad' akrishman. 印度哲學裏，分印度思想爲四時代：一爲吠陀時代，自西前一五〇〇年至六〇〇年止；二爲紀事詩時代，自西元前六〇〇年至西元後二〇〇年；三爲經文時代，自西元後二〇〇年起；四爲註釋時代，亦自西元後二〇〇年起。吠陀爲印度最古的典籍，可證其文化發明之早。

希臘爲歐洲文化之母，其在西元前六〇〇多年前有所謂詭辯派的哲學，如兌喇士 Thales 阿基孟多 Anaximandros 等人，多爲西元前六〇〇年前人物。至蘇格拉底 Sokrates 拍拉圖 Plato 出，創爲純正哲學，亦爲西元前四〇〇年至五〇〇年間人物。亞里士多德 Aristoteles 發明論理學，爲歐洲科學的基礎，這種哲學與科學的發明。影響于歐洲者甚大。而希臘的美術，詩歌、以及磁器、圖畫、建築、塑像、……等等藝術，尤爲西洋文化的淵源，其發明更在哲學之前。

羅馬文化乃根據希臘而加以擴大，其在西元前四〇〇年，已有完美的法典，爲歐洲法治的淵藪。

凡此皆世界發明文化最早的民族。中國亦當可以與之比肩。吾國歷史，託始于伏羲神農黃帝，而伏羲神農黃帝，是否實有其人？果難斷定。姑據其生存之年月，謂：

伏羲氏——在西元前二九五三年。

神農氏——在西元前二八三八年

黃帝——在西元前二六九八年

唐堯——在西元前二三五七年

虞舜——在西元前二二五五年

與埃及比較，固屬瞠乎其後，而與巴比倫比較，則爲同時，却早于希臘印度。堯舜以前，固難考證，而尙書所記堯舜史蹟，近世疑古的新史學派，已不承認爲事實，甚至並夏禹而無其人，以爲無實物可證，卽否定其人之存在，似近武斷。須知夏殷周文化的昌明，决非偶然的事，必有其悠久的淵源可知。

第三章　中國文化的起源

中國文化與漢族來源、中國民族，雖不僅是漢族，而漢族實爲開發中國文化中心人物；所以說中國文化就是漢族文化，也未嘗不可。既然漢族是創造中國文化的中心人物，便不能不先研究到漢族的來源。說到漢族的來源，從前大概承認是外來的，而有許多的推測。在許多外來說中，尤以西來說爲最早，繆鳳林氏在中國民族西來辨中，曾經有一段歸納的敍述，我們把牠節錄在這裏：

「迺者自前世紀中葉以降，西人或考察東亞地質人類，或探索中國文化，因溯及吾國民族之由來。……有言中國民族發生于中國本部，爲固有之土著者，特孟亞等主之。有言中國民族非土著，爲外來者，其間又區爲多說：有言來自埃及者，特金士 Degrignes 主之，有言來自中央亞細亞者，鮑爾博士 Dr. Ball 彭伯賴 R. Pumpelly 與羅賓生 Robinson 等主之。有言來自土耳其斯坦之西南和闐之俄亞希斯者，利希突芬 F. V. Richthofen 主之。有言來自印度者，佁烏士 Davis 等主之。有言來自印度支那半島者，衛格爾博士 Dr. Wigger 主之。有言來自亞美利加之大陸或美洲之北部者，赫胥黎 Huxley 高平奴 Gobinean 等主之。而其最佔勢力者，莫如法人拉克百里 Jerriondo Laconporie 自米索布達米亞西來之說。……日人白河次郎等從之」，（見學衡三十七期）

可見漢族西來之說，爲一般學者所風從，中國學者亦多傾向之。如蔣智由的中國人種考。劉師培的華夏篇國土原始論，丁謙的中國人種從來考，屠孝實的漢族西來考證……等等，都是贊成西來說的。但在西來說之外，尚有南來北來土著等說，茲且分述于下：

△西來說

（一）巴比倫說：這一說以崑崙之區來附合中國古書所說的崑崙，如遁山開甲圖謂「天皇氏被跡於柱州崑崙山下，」山海經謂「崑崙之北有軒轅之邱，」以及莊子陸賈等皆有「黃帝登崑崙」的話，以爲漢族由巴比倫經新疆而來之證。更從其他方面比較，以爲中國的八卦，卽巴比倫的楔形文字，易七日來復，卽巴比倫的星期。分一年爲十二月，六十年爲一紀，置閏月分四時的方法，皆與巴比倫相同。日人白河次郎所著支那文明史，舉中國與巴比倫相同之點，有七十條之多，較之拉克百里中國太古文明西元論尤爲詳盡。（見國故論叢居孝實漢族西來考證）

（二）埃及說：以爲中國文字的形體與意義，與埃及相類，證明其根源于埃及。在風俗習慣方面，如語言、如信輪迴、如豢黃牛……等事，亦相符合。再從商業與交通上，證明印度與中國，皆曾爲當時埃及的殖民地，彷彿承認中國是埃及所分建的國家，中國古代史便是埃及史，這是德教士基爾什爾法國學者德基涅……等的主張。（見先秦自然學概論）

（三）土耳其說：以中國的彩陶，是由土耳其傳入的，這說是始于瑞典的加爾格倫，根據從奉豫甘肅所得的史前遺物，疑居于甘肅而授河南人民以製造彩陶之術的人，不是中國民族的先民，而是土耳其族的一種。（同上）

△南來說

（四）印度說：以爲中國文化，很多與印度文化相同，疑是從印度傳來的。中國神話中的盤古氏，即是印度民族遷入中國河南時的酋長，這是法國學者哥比諾的推測。

（五）印度支那半島說：以爲中國最初創造的象形文字，中多熱帶動植物之形；即今日南部蠻民所用之文字，尚與古代象形字相類；語言重音調亦與之相同，證明漢族起源于熱帶，而以印度支那爲其老家。

△北來說

（六）美洲說：以爲漢族乃起源于亞美利加大陸，由美洲北部越海而來。因爲美洲印第安人的體質文化，與蒙古利亞種極相似，認蒙古人與印第安人爲同種。又從古石器形式的比較以證明其說。

（七）蒙古說：近二十年來，在蒙古掘得原人遺骸及器物，知道現在的戈壁沙漠，在古代是一個大海，氣候溫暖，草木暢茂，高等動物，大都發源于此，中國民族也是從這裏

發源的。（上皆見史學雜誌第二卷二三四期中國民族由來論）

△土著說

（八）土著說：中國民族外來之說，已爲近代學者所駁詰，從一九一六年英人洛斯氏所著中國民族由來論，認中國民族原來產生于中國本部以後，一般學者都承認之。如威廉氏曾云：「「中華民族發生于中國本部，此說爲多數著名學者所主張。」」羅素也以爲「中國文化是歐洲以外完全獨立發達的文化。」（見一九二二年世界雜誌中國文化論）韋爾斯在世界史綱中也是說：「中國文化，似爲自然發生，未受他助」。這些便是承認中國民族並不是外來的，成爲最近的有力主張。（參考學衡三十七期中國民族西來辨）

舉一二件相同的事物，便斷定其民族的出于一源，實不免于附會，所以上述各種漢族外來說，無論其爲西來南來北來，都有些附會的毛病，還不如最後土著一說的可信。

多元的中華民族　中華民族。不是出于單純的一元，我們從歷史所見到的稱謂，如所謂蠻夷戎狄，如所謂玁狁、匈奴、鮮卑、氐羌、奚、胡、突厥、沙陀、契丹、女眞、蒙古靺鞨、高麗、渤海、安南、等等異族，不一而足，據陸懋德氏中國文化史所說，右代民族分佔的區域，大均可以分爲七種：

（一）諸夏　即所謂漢族　據河南山東大部與山西陝西河北小部

（二）東夷　即萊夷徐夷淮夷鳥夷嵎夷等　據山東海邊及淮水流域

（三）荆吳　附羣舒　據湖北江蘇安徽之一部

（四）苗蠻　附黎濮等　據貴州雲南並出沒于湖南江西廣西等處

（五）北狄　附鬼方玁狁等　據山西河北之一部其後即爲匈奴

（六）氐羌　附巴庸驪戎等　據四川甘肅陝西之一部

（七）羣貊　附上戎北戎等　據遼東及河北北部其後即爲胡（見學衡四十一期）

這七種較大的民族之中，又包含許多小民族，即如所稱的「九黎三苗」觀之，同一黎族而有九種不同的分別，同一苗族而有三種不同的分別；而且所謂九所謂三，乃舉其約數言之，或猶不止此數。迄今研究民族學的人，猶能舉出浙閩間的畬族，閩粵間的蜑族，以及蠻貴間的獞猺等等不同的種族。再從首居黃河流域的諸夏民族言之，以夏族而冠以「諸」字，可知其亦是吸收許多小部族而合成的。孟子稱「舜爲東夷之人，文王爲西夷之人」，更可以證明。由此可以想見古代部落分居的狀況，後來經過戰爭、倂吞、同化、的事實，漸漸消滅了許多小部族。黃帝與蚩尤的戰爭，不就是部族戰爭中的最大表現麼？其間同化力最大的，則莫如漢族。漢族之中。遂混合了許多異民族的血液。不但如匈奴、女眞、蒙古、……等等，習于漢族的文教，或互相通婚姻，漸趨同化；卽外此如月氏、安息、天竺、回紇、唐兀、康里、阿速、欽察、雍古、弗林、諸國，自漢魏以後，亦多混雜于漢族之中。（見柳詒徵中國文化史）漢族之所以繁盛，正以其能吸收異種的緣故，甄克思在社會通詮裏曾言其理曰：

「世界歷史。所必不可誣之事實，必嚴種界，使常淸而不雜者，其種將日弱而馴致于不足以自存。廣進異種者，其社會將日卽于盛強，而種界因之日泯。……希臘邑社之制，卽以嚴種界而衰滅，羅馬肇立，亦以嚴種界而幾淪亡。橫覽五洲之民，其氣脈繁雜者強，英法德美之民，皆雜種也；其血胤單簡者弱，東方諸部，皆異種人矣。」

徵之緯書，所云三皇十紀，計自開闢以至獲麟，已歷二百二十六萬歲。天地初立，有天皇氏十二頭，兄弟十二人；地皇十一頭，一姓十一人；人皇九頭，兄弟相似，各萬八千歲。這些話當然是荒誕不可憑信，不過據撰著緯書者的推測，在極古的時候，有許多不同種族的人，各據一方，自爲部落，所謂「頭」，正像後世山寨裏的強盜頭目一樣，就是某一部落某一民族中的頭腦——酋長。這種不同種族的部落，後來漸漸地聯合起來，結成同盟式的混合部落，所以稱之爲兄弟，稱之爲一姓。要不然，那時候何嘗有像後世的兄弟人倫與姓氏關係呢？這種推測，也不能承認沒有相當的理由的。

中國文化的原始與其特點

楊朱說：「太古之事滅矣，孰誌之哉？三皇之事，若存若亡；五帝之事，若覺若夢，三王之事，若隱若顯。」這足以說明古代的事蹟很難加以證實的。不獨有史以前的太古時代，荒渺難稽，卽有文字記載的五帝三王，亦屬模糊影響。如今研究古史的人，都覺得古史的難信，非從地層下掘發出來的古物，不足以資考證。從安陽殷墟所發現的甲骨上，考證了殷商時代的事蹟，而在殷商以前的文明。還只能歸之于傳疑之列。所以不但像記載三皇五帝的緯書，不能憑信，即易經與書經中所記的堯舜等等，亦不無懷疑。例如易繫辭傳記伏羲畫卦的起源，說：

「伏羲氏之王天下也：仰則觀象于天，俯則觀法于地，觀鳥獸之文與地之宜，近取諸身，遠取諸物，于是始作八卦。」（見易繫辭傳下）

承認八卦始創于伏羲氏的，首見于繫辭，而繫辭的記載，是否可信？却成一討論問題相傳繫辭是孔子所作的，然而據歷來的研究，都以爲是戰國時代的作品，因此，繫辭所云伏羲畫八卦之說，又成疑問。不過八卦確是一種古文字。遠在成周以前的東西，似乎是可信的。所以那些傳說中的伏羲神農黃帝傳授系統，像史記世表中所推算的年代，未必是事實，而八卦却確是四千餘年前的產物。

孔子刪書，斷自唐虞，故在尚書中所記的堯舜事蹟，大都認爲可信的，其實也無法可以證明。而且像堯典中所記的曆數，推算到『朞，三百有六旬有六日，以閏月定四時，成歲』的話，在四千年前已有那樣精密的算術，恐亦不易置信。又如禹貢中所記九州地理，似皆爲後人所僞纂。所以在殷以前的古代文獻，沒有可靠的材料來證實，只有從甲骨文字上可以考證三千三百年以前的殷商史蹟。見得當時確有相當的文化、如宗教的情形，禮樂的制度。已非常的發達了，所以要考證中國文化的起源，只好從殷商算起。其次，在距今二千五百年以前的春秋時代，遺傳下一些古籍，證明文化的進展情形，與世界各古文化國家比較，雖不能算是頂早，但却能歷數千年之久，流傳至今而不絕，不能不引起世界人士的驚異。英人翟理斯說：

「他國文化，或斷或亡，而中國文化，何以至今仍然存在？此問題永未得完滿之答案」。（學衡四十一期譯懋德中國文化史所引）

我們試思，在世界各古文化國中，如埃及、比巴倫、印度、猶太等，不特其文化大都消亡或變質，卽國家亦已不復獨立存在，惟獨中國能繼續維持其本色的文化，並延續其國運至數千年之久，這不可謂非一種奇蹟，而有牠不可磨滅的原因在。

究竟這個原因是什麼？很不容易有個肯定的答案。但據我的觀察，最重要的一點，莫如歷聖相承的一貫思想，就是所謂堯舜禹湯文武周公孔孟一脈相傳的道統，相繼發揮的倫理，而一切政治制度，社會制度，以及其他哲學思想，文學思想，莫不建築在這個基礎之上，成為特立的倫理文化。根深蒂固，不受任何思想所動搖。雖有異軍突起的學說，如老莊，如申韓，如楊墨，如浮屠，要皆不能突破此倫理的藩籬。雖有在學術上思想上社會上風俗上政制上種種的變遷，亦終不離開這固有的倫理基石。雖有外來勢力的侵入，如政治方面的五胡亂華，遼金元的紛擾，以及滿清的統治，如宗教方面的佛教傳播，回教景教摩尼教等的流行；不獨不能搖曳固有的基礎，相反的，且為中國文化所吸收所同化。質言之：一切勢力，都變成了中國固有文化的血液，而一一倫理化了。正如美國羅斯氏所說的比喻，說：

「中國如大海，凡流入之物，無不溶化」。（同上）

這大海，我們可以稱牠爲「倫理海」，牠有無可比擬的包容量與溶化力。此無他：一以藉其得天獨厚的地域，故不受外界勢力所影響；一以藉其富于保守的天性，故能成一獨立的文化系統。

△中國文化之特徵

(一)就社會經濟言，始終以農業經濟爲本位。

(二)就社會結構言，始終以家族制度爲本位。

(三)就政治形態言，始終未脫離封建色彩。

(四)就學術思想言，始終以儒家倫理思想爲中心。

(五)就民族特性言，始終以重保守，愛和平，尙中庸爲精神。(見王德華中國文化史略)

中國文化的缺點　梁漱溟氏以「中國文化是以意欲自爲調和持中爲其根本精神的。」(見東西文化及其哲學第三章)這意見是雖有好些人曾經加以批評，然而調和持中，的確是中國人普遍的精神，受過數千年來所謂「允執厥中」的倫理訓練而結成的。同時，他又把中國文化與西方文化加以比較，說：「西方文化是由于意欲向前要求的精神，產生「賽恩斯」與「德謨克拉西」兩大異采的文化」，而反證中國文化在這方面的缺點。

中國人因爲抱着調和持中的態度，所以以優游自得，應順自然爲生活的標準。因爲是缺乏了「賽恩斯」「德謨克拉西」的精神，所以在生活上不知道向前奮鬥，征服自然，在物質文明方面因而落後。從崇拜精神文明的人看來，以爲中國的文化，纔可算是眞的文化，若西方的物質文明，只好算是物化，武力政策，只好算是武化，都算不得是文化。（見江亢虎歐戰與中國文化）梁啓超也同樣以精神文化相誇耀，甚至說科學萬能之夢，亦已破產。（見歐游心影錄）而在一般崇拜物質文明的人，相反的抹煞中國文化的價值，像胡適之那些人，他以爲要人人坐汽車，才配得上談文化。主張把固有的形而上思想與唯心論一齊推翻，來提倡拜金主義。（見十六年覺悟胡著的拜金主義）這兩方面的態度，都不免于偏頗。中國已往的缺點，固然是無可諱言的太偏于精神，以致只知道保守，不知道進取；但是說這種文化，絕對沒有存在的價値，那未免言之太過了！我以爲只有孫中山先生所主張的，一面保存固有的民族精神，而一面迎頭學習西洋科學，最爲公允。（民族主義第六講）

第四章　傳疑時代的中國文化

開闢的傳說

顧頡剛以爲「中國古史是層纍地堆積起來的，時代愈後，歷史的推測愈古。周代人心目中最古的是禹，到春秋時有堯舜，戰國時有黃帝神農伏羲，秦漢時有三皇，漢以後有盤古。」（見古史辨第一册與錢玄同論古史）不要說盤古等都是後人的揑造，就是夏禹也是理想中推測出來的神人，所以要研究到天地開闢的事，自然荒渺無憑的了！這問題在世界各國中，往往佔着歷史的第一頁，而中國古史上却並不加以討論，直至春秋戰國以後，方始產生出兩種關于宇宙來源的說頭：一種是哲學的，一種是神話的。關于前者，首見于道家書中，從哲中的立場推測到宇宙的來源，有列子淮南子一類中的記載：

「夫有形者生于無形，則天地安從生？故有太易，太初，太始，太素。太易者，未見氣也，太初者，氣之始也，太始者，形之始也，太素者，質之始也。氣質俱未相離，故曰渾淪。渾淪者，言萬物相渾淪而未相離，視之不見，聽之不聞，循之不得，故曰

易也。」（見列子天瑞篇）

這一段話，原是出于易緯乾鑿度的，他分宇宙爲氣形質三部分，就是老子「天下萬物生于有，有生于無」的思想，同時，也就是易經所謂「易有太極，是生兩儀，」與「立天之道曰陰與陽」的道理。而淮南子所謂：

『道始生虛霩，虛霩生宇宙，宇宙生元氣，有涯垠，淸陽者薄靡而爲天。……古未有天地之時，唯象無形，幽幽溟溟，茫茫昧昧，幕幕閔閔，鴻濛澒洞，莫知其門，有二神，混沌生，經天營地，孔乎莫知其修，滔乎莫知其止息；于是乃別爲陰陽，離爲八極，剛柔相成，萬物乃形。（見淮南子天文訓）

也是根據易理而來，認宇宙的最初狀態是混沌的氣，由氣的淸濁而分出天地，這種見解，在中國古人知是非常之多，玆不具論。（參太平御覽天部一）現在且說到關于天地開闢的神話，太平御覽中曾引證三五曆記的話，說：

『天地混沌如雞子，盤古生其中，萬八千歲，天地開闢，陽淸爲天，陰濁爲地，盤古

在其中，一日九變，天日高一丈，地日厚一丈，盤古日長一丈。』（見太平御覽天部二）

任昉述異記中也有關于盤古的話，並且又說到盤古的死：

『盤古之死，其息爲風雲，其聲爲雷霆，其左右二眼爲日月，四肢五體爲四極五嶽，身內之寄生蟲爲風所化而爲人氏。』（見任昉述異記與馬驌繹史開闢原始）

這種有趣味的神話，與創世記所記上帝創造天地萬物人類差不多，以爲天地萬物人類，都是出于盤古氏的身體變化，把盤古氏看作上帝一褱。御覽又有『女媧氏以土泥造人類之說，在盤古氏之外，又有一個創造人類的女媧氏、這女媧氏又變成了創世記中摶土造人的上帝了。這似乎是說盤古氏乃天地萬物之祖，女媧氏乃人類之祖了。究竟這種荒渺無稽的傳說，是從那裏來的呢？據後漢書南蠻傳中，記着『槃瓠爲南蠻之祖，』盤古當爲槃瓠的變音。述異記記盤古死後，追葬盤古之魂于南海桂林間，有綿亘三百里長的大墓。由此可見盤古氏開天闢地的傳說，原是南方的神話，漢以後才流傳到中國來的。

三皇五帝的傳說

三皇爲誰？說至不一：有謂盤古以後，有天皇地皇人皇，春秋緯云各有萬八千歲。而潛夫論則說：『世傳以伏羲神農或燧人或祝融或女媧爲三皇。』尚書大傳說：『燧人爲燧王，伏羲爲羲王，神農爲農王，天地人道備而三五之運興矣。』白虎通說：『三皇者，何謂也？謂伏羲神農燧人也；或伏羲神農祝融。』禮緯含文嘉則以虙戲神農燧人爲三皇，而春秋緯運斗樞則以伏羲女媧神農爲三皇，說各不同，要皆爲後世任意的推測。（參馬驌繹史卷三）

五帝爲誰？說亦不一：白虎通說五帝爲黃帝顓頊帝嚳堯舜。尚書序說是少昊顓頊高辛唐虞。史記五帝本紀則有黃帝而無少昊。然亦有說是黃帝炎帝太昊少昊顓頊，亦有說伏羲神農黃帝堯舜，從來沒有一定的說法。（參史學雜誌一卷五期三皇五帝說探源）

左傳稱左史倚相能讀三墳五典八索九邱，解者以爲三墳卽三皇之書，五典卽五帝之典，八索卽八卦，九邱卽九州之志。周禮外史氏掌三皇五帝之書，今三皇之書泯闕，五帝僅存二典云云。這裏所說的二典，或卽指尚書中的堯典舜典，不知堯典舜典，本是一篇，僞古文才把牠分成二篇的。總之，所謂墳典索邱等等，本不必有其書，三皇五帝也不必有其人，人大概是後人從三才五行的道理中推演出來的。

有史以前的推測

今日我們所能考證的古代文化，都不過根據歷史的記載，但不能說化文的起源是在有歷史記載以後。因爲從地層下所發掘出來的材料，往往證實了有史以前的多少事實，前文所提到的古物發現，斷定世界之有人類，已經有過很長的時期。卽從『北京齒』的發現而論，證明亞洲北部在五十萬年前已有人類。所以在中國緯書中推測的年代，有所謂：

『天地開闢至春秋獲麟之歲，凡二百二十六萬七千年。分爲十紀：其一曰九頭紀，二曰五龍紀，三曰攝提紀，四曰合雒紀，五曰連通紀，六曰敍命紀，七曰循蜚紀，八曰困提紀，九曰禪通紀，十曰疏仡紀。』（見春秋緯元命苞）

普通所提到的伏羲神農黃帝等等，照這十紀中的年數推算，大概在第九第十紀的中間推測在伏羲以前，已經有過很長的時間了。這種推測雖然是很渺茫，然而合諸世界考古學者所認人類起源的理想，却不能說是完全瞎說。即就伏羲一代而論，據帝王世紀所說，有：女媧，大庭，柏皇，中央，栗陸，驪連，赫胥，尊盧，祝融，混沌，昊英，有巢，葛天，陰康，朱襄，無懷，等十餘氏，相繼爲王，皆襲用伏羲氏的名號。這些都足以證明中國古人，也很相信在有史以前已有很長的時期，而且在這個長時期之中，已有許多文明的創造。像歷史上嘗說：居室之制始于有巢氏，火食之法始于燧人氏，也有說宮室始于黃帝，穀食始于神農。無論如何，都承認有史以前已有文明，所以說八卦是伏羲氏所發明，繼伏羲氏之後又有種種器物的發明，在易繫辭傳裏就有這樣的說法：

『古者包犧氏之王天下也：仰則觀象于天，俯則觀法于地，觀鳥獸之文與地之宜，近取諸身，遠取諸物，於是始作八卦，以通神明之德，以類萬物之情。作結繩以爲罔罟，以佃以漁，蓋取諸離。包犧氏沒，神農氏作，斲木爲耜，揉木爲耒，耒耨之利以教天下，蓋取諸益。日中爲市，致天下之民，聚天下之貨，交易而退，各得其所，蓋取諸噬嗑。神農氏沒，黃帝堯舜氏作……垂衣裳而天下治，蓋取諸乾坤。刳木爲舟，剡木爲楫，舟楫之利以濟不通，致遠以利天下，蓋取諸渙。服牛乘馬，引重致遠以利天下，蓋取諸隨，重門擊柝以待暴客，蓋取諸豫。斷木爲杵，掘地爲臼，臼杵之利，萬民以濟，蓋取諸小過。弦木爲弧，剡木爲矢，弧矢之利以威天下，蓋取諸睽。上古穴居野處，後世聖人易之以宮室，上棟下宇，以待風雨，蓋取諸大壯。古之葬者，厚衣之以薪，葬之中野，不封不樹，喪期無數，後世聖人易之以棺椁，蓋取諸大過。上古結繩而治，後世聖人易之以書契，百官以治，萬民以察，蓋取諸夬。』（見易繫辭傳下）這裏所說的器物發明，雖爲後世作繫辭傳者的推測，然而在有史以前，已有這種種發明，似乎也可以承認的。

洪水的問題 洪水問題，實爲富含神話的故事，據尚書……等書的記載，承認是堯舜時代的事。考堯之在位，約在西元前二千三百年左右，竹書紀年謂堯十九年時命共工治河，六十一年又命崇伯鯀治河，以爲首先治河的人是共工，繼之者爲鯀，所以尚書有：

『帝曰：「疇咨若予采？」』驩兜曰：『都；共工方鳩僝功。』帝曰：『吁！靜言庸違，象恭滔天，」……帝曰：「咨四岳！湯湯洪水方割，蕩蕩懷山襄陵，浩浩滔天，下民其咨，有能俾乂？」僉曰：「吁！鯀哉！」帝曰：「吁！咈哉！方命圮族。」岳曰：「异哉！試可乃已。」帝曰：「往！欽哉！」「九載績用弗成。」

史記五帝本紀中把這段文字，繙譯成：

「堯曰：『誰可順此事？』驩兜曰：「共工旁聚布功可用。」堯曰：「共工善言，其用僻，似恭漫天，不可！」「堯又曰：「嗟四嶽！湯湯洪水滔天，浩浩懷山襄陵，下民其憂，有能使治者？」皆曰：「鯀，可！」堯曰：「鯀負命毀族，不可！」嶽曰：「异者，試不可用而已！」堯於是聽嶽用鯀，九歲，功用不成。」

據這兩處的語氣，似乎堯沒有聽驩兜之薦而用共工治水，但在竹書記年裏，卻說共工治水有四十二年之久，則在尚書「象恭滔天」之下，應有「共工果治水無功」等語，然後乃詢問四岳，徵求治水人才，四岳薦鯀，鯀又無功。山海經曾記其事，曰：

「洪水滔天，鯀竊帝之息壤，以湮洪水，不待帝命。」（見山海經卷十八）

言鯀之治水，只知堙塞，不知疏通，所以他就因而獲罪，尚書記舜除四凶，「流共工于幽州，放驩兜于崇山，殺三苗于三危，殛鯀于羽山，」他們似乎都是因治水而獲罪的。于是關于共工及鯀的故事，遂演成爲不可思議的神話。

共工是一個人名，還是一個氏族名？值得我們加以考證。我們在古書裏所見到的共工，不止一個：有黄帝時的共工，（見國語）有顓頊時的共工，（見列子）有帝嚳時的共工，（見史記）有堯舜時的共工，（見尚書）有夏禹時的共工。（見山海經）尚書又說「舜命垂爲共工，則共工又是一個官名，管子稱「共工之王」，則共工又是一個部族名，淮南稱共工與顓頊爭帝，怒觸不周之山，成爲種種神話的材料。

關于鯀的記載，散見于山海經楚詞國語左傳述異記拾遺記竹書紀年中者更多，說什麼鯀死三年不腐，破腹出禹：說什麼鯀死化爲黄熊。並且涉及女媧氏，有「殺黑龍以濟冀州，積蘆灰以止淫水」等話。（見淮南子卷六）尚書洪範中也有「鯀湮洪水」的話，都是有神話的意味。

鯀既治水無功，乃以其子禹為繼，尚書記舜之命禹，有曰：「帝曰：俞！咨禹！汝平水土，惟時懋哉！」（見尚書舜典）

史記復演繹其義，說道：

「舜舉鯀子禹而使續鯀之業，禹傷先人父鯀功之不成，受誅，乃勞身焦思，居外十三年，過家門而不敢入。」（見史記夏本紀）

這一段文字，不但是根據尚書的記載，也是根據孟子的話，因為孟子有過比較詳細的記載，如：

「當堯之時，水逆行，氾濫于中國，蛇龍居之，民無所定，下者為巢，上者為營窟。書曰：洚水警予，洚水者，洪水也。使禹治之；禹掘地而注之海，驅蛇龍而放之菹，水由地中行，江淮河漢是也，」

「當堯之時，天下猶未平，洪水橫流，氾濫于天下，……禹疏九河，瀹濟漯而注之海，決汝漢排淮泗而注之江。」（見孟子滕文公）

孟子又有「昔者禹抑洪水，」「禹八年以外，三過其門而不入，」等話。尚書中又有關于禹治水的話，如：

「禹曰：洪水滔天，浩浩懷山襄陵，下民昏墊，予乘四載，隨山刊木……予決九川，距四海，濬畎澮，距川。」

「予創若時，娶于塗山，辛壬癸甲，啓呱呱而泣，予弗子，惟荒度土功。」（見尚書益稷）

「洚水儆予，成允成功。」（見尚書大禹謨）

「禹敷土，隨山刊木，奠高山大川。」（見尚書禹貢）

史記根據這些材料，寫成了夏本紀的文字。尚書洪範又以禹能治水之故，得天所賜予的洪範九疇。此外則有呂氏春秋，墨子，吳越春秋，越絕書，左傳，以及水經注等書中，皆有關于大禹治水的故事，說禹「開鑿龍門山，導河水入海，……」等奇蹟，古人都承認是實有的史料。及至近代新史學派如顧頡剛等人，方斷定是一種神話，未必有其事，即夏禹亦未必有其人。

鯀與禹治水的故事，愈演愈神話化，似乎不可憑信，但是古代洪水爲災，却非全屬子虛。因爲現在研究地質學的人，都承認地質的改變，有今之陸地乃古之大海，古之陸地今沈于大海之中，知古代確有浩浩滔天的洪水。而且在洪水以前，也確有長時間的文明，至是盡遭湮沒。到了夏代，方始重行興復起來，所以這個洪水問題，確與中國古代文化有特別的關係。（見國學專刊一卷四期洪水以前之中國文明）

第二編　政治與經濟的制度

第一章　政體與傳統

部落時代　太古人民，聚羣而居，自成部落，各戴強有力者為酋長。剡林木以為戰具，互相吞併，于是乃由小部落而漸合成大羣，再由這大羣漸成為國家。呂覽中有過這樣一段話：

「蚩尤作兵，蚩尤非作兵也，利其械矣；未有蚩尤之時，民固剡林木以戰矣。勝者為長，長則猶不足治之，故立君；君又不足以治之，故立天子。天子之立也出于君，君子立也出于長，長之立也出于爭。」（見呂氏春秋蕩兵篇）

這可見部落間的戰爭，並不是始于蚩尤，而涿鹿之戰，不過是傳說中一回較大的戰爭，而這次戰爭中的領袖人物，黃帝與蚩尤，也不過是各該部落中的酋長。當時必有無數的小戰爭，爲歷史上所沒有記載的，好像共工與顓頊爭帝，或說共工與高辛爭帝，都是部落間的戰爭。同時，我們可以知道此所謂共工，也是古代一種強大的部落，有在女媧氏以前的共工氏，也有在女媧氏之末的共工氏，（見漢書古今人表及帝王世紀）堯典記被舜流放的共工，管子稱水處什七陸處什三的共工。（見管子揆度篇）這可以知道共工不是一個人，而是一個部落。

若說蚩尤呢，在書經釋文中引馬融說，蚩尤是少昊氏末的九黎君號，龍魚河圖稱蚩尤兄弟八十一人，或曰七十二人，可見稱爲蚩尤之名的部落決不止一個。所謂兄弟，好像綽書中所說的『幾頭』一樣，這些所稱爲兄弟的小部落，連合起來共戴一個頭腦，這頭腦便是呂覽中所說的『君』，下面有許多小頭腦——兄弟，便是呂覽中所說的『長』，正像後來封建時代天子與諸侯的關係。在一君統治下的部落，就成爲氏族的淵源，通志氏族略舉古帝王所號爲某氏某氏者，卽當時部落中的大酋長。所以帝王世紀記伏羲氏有一十六氏，路史所稱十紀中，又各有若干氏。史記稱黃帝二十五子，得姓者十四人：舜時有九黎三苗四嶽羣后；禹會諸侯于塗山，執玉帛者萬國；武丁朝諸侯，爲諸夏盟主。上面所舉的『氏』『萬國』「諸侯」等等，都不過是比較進步的部落，而成爲封建政治組織的起源。（參常乃悳中國思想小史導言）

禪讓政治　中國歷史上有一種美談，就是說堯舜的禪讓。這是不是事實？却爲近代所聚訟。考查記載這件事實的，首見于尚書的堯典，但只有所謂「有鰥在下」，『舜讓於德弗嗣』，等語，而孟子却有一大篇說明：

『舜相堯，二十有八載，堯崩，三年之喪畢，舜避堯之子於南河之南；天下諸侯朝覲者，不之堯之子而之舜。訟獄者不之堯之子而之舜，謳歌者不謳歌堯之子而謳歌舜。』（見孟子萬章）

這就是歷來所認爲美談的『傳賢不傳子』的禪讓政治。後來舜讓位於禹，也是這樣的。禹死之後，本想讓位給益，偏偏那些人民『不之益而之啓，倒說道『吾君之子也』，啓便被擁戴爲繼承的天子，傳賢之局破，傳子之局開始了。但是孟子引孔子的話說：

「唐虞禪，夏后殷周繼，其義一也。」（見孟子萬章）

據說堯之子丹朱，舜之子商均，皆不肖，所以不能傳帝位。孟子這樣明白的記載，見得當時已經承認是確有的事實，而堯舜的政治，便成爲儒家的理想，所以極端的加以推重，說：

「不以舜之所以事堯事君，不敬其君者也；不以堯之所以治政治民，賊其民者也。」（見孟子離婁）

司馬遷根據了這些話，演成了一段堯舜禪讓的記載：

「堯曰：『嗟！四嶽！朕在位七十載，汝能庸命踐朕位？』……衆皆言于堯曰：『有矜在民間曰虞舜』。堯曰：『然！朕聞之！其如何？』嶽曰：『盲者子，父頑母嚚弟傲，能和以孝。』堯曰：『吾其試哉！』於是妻之二女。堯立七十年得舜，二十年而老，令舜攝行天子之政。……堯知丹朱不肖，不足以授天下，於是乃權授舜，舜讓，避丹朱於南河之南，諸侯朝覲者，不之丹朱而之舜，夫然後之中國踐天子位焉。」（

見史記五帝本紀）

繼續記舜讓位于禹，也是這樣的情形。究竟這種傳說是否可信？唐朝劉知幾根據汲冢瑣語『舜放堯於平陽』與山海經『放勳之子爲帝』等話，疑丹朱既爲帝，舜實放堯逐丹朱而奪其位。舜禹相讓，也不過是同樣的攘奪。（見史通疑古篇）他又據尚書『陟方乃死』句下，註『舜死蒼梧之野因葬焉。』乃曰：『蒼梧者，於楚則川號汨羅，在漢則邑稱零桂，地總百越，山連五嶺，人風婐劃，地氣歊瘴，雖使百金之子，猶憚經復其途，況以萬乘之君，垂暮之年，更踐不毛之地，兼復二妃不從，讓王高蹈，豈其若是者乎』？（見同上）這正與夏桀之放南巢，幽王之流於彘無異。

近世顧頡剛等人，率性直捷爽快地不承認堯舜禹等爲歷史人物，而是儒家的理想，如康有爲所說的託古改制罷了！儒家之崇堯舜，正如道家之崇黃帝，墨家之祖夏禹，農家之祖神農，無非假託先哲以明其學說之有所自，所以所謂堯舜禪讓的一幕，也只好姑妄言之，姑妄聽之而已。（見古史辨第一冊堯舜禹的關係是如何來的，與第二冊堯舜史蹟辨）

湯武革命　史稱自夏朝傳子以後，謂之夏后氏，共歷十七世而至癸，就是桀，發生了很劇烈的政爭，給當時的一個諸侯叫湯的奪去了帝位，就換了另一個氏族系統。夏后氏姓姒，是一個大氏族，湯旣奪了天下，那末，姒姓的傳統便變爲子姓的傳統了。從湯起頭經二十八代叫做商或殷，末一代的皇帝名叫辛，就是紂，又給姬發滅了，變爲周朝。周從武王起又傳三十七代，這就是歷史上所稱的三代，在這三代中的興替存亡，又美其名曰革命。實際上也不過是此一氏族起來滅掉彼一氏族的把戲而已！

當一個氏族發動戰爭的時候，必先有一種似乎很有理的文告，說是「應天順人，弔民罰罪」的舉動。而且借用神權思想，來維護所欲達得的目的。所以像尚書中的甘誓，原是同姓的政爭，而其理由倘且說是「予惟恭行天之罰」，何況是異族奪取政權呢？所以一則曰：「夏氏有罪，予畏上帝，不敢不正，」「天道福善禍淫，降災于夏。」（見湯誓）再則曰：「今予發惟恭行天之罰，」「今商王受無道，敢祇承上帝以遏亂略。」（見牧誓）這都是假借神權來籠絡人民的把戲，所以成功的便是大聖，天下一切的善德都歸于其身，失敗的便是大惡，天下一切的罪孽都歸于其身。湯武便爲歷史上所崇奉的聖王，桀紂便爲天下人所唾棄的大憝了！尚書記武王出兵時的誓辭，舉出紂的罪惡，還不過五條：一、唯婦言是用；二、昏棄厥肆祀弗答；三、昏棄厥遺王父母弟不迪；四、惟四方之多罪逋逃是崇是長；五、俾暴虐于百姓。（見尚書牧誓）劉知幾曾說：「武王爲泰誓數紂罪惡，亦猶近代之有呂相爲晉絕秦，陳琳爲袁檄魏，欲加之罪，能無辭乎？而後來諸子，承其僞說，競列紂罪，有倍五經。」（見史通疑古篇）其實後來說紂的罪惡，何止加倍？不啻把天下人所認爲最大的罪惡都加上去，漸漸增加到七十條之多。如酗酒，殺賢臣，嬖妲己，設炮烙及酒池肉林，刳剔孕婦……等等。（見古史辨第二册紂惡七十事的發生次第）于是桀紂便成爲千古以來唯一的大罪人，正如荀子所說「後世言惡則必稽焉」。究竟這些罪惡是不眞實在的呢？子貢却講過幾句公道話：

「紂之不善，不如是之甚也！所以君子惡居下流，天下之惡皆歸焉。」（見論語子張篇）

這種藉武力奪取政權的把戲，所謂『成者爲王，敗者爲寇』，便是後世政爭的假借。一方面在失敗者身上加了許多惡名，一方面成功者便宣佈許多新政策，來籠絡人氏。像『散鹿臺之財，發鉅橋之粟，歸馬于華山之陽，放牛于桃林之野，釋箕子之囚，封比干之墓，式商容之閭；』並且封紂子武庚以延殷祀。這些手段，後世便頌贊他們爲聖王。

直至武王以後，周公攝政的時候，那失敗的殷人，還是屢圖反抗。我們讀尚書中的八篇誥辭，見得當時的殷人，他們的愛國精神，沒有衰落，所以誥中嘗稱他們爲頑民。不獨殷民是如此，連自己骨肉的兄弟，也曾起來反抗，像管叔蔡叔等帶着武庚反叛起來。同僚中的召公，也懷疑着，可見周公的專斷，實在是厲害的。假使我們查一查成王登位的年齡，（見尚書泰誓上正義所引）便可以知道成王年幼周公攝政的事實，也是不容易叫人相信的。

不過周公旦這個人，確是一個大有手腕的政治家，他能從各方面劇烈反對的情形下，應用他獨斷的手腕，建立了八百年成周基礎。制禮作樂。尤其影響到數千年來的倫理，這實在不能否認他是中國政治史上第一個人材。

此後又有所謂『共和』之治，國語記厲王暴虐，爲國人所逐，由周召二公共行政事，稱之爲共和，一共有十五年之久。等到宣王繼位，方始恢復舊制。不過這時的共和，與今日所稱的共和，大不相同，有人把牠引爲今日共和先例，那是不免于附會的。

封建制度　說者謂封建是始于周代的，其實却是由于古部落時代的元后羣后關係脫變而來。原來舊部落漸漸同化于一種政治意識之下，使原來的部落思想就漸變爲民族意識了，所以要推究這種制度的起源，可以說是很古的。在天然的演進上，由部落而變爲氏族，由氏族而變爲封建；最先則利用部落的聯合以擴大力量，繼則發展氏族的勢力以控制異族，再進一步則爲羈縻這些氏族以成立封建。所以說封建制度是萌芽于古代而完成于周朝，當無不可。

周武王雖封武庚于殷，但却防備得非常周密，叫自己親信的兄弟去監視他，結果，還是把他們剷除。周公旣然用强硬手段壓迫殷民的反抗，一方面又市恩于宗室以鞏固藩籬，于是大封宗室爲諸侯。左傳記：

『昔周公弔二叔之不咸，故封建親戚以蕃屛周：管、蔡、郕、霍、魯、衛、毛、聃、郜、雍、曹、滕、畢、原、酆、郇，文之昭也；邘、晉、應、韓，武之穆也；凡、蔣、邢、茅、胙、祭，周公之允也。』。（見左傳僖公二十四年）

同時，又分封異姓爲諸侯，例如所謂：

『昔周監于二代，三聖制法，立爵五等，封國八百，同姓五十有餘』。（見漢書諸侯王表）

『武王克殷，未及下車，而封黃帝之後于薊，封帝堯之後于祝，封帝舜之後于陳；下車而封夏后氏之後于杞，封殷之後于宋。』（見禮記樂記）

當時所分封的國家，究竟有多少？蘇東坡曾經有過一個統計，說：

『傳稱武王克商，奄有天下，兄弟之國十有五人，姬姓之國四十人。爵五品而列三等，公侯百里，伯七十里，子男五十里，不滿者爲附庸，蓋一千八百國。周室旣衰，轉

相吞滅，數百年間，列國耗盡，春秋之世，見于經傳者，一百六十五國，蠻夷戎狄亦在其間。』（見文獻通考卷二十引語）

照這裏所說的千八百國，除了同姓五十五國外，其餘都是異姓國。春秋時所餘賸的百六十五國，雖沒有分別同姓異姓的數目，而淸顧棟高春秋大事年表所記有二百八國，同姓者僅五十二，可見異姓國比同姓國還是多幾倍。這是什麼原因呢？大概此等諸侯，大多數是原來的土著，國家便將計就計地加以招撫，另外在緊要的地方，封些同姓國去箝制他們。例如封異姓的太公在山東臨淄，却另外封周公之子伯禽于山東曲阜，就是這個緣故。假使我們把當時分封的國土仔細研究一下，便可以看見這種封建裏頭，含有許多利用與箝制的計謀。

可是到了周末，却發生了極大的弊病，就是諸侯互相攻伐，強倂弱，大吞小，造成紛亂的局面。所以秦始皇統一六國以後，便廢封建爲郡縣，使地方直接受治于中央。但是秦祚不永，漢代立國，懲秦孤立，復採用一部分封建制度，而稱爲半封建的制度。晉朝以後，大概都照漢朝的方法，結果，歷朝都受牠的害處，像漢朝的七國之叛，晉初的八王之亂，明朝的永樂之變，都是同姓子弟的爭權奪位，演成自相殘殺的局面。唐朝的藩鎮跋扈，又受異姓軍閥之害。這樣，這種封建制度，似乎在每一時代都受牠的害處。我們一讀通攷中的封建考，便可以了解歷來封建的國家，和牠所發生的影響，實在非常之大。（參梁啓超先秦政治思想史第五章封建及其所生結果）

專制政體 秦始皇統一以後，政尚專制，欲集大權于中央，聽廷尉李斯議，廢封建爲郡縣。李斯之言曰：

『周文武所封子弟，同姓甚衆，然後屬疏遠，相攻擊如仇讎；諸侯更相誅伐，周天子弗能禁止。今海內賴陛下神靈，一統皆爲郡縣，諸子功臣，以公賦稅重賞賜之甚足，易制天下，無異意，則安寧之術也。』（見史記始皇本紀）

于是分天下爲三十六郡，直接受治于中央，封建制度于是崩潰，郡縣制度于是開始。

當時所分的郡縣，計：

內史，雲中，九原，上，漢中，五郡，屬今陝西省。

河東，上黨，太原，代，雁門，五郡，屬今山西省。

北地，隴西，二郡，屬今甘肅省。

三川，潁川，南陽，碭，四郡，屬今河南省。

邯鄲，上谷，鉅鹿，漁陽，右北平，東，六郡，屬今河北省。

齊，薛，琅邪，三郡，屬今山東省。

泗水，九江，鄣，會稽，四郡，屬今江皖贛浙省。

巴，蜀，二郡，屬今四川省。

南陽，一郡，屬今湖北省。

長沙，黔中，二郡，屬今湖南省。

遼東，遼西，二郡，屬今盛京省。（見通鑑）

後又加上閩中，南海，桂林，象郡，四郡，變爲四十郡，也可以見得當時疆域，已擴大到兩廣境界了。

秦始皇廢封建爲郡縣的理由，一方面固然是要剷除封建制度的弊病，另一方面卻是要提高中央的政權，使中央及君主的地位，有無上的權威，因此，便造成了絕對的君主專制制度。因爲要鞏固這種制度，便不能不取締春秋戰國以來厖雜的學說以統制思想，于是有所謂焚書坑生的舉動。說者以爲他這種舉動，是儒家所遭遇的厄運，其實不然。因爲他所焚的書，並不專是儒家的書，而是民間的諸子百家語。相反的，他把儒家的經籍，藏諸祕府，特設博士官掌管，有欲學者以吏爲師。尤其是他所坑殺的，並不專是儒生，而是分門別戶橫議政治的諸生。在這些諸生中，各家都有，並且這次慘劇的導火線，原由于道家的侯生盧生。相反的，他所信任的李斯，正是儒家荀卿的弟子，由此可知秦始皇不但不是摧殘儒家，反而給儒家以獨霸的機會：漢以後的尊儒，不可謂非秦始皇所作俑。

欲求政治的統一，必須求思想學說的統一，正是大政治家必有的手段，秦始皇如此，即古代周公亦何嘗不如此。後世帝王，類能師此故智，來鞏固其專制的政局，雖施行的手段不同，而其用意則一。例如漢高的殺戮功臣，宋祖的抑制武職，都含此種意義，無非要集大權于君主一人之手。

然天下事往往有出人意料之外的，秦始皇防諸侯的難制，却不料奪秦天下的，乃是一平民。漢高帝恐武臣的難制，然而亂漢的，却是親近的宦官與外戚，漢初呂氏的勢力，漢中王莽的篡位，以及漢末所釀成的黨錮，無非是這兩種勢力在消長，于是君主專制之局，遂變成爲貴族的專制了。

唐代亦是外戚宦官專政弄權的時代，如武則天的稱帝，武三思的亂政，以及韋后楊妃等族人的顯要，乃釀成了安史之亂。藩鎮跋扈，朋黨傾軋，無非是這種情形下的一種表現，與漢代的情形有些相同。

宋鑑于藩鎮的難制，抑制武臣，代以文官，初不料邊防廢弛，外患得乘。明代也同遭此禍，故蒙古滿洲乃能攘奪天下，而有統治中原的變局。

元清挾種族偏見，專制更甚，其壓迫摧殘之禍，至有不可勝言者，一讀鼎革間的筆記

，莫不爲之髮指。（參痛史二十種）

黃黎洲曾痛言君主專制的癥結，以爲古來帝王，莫不以國家爲其私產，如漢高所云『某業孰與仲多者』的觀念。（見明夷待訪錄原君篇）百計經營，無非欲保持此子孫萬世之業，如取締文字而引起文字之獄啦！如撲滅反動勢力而發生同種殘殺啦！都可以說是中國歷史上的政績，也是製造革命的大原因。

革命運動　淸代以異族入主中國，滿漢之見旣深，專制之毒又著，于是在近百年來，反抗揭竿，相繼而起。最著者如太平天國的舉義，與孫中山的革命，他們都是以推翻滿淸爲前提。太平天國起義之初，卽有驅除韃虜的檄文，（見淸朝全史第三册太平天國第一次檄文）事雖未成，而民族革命思想，却已深入人心，乃有孫中山出來繼續。不過有一樣我們應該知道，就是太平天國的革命，卽使成功，亦無非是歷史上易代更姓的重演，政體上還沒有多大改變的。且看他們一入南京，便列爵封王，爭權奪利，莫不是歷來開國建業一套把戲。而孫中山則以民權民族謀同時解決，所以一方面推翻了滿族的統治，一方面卽實行共和，由君主專制變成爲民主共和。更欲從政治革命解決到社會革命，所以在民族主義民權主義之外，又提出了民生主義，曾說：『三民主義是要求國際地位的平等，政治地位的平等，經濟地位的平等』。（見民族主義第一講）

當孫中山革命的起頭，滿淸也見到世界潮流所趨，知道專制政體的不能維持，便有預備立憲的計劃。同時，保皇黨也有虛君共和的主張。結果，所謂預備立憲，變成欺騙民衆一句空話，虛君共和又不能適應時代要求，三民主義的革命乃得奏效。

第二章　帝系與疆域

帝系歷年　研究歷代帝王年數，不是一件容易的事，因爲一般記載中，往往有許多不同。例如文獻通考與通鑑輯覽等書，都不能一致。通考記：

『黃帝在位百年，顓頊在位七十八年，帝嚳在位七十年，堯在位九十八年，舜在位三十一年，共計三百七十七年。』（見文獻通考帝系考一）

但是在通鑑則黃帝之後，尙有少昊氏八十四年，堯以前則有摯八年，堯舜歷年數亦不同，堯在位百年，舜在位四十八年，依此計算，自黃帝至舜共爲四百九十二年。這兩種推算，雖兩相懸殊，然都是無可憑信的。

夏禹禪位，通考則云在位二十七年，而通鑑則云僅歷八年，自啓以後，歷十六世，共四百五十九年，而通鑑云自禹創國至亡共四百二十二年。其間在相與少康之間，有寒浞弑帝自立歷四十年。

商湯代夏而興，歷二十八世，至紂而亡，共爲六百四十八年，而通鑑則稱有六百六十一年。孰是孰非？皆屬無可考信。

周武滅紂而爲天子，傳三十四世，至赧王而亡，共歷八百七十九年。其間自開創至幽王爲西周，歷十二世，共三百六十四年。平王東遷至赧王爲東周，歷二十二世，共五百十五年。從平王四十九年卽魯隱公元年，入于春秋時代，至貞定王十六年入爲戰國時代，秦始皇併吞六國，一統天下，傳二世，僅十五年而亡。其間自周亡至始皇稱帝，中隔三十四年，帝系中斷。

漢自高祖滅秦，與楚爭雄者七年，終滅楚而爲帝，傳十三世至孺子嬰，爲王莽所簒，稱爲西漢，共歷二百十三年，其間曾有呂后稱制者八年。王莽建國曰新，歷十五年又爲漢所滅。同時，更始立二年而亡于赤眉。光武中興，傳十二世，一百九十五年爲東漢。至獻帝時分爲三國曰魏、蜀、吳。

三國以何國爲正統？說至不一：有以魏爲正統者，（見資治通鑑等）有以蜀爲正統者。（見通鑑綱目）魏自文帝篡漢，傳五世共四十六年而亡。蜀自昭烈稱帝，僅傳二世歷四十三年而亡。若吳則自大帝至孫皓，共四世歷五十九年。從年分上計算，魏文帝于庚子年受漢禪，最爲銜接。

晉武帝滅三國傳四世至愍帝，共歷五十二年爲西晉。自元帝始建都建業（即金陵），歷十一世至恭帝而亡，共一百四年爲東晉。東晉以後，則爲南北朝：南朝自宋武帝傳八世歷五十九年，齊高帝傳六世歷二十三年，梁武帝傳四世歷五十六年，陳武帝傳五世歷三十二年。北朝初爲後魏，自太武帝傳至孝武帝凡九世，共歷一百十一年乃分爲東西魏。東魏孝靜帝在位十六年，即爲北齊所篡。西魏自文帝傳三世歷二十三年，爲北周所滅。東西魏變成爲北齊與北周了。北齊傳五世二十八年爲北周所滅，北周傳五世二十五年爲隋所滅，分裂之局，乃告統一。

隋文帝僅傳三世歷三十七年即亡于唐。唐高祖傳二十世共歷二百八十九年。中有武后稱帝曰周，共歷十五年。繼唐之後，則爲五代曰梁、唐、晉、漢、周。

後梁太祖僅傳二世十六年而亡。後唐莊宗傳四世歷十三年而亡。後晉高祖亦僅二世，只十一年。後漢高祖亦僅二世，只四年。後周太祖僅傳三世，只九年而亡。綜計五代共歷五十三年，有八姓十三君，爲宋所滅。

宋太祖傳九世至欽宗，爲金所滅，是謂北宋，共歷一百七十二年。高宗南渡，傳七世至恭帝，爲元所滅，是謂南宋，共歷一百五十年。同時，在北方有遼、金、爭雄。

元世祖入主中國，傳八世，僅歷九十一年，爲明所滅。

明太祖傳十六世，共歷二百七十六年。

淸世祖入關，傳十世，共歷二百六十八年，爲民國所亡。（參皇極經世，通鑑輯覽，辭源世界大事表，中國人名大辭典中國歷代紀元表）

紀年之號　當民國成立之初，有主張用黃帝紀年的，經多人的推算，乃稱民國元年爲黃帝紀元四千六百又九年。後來因三代以前的年分，缺乏其正確性，所以仍以民國紀元，如稱民國幾年，民國紀元前幾年，等是，這可以說在中國紀元歷史上的一個大變更。因爲以前都是以皇帝個人的名號紀元的，自周朝起頭，始立謚法，像所稱的武王成王高祖仁宗……等類。謚法原是人死將葬，誄列其行，爲他所立的號。到秦始皇以爲以臣子議君父，大爲不敬，乃令廢除，而以始皇二世稱之。漢朝起頭，一面重新恢復謚法，一面別立一種年號，若漢武帝之稱建元、元光、等。武帝是謚法、建元、元光、是年號，從此以後，兩者並行，生時稱年號，死後則稱謚法，一直至清朝末年爲止。（論謚法之書，在史記正義有謚法解，又有劉熙的六家謚法，蘇洵爲之修訂。）歷來帝王所稱的年號，往往有一再改換的，如漢武帝曾改換過十一次，改換得再多的，要算唐高宗與唐武后，他們曾改換到十四次之多，其他亦大多改換一二次不等，只有從明朝起頭，一個帝王始終只有一個年號。如今民國成立，謚法年號，已成爲歷史上過去的事，而以民國爲紀元的稱號了。

歷代疆域沿革　中國古代疆域，夏商以前，已不能知道牠的詳細。尚書稱堯舜時有「肇十有二州」，（見舜典）夏禹時有「九州五服」等話，（見禹貢）州的劃分，決不是當時的事實，而是戰國人士的推測而已。所說九州，合以今日地理，則在山西、河北、河南、山東、四川，……等處，說已見前章。所謂十二州，班固說舜時分十二州，後禹乃併爲九州。又據後人的註釋，禹分『九州，曰冀、兗、靑、徐、荊、揚、豫、梁、雍，及舜卽位，以冀靑地廣，始分冀東恆山之地爲幷州，其東北醫無閭之地爲幽州，又分靑之東北遼東等處爲營州。』（見蔡沈註）此註語顛倒置，固已不足憑信，而況漢書言地理，說『昔在黃帝，方制萬里，畫野分州』。（見漢書地理志）更屬荒渺。至如伏羲都于陳，（河南）神農起于烈山，遷于曲阜，（山東）黃帝國于有熊，（河南新鄭縣）堯都平陽，（山西臨汾縣）舜都蒲坂，（山西永濟縣）……等等，都亦無可證信。不過古代先民的活動範圍，限于黃河流域下游一帶，是可信的。只要看春秋時代，猶把秦楚看作蠻夷戎狄，就可以知道了。

三代的疆域　夏民族初在黃河下流的東部，後乃移至西方。古有『禹會諸侯于塗山』，『禹娶塗山氏之女』，『禹會諸侯于會稽，殺防風氏』，『禹東巡狩至會稽而崩』等話，則知禹之活動，大都在安徽，浙江，等處。至夏啓則有鈞臺之享，言會饗諸侯于鈞臺地方，鈞臺卽夏臺，今河南禹縣之南，其活動地域乃北移。又書所謂與有扈氏大戰于甘，查有扈乃今陝西鄠縣，乃知啓曾向西擴展其勢力。啓的兒子太康與仲康，曾居于斟尋，到夏后相爲帝，爲有窮后羿所逐，亦逃至斟尋斟灌國中，迨寒浞滅了后羿，乃命其子澆滅亡這二國，並殺了夏后相。相妻后緡方娠，逃往母家有仍國，生子叫少康，長而復興夏室。（此故事見左襄四年與左哀元年魏絳伍員所述）上述各地，都在山東一帶。又據左僖卅一年記衛遷帝丘，成公夢康叔云「相奪予享」，乃知相曾都于帝丘，但竹書紀年則云「相卽帝位居商丘」，可知商丘與帝丘，形近而譌，以今考之，其地在河北濮陽西南。再研究詩長發所舉韋、顧、昆吾，與古籍考見的觀、莘、杞、鄫、寒、等國，其地大都在山東、河南、河北、之間，直至夏后皋，猶葬于殽之南陵，（見左僖卅三年）可知夏朝前半葉的政治活動，都在黃河下游。及至末期，始移西方，左傳所稱「夏虛」，（見昭公元年定公四年）杜注謂『今太原晉陽也』，顧棟高亦謂『今山西解州平陸縣，在河之北』，（見春秋大事表）國策謂『夏桀之國，左天門之陰，右天谿之陽，廬睪在其北，伊洛在其南』，（見國策魏策）

史記引作「左河濟，右華山，伊闕在其南，羊腸在其北」。（見魏世家）又可知夏之後期，乃遷移至伊洛以北而至華山太行山一帶，所以周語有『伊洛竭而夏亡』之語，（見周語）夏朝之由東而西，于此可見。

殷本濱海淮夷民族，亦起于東方。史記稱「自契至湯，八遷，湯始居亳，從先王居」。集解引孔安國之言：『契父帝嚳都亳，湯自商丘遷焉』。正義：『按亳，偃師城也，商丘，宋州也，湯卽位都南亳（商丘），後徙西亳也』。（見殷本記）括地志云：「湯始居南亳穀熟，（卽宋州）後遷西亳偃師。由此知所謂亳，原有二處：一稱蒙亳，一稱景亳。亳與薄同，孟子說『湯居亳』，荀子謂『湯以薄』，漢山陽郡有薄縣，臣瓚曰「湯所都」。左傳記宋景公曰：「薄，宗邑也」，（見哀公十四年）薄卽薄縣，孟子稱『湯居亳與葛爲鄰』，葛在今寧陵縣（河南歸德），與薄縣相接。

總之；商的祖先，本發跡于濱海渤海灣一帶，後漸西移至黃河濟水之間。湯旣滅了韋、顧、昆吾、等國，復西向滅夏桀。史稱殷至盤庚，凡五次遷都，史記有「五遷無定處」

之言，正義云：『湯自南亳遷西亳，仲丁遷敖，河亶甲居相，祖乙居耿，盤庚渡河南居西亳』，蓋言盤庚遷殷，卽湯之舊都偃師。竹書紀年云：『自盤庚遷殷，至紂亡七百七十三年，更不遷都』，但據國語：『武丁入于河，自河徂亳，（見楚語）是可知武丁又復遷于河以北。從殷虛卜辭所祀帝王，皆在河北舉行，國策亦有『殷紂之國，前帶河，後被山』之言，（見魏策）旣云『前帶河』，卽明明在河北了。史記又云：『帝武乙立，殷復去亳徙河北』，如今所發現的殷虛，乃在安陽，屬河南河北道，又可知殷紂亡國時確在河北。盤庚以後，亦曾一再遷徙的。

武丁爲殷商一代雄主，曾向西北擴展勢力，故有『高宗伐鬼方』之事。（見易旣濟卦）則見殷商勢力，以次推及到汧隴地方（卽今陝西）。總其範圍：東起于山東濱海，西及汧隴，北至河北及山西北部，南包河南，西北至包頭，東南至淮水流域。（參顧頡剛中國疆域沿革史）

周本西夷民族，漢書郊祀志引張敞議說：

「臣聞周祖始乎后稷，后稷封于邰，公劉發跡于豳，太王建國于郊梁，文武興于豐鎬，則郊梁豐鎬之間，周舊居也」。

以今日的地理考之，上述各地，都在陝西涇汧渭水之間。故孟子說：「文王生于岐周，卒于畢郢，西夷之人也」。（見孟子離婁）他又敍述到「大王去邠，踰梁山，邑于岐山之下」的故事。（見孟子梁惠王）以及詩所謂「古公亶父，來朝走馬，率西水滸，至于岐下，爰及姜女，聿來胥宇」。（見詩大雅綿之篇孟子亦引此說）由此見周民族之在西方，中有姬姜兩大氏族，建立起強大的勢力，把東方的殷民族推翻。

當周代建國，以鎬京爲都，並分封同姓子弟于各地：如封周公于魯，召公于燕，叔鮮于管，叔度于蔡，叔振鐸于曹，叔武于成，叔處于霍，康伯于衞，伯虞于唐（即晉）。以及如滕、虢、郜、原、毛、聃、雍、畢、酆、郇、邗、應、韓、祭、邢、凡、蔣、茅、胙……等國，大都散布在陝西、山西、河北、河南、山東、等地。同姓國之外所封立的異姓國更多，說已見前章。可以見周民族勢力範圍所及，北及燕塞，南服巴濮，西包汧隴，東遂大海，佔地數千里之外。到穆王宣王的時候，又向南北兩端伸張其勢力，如穆王的征伐犬戎，西登崐崙，宣王的北攘戎狄，南服荊蠻。但後來卒因犬戎內侵，幽王殉國，平王遂不得已避寇東遷，建都雒邑（所謂王城），敬王復遷都洛陽（所謂成周），疆域反日見削小，周天子號令不行，任諸侯自由活動，互相吞併。戎狄蠻夷，又復乘機侵入，從春秋中所見到的：如戎之在山東，北戎之在河北，茅戎之在河南山西、犬戎之在河南，驪戎之在陝西。如狄之有赤狄、白狄、長狄，在山西河北河南山東境內，任意滋擾。如蠻則有盧戎、羣蠻、百濮、巴、等，楚本羣蠻之一，大都在湖北全省、及四川、江西、安徽、江蘇、的一部分，吳越亦爲蠻族，佔有江蘇、浙江、及江西、安徽、的一部分。如夷則有淮夷、介、萊、根牟、等，大都在山東及淮水一帶活動。容齋隨筆說：

『成周之世，中國之地最狹。以今地理考之：吳、越、楚、蜀、閩、皆爲蠻；淮南爲羣舒；秦爲戎；河北眞定中山之境，乃鮮虞、肥、鼓國；河東之境有赤狄、甲氏、留吁、鐸辰、潞國；洛陽爲王城，而有揚拒、泉皋、蠻氏、陸渾、伊雒、之戎；京東有萊、牟、介、莒、皆夷也；杞都雍丘，今汴之屬邑，亦同夷種；爲近于魯，亦曰夷；其稱中國者，獨晉、衞、齊、魯、宋、鄭、陳、許、而已，通不過數十州，蓋于今天下特五分之一耳。』

這些夷狄國的風俗習慣，本與中國不同，如左傳所記戎子駒支說：『我諸戎衣服飲食不與華同，言語不通』。然而自春秋以來，逐漸爲華夏諸國所同化，于是夷夏之分，到戰國時候，已漸漸地融化而消滅了！其時漢族勢力所及的範圍，已包括到西北的陝甘，西南的雲貴，東北的綏遠、察哈爾、熱河、及遼寧、一部分，西至四川，東達于海，較諸春秋已不啻擴大了一倍。

秦漢疆域　秦始皇統一六國，建都咸陽，（陝西西安）分天下爲三十六郡。據漢書地理志所云：『本秦京師爲內史，分天下作三十六郡』，後又增置四郡，（說已見前章）其疆城乃擴拓至南海了。史記稱：『始皇二十六年，使蒙恬將三十萬衆，北逐戎狄，收河南，築長城，因地形用險制塞，起臨洮至遼東，延袤萬餘里，』（見蒙恬傳）稱爲萬里長城。

該長城之築，西起甘肅岷縣，（臨洮）經狄道、固原、隆德、包六盤山而北走，再經環縣而入陝西，東過綏德，渡黃河，歷山西河北至山海關，又東北而至朝鮮平壤南，（遂東之碣石）誠為中國歷史上一大工程。其實這工程不過是把春秋戰國時燕、趙、中山、等國所築防城，修接而聯成的。

項羽滅秦，以楚懷王為義帝，自立為西楚霸王，王梁楚等地，都于彭城。並分裂天下，大封諸侯，其地大都在陝西、山西、河北、河南、山東、湖北、湖南、之間。在項王的意思，原欲借此來羈縻諸侯，藉為己助，却不料反為漢王所利用。漢王起初，本不願意立大國後，封建諸侯的，及戰于固陵，諸侯不肯如期會兵，乃悟「未有封地」之故，不得已封韓信英布彭越等為王。等到大局一定，便下辣手，誅的誅，醢的醢，狡兔死，走狗烹，並且規定非劉氏不得王。乃封子弟為王者十國，從此一面封建同姓為諸侯王，一面賡續秦時郡縣，迭有增加，到漢平帝時加到百三郡。（其增置的次第，可參漢書地理志）這百三郡又統屬于十三州中，每州設一刺史部，其在中央，則稱司隸校尉部，不屬十三州中。

從十三州刺史部中，見得漢代疆域，西北已擴張到蒙古，甘肅等處，東北擴張到朝鮮，南定安南，東粵，西服巴蜀，皆置爲郡縣。

東漢建都洛陽，以長安爲西都，其疆域之廣狹，大略與西漢相同；惟對外的擴展，則不及西漢。綜漢一代，匈奴（蒙古）最爲邊患，至是匈奴分裂爲南北，南則臣服，北猶爲患。自西漢武帝通西域諸國，已皆內服，經王莽之亂，又復不通，及班超定西域，五十餘國，盡行收服。至如東北高句麗、扶餘、倭、韓、等國，及西南夷、南蠻、等地，亦皆朝貢不絕。西羌、烏桓、鮮卑、雖時爲邊患，猶能保往西漢的疆域。

至漢末則魏、蜀、吳、三國鼎峙，分裂漢土，魏據中原，都許昌，蜀據西南，都成都，吳據江東，都建業。在北方則胡人內徙，邊地喪失，南方則拓展疆土，征服雲南，這是三國時的大略。

南晉南北朝疆域　晉武帝兼併三國，定都洛陽，分全國爲十九州百七十三郡。建國未久，即有八王之亂，予胡人以可乘之隙，乃成永嘉大禍，五胡因以侵入。晉元帝渡江建都建康，（即吳之建業亦即今之金陵）乃爲東晉。中原之地，盡爲胡人所割據，分立有十六國之多。如：

前趙　劉淵　其地南至嵩洛東限太行西界隴坻北盡汾晉　爲石勒所滅（在山西陝西甘肅河南間）

後趙　石勒　其地南逾淮漢東濱于海西至河西北盡燕代　爲慕容廆所滅（在河北山東山西甘肅湖北河南陝西之間）

前燕　慕容廆　其地南至汝潁東盡青齊西抵崤黽北守雲中　爲苻堅所滅（在河北奉天山東河南山西間）

前秦　苻堅　其地南至邛僰西抵淮泗西極西域北盡大磧　淝水戰敗爲姚萇所奪（在陝西甘肅河南之間）

後秦　姚萇　其地南至漢川東逾汝潁西控西河北守上郡　劉裕北伐始滅其國（在陝西河南甘肅之間）

後蜀　李成　其地東守三峽南兼僰爨西盡岷邛北據南鄭　爲桓溫所滅（亦稱成漢在四川陝西雲貴之間）

前涼　張軌　其地南逾河湟東至秦隴西包葱嶺北暨居延　爲苻堅所滅（在甘肅一帶）

西涼　李暠　據酒泉領秦涼二州　爲沮渠蒙遜所滅（在甘肅一帶）

後涼　呂　光　據姑臧　降于姚秦（在甘肅一帶）

後燕　慕容垂　其地南至琅邪東訖遼海西屆河汾北暨燕代　因馮跋作亂而亡（在河北山東河南奉天間）

西秦　乞伏國仁　其地西逾浩亹東極隴坻北距河南界吐谷渾　滅于赫連勃勃（在甘肅一帶）

北燕　馮跋　據後燕遼東舊城　爲魏所滅（在熱河一帶）

南涼　禿髮烏孤　其地東至金城西至西海南有河湟北據廣武　爲西秦所滅（在甘肅一帶）

南燕　慕容德　其地東至海南濱泗上西帶鉅鹿北薄于河　爲劉豫所滅（在河南山東間）

北涼　沮渠蒙遜　其地西控西域東盡河湟　爲魏所滅（在甘肅一帶）

夏　赫連勃勃　其地南阻秦嶺東戍蒲津西收秦隴北薄于河　爲吐谷渾所滅（在陝西一帶）

晉自永嘉亂後，中原爲胡人所據，元帝南渡，僅保江淮州郡，淮水南北，又復時相爭奪，宋書州郡志述其時疆域云：

「自夷狄亂華，司、冀、雍、涼、靑、并、兗、豫、幽、平、諸州一時淪沒，遺民南渡，並僑置牧司，非舊土也。江左又分荆爲湘，或離或合，凡有揚荆湘江梁益交廣，其徐州則有過半，豫州惟得譙城而已。」

可見東晉土地，僅揚荆等八州而徐豫的一部分而已。及至桓溫西討成漢，收復益梁，後有枋頭之敗，司州之地，得而復失。劉裕北伐，東自廣固，西至關中，皆爲晉有。朱齡石又收復益梁。惜乎劉裕急圖篡位，復地又遺棄，歷宋齊梁陳，仍不能越江而北。而北方自元魏拓跋跬起，旋起旋滅的十六國，盡被收拾，與南朝對峙而成爲南北朝時代。

魏自太武孝文之後，屢次出兵遠征，不獨與南朝爭奪江淮間地，且西至流沙，東接高麗，盡隸其版國。及至孝莊時分裂東西魏，又經高洋奪東魏爲北齊、宇文覺奪西魏爲北周，入于紛亂之局。

隋唐疆域 隋文帝統一南北，建都長安，大業之時，又南征林邑，(安南順化)西擊吐谷渾，(四川靑城間)皆置爲中國郡縣。隋書地理志言其時「東南皆至于海，西至且末，(

新疆）北至五原，』（山西歸綏）隋時之盛，極于此矣。煬帝又完成一巨大工程，即開鑿運河的一事。（運河始鑿于春秋吳王夫差，他開鑿韓江，以利江淮運輸，至隋時復聯濟渠等河而成一長凡二千二百餘里的人工河，南自浙江杭縣，經江蘇山東而達天津）可與萬里長城媲美。

唐代疆域，一如隋舊，惟把州郡分併爲道，太宗時始分十道，即：關內、河南、河東、河北、山南、隴右、淮南、江南、劍南、嶺南。到玄宗增加到十五道。把山南，江南各分爲東西二道，另增京畿，都畿，及黔中、三道。據舊唐書地理志載：其疆域『東至安東府，西至安西府，南至日南部，北至單于府』此又僅就國內而言，若說藩屬的羈縻，則較唐代爲廣泛，自高麗以至于波斯。無處不有唐官吏的足跡。溯自五胡亂華以來，二百餘年，迭受諸外族的壓迫，至是始得征服各族，一洗以前的恥辱。太宗征伐突厥，虜頡利，滅薛延陀，回紇、鐵勒、高麗、等都相率來歸，建置都督府及州縣以治理之。這類府州總稱爲羈縻州。計唐代所設都護府有六，（即安西、安北、單于、安東、安南、北庭、）都督府有下列如夏州、鹽州、慶州、延州、幽州、涼州、秦州、臨州、松州、茂州、嶲州、雅州、黎州、戎州、姚州、瀘州、黔州、桂州、邕州、峯州、等。國勢可謂全盛。迨至天寶末葉，安史亂後，吐蕃南詔乘隙起釁，隴西劍南迭陷名城，唐室便大困了！唐末藩鎮日強，尾大不掉，割州據土者，又復比比皆是，乃成從來未有的紛亂之局。在五十年間，竟易代爲五，有八姓十三君的攘奪，又有十國割裂，各據一方，稱帝自豪，故史稱之爲亂五代。

宋元以來的疆域

宋太祖統一海內，削平羣雄，承唐舊制而分全國爲十三道。後乃改道爲路，至太宗至道時定爲十五路，至元豐時復分至二十三路。其時的疆域：『東南際海，西盡巴僰，北極三關。』（見宋史地理志）帝都則在開封，稱爲東京，以河南府爲西京，後又以大名爲北京，應天爲南京。金人入寇，高宗乃局處臨安，（卽今杭州）維持半壁河山，岳飛韓世忠諸將，本欲北搗黃龍，光復故國，乃因秦檜等力主和議，功敗垂成，中原之地，盡爲異族佔據。南宋疆域，僅局江南。宋書地理志有云：「高宗蒼黃渡江。駐蹕吳會，中原陝右，盡入于金。東盡長淮，西劃商秦之半，以散關爲界。其所存者，兩浙兩淮，江東西，湖南北，西蜀，福建，廣東，廣西十五路而已。」

蒙古崛起漠北，宋人聯之以滅金，拒虎迎狼，宋室遂亡于蒙古而易代爲元。元自成吉思汗始，藉武力以征服各部，至忽必烈入主中國，建都大興(即北京)，亦稱大都，其勢力及歐亞兩洲間，版圖之廣，爲中國有史以來所未有。據元史地理志序：「北踰陰山，西極流沙，東盡遼左，南越海表，東南所至不下漢唐，而西北則過之，有難以數里限者。」分全國屬地爲一百八十五路，各路又分屬于中書省行中書省，所謂中書省，即中央京師一帶，行中書省凡十一，即嶺北、遼陽、河南河北、陝西、四川、甘肅、雲南、江浙、江西、湖廣、征東。但因疆域過大，劃分過廣，故于邊陲之地，分設諸道，上承省的政令而布之于縣。漢族在異族壓迫之下，屢圖反抗，當元順帝時，便有劉福通方國珍明玉珍陳友諒等揭竿而起。朱元璋起于淮右，進略金陵，重光漢族而成帝業，遂爲明朝。

明太祖懲宋元孤立，分封子弟于要邑，不意成祖以藩王而奪建文之位，遷都北京。其區域之劃分，一面仍承省制，計全國爲十五省，一面改路爲府，仍隸省下。據明史地理志，言其時「東起遼海，西至嘉峪，南至瓊崖，北抵雲朔。』為防備邊患起見，設立衛所，明史職官志云：『天下內外衛凡五百四十有七，所凡二千五百九十有三。』並使大員巡撫各邊，提督其地軍務。修築邊牆（即長城）以固邊圉，卒以守備無方，仍為外族所乘，而亡于滿人。

滿清初居長白山下，經努兒哈赤的經營，勢漸強盛，由興京而遼陽而瀋陽，便成為明代邊患。以李自成的內亂，吳三桂引狼入室，漢族人民又為滿人統治，垂二百六十八年之久。當滿清入關之初，仍因元明之舊，分置行省。康熙初以十五省區劃過大，分為十八行省。光緒平回疆而設新疆省，又改臺灣為省，分奉天吉林黑龍江為三省，臺灣為日本所奪，則合舊省而為二十二省。省外復有藩屬，為內外蒙古，青海、西藏，安南、緬甸、暹羅、及廓爾喀、布魯克巴、錫金、與南洋諸島嶼。皆內附，故其疆域『東極三姓所屬庫頁島，西極新疆疏勒，至于葱嶺，北極興安嶺，南極廣東瓊州之崖山。』（見清史稿地理志）迨至道光以後，列強侵凌，藩屬被奪，如日奪高麗滿洲，法奪安南，英奪緬甸暹羅等；疆土又被割，英割香港，日割琉球臺灣等；東南諸島嶼及北方內外蒙古等處，又爲外人勢力所侵佔。于通商口岸劃地爲租界，領土日損，誠屬痛心。

民國成立，廢道府而行省縣二級制，建熱河、察哈爾、綏遠、西康、寧夏、青海、河北、遼寧等省，又設首都、上海、北平、天津、青島、西京、等特別市，直隸于行政院。實行民族革命，以期達到收復失地，取消不平等條約的目的，恢復漢唐以來的民族光榮，而成爲獨立自由的國家。

第三章　歷代官制的沿革

甲　中央官制

中央設官之始　馬端臨說：『太古法制簡略，不可得而詳知。然以經傳考之，則自伏羲以至帝堯，其所命之官，大率爲治曆明時而已。』（見文獻通考官制考）可知古代設官，首重治曆，試看春秋所記：

『郯子來朝，公與之宴，昭子問焉，曰：「少皞氏以鳥名官，何故」？郯子曰：「吾祖也，我知之。昔黃帝氏以雲紀，故爲雲師而雲名。炎帝氏以火紀，故爲火師而火名。共工氏以水紀，故爲水師而水名。太皞氏以龍紀，故爲龍師而龍名。我高祖少皞，摯之立也，鳳鳥適至，故紀以鳥，爲鳥師而鳥名。……自顓頊以來，不能紀遠，乃紀于近，爲民之師而命以民事，則不能故也」。仲尼聞之，見于郯子而學之。』（見春秋左傳昭公十七年）

郯子這一番回答，遠推至太皞伏羲，言在顓頊以前，都是以物紀官的，顓頊以後，始以民事紀官。但是少皞氏爲什麼以鳥紀官呢？他就把當時各官所掌的職守，一一地說出：

「鳳鳥氏，歷正也。玄鳥氏，司分者也。伯趙氏，司至者也。靑鳥氏，司啓者也。丹鳥氏，司閉者也。祝鳩氏，司徒也。鴡鳩氏，司馬也。鳲鳩氏，司空也。爽鳩氏，司寇也。鶻鳩氏，司事也。五鳩，鳩民者也。五雉爲五工正，利器用，正度量，夷民者也。九扈爲九農正，扈民無淫者也。」（見同上）

從郯子這番話裏，頭上的五種都是治曆明時的官，可見治曆明時是古代政治上極重要的事。尙書記堯的設官，也命令羲和氏治曆：

「堯命羲和欽若昊天，曆象日月星辰，敬授人時。分命羲仲，宅嵎夷曰暘谷，寅賓出日，平秩東作，日中星鳥，以殷仲春。申命羲叔，宅南交，平秩南訛，敬致，日永星火，以正仲夏。分命和仲，宅西曰昧谷，寅餞納日，平秩西成，宵中星虛，以殷仲秋。申命和叔，宅朔方，曰幽都，平在朔易，日短星昴，以正仲冬。」（見尙書堯典）

古代爲什麼這樣注重治曆呢？要明白牠的意義，且看一看尚書所說『乃命重黎絕地天通』的故事。（見尚書呂刑）重黎是古代的官名，國語記觀射父的解釋，云：

『少昊之衰也，顓頊受之，乃命南正重司天以屬神，命火正黎司地以屬民。堯復育重黎之後，不忘舊者，復典之，以至于夏商。故重黎氏世敍天地，而別其分主者也』。（見國語楚語）

這裏所說的重黎，就是義和二氏，書傳所以說『重卽義，黎卽和』。命重司天，命黎司地，各司其事，那就是所謂『絕地天通』。他又解釋其意義，說：

『古者民神不雜，民之精爽不貳者，而又能齊肅衷正，……如是則神明降之，在男曰覡，在女曰巫。……而敬恭神明者以爲之祝。』（見同上）

根據這樣的說法，則所謂重黎義和，不獨責在治曆明時，也是與神明憑式的巫享祀神明的祝相類。因爲在太古氏族社會中，特重神權，所以巫祝都佔極高地位，他們在宗教職務之外，更負治曆明時的責任。梁啓超對於楚語觀射父之言，曾這樣說：

『吾儕今日讀此，孰不以巫覡祝宗等爲不足齒之賤業。殊不知當時之巫，實全部落之最高主權者』。（見先秦政治思想史三十三頁）

相傳唐虞稽古，建官惟百，內有百揆四岳，外有州牧侯伯，尚書記舜命伯禹作司空，棄作后稷，契作司徒，皋陶作士，垂作共工，益作虞，伯夷作秩宗，夔典樂，龍作納言，凡九官。（見舜典）尚書大傳又謂：

『古者天子三公，每一公三卿佐之，每一卿三大夫佐之，每一大夫三元士佐之，故三公九卿二十七大夫八十一元士』。

小戴禮記明堂位云：『有虞氏官五十，夏后氏官百，殷二百，周三百』。故鄭玄註王制以三公九卿爲夏制，其實皆爲後人推測之辭。

三代官制的傳疑　相傳虞夏商有師保，有疑丞，設四輔三公。周官謂太師太傅太保爲三公，曰『惟茲三公，論道經邦，燮理陰陽』。以三公爲輔相天子的最高官職，公羊謂『三公者何？天子之相。』史記稱黃帝得六相而天下治，神明至』，『堯舉八凱，使主后土，以揆百事，莫不時敘，地平天成；舉八元，使布五教于四方，內平外成；謂之十六相」。（見史記五帝本紀）夏承之而設六卿，甘誓有『乃召六卿』之言。

殷制，首有二相，書謂『成湯居亳，初置二相，以伊尹仲虺爲之』。其下則『建天官，先六太：曰太宰，太宗，太史，太祝，太士，太卜，典司六典。五官：曰司徒，司馬，司空，司士，司寇，典司五衆。六府：曰司土，司木，司水，司草，司器，司貨，典司六職。六工：曰土工，金工，石工，木工，獸工，草工，典制六材』。（見禮記曲禮）鄭玄註此爲殷制，是後來周代設官之根據。此種設官分職的方法，是否爲當時事實？不能斷定，而書所謂『夏商官倍，亦克用乂，』『俊乂在官，百僚師師，百工唯時』，承認當時建官，已這樣的衆多了。（見文獻通考官制總序）

周代官制，據僞古文尚書周官篇說：『成王既黜殷命，滅淮夷，還歸在豐，作周官，』意欲以周家設官分職的用人方法，詔告羣臣，使各知其職守。』其制：『立太師太傅太保曰三公，論道經邦，燮理陰陽；立少師少傅少保曰三孤，貳公弘化，寅亮天地，冢宰掌邦治，統百官，均四海；司徒掌邦教，敷五典，擾兆民；宗伯掌邦禮，治神人，和上下；司馬掌邦政，統六師，平邦國；司寇掌邦禁，詰姦慝，刑暴亂；司空掌邦土，居四民，時地利；六卿分職，各率其屬以倡九牧，阜成兆氏。」（見尚書周官）此所謂六卿，即周禮中的六官：

（一）天官　大冢宰　總理諸政
（二）地官　大司徒　掌民政教育
（三）春官　大宗伯　掌祭祀禮樂
（四）夏官　大司馬　掌兵馬出征
（五）秋官　大司寇　掌刑辟訟獄
（六）冬官　大司空　掌百工土木

六官之長，就是六卿，其屬各有大夫士等官凡六十，共爲三百六十官，他們都各有其職守，周禮中記載甚詳。周禮這本書也稱爲周官，相傳說是周公著的，上自王官中央政府諸機關，下至諸侯國一切法制經濟財政軍事教育產業，以及閭門村落的警察衛生等瑣事，無不詳細記載，不可謂非古代政治寶典。不過這種完美的制度，是不是周初的事實？却不能不發生疑問。有些人以爲牠的制度往往與經傳不符，文也是排比的，斷定是戰國時代的作品。（見崔東壁考信錄）這本書雖然是晚出的，而其中材料，容有一部分是古人所遺，賈公彥以爲從周禮裏可以考見當時的政治情形，（一）對于諸侯國疆域的制限，（二）對于諸侯國的命令，（三）巡狩及會同的約束，（四）對于諸侯國的賞罰黜陟，（五）關授士分田的制度。（考賈公彥周禮正義序）文獻通考中說：

『周禮建外朝之法：左九棘孤卿大夫位焉，羣士在其後；右九棘公侯伯子男位焉，羣吏在其後；面三槐三公位焉，州長衆庶在其後。』一（見文獻通考卷四十六）

這大略可以考見周代的官制，不過『三代之時，國國皆自成風尚，雖有天子，王朝之政，不能逮于諸侯，故當時官制，其見于左傳、國語、國策者，各國不同，而秦楚兩國，尤其特異者也』。（見夏曾佑中國歷史教科書第二篇第一章）

秦漢六朝官制　秦始皇統一天下，變更古制，中央設丞相太尉御史大夫，以掌行政兵馬監察三大權。其下則設九卿：

秦稱	職掌	漢稱	
奉常	掌祭祀禮儀	太常	屬太尉
郎中令	掌宮殿掖門	光祿勳	
衛尉	掌門衛屯兵	中大夫	
宗正	掌帝王親族	宗伯	屬司空
治粟內史	掌穀物	大司農	
少府	掌山海地澤等稅		
廷尉	掌刑罰		屬司徒
典客	掌諸侯及歸服的蠻夷	大鴻臚	
太僕	掌車馬		

秦立九卿，漢亦因之而略改其名，如上表。惟漢之三公九卿，又各分列三等；

太師太傅太保爲上公	公
丞相太尉御史爲三公	公
大將軍驃騎將軍爲比公	公
前後左右將軍爲上卿	卿
太常光祿勳……等爲正卿	卿
執金吾至三輔爲陪卿	卿

卿下有大夫，亦分三等，二千石爲上大夫，千石爲中大夫，六百石爲下大夫。下又有士，曰公士、上造、簪褭、不更、四等。更封皇子爲諸王，王子爲諸侯，異姓功臣爲徹侯，其下尚有關內侯縣侯鄉侯亭侯……等分別。（見通典卷十九設官沿革）

王莽篡漢，欲復古制，盡仿周官。光武中興，仍依西漢舊制，罷丞相太尉，而設大司徒大司馬大司空三公。舊制大將軍位在三公之下，自霍光以後，大將軍乃有大權。漢末，

復置丞相御史大夫而罷三公，以尚書令尚書僕射及太尉太傅司徒司空四府爲最高官職。（見通典卷三十六漢官秩差次）

魏承漢制，另置中書監令，以掌樞機大權。晉始設尚書，中書，門下，三省，又照漢制設九卿分掌諸政。尚書省中有令、左右僕射、五曹尚書、等官職；中書省中有監令管詔勅等事；門下省中有侍郎、郎中、等管侍從儐相等事。改三公爲八公，即太宰、太傅、太保、太尉、司徒、司空、司馬、大將軍，位在三省之上。南朝宋齊有三臺五省之設，據晉制而略加改變；梁武帝以四時定卿位。北魏起自北方，多倣中原舊制，道武所定官職，亦建臺省，公僕將軍刺史太守尚書等官，皆用文人。孝文時，王肅來奔，百司號位，悉照南朝。惟西魏以蘇綽之議，曾一度倣效周制，建設六官。（見通典卷三十七晉至隋官品令）

附唐宋元官制　隋大業頒布新令，改行官制，有臺、省、監、衞、府、之別。唐沿其舊，略加變更。太宗省內外官，定制爲七百二十員，嘗曰：「吾以此待天下賢才足矣。」玄宗慕周典六官之盛，手寫六條付集賢院，命張說等更定官制，取法成周，乃成唐代六典。

其制：中央最高官職，分爲六省，即尙書、門下、中書、祕書、殿中、內侍、等省。尙書省長官曰尙書令，施行既經確定之事；中書省長官曰中書令，宣達天子詔令；門下省長官曰侍中，審査一切詔令：這三省長官有參與國政之權。惟尙書令一職，因太宗曾一度任職之故，後便無人敢任，乃以左右僕射代行之。僕射原是尙書令的副官，分轄六部二十四司：左僕射屬下有吏、戶、禮、三部，右僕射屬下有兵、刑、工、三部；每部之下，又各有四司協助其職。不過這三省長官，都是以他官兼攝的，故有同平章事，同中書門下三品等名稱。其餘三省，爲天子侍從之臣，沒有實權的：祕書省長官曰監，專管經籍圖書；殿中省長官亦曰監，專管天子衣食車馬等事；內侍省長官曰內侍，專管供奉及宣傳詔令等事。在六省之上，又有三師三公，爲天子顧問，職位雖高而無實權。省之下有臺曰御史臺，其長官稱大夫，專管彈劾糾察等事，其屬有三院，臺院、殿院、察院。又有九寺曰：太常、光祿、衞府、宗正、太僕、大理、鴻臚、司農、太府，其長官稱爲卿，分掌庶政。又有五監曰：國子、少府、將作、軍器、都水，掌管教育百工等事。管兵衞之事的有十六衞：即左右衛、左右驍騎府、左右武衛、左右領威衛、左右領軍、左右候衛、左右監門府、左右府、等。管東宮事務的有：詹事府、左右春坊、家令寺、率更令、僕寺、諸率府、等，這些都是中央的官職，稱爲京官，比諸以前複雜得多了。（見通志卷五十一至五十七）

五代沿唐舊制，無所更變。宋興，以同平章事爲首相，參知政事爲副相，總掌政權。加以樞密使掌握兵權，于是樞密院與政事堂並峙爲兩府。樞密之權，重於宰相，此制實始于唐，宋雖以文臣代節度使，而兩府之制仍照唐舊。其下各省台寺監曹司等職，並不實際任事，祇供差遣而已。神宗維新，始改其弊，欲令名實相副，以尚書左右僕射爲宰相，尚書左右丞爲次相，三師三公不過爲宰相的加官，並不實授。至徽宗則改以三師爲宰相，另以少師少傅少保爲次相，欽宗仍復神宗之舊。南宋高宗改兩省侍郎爲參知政事，廢尚書左右丞，又裁汰冗職，寺監之中，裁併者尤多。凡一品以下，謂之文武官，未常參者謂之京官，樞密宣徽三司使副學士諸司而下謂之內官，殿前都校而下謂之軍職。宋末遼金，其設官分職，悉仿唐宋，遼初設南北宰相府，各置左右宰相以掌軍國大政；金以左右丞相爲宰

相，左右丞爲執政官。（參續通志卷一百三十）

元代起自北方，以萬戶統軍旅，以斷事治政刑，任用者皆親貴重臣。及太宗始立十路宣課司，選用儒臣。世祖更定內外官，其總政府曰中書省，掌兵政者曰樞密院，司黜涉者曰御史台。在內者有寺監衞府之分，在外者有行省行台。其長官大多爲蒙古人，漢人往往居于副貳地位。（參續通志卷一百三十二）

明淸及民國官制　明初仿元制設中書省置左右丞相，後乃廢之，以六部掌天下大政，部設尙書，無宰相之名而有宰相之實。殿閣學士，初爲顧問，繼參機務，儼然宰相地位，爲政務樞機之官。其次設都察院以司糾彈，通政司以司章奏，宗人府以管譜族，以及大理寺，太常寺，光祿寺，太僕寺，鴻臚寺，詹事府，翰林院，國子監，欽天監……等，其職守與前朝無異。惟翰林院則以文學進士出身，非此不能入閣，其限制則甚嚴。（參續通志卷一三五）

淸代循明舊而折衷滿俗，定爲中央官制，設內閣大學士四人，協辦大學士二人，掌管政治機務，而有宰相實權。關軍務則設軍機處，其權漸大，超于內閣。內閣之下仍設六部，其尚書往往兼任學士。處理藩屬事務的，則有理藩院，處理外交洋務的，則有總理衙門。厥後改總理衙門爲外務部，與內閣及軍機處並列爲最高機關。其次則六部尚書，都察院左都御史，通政司使，與大理寺卿，合稱爲九卿。並有太醫院專管醫藥，內務府專管庶務，此外則悉如明舊。（參清通志卷六四至七一）

民國成立，易君主爲共和，採內閣制設中央政府，按照五權憲法的規定，分立五院；即立法，行政，司法，攷試，監察。各院設院長以總其事。行政院所屬，有財政、交通、海陸軍、教育、外交、實業、內政、鐵道、農商、等部。在憲政未實施之前，不設總統，以國民政府委員會負政治最高責任。（參五院政府研究集中訓政時期之五權制度）

乙 地方官制

封建時代的州國制　古代的地方制度，很難有確實的考證，尚書周禮等書中的記載，亦大都是後人的推測。尚書記夏時分全國爲九州五服，其言九州：即冀州、兗州、青州、徐州、揚州、荆州、豫州、雍州、梁州。（爾雅周禮皆言各州的界域，爾雅稱梁州爲幽州，靑州爲營州，周禮亦稱梁州爲幽州，有并州而無徐州。）其言五服：

「五百里甸服：百里賦納總，二百里納銍，三百里納秸服，四百里粟，五百里米。

五百里侯服：百里采，二百里男邦，三百里諸侯。

五百里綏服：三百里揆文教，二百里奮武衛。

五百里要服：三百里夷，二百里蔡。

五百里荒服：三百里蠻，二百里流。」（見尚書禹貢）

周禮上又有九服邦國之說：

「方千里曰王畿，其外方五百里曰侯服，又其外方五百里曰甸侯，又其外方五百里曰男服，又其外方五百里曰采服，又其外方五百里曰衛服，又其外方五百里曰蠻服，又其外方五百里曰夷服，又其外方五百里曰鎭服，又其外方五百里曰藩服。」

周禮又說：

「王制凡四海之內九州，州方千里。州建百里；國三十，七十里之國六十，五十里之國百有二十，凡二百一十國；名山大澤不以封，其餘以爲附庸閒田，八州，州二百一十國。天子之縣內方百里之國九，七十里之國二十有一，五十里之國六十有三，凡九十三國；名山大澤不以朌，其餘以祿士以爲閒田。凡九州，千七百七十三國，天子之元士，諸侯之附庸不與。」

旣然分州分國，地方行政責任，當然屬之于州牧國君，但照上引的劃分如此整齊，很難叫我們相信是當時的事實。

秦漢以來的地方官

秦廢封建，置郡縣，一郡之中，有守有尉有御史，守掌民事，尉掌軍事，御史掌監察。一縣之中，各置令尉以掌民軍兩政，郡守縣令，皆由中央直接簡任。漢制因之，分天下爲六十二郡國，郡有太守都尉分掌民軍之事，國有相以監理國政，內史以理民政；郡國之下有縣，設令長以爲親民之官。漢武帝開拓疆土，乃有一〇三郡，二四一國，統攝于十三部，除京師司隸校尉一部外，其餘十二部皆設刺史，監督其屬下的二千石（即太守）與強宗豪右，以防其依勢欺民。漢朝末年，罷刺史，改稱州牧，下仍設郡守縣令。晉分天下爲十九州，州設都督刺史，總攬民軍財政全權。州之下有郡國，國之下有縣，郡設太守，國設內史，縣設令長。隋廢諸郡名號，以州統縣。唐初分天下爲十道，玄宗時改爲十五道，道之下有州府，州設刺史，府設尹，州府之下有縣，縣設令，分掌地方民政。每道設巡察司以監察地方官，設都督府以掌諸州軍政。當時如東北之朝鮮滿洲，北之內外蒙古，西之天山南北路及中亞細亞，南之印度支那等地，皆藩屬于中國，乃特設六都護府，統轄諸羈縻府州。因吐蕃回紇大食之擾，復設十節度使名曰藩鎮，授以兵馬大權，卒至釀成安史之亂。開元以後，節度使權重難制，尾大不掉，以此亡國。（參通志卷五十一）

宋懲唐代藩鎮跋扈之弊，召諸藩鎮于京師，各賜宅第。分天下爲十路，後又分爲十八路，神宗時增至二十三路。路之下有府州軍監，府州軍監下有縣，諸府州都以文官治理，號曰知某府事，知某州軍監事。縣不設縣令，由朝臣外補曰知某縣事，其下置通判佐武之屬。諸路有經略安撫都總管都轉運使，提點刑獄公事，稱監司。又有專門管理漕運糴買的發運使，常平、鹽茶、兵馬、坑冶、市舶、等各設提舉司，以專其職。用兵之時，別設安撫、宣撫、招討、制置、鎮撫、留守、統制、宣諭、諸開府等臨時官職。

元代始設行省制度，除一中書省外，又設十一個行中書省。分轄各地方，簡稱爲行省，設宣慰廉訪諸使。省之下有路府，路府下有州縣，各有牧民之官。京師及各路皆設諸色人匠總管府，管理各種工藝製造。（參續通志卷一三二）

明代分全國爲十五區，在十五區中，除北京南京爲中央政府所在地，有六部長官分掌地方行政外，其餘十三區皆仿元行中書省，有布政司掌一省民政財賦，按察司掌一省糾察刑獄，都指揮使掌衛所戎政，合稱爲三司。布政以下有府州縣，各設知府知州知縣等親民之官。下又設儒學、留守司、兵備道及諸雜職。後在三司以上復設總督巡撫，總攬軍政民政。又設立六等蠻土世官以治藩屬。（參續通志卷一三五）清分全國爲二十二行省，省以總督巡撫爲最高官職，其次仍設布政按察分理財政司法政務。省之下分道府州廳縣，道設道尹府州廳縣各設知府知州同知知縣等官。東三省設將軍以轄旗人，後各省亦多設駐防將軍。蒙古設盟長，青海西藏各設辦事大臣。（參清通志卷六十四）民國廢道府，省下僅分縣，省設省長，縣設縣長，今省有省政府，縣有縣政府，省外又有特別市，其最高長官則稱主席。司法獨立，則有專管訴訟的法院。這是歷代地方官制的大概情形。

歷代官俸 古時官員以田爲俸祿，公卿大夫各有采地及圭田，這是秦漢以前的制度，其詳可見禮記王制篇。秦漢以後，代有更變，漢制：凡列侯都有食邑，官吏俸祿，從三公以至百石，都是以穀的多少定等級。東漢曾一度減少，晉朝又議定增加。到唐朝外官是沒有俸的，要經過考試，方才給予俸祿，分三十品級，九等爵祿，都以食邑多少爲準。京官俸祿較薄，故人多識其內輕外重。宋嘉祐時規定祿令，宰相月三百千，執政二百千，兩府月米百石，俸給獨優。明洪武規定百官祿秩，以公田租米充之，永樂時米鈔兼支，俸給獨薄。清代官吏因俸入太微，無以自給，乃借名斂錢，弊竇百出。

第四章　田賦制度與人口

傳疑的井田制度　古代田賦，無從稽考，惟禹貢記九州貢賦，五等輕重，周禮太宰以九賦斂財賄，爲最早的記載。其次則爲孟子所說的：『夏后氏五十而貢，殷人七十而助，周人百畝而徹，其實皆什一也，』（見孟子滕文公）孟子是深信三代實行過井田制度的，他承認井田是什一而賦的最好制度，所以又說：『方里而井，井九百畝，其中爲公田，八家皆私百畝，同養公田。』（見同上）百畝公田中以二十畝爲八家廬舍，八家共耕公田八十畝，正合『什一自賦』的原則。但亦疑此爲殷制，故曰『惟助爲有公田』，周雖行徹法，却與殷之助法相同，故又曰『雖周亦助也。』然則井田究竟如何畫分的呢？據周禮遂人匠人之說，其劃分的情形，是這樣的：

『遂人：掌邦之野，以土地之圖經田野，造縣鄙形體之法。五家爲鄰，五鄰爲里，五里爲酇，五酇爲鄙，五鄙爲縣，五縣爲遂，皆有地域溝樹之，使各掌其政令刑禁，以歲時稽其人民而授之田野。』

『凡治野：夫間有遂，遂上有徑；十夫有溝，溝上有畛；百夫有洫，洫上有涂；千夫有澮，澮上有道；萬夫有川，川上有路，以達於畿。』

匠人：爲溝洫，耜廣五寸，二耜爲耦，一耦之伐，廣尺深尺謂之甽；田首倍之，廣二尺深二尺謂之遂；九夫爲井，井間廣四尺深四尺謂之溝；方十里爲成，成間廣八尺深八尺謂之洫；方百里爲同，同間廣二尋深二仞謂之澮，專達於川。』（見周禮遂人匠人）

鄭注：『十夫二鄰之田，百夫一酇之田，千夫二鄙之田，萬夫四縣之田。』可見匠人所說的井，等于二鄰之田，成，等于一酇之田。同，等于二鄙之田，一同，則合爲九萬畝，分爲一百井。中間有甽遂溝洫澮等水道，與徑畛涂道路等陸路以爲界域，縱橫貫穿，好像菲局一般。這是說平原之地的畫井辦法，至于不能畫井的畸零之地，乃以夫爲單位，故曰：『夫一廛，田百畝，餘夫亦如之。』所謂夫，即一夫一婦的一家，餘夫則爲未成家的男子，各授田二十五畝，卽孟子所謂『餘夫二十五畝』是也。但是地有肥瘠，所以又分出上地中地下地三等：上地卽不易之地，年年可耕；中地卽一易之地，隔年一耕；下地卽再易之地，隔二年一耕。用什麼方法補救這不平呢？有按年更換與增加田畝的兩種辦法。如何按年更換呢？今年耕上地，明年耕中地，再明年耕下地。如何增加田畝呢？卽『不易之地家百畝，一易之地家二百畝，再易之地家三百畝，』『上地，田百畝，萊五十畝，中地，萊百畝，下地，萊二百畝。』（見周禮遂人）從上述辦法看來，可知這種制度，至少有三種不同的情形：（一）爲盡地爲井而沒有公田的，（二）爲盡地爲井而以九分之一爲公田的，（三）爲不盡井而但制溝洫以分別的。（見柳詒徵中國文化史第十九章四節）所以孟子稱周代的田賦制爲徹，徹者，卽貢助並用的意思，——鄉遂用貢法，都鄙用助法，——朱子集註會云：

『夏時一夫受田五十畝，而每夫計其五畝之入以爲貢。商人始爲井田之制，以六百三十畝之地，畫爲九區，區七十畝，中爲公田，其外八家，各授一區，但借其力以助耕公田，而不復稅其私田。周時一夫授田百畝，鄉遂用貢法，都鄙用助法，公家同井，耕則通力而作，收則計畝而分，故謂之徹。』（見孟子朱子集註）

我們讀了朱子這番話，還是不能明白，因爲夏殷周三代的畝數不同，難道每當換一朝代的時候，從新測量土地而重行畫分麼？所以歷來對于這一點都發生了疑問。有人以爲夏時人民衆多，降及殷周，人民漸少之故。也有以爲夏政寬簡，百畝止稅五十，厥後稅率漸增之故。也有以爲夏時洪水初平，可耕之田尙少之故。也有以爲夏民尙儉，五十而用已足之故。也有以爲三代尺步不同之故。這些答案，都不足以解決這疑問，不過最後一說，比較近理，正如顧亭林所謂『特丈尺之不同，田畝未嘗易也。』（見經義叢鈔井田算法解）究竟還是一種糢糊影響的推測罷了！

畫井的辦法，雖然無法肯定，不過古代土地屬之國家，而不是私有，似乎可以承認的。王制中曾有『田里不粥』的規定，人民從十六歲受田，六十歲還田，人人都當勞力而食。卽那些君卿大夫士在官的人，也規定了一種代耕的辦法。王制周禮孟子都提到過這種辦法，在官者食祿的多寡，均以農夫的耕地爲差。孟子說：

「耕者之所獲，一夫百畝，百畝之糞，上農夫食九人，上次食八人，中食七人，中次食六人，下食五人，庶人在官者，其祿以是爲差。（見孟子萬章）

他又說：

「大國地方百里，君十卿祿，卿祿四大夫，大夫倍上士，上士倍中士，中士倍下士，下士與庶人在官者同祿，祿足以代其耕也。」（見同上）

在王制中也有同樣的說法，可見自君以至士，皆應耕田而食。分配的標準，也以田畝來計算，所以有人認爲是一種共產制度。（參郭沫若中國古代社會研究）漢書中贊美這種制度說：「力役生產可得而平也。」（見漢書食貨志）從賦稅方面講，這也是「取于民有制」的。（孟子語）厥後諸侯自相攻伐，需費浩繁，賦稅加重，遂有布縷之征，粟米之征，力役之征，而漫無限制了。

秦廢井田及漢制　井田制度如果是實在的話，可以說乃是土地公有勞力平均的一種共產社會。但後來因爲人口增加，使這種經濟組織，發生了變動，不必等到李悝商鞅等出來破壞，已經有『平山林開荒蕪』的土地私有制了。史稱秦孝公用商鞅之法，開阡陌，壞井田，土地乃得自由開墾和買賣，于是土地公有制度，變爲土地私有制度了。

秦法任民耕種，不限多少，且令田得買賣。又戰得甲首者，益田宅，豪強兼併，無復禁止，遂產生出佃戶與地主的階級。貧者佃作富者之田，納租至什五之多。國家又令黔首自行實田，舍地而稅人，把田租口賦鹽鐵等稅合併起來，較諸前代，增加到二十倍之多了。

漢高祖既定海內，察知人民痛苦，減輕稅率，定徵爲十五分之一；文帝景帝且又減民租之半，賦三十分之一。但是這種減賦，却只便宜了一般地主，大多數佃農，仍得不到絲毫利益，且看董仲舒之言曰；

『古者稅民不過什一，其求易共，使民不過三日，其力易足。民財內足以養老盡孝；外足以事上共稅，下足以畜妻極愛，故民從上。至秦則不然，用商鞅之法，改帝王之制，除井田，民得賣買，富者田連阡陌，貧者亡立錐之地。又加月爲更卒，已復爲正，一歲屯戍，一歲力役，三十倍於古，田租口賦鹽鐵之利，二十倍於古。或耕豪民之田，見稅什五，故貧民常衣牛馬之衣，而食犬彘之食，重以貪暴之吏，刑戮妄加，民愁無聊，亡逃山林，轉爲盜賊，赭衣半道，斷獄歲以千萬數。漢興，循而未改。古井田雖難卒行，宜少近古，限民名田，以贍不足，塞幷兼之路，鹽鐵皆歸于民，去奴婢，除專殺之威，薄賦斂，省繇役，以寬民力，然後可善治也。』（見漢書董仲舒傳）

這一番議論，不獨可以看見當時豪強勢力，民生凋敝情形，更可以看見他所主張的名田辦法。他這種辦法，原是想給那班大地主的一種限制，使『富者不致過制，貧弱之家可足也』。可惜這辦法沒有被漢武帝所採取，仍舊不能實現。哀帝時師丹亦有同樣的主張，到底因爲地主豪強的勢力，無法動搖，使社會所形成的貧富階級，益爲堅固。王莽頗思澈底加以改革，所以當他卽位之初，便下令變更田制，設立王田，其詔曰：

『古者設廬井八家，一夫一婦田百畝，什一而稅。秦爲無道，厚賦稅以自供奉，罷民力以極欲，壞聖制，廢井田，是以兼併起，貪鄙生，強者規田以千數，弱者曾無立錐之居。漢氏減輕田租，三十而稅一，常有更賦，罷癃咸出，而豪民侵陵，分田刼假，厥名三十稅一，實什稅五也。……今更名天下田曰王田，奴婢曰私屬，皆不得買賣。其男口不盈八而田一井者，分餘田予九族鄰里鄉黨；故無田，今當受田者，如制度。」（見漢書王莽傳）

這種土地國有均產制度，不但不能動搖地主豪強們勢力的分毫，却反而開罪了他們，使他從篡奪而來的帝位，因而發生了動搖。他雖然馬上覺悟，取消這道命令，便回過頭來，允許「諸民食王田皆得賣之，勿拘以法，」以圖轉圜，豈知已經噬臍莫及了。

光武中興，還是依照前漢老法，徵取賦稅，雖云三十取一，但仍舊便宜了地主。到靈帝加增天下田稅每畝十文，名曰修宮錢，漢室也就從此衰弱了。曹操秉政，行田租戶稅之制，凡田一畝出粟四升，家一戶出絹二匹綿二斤，這也是根據漢代的舊法。

晉之均田與唐之班田

晉代欲革除漢代積弊，立均田之法。均田本有井田遺意，不過方法有些不同。他的制度是：無論男女老幼，皆授以田。正丁：男子課田五十畝，女子課田二十畝，次丁減半，次女無課。（年十六至六十爲正丁，十五以上至十三，六十至六十五爲次丁）每年正丁男出粟一斛五斗，絹三匹，綿三斤；丁女與次丁減半。這種制度，可惜因爲連年內亂，不能實行，惟南北朝的北魏孝文帝，却付實行于中國北方。他的辦法，略有不同，即男子自十五歲以上，受田四十畝，女子受田二十畝及桑田二十畝，奴婢亦得受田三十畝，至六十歲還田，每年一月間爲還受之期，這種田名曰露田。惟桑田則爲世業田，沒有退還的限制，所以分爲「口分」與「世業」兩種。口分即計口授田，土地乃國家所有，世業雖亦爲國家所授，可以承繼下去，還是一種土地國有制度。不過私有制沒有完全廢掉，額外的土地，還可以自由買賣。厥後北齊頒永業之法，北周設均賦之官，都根據于這制度。（見通志卷六十一鄭樵按井田之法一篇）

唐代參酌均田制而定授田之法，名曰班田。其制：丁男十八歲以上者，受田一頃，八十畝爲口分，二十畝爲永業，寡妻妾亦得三十畝，以資給養。永業之田，種榆棗桑及所宜之木，卽前代所稱的桑田。田多的地方，稱爲寬鄉，田少的地方，稱爲狹鄉，狹鄉之田，減寬鄉之半。徙鄉者及貧無以葬者，可以出賣其永業田。或從狹鄉徙至寬鄉者，口分田亦可出賣，惟已出賣者則不能再受田。這辦法曾施行于唐高祖武德七年，至高宗永徽時累有更改，天寶時始盡行廢棄。歐陽修曾言：

『唐之始時，授人以口分世業田，而取之以租調庸之法，其用之也有節。自天寶以來，大盜屢起，方鎮數叛，由是財利之稅與，聚斂之臣進，口分世業之田壞而爲兼併，租調庸之法壞而爲兩稅。』

原來唐朝起初是行租庸調三稅法的：所謂租，卽田賦，百畝之田，歲輸粟二斛，稻三斛。所謂庸，卽口賦，民每年須爲國家任力役二十日，閏月加二日。如願加役十五日者免其調，三十日者租調皆得免，不役者按日出絹三尺。所謂調，卽家戶物產稅，蠶絲之鄉，每年按照鄉土出產，納絹綾各二丈，布加五之一，綿三兩，麻三斤，非蠶鄉則納銀。此卽古『布縷之征，粟米之征，力役之征』的遺意。天寶以後，賦斂無定，課目日增，代宗乃分夏秋兩季以稅田畝，夏稅盡六月收一次，秋稅盡十一月收一次。德宗聽楊炎議，規定此制稱爲兩稅法。其稅額初無一定，所謂：『戶無主客，以見居爲簿，人無丁中，以貧富爲差』。但是人的貧富，不易測定，所以推行之時，不無弊病發生。所以陸贄曾說：

『兩稅以資產爲宗，少者稅輕，多者稅重，然而有藏於襟懷囊篋，物貴而人莫能窺，有場圃囷倉，物輕而衆以爲富，有流通蕃息之貨，數少而日收其贏，有廬舍器用，價高而終歲寡利，計估算緡，失平長僞。』

宋以後的稅則 宋之賦民。大概根源于唐代，約有五種：一曰公田之賦，二曰民田之賦，三曰城郭之賦，四曰雜變之賦，五曰丁口之賦。其稅品約分四類：一爲穀，二爲布，三爲金錢，四爲物產。先是宋太祖鑑于五代的橫征暴斂，想解除民間疾苦，乃將苛細的稅則悉行革除，遇水旱之災，蠲免常稅，名爲倚閣。倚閣者，卽兇歲免征之名。普通稅率，大約二十稅一，或十五稅一，北宋諸帝，悉遵是制，可算是寬假了。但是大地主之勢未除，農民仍多困苦，神宗亟欲革新，採用王安石新法，置三司條例司，講求興利之法，創農田水利市易均輸青苗諸法，行方田均稅制。以東西南北各一千步爲一方，每年九月間遣吏分地，察其肥瘠以定稅率。此種辦法，原爲利民之舉，卒以用人不當，利民者反以擾民，加以舊派勢力之大，新法乃杆不能行，不久仍復舊制。賈似道當國，行回買公田之法，勒抑滋擾更甚，又行經界推排法于諸路，東南尺寸之地皆有稅，國民乃大困以至于亡國。（見續通典卷一二）

元代仿唐代制度，取于內郡者有丁稅地稅，如唐之租調庸法，取於江南者曰夏稅秋稅，如唐之兩稅法。續文獻通考記：

『丁稅地稅之法，自太宗始行之，丁稅少而地稅多者納地稅，地稅少而丁稅多者納丁稅，工匠僧道驗地，官吏商賈驗丁。……仍命歲書其數于册，由課稅所申省以聞，違者各杖一百。世祖中明舊制，於是輸納之期，收受之式，關防之禁，會計之法，莫不備焉。』

地稅：上田每畝三升，中田二升半，下田二升，水田五升。丁稅：每丁徵粟一石，驅丁五升，（驅丁即奴婢）新戶的丁驅則徵其半，老幼不徵。商稅三十取一。元初甚寬，後乃增加、末以江南多腴，重行檢覈，擾民實多。（見續通典卷三）

明代稅制，較爲整齊，建國之初，先從調查與登記入手，其登記的册籍，一種叫魚鱗册，將田的方圓曲直美惡寬狹以及丈尺主名四至等，一一繪成圖案，如魚鱗的相比。一種叫黃册，登載天下戶口，各具其姓名年歲籍貫夫家之數，十年一造。前者是土地的調查，後者是戶口的調查，賦役皆以是爲準。戶口大約分三等：一曰民，二曰軍，三曰匠。土田分三等：一曰官田，二曰民田。租亦分二等：夏曰稅，秋曰糧，夏稅以蠶絲爲主，秋糧以米粟爲主。然亦可以銀鈔折納，故有本色折色等名目。官田每畝納租五升三合五勺，民田納租三升三合五勺。田賦之外，有丁糧，即人民應役的代價，（見續通典卷三）但是魚鱗造册，積久生弊，豪猾營買田產，每當造册時，賄其里書。乃有飛灑、鬼寄、花分、畸零、留割、包納、懸掛、掏回、暗襲、寄莊、等種種弊端。清代欲革除其弊，有『以里從額』的規定，即諸糧長以里差次，使姦猾莫之能欺。更有『以田定則』的規定，因區定畝，因畝準稅。把夏稅秋糧合併而總征之，稱爲『一條鞭』的徵收。夏稅以麥爲主，秋稅以米爲主，然亦得以銀折納。稅率視各省地的遠近肥瘠而定。後來在田賦上又增加許多地方附加稅，以及立出許多稅收的名目，人民的負擔日愈加重了。（見清通志卷八十一）

歷代力役　古代國有大事，皆徵人民出力工作，如詩所謂『經始靈台，經之營之，庶民攻之，不日成之』，（見詩大雅靈台篇）庶民來攻，即是力役。周禮小司徒均土地以稽人民之數，照各家戶口抽出公役之人，如所謂『凡起徒役，毋過家一人，以其餘爲羨，唯田與追胥竭作』。（見周禮地官）意即在一家之中，以一人爲正卒，其餘可爲羨卒，所任之役，大約屬于田獵或逐捕盜賊等事。但是怎樣選任呢？周禮鄉大夫：『以歲時登其夫家之衆寡，辨其可任者。國中自七尺以及六十，野自六尺以及六十有五，皆征之。』其任役之時期，周禮均人中有：『凡均力政，以歲上下，豐年則公旬用三日焉，中年用二日焉，無年用一日焉，凶扎則無力征，無財賦。』（見同上）此爲古代力役之制，春秋以後，其制乃變，秦時令民一歲屯戍，一歲力役，月爲更卒，工役較重　漢景帝欲照古制，定民役歲不過三日，二十三而傅，五十六而免，又有免繇給復的辦法，可以算得是寬政了。但是口賦算賦，有增無減，民自三歲至十四歲，便要每年納口賦二十錢，十五歲至五十六歲，每年要出算賦百二十錢，漢武帝以後，其數又增加，並且規定七科的謫戍，三更的納錢，人民乃不勝其苛了。

自晉至隋，大概以丁稅與田賦並徵。唐代三稅法中的庸，就是納錢代役的辦法，其制：凡人民年必以二十日爲國家力役，遇閏月須加二日，不願充役者，按日納絹三尺，如願加役，可免租調。（已見前述）後來雖已納免傭錢，却仍欲服役。宋朝有丁口之賦，隨人戶資產高下，以差次出錢，僱充役者在官，名曰「免役錢」，素無役而出錢者，名曰「助役錢」，增一二分爲水旱缺乏之備者，名曰「免役寬剩錢」。凡不願役者，可以雇人代替，民始以不役而輸錢爲便利，但後來差法既廢，輕重無準，往往役以鉅艱難任的事，民又嘆輸錢之害。大約吳蜀之民喜僱役，秦晉之民喜任役，司馬光蘇軾朱熹等曾討論其利弊。

元代丁地稅並徵。明代則另訂丁役之制，十六歲爲成丁，始應國家之役，六十而免。

凡役分三等：以戶計曰里甲，以丁計曰均徭，上命非時役曰雜泛。有司驗册丁口多寡事產厚薄，以均適其力，通常凡成丁歲役三十日。清初仿明法，後彙為「一條鞭」稅徵辦法，把一切均徭僱役加銀額若干，總徵而均支之，有丁隨地派者，有丁隨丁派者，曾有滋生人丁永不加賦之詔，併丁稅于田賦之中。（見清通志卷八十五）

歷代戶口　賦役之外，又有版籍，所以登記全國戶口的數目者也。任調查戶口責任的，在周代有小司徒鄉大夫遂大夫等官。周禮云：「小司徒稽國中四鄙之夫家，鄉大夫登夫家之衆，遂大夫稽其數，司民書之於版以詔司寇，孟冬獻之於王，登之天府。」（見周禮地官小司徒）據周代調查，當時有一千三百七十萬四千九百二十三人，較之堯舜禹時九州的人數，多出十五萬一千。降及漢代，西漢有一千二百二十三萬三千六十戶，五千九百五十九萬四千九百七十八口；東漢有一千六百七十萬七千九百六十戶，五千六百四十八萬六千八百五十六口，較之周代約增四倍。但東漢反較西漢減少三百多萬，或者是因為新莽時赤眉銅馬等屠殺之故。

晉之極盛時，有二百四十五萬九千八百四戶，千六百十六萬三千八百六十三口，這個數目，或者專從江南而言。據隋大業的調查，僅有八百九十萬七千五百三十六戶，四千六百〇一萬九千九百五十六口，較之東漢，減少了一千萬之多，亦足證其間兵燹離亂，人口驟減。到了唐朝開元時，祇賸得八百九十一萬四千七百九戶，五千二百九十一萬九千三百九口，雖云增加，猶少于漢代四百萬。到宋朝元豐時，戶則加至一千七百二十一萬一千七百十三，則減至二千四百九十六萬九千三百；到南宋高宗時戶僅一千一百三十七萬五千七百三十三，口僅一千九百二十二萬九千〇八。其間增減之數，眞令人不易了解。

元朝調查，至元廿八年，天下戶：內郡有百九十九萬九千四百四十四，江淮有一千一百四十三萬八百七十八。口則合計有五千九百八十四萬八千九百六十四，另有游食者四十二萬九千一百十八人，僧尼二十一萬三千一百四十八人。明朝開國，卽行圖籍戶口，有一千六十五萬四千三百六十二戶，五千九百八十七萬三千三百五口。至天啓時只有九百八十二萬五千四百二十六戶，五千一百六十五萬五千四百五十九口，三百年間，銳減了這許多，又是可怪的。淸代康熙卄四年調査，直省人口爲二千三百四十一萬七千四百四十八口，又大大地減少了。到乾隆十四年戶有三千六百二十六萬一千六百二十三，口有萬七千七百四十九萬五千三十九，增加的數目，忽又如是之快，可見這種調査都是不情不實的。（上述數目，根據通典通志食貨志的記載）

明朝王世貞對于明朝的戶口調査，曾經有過一番討論，其言曰：

「國家戶口之登耗，有絕不足信者，如洪武十四年，天下正承元末之亂，殺戮流竄，不減隋季，而戶尙有一千六十五萬四千三百六十二，口尙有五千九百八十七萬三千三百有五。其後休養生息者二十餘年，至洪武三十五年，戶一千六十二萬六千一百九十六，口五千六百三十萬一千二十六，計戶之減，爲二萬七千五百八十三，口之減，爲三百五十七萬二千二百七十九，此何故耶？其明年爲永樂元年，則戶一千一百四十一萬五千八百二十九，口六千三百五十九萬八千三百三十七，當時靖難之師，連年不息，長江以北，鞠爲草莽，而戶驟增至七十八萬九千五十餘，口驟增至一千二十九萬七千三百十一，又何故耶？翌年，戶復爲九百三十八萬五千二十，口復爲五千九百十五萬四百七十，以比洪武三十五年，是戶減九十四萬一千七百五十九，口減少五百三十九萬九百五十，又何故耶？……』（此下尙有詳細比較，有四個「又何故耶」的疑問，）末言：…『然則有司之造册，與戶科戶部之稽查，皆僅兒戲耳。』（見弇州史料後集）

王氏對于明代的戶口調查，發生了這許多疑問，其實歷代的戶口調查，莫不如是。明周忱有言：『戶口之減，由于人民投倚豪勢，或冒爲工匠，分竄兩京，或賈于四方，擧家居舟中，莫明踪跡』。這足以說明調查不能正確的一部分理由。

淸代因整理賦稅，先從調查戶口入手，順治康熙一再明令編審戶口，至康熙五十年登錄總數爲二千四百十七萬九百九十九丁，而東華錄記乾隆六年，則有萬四千三百四十一萬五百五十九人，三十年間，竟增三倍。至乾隆末年，竟達到了三萬一千多萬，五十年又增了二倍半。當時疆吏迎合上意，不免有浮報之弊，確實的數目，當在二萬六千五百萬左右，其增加之速，亦爲前此所未有。再閱百年，至光緒二十八年，調査結果，有四萬三千九百九十萬之多，遂產生出四萬萬人口這個口號。民國十五年據郵局報告，亦有四萬三千一百五十三萬。（見十五年七月十五日上海時事新報）我們若從這個數目來比較研究，淸乾隆以前，尙不到一萬萬，而乾隆至道光不滿百年竟驟增了三倍，合諸淸代以前，歷數百年常在五六千萬之間，其增加的比例，何以會這樣不同？其間雖關係到領土的大小與時局的離亂，而調査的忽略，實亦爲不可或諱的事。孫中山先生最近說：『按最近科學家同宗教家對于中國人口精確調査，前二年祗有三萬一千萬，去年不是三萬萬。』（見十三年國民會議爲解決中國內亂之法孫中山演說詞）又說：『有一位美國公使樂克里耳，到中國各處調査，說中國的人口最多不過三萬萬』。（見民族主義）而最近又有四萬萬五千萬的報告。這許多統計，都不能叫我們知道一個確實，不要說以前歷史上的數目不可信，就是現在的調査，也是這樣模糊，眞是一件可憾的事，希望將來有一個很精密很正確的調査。

第五章　國家的經濟

最初的狀況　談到國家的經濟，有兩方面可以說：一爲國民經濟的情形，一爲國家的經濟政策，前者是屬于社會的問題，後者屬于政治的範圍，這裏是討論到政治，所以單說到後者，把前者留在討論社會問題時再說。

一個國家的經濟，本來是根源于國民的生產的，中國是個農業的國家，所以國家大部分的收入，是在田賦。相傳自神農氏以耒耜之利教天下，即從游牧社會進入到耕稼社會，黃帝始創井田制度，使人民助耕公田以爲國稅，厥後雖有變遷，而田賦爲國家經濟的大宗收入，已成定例，前面已經約略說過。

繼農業而起的，則爲商業，日中爲市，農出粟，女出布，互相交易，便爲商業的起頭，厥後逐漸發展，便設關市以徵商稅。再其次則產生工業，漸漸由家庭工業而擴展爲國家工業，禮記記殷代官制中有六工之官，（見曲禮下）周禮司空的執掌下有攻木、攻金、攻皮、設色、刮摩、搏埴、等工，（見考工記）這樣的分工，是從什麼時候起頭的？這些工業上的出品，是不是抽稅？都無法證實。不過在周禮中有什麼『九賦』與『九貢』的制度，可見工業有稅，也是很早的。（見周禮天官）而且在這些賦貢中，大多是農產品與工業品，可知當時所貢獻給國家的，都是些土產物品，等到後來產生了錢幣，方始在貢納土産之外，間用錢幣來替代，于是錢幣便成爲經濟上的重要東西。

錢幣的產生　商業開始，初則以物易物，繼則產生一種中準物，這中準物便爲幣制的起源。古書所載，相傳『伏羲有棘幣』，『太昊以來有錢，高陽氏謂之金，有熊氏高辛氏謂之貨』，『黃帝范金爲貨，制金刀，立五幣，設九棘之利，爲輕重之法，以制國用。』（見通志卷六十二）管子論禹湯之幣說：『禹以歷山之金，湯以莊山之金，皆緣凶年，故作幣救民之饑』。（見管子輕重篇）這些話雖不能十分相信，但其制的產生，似乎很早，不過在未用金屬錢幣之前，大概取用一種輸運較便的東西，山陸之民則用皮革，濱水之民則用貝殼，以爲貨物的中準，後來才有金屬的錢幣，史記說：『龜貝金刀布之幣，所從來久遠，自高辛氏之前，靡得而記云。』『虞夏之幣，金為三品，或黃或白或赤，或錢或布或龜貝。』（見史記平準書）這似承認虞夏時已有金屬貨幣，但漢書則說：『凡貨，金錢布帛之用，夏殷以前，其詳靡記。』（見漢書食貨志）又承認金屬貨幣是始于周代的，所以他又說：『太公為周立九府圜法，黃金方寸而重一斤，錢圜函方，輕重以銖，布帛廣二寸為幅，長四丈為匹。』（見同上）所謂圜法，卽是一種金屬的幣制，也就是內方外圓的錢，這種錢自然比使用皮革龜貝輕便得多，所以說『圜法行而泉刀廢』。通考又記：『周景王二十一年，患錢輕，更鑄大錢，徑一寸二分，重十二銖，文曰大泉。』（見通考錢幣考）更可以證明金屬幣制的始于周代。

秦漢的錢幣　秦并天下，分幣為兩等，上幣黃金以鎰為名，下幣銅錢其質如周，文曰半兩。漢初，以秦錢重，更鑄莢錢，其形如榆莢，每錢重一銖，徑五分。（一銖等于二十四分之一兩，古一兩等于現在之二兩，故古一銖等于現在四十八分之一兩。）呂后改行八銖錢與五分錢，文帝時因錢益多而輕，乃更鑄四銖錢，文曰半兩。文帝廢除盜鑄，賈誼曾極言不可，言禁鑄可致七福而免禍。賈山亦勸阻之，文帝不聽，令吳王濞卽山鑄錢，賜鄧通蜀山冶鑄，遂致吳蜀之錢滿天下，果生流弊。（參漢書卷三十四卷九十三）景帝始復禁盜鑄。武帝初鑄三銖錢，復令郡國鑄五銖錢，後因民多奸鑄，乃禁郡國續鑄，並前鑄亦皆銷毀，專令上林三官鑄錢，民間非三官錢不得行用。又曾行使龍馬皮幣，如今之鈔票，另詳下文。元帝時有因鑄錢發生弊病，貢禹竟主張廢除金錢，令民以穀帛交易，朝議弗許。（見漢書卷七十二）王莽變更漢制，始造重十二銖大錢，值錢五十，與契刀、錯刀、五銖錢、四種並用。後又罷契刀錯刀五銖，另作金銀龜貝泉布等五物六名二十八品，但民間仍務舊用五銖，所以當時有「黃牛白腹，五銖當復」之謠。迨至光武中興，始復用五銖錢，百姓稱便。漢末，董卓鑄小錢，五銖之鑄又被破壞。總漢一代，所用的錢幣，前後有十五種之多，卽半兩、美錢、八銖、五分、四銖、三銖、半兩、白金、皮幣、五銖、官赤仄、三官錢、大錢、契刀、錯刀、等。（見漢書食貨志）

魏初欲廢錢以穀帛爲市，但民間有「浸濕穀以邀利，作薄帛以欺人」之弊，明帝從司馬芝之淸，復行五銖。同時，蜀鑄直百錢，吳鑄當五百當千錢，然皆不能通行。

六朝幣制 晉初行用五銖，迨元帝過江，乃用吳國舊錢，有大中小三種：大者名叫比輪，中者名叫四文，小者名叫沈郎錢，以其爲吳興沈充所鑄。劉宋仿古五銖鑄爲四銖錢，至孝建時形式薄小，盜鑄者雜以鉛錫。廢帝更鑄景和二銖，形式更細小，有耒子、荇葉、鵝眼、綖環、之名，公私混淆，錢法之弊，至此而極。南齊時有孔覬言「國家鑄錢，惜銅愛工，故盜鑄者多。欲杜其弊，在不惜銅不愛工」，此可爲救弊之論，（見通考卷八錢幣考引孔覬語）惜不爲當時所採用。梁鑄五銖及女錢二品，普通中竟盡罷銅錢，更鑄鐵錢，以鐵錢易于私鑄，于是鐵錢之多，積如邱山，物價騰貴，復鑄兩柱錢及鵝眼錢兩種，以圖補救。陳承梁喪亂之後，不用鐵錢，改用五銖，以一當鵝眼之十，又鑄大貨六銖，一當五銖之十，後仍廢六銖而專用五銖。北魏初用泰和五銖，後以私鑄浸多，錢愈薄小，竟至風飄水浮，斗米千錢，用王偘議更鑄永安五銖以救其弊。北齊私鑄更多，以鐵和銅。北周鑄布泉之錢，以一當五，又鑄五行大布錢，以一當十。隋初患錢質輕重不等，仿漢鑄五銖，以百錢付關爲樣，驗符則放，否則鎔爲銅入官。迨煬帝立五鑪于揚州鑄錢後，並許各處立鑪，于是私鑄又多，甚至剪鐵葉糊紙以相欺。當後魏時每千文重十二斤，隋初每千文重四斤二兩，大業以後，每千文則重僅二斤，後又減至一斤，相差如是之鉅，其弊可知。（見通考卷八）

唐宋幣制　唐武德四年，廢五銖錢，另鑄開通元寶錢，置錢監于洛并幽益諸州，盜鑄者沒其家而處死罪。禁令雖嚴，私鑄仍不能免，于是惡錢又漸充斥，官爲之收買，以一善錢收買五惡錢，而惡錢仍不能絕。乾封時乃改鑄乾封泉寶錢，以一當舊之十。踰年私鑄之風復熾，不得已重申禁令，嚴降保從坐之律，卒無效果，錢品益濫。玄宗聽宋璟議，禁惡錢，收買而銷毀之，私鑄仍不能絕。肅宗用第五琦策，鑄乾元重寶錢，以一當十；又鑄重輪乾元錢，以一當五十。法既屢易，物價騰貴，斗米竟直七千錢。至代宗時大小錢皆以一當一，民間又收買乾元與重輪等錢銷毀爲器，錢又患少，乃禁天下製銅器，凡銷錢與盜鑄者同罪，積錢至五千萬者處死刑。周世宗令民間銅器輸官，違者論罪。

宋初仿唐開通錢鑄宋元通寶，禁一切輕小惡錢，設錢監，私鑄及運出境外者皆有罪。太宗用紀元鑄錢，其後更鑄各以紀元年號冠之。至慶曆時以西事軍需故，用張奎范雍言，鑄大錢、小錢、鐵錢三種，以是盜鑄者日多，錢文又大濫，乃罷官鑄，復收私鑄，僅行折二錢，錢又患少。王安石雖請弛私鑄之禁，然關邊無譏，猶患錢荒。蔡京當國，鑄當十大錢，開鑄錢院，仿古即山鑄錢之制，又鑄夾錫鐵錢。自孝宗至寧宗皆行當二小平錢，至理宗禁積錢與楮幣。

元代鑄錢有兩種：「曰至大通寶，一文準銀鈔一釐；一曰大元通寶，以一當十，至仁宗始罷鼓鑄。（見續通典卷十一）

明清幣制 明洪武置寶源局于應天，鑄大明通寶錢，各行省鑄洪武通寶，有當十、當五、當三、折二、小錢、五種，嚴禁私鑄。後來仍因私鑄惡薄，規定分新舊錢兩等，上者以七十文準銀一錢，中者倍焉。神宗銳意整頓，仿古『不愛銅不惜工』的原則，開局鼓鑄，定制每錢百文，重十三兩，輪郭周正，文字明潔，私鑄者無利可圖，不禁自止。厥後因富鑄漸媮，私鑄又起，仍生大弊。清初分幣制爲銀銅二種：一爲銀幣，以生銀化成，有元寶、中錠、小錁、之別。自與西洋通商以後，輸入西班牙墨西哥外國銀圓，銀錠之用漸廢，銀元之用漸盛，光緒間乃自設銀圓局，如其重量鼓鑄以爲抵制，每圓重七錢二分。又鑄半元二角一角等輔幣。全國設五官局，除鑄一圓銀幣外，又鑄輔幣。一爲銅幣，仿明法鼓鑄，名曰制錢，初康熙乾隆時，能本不愛銅不惜工之意，于戶部工部設寶泉局，各省設鑄錢局，每錢約重一錢。每易一帝，必更新鑄，初皆良好，後漸媮薄，加以私鑄充斥，間雜鉛砂，其質漸劣而形漸小。自光緒始鑄銅圓，以一當十當二十當五幾種，圓形無孔，行用雖便，制錢乃漸少以至絕跡。銅圓亦漸生弊端，銅質低劣，私鑄又多，各省有折價行用者，錢法因而愈濫，物價因而日增。

民國之初，猶沿清例，鑄銀圓銅圓兩種，後因私鑄日多，銅圓又爲私燬，乃于最近改用法幣、角票、分幣劵、及鋁幣，前此行用的銀銅錢幣，盡行廢止，此誠錢幣制度上的一大改革。

歷代鈔法的變遷 鈔法以楮代錢，即今錢票銀券鈔票的總名，始于周代的質劑。周禮小宰『聽賣買以質劑』，質人『大市曰質，小市曰劑。』註謂：『質劑謂兩書一札，同而別之，長曰質，短曰劑，皆今之券書也。』賈公彥疏云：『大市人民牛馬之屬用長券，小市兵器珍異之物用短券。』（見周禮天官小宰地官質人）說者謂此即證券的起源，亦即鈔法的起源，于圜法寶物代價之外，以質劑為信用代價。

漢代皮幣 漢武帝行用皮帝，漢書記：

『以白鹿皮方尺，緣以繢為皮幣，直四十萬，王侯宗室朝覲聘享，必以皮幣袋薦，然後得行。又造銀錫白金，……其一曰重八兩圜之，其文龍，直三千；二曰以重差小方之，其文馬，直五百；三曰復小橢之，其文龜，直三百。』（見漢書食貨志下）

盧舜治曰：『漢三幣：其一幣圓而龍其文也，其二幣方而馬其文也，其三幣橢而龜其文也，後世交鈔之源始于此。』

唐宋飛錢與交會 唐憲宗時以錢少故，商賈用飛錢，其法以錢置甲地，取券至乙地兌錢，彷彿今之匯票。宋太祖依照此法，許商人輸錢左藏庫，飛諸州錢償之。當時四川商人，因爲錢重不便攜帶，乃用交子之法，文獻通考說；

「初，蜀人以鐵錢重，私爲券，謂之交子，以便貿易，富人十六戶主之。其後，富人貲稍衰，不能償所負，爭訟數起。寇瑊嘗守蜀，乞禁交子，薛田爲轉運使，議廢交子則貿易不便，請官爲置務，禁民私造。詔從其請，置交子務于益州。」（見通考錢幣考）

移私券而爲之官，法須積錢爲本，而後出券，後陝西亦仿行，設交子務，盛極一時。大觀時改四川交子爲錢引，錢引既行，見錢乃少，商貨因而昂貴。高宗令戶部造「見錢關子」，付婺州商人，並令執關子赴榷貨務收納兌換見錢，有願得茶鹽香貨鈔引者聽，出納每多損失，故人皆嗟怨。六年罷交子務，令榷貨務樁垛見錢，印造關子。三十年錢端禮奏命造會子，初止行于兩浙，後乃通行淮浙湖北京西，不通水路去處上供等錢，許用會子，即民間典賣田宅等，亦得行用。後因發見僞造，乃定罰律，陳祐以會子之弊，主張出內庫銀百萬兩收回。曾懷主留四百九十萬于民間使用，別造五百萬新子以更換破損者。寧宗詔以三千萬爲額，可見當時行用之多了。此外又有川引、淮交、湖會、等楮幣，各行用于當地，爲數亦甚巨。當交子會子初行的時候。都積錢爲本，——卽準備金——原不過取一時之便利，而不知一經流落民間，與見錢有相同價值，遂得通行無阻。後因會子發生弊病，不得已發帑收回，只因現銀缺乏，未幾又再造，于是楮幣流行，無往不用，糴本以楮，鹽本以楮，百官俸給以楮，軍士支犒以楮，州縣支吾，無一而非楮。銅錢以罕見爲貴，前日椿積之本，皆絕口而不言、無怪物價騰貴、楮價損折，民生遂受極大弊害。當時人都說在昔以錢重而製楮，楮實爲便，今也錢乏之而製楮，楮實爲病了。（見同上）

元明交鈔

元造交鈔，以絲爲本，每銀五十兩，易絲鈔一千兩。世祖發行中統寶鈔，其文以十計者四，以百計者三，以貫計者二，每一貫等交鈔一兩，二貫等白銀一兩，設各路平準庫以平物價。卒以元寶交鈔，行用既多而物重價輕，乃改造至元鈔，自二貫至五文，凡十一等，與中統鈔並行，武宗復改至大銀鈔，自二兩至二厘，凡十三等。元鈔計三變，而中統至元二鈔，始終通行。

明洪武設寶鈔提舉司，仿宋之交會，元之寶鈔，命中書造大明寶鈔，分六等，即一貫、五百、四百、三百、二百、一百文。每鈔一貫，折銅錢千文銀一兩，四貫抵黃金一兩之數。禁民間不得以金銀貨物交易，凡商稅課，錢鈔兼收，其破爛者曰昏鈔，許入行用庫換易，量收工墨直。當洪武初，鈔千貫等白銀百兩，黃金二十五兩，永樂時減十之九，後其直愈低落，蓋缺乏準備金之故。

清代紙幣　清分國家紙幣，銀行兌換券、莊票、凡三種，莊票乃銀號票號錢莊所發行，有時間與空間的限制。通商以後，外國紙幣，通行于商埠及沿海各省，中國政府乃亦設大清銀行仿行紙幣，此即今中國銀行交通銀行鈔票，稱爲國家紙幣。繼之者各省地方銀行及商業銀行亦發行紙幣，然往往因準備金缺乏之故，發生風潮，甚至倒閉。先是各省有設立官錢局，發行串票及銅元票，中央有所謂寶鈔，然今皆無有矣。民國成立，以中央銀行爲國家銀行，亦發行鈔票，合舊有的中國交通農民等銀行紙幣，統稱爲法幣，一律通用。近更因便利兌換起見，又發行輔幣角票及分幣券。此歷代錢幣制度的大略也。

鹽鐵的征稅　在國家經濟範圍之中，除了田賦與錢幣之外，尚有鹽鐵、關市、及其他一切征榷，應該略及，且先言鹽鐵：

最先提到鹽的，要算是尚書禹貢中所記的「青州貢鹽」，青州在今之山東，以其濱海，故多產鹽。其次要算周禮中所記的『鹽人之官』，是專門管理貢鹽的事，祭祀貢苦鹽散鹽，賓客貢形鹽散鹽，王膳貢飴鹽，齊事貢鬻鹽之類。（見尚書禹貢周禮天官）

說到鐵，也是從尚書中先見到「梁州貢璆鐵」的話。周禮丱人，雖沒有講到鐵，但卻是一種礦官，專管金玉錫石，或者也管到鐵的礦產。其次以鹽鐵並提的，則莫如管子，中有謹正鹽筴之議，論鹽計及少女少男之所食，論鐵計及一鍼一刀之所用，于是始有鹽鐵之征，終齊之世，守其遺法，國以富強。（見管子海王篇）上述三書，雖皆屬不足為據的偽書，然鹽鐵之征稅，似已為周代的事實。漢書更說：

「秦用商鞅之法，改帝王之制，田租口賦鹽鐵之利，二十倍于古。漢興，循而未改。

」（見漢書食貨志）

這裏所說鹽鐵之利，二十倍于古，可見秦以前已有鹽鐵征稅的事。起先，鹽鐵本是貢奉的物品，後來却由貢奉而變爲征稅，再由征稅而變爲官賣了。武帝元狩四年，以孔僅桑宏羊等建議，設立了鹽鐵官，不准民間私鬻私鑄，敢有私鑄鐵器私鬻食鹽者，釱左趾，沒入其器物。同時，設鹽官的有二十八郡，設鐵官的有四十郡。昭帝時賢良文學對策中，皆言民苦鹽鐵均輸甚切，欲罷鹽鐵官，卒因桑宏羊的力爭，乃不罷。桑宏羊既誅，方能罷鐵官，但未幾又恢復。此後或罷或復，至無一定。至東漢時，凡郡縣出鹽多者置鹽官主鹽稅，出鐵多者置鐵官主鼓鑄。後來有張林主張官自鬻鹽，鄭衆反對復置鹽官，意見不一。和帝時詔弛禁令，民得煮鹽鑄鐵納稅，以備不虞之需。獻帝時設監賣鹽，卹助關中流民。終漢之世，鹽鐵榷征，乃爲國用的巨大收入。

後來姚興以國用不足，增關津鹽竹之稅，以爲是損有餘以補不足的政策。後魏宣武帝聽甄琛的話而弛鹽禁，但以豪強乘機擅利，平民愈增痛苦；神龜初乃復置鹽官。永熙遷鄴，于滄瀛幽青四州傍海煮鹽，歲入甚豐，軍國得以周贍。後周文帝時掌鹽政者，分散鹽、監鹽、形鹽、飴鹽、等征稅，禁百姓私煮，至隋開皇末年，通鹽池鹽井與百姓共之。唐開元時，命姜師度與諸道按察使檢括海內鹽鐵之課，有鹽池十八，鹽井六百四十，皆隸于度支部。乾元初，鹽鐵使第五琦變更鹽法，就山海井竈近利之地置監院，籍游民無業者爲亭戶，免雜徭煮鹽，盜鬻者論罪。鹽鐵使劉晏立常平鹽，並罷榷稅，歲入于是大減，利積于私室，國庫愈耗。張平叔奏請官賣，穆宗下公卿議，兵部侍郎韓愈抗議未行。

五代時鹽法太峻，宋太祖弛鹽禁于河北，諸顆鹽末鹽鹽，聽州縣給賣，歲課所入以申尙書省，公私便之。故自開寶以來，河北聽鹽商貿易，增江淮兩浙荊湖六路軍糴直，官估價高，人民利食私鹽，私販因此加多。熙寧中，杭秀温台明五州，私販衆多，就有人主張減損官價，王安石獨主置亭戶，嚴督私販。設立諸路提舉司，令商人先赴塲輸錢，請引赴產鹽郡受鹽，禁網愈嚴，民力愈匱。溯自唐初榷鹽，盡天下鹽利，歲僅四十萬緡，至大曆時增至六百餘萬緡；但宋元祐時淮鹽與解池，歲僅四百萬緡，比大曆所賦，減少三分之一，紹興末，僅泰州海寧一監，達到六七百萬緡，一州之數，超過唐榷總數，宜乎在民生方面，呈着不安之象。

元朝立國，以酒醋、鹽稅、河泊、金銀、鐵冶、取課于民，歲收銀萬錠。世祖定鹽課法，據元典章則知當時規定的鹽課法程有十二條，凡僞造鹽引、私鹽、越界、三者皆須科罪。同時，諸鐵法亦規定無引私販科罪條例。設四川鹽運使、廣東鹽課提舉司、兩淮都轉鹽運使司、兩浙鹽運司、福建市舶司兼辦鹽課，並于各路設鐵冶及提舉司，故在鹽鐵方面的課收，佔國家歲入的大部分。

明朝以鹽課給邊糧餉，並爲水旱凶荒之賑，設立六個轉運司，七個提舉司。單是兩淮一處，一年要收三百萬兩，與漕米相等。其次如兩浙，長蘆、福建、河東等處，各有歲額。明初命各省置鐵冶，計有十二所，不但採鐵，也是冶銅及開採銀鉛金鑛，各有歲課。取締私賣亦極嚴，凡私賣者罪當誅，洪武時曾有因私賣當誅之人，以爲彼細民因衣食所迫，乃減死罪而爲流杖。從此私販日多，鹽價亦日高，便成爲國家經濟上一大損失。當時有人這樣說：向之官鹽，價賤而雜費少，今之官鹽，有引價，有餘銀，有遼餉募兵振濟……等等重費，每一引共出本三兩八錢。私鹽則每引止五錢，即賄通上下之需，猶不及輸官者十之四。可見當時鹽稅遞增，乃有此弊。

清代更甚，順治初雖有蠲免三分之一之詔，但後來仍因國用不足，加徵鹽稅以爲彌補。竈戶因負擔太重，歷年欠課，有時則奉旨豁免，有時則催索綦嚴，鹽商得乘機左右，肥其私囊。國家的加耗既多，官商又層層剝削，鹽價雖高，竈戶毫無利益。因此，私販者不顧生命，甘蹈國法，國家緝私捕販，尤費經營。至于開採礦產及冶務，亦力爲經營，自與外洋交通，生鐵出口日多，雍正時曾有不許出境之禁。只因煅煉不精，條約束縛，開採之權，又大都落于外人之手，生鐵出口之後，復買入鋼鐵機件，一進一出，損失尤屬不貲。（參九通鹽鐵考）

總之：鹽鐵二事，爲歷來國家經濟收入的大宗，其辦法雖多更變，大旨却不離乎官辦。

酒稅　徵收酒稅，名曰榷酤，周禮中有萍氏一官，專管幾酒謹酒等事。（見周禮地官。幾酒是幾察酤賣，謹酒是使民節用。）尚書中酒誥一篇，有「有正有事無彝酒」，「惟祀德將無醉」，等話，這都不過是勸戒節用的意思，沒有提到榷征。榷征何起頭，或者可以說是從蕭何開始的，他規定了『三人以上無故飲酒，罰金四兩』的法律，但這還是罰金，而不是征稅。到了漢武帝的時候，聽了桑宏羊的建議，方始正式的榷酤，令民得以律占租賣酒升四錢，一升酒取租四錢，後雖一度罷免，不久仍設榷酤官。王莽建國，立法，官自釀酒賣之，與鹽、鐵、錢、布帛、稱爲五均賒貸。東漢和帝順帝，因欲節省米穀，曾一度禁酒，但當用兵之時，仍舊開禁，且取利以充軍費；如後來陳文帝的立榷酤科，隋文帝的罷官酒坊，都是因着軍事的緣故。

唐初沒有酒禁，肅宗時因爲歲饑，始有非光祿祭祀燕蕃客不御酒的禁令。代宗令天下州各量定酤，酒戶隨月納稅，此外一律禁釀。貞元時斗酒榷錢百五，値當時酒價之半。（杜工部有「斗酒錢三百」句，故知百五乃價之半。）這時以後，或禁或榷，至不一定。不但酒有酤，連醋也有榷，有人說：「官販苦酒，與百姓爭錐刀之末」。苦酒卽是醋。劉放任曹操中書監，嘗請停榷醋稅，可見榷醋在漢代已實施了。

宋朝在諸州城內，皆置務釀酒，縣鎭鄉閭，許民釀而定歲課。太宗募民掌茶鹽榷酤，這便是後世的所謂包稅制，所以當時承包者往往競加稅額，酒價大增，眞宗乃有「榷酤素有定規，不得復議增課」之詔。當時諸州酒課歲額，有四十萬貫以上之多。顧炎武嘗論酒禁，有曰：

「唐太宗詔天下州縣各量定酤戶，隨月納稅，此名爲禁，而實許之酤，意在榷錢不在酒矣。宋仁宗初，言者猶以天下酒課，月比歲增，無有藝極，非古禁羣飲以節用之意。孝宗淳熙中李燾奏殺法勸飲以斂民財，周輝雜誌以爲惟恐飲不多而課不羨，此榷酤之弊也」。（見顧炎武日知錄）

五代復承宋制，榷酤如故。元太宗定酒課十之一，世祖曾一度禁酒，後仍弛禁，聽民自造米一石，官取鈔一貫，後增至米一石，取鈔十貫。明太祖初定金陵，卽頒禁酒之令，說道：

「歲因民間造酒，靡費米麥，故行禁酒之令；今春農民毋種糯米以塞造酒之源」。

後又令凡賣酒醋之家，不納課程者，笞五十，酒醋一半入官，內以十分之三付告人充賞，可知那時又變禁而爲征了。到了滿朝，康熙曾禁盛京多造燒酒，不致靡費米麥。乾隆酌定五省燒鍋，爲國家特許製酒之所，其他一律禁止，即紅麴紅糟，亦在禁律。當時河北新關收稅舊例，起初每烟百斤，稅銀四錢六分，酒十罈約二百斤，稅銀二分；後來兩項合併每百斤稅銀四錢。淸初不設榷酤官，納稅甚微，後來稍稍增加，不若前朝之重。然而近世各國，對于消耗品，捐稅獨重，因亦逐漸增加，這也是寓禁于征的意思。（參三通考榷酤考）

茶稅　榷茶始于唐德宗時，用戶部侍郎趙贊議，稅天下茶漆竹木，十分取一以爲常平本錢。貞元九年鹽鐵使張滂請征茶稅，每歲得錢四十萬貫，茶之有稅自此始。穆宗兩鎮用兵，帑藏空虛，鹽鐵使王播請增天下茶稅，百增五十，江淮浙東西嶺南福建荊襄茶，皆屬鹽鐵使兼領。武宗時鹽鐵使崔珙又請增加江淮茶稅。

宋制，凡捐稅皆歸榷務處管理，計設榷務處六所十三場，茶亦榷貨之一，諸州所買茶折稅受場，悉送六榷務處鬻之。茶類有二：一曰片茶，一曰散茶，天下茶皆歸官賣，惟川陝廣聽民自賣，不得出境。乾德二年，詔『民茶折稅外悉官買，敢藏匿不送官及私販鬻者沒入之，論罪。』凡園戶歲課作茶輸其租，餘則官悉市之，其售于官者，皆先受錢而後入茶，謂之本錢。百姓歲輸稅，願折茶者亦聽，謂之折茶。民之種茶者，領本錢于官而盡納其茶，官自賣之，敢藏匿及私賣者有罪。除官鬻之茶外，又有食茶，是給予民間日用者，此項食茶，可以往來販賣，惟須得榷務處准許劵。商人往往把牠賣給外人，獲利頗厚。到徽宗時歲收淨利三百二十餘萬，諸州商稅七十五萬有餘，食茶猶不在內。終宋之世，其稅額雖有增減，但禁民私賣，實爲定例。金人初以鹽及雜物博易宋茶，章宗以爲費國用而資敵，乃自設官製茶，且禁私賣。

元亦設榷茶處，定律凡賣私茶者與私鹽同罪。其時榷茶者有十六提舉司，後又增加江南茶課。至延祐時，僅江西一處，自一千二百餘錠，遞增至二十八萬九千餘錠，比原來的額數增到三百倍，食貨志裏所以這樣說：『元之茶課，由約而博也』。

明亦採歷代陳法，榷茶以充國用，于是立茶法，定私茶課罰之條，凡賣茶之處，赴宜課司依例三十分抽一，驗價納課。並特設茶鹽轉運司。明朝課茶，以川陝爲最重，明史云：

『明制：有官茶，有商茶。官茶間徵課鈔，商茶輸課略如鹽制。太祖設茶司，定稅額陝西二萬六千斤，四川一百萬斤。』（見明史食貨志）

四川茶稅，爲什麼這麼多？因爲川邊與外人交易，往往以馬易茶，特設茶馬司管理這件事。永樂七年因碉門茶馬司用茶八萬三千五十斤，只易得瘦馬七十匹，所以禁茶出境。過了六年，仍舊允許外人以馬易茶，又因爲回回教士夾帶私茶，英宗乃有查禁回回收買私茶之詔，凡販賣私茶的，往往嚴行定罪，太祖駙馬歐陽倫，曾因私販巴茶賜死，其法之嚴可知。

清代仍行茶馬交易法，舊額馬一萬一千八十四，明崇禎時曾因軍需不敷，增加馬額二千匹，但是年年皆不能足額。順治三年乃蠲免增額，可見茶馬交易，還是當時的重要事務，清通考裏說：

「按李唐回紇入貢，以馬易茶，宋熙寧嘉泰間相繼行之，漸置茶馬之官。至故明厲金牌三衛，收馬給茶，名曰差發；其制中廢。……我朝定鼎之初，差茶馬御史招商領引納課，所中馬匹，牡者給各邊兵，牝者發所司收養孳息。順治十四年以七監馬匹蕃庶，凡茶馬變價銀兩，充解充餉。康熙三十二年以蘭城無馬可中將，甘州司積貯茶篦，銀七茶三，用充俸餉。蓋本朝牧地廣于前代，稍爲孳息，則驪黃遍野，雲錦成羣，今則大宛西番，盡爲內地，渥洼天馬，皆瀝中之駒，中馬之制久停。是以甘肅茶封，惟苦于霉變，或變折價銀，或以充俸餉。」（見清通考卷三十）

從這段話裏，見得當時易馬之政及甘茶堆積以充俸餉之事，是特注重在西北方面。因爲當時中國茶葉輸入西方，往往由四川甘肅兩路。其他內地茶課，大概與前朝相同，不必再贅。

商稅　商業上的征稅，名叫征商。原其起始，孟子卻曾說過一段話：

『古之爲市者，以其所有，易其所無，有司者治之耳。有賤丈夫焉，必求壟斷而登之，以左右望而罔市利，人皆以爲賤，故從而征之。征商，自此賤丈夫始矣。』（見孟子公孫丑下）

周禮也記到：

『司市國凶荒札喪，則市無征而作布。廛人掌斂市絘布總布質布罰布廛布而入于泉府，凡屠者斂其皮角筋骨入于玉府，凡珍異之有滯者，斂而入于膳府。』（見周禮地官）

所謂司市廛人等官，都是掌管商稅的，可見征商這件事，周代已經起頭了。春秋戰國時商業發達，弦高以一商人而弛國難，可見當時行商居賈，極有勢力，陽翟大賈呂不韋竟能以商人勢力，取得特殊地位。漢初，乃設市籍，重稅以抑商人，甚至禁止賈人衣絲乘車，但是當時商人却富埒王侯，履絲曳縞。（見漢書鼂錯傳貴粟疏）武帝時孔僅以大冶而領大司農，桑宏羊以賈人子而爲御史大夫，市井子弟不得爲官的法令，已經不生效力了。孔桑皆經濟人才，他們爲國家開利源，幾乎無微不至，商賈舟車，都須納稅。王莽立五均官，令工商占所爲于其所在的縣官，除本計利，納什一爲貢。自晉至梁陳，凡貨賣奴婢馬牛田宅，有文劵者，率錢一萬，輸估四百入官，賣者三百，買者一百。無文劵者，隨物所堪，亦百分收四，謂之散估。其後歷代對于商貨，無不征稅，設關卡徵取，名目繁多，不及備舉。九通中商征及市糴等考，可供參閱。

雜征 舉凡山川園池所產物品，無不一一徵稅入官，周禮稱『委人掌斂野之賦，斂薪芻凡疏材木料凡畜聚之物』。（見周禮地官）實行此項征稅的，漢代有『少府掌山澤園池之稅以供給養』，歷代莫不如是。九通中有雜征一門，可供參考，這裏想不煩舉了。

第六章　國家選取人材的制度

上古傳疑的舉賢方法　說到上古的選取賢才，任命國事，莫先于尚書所記的唐堯舉舜。當堯欲求賢讓位的時候，乃諮詢四岳，四岳咸以虞舜爲薦，舜遂于正月上日受命。攝政二十八載之後，堯乃殂落，舜待三年喪畢，然後即位。即與四岳十二牧共商舉賢任職，于是命禹作司空，棄爲后稷，契爲司徒，皋陶爲士，垂作共工，益作朕虞，伯夷作秩宗，夔典樂，龍作納言。說：『諮汝二十有二人』。（見尚書舜典）這可以說是古代選賢的最早記錄。不過這裏所提的人名有九個，連四岳十二牧該是二十五人，何以只說二十二呢？據馬融的註解說：『稷契皋陶皆居官久有成功，但述而云，无所復敕；禹及垂以下皆初命，凡六人。』把三人除外，所以是二十二人。

其次在周禮中記周公相成王，立六典，有司徒以施教育，有樂正以造士，有司馬以辨官材，有司士以掌版，選舉人材，遂有規定的制度了。並說大司徒『以鄉三物教萬民而賓興之』，就是說大司徒的責任，一方面以『三物』爲敎育方針，一方面用賓禮興擧鄉之賢能。但在鄉之中實際負責選擧的人，要算是鄉大夫：

『鄉大夫各掌其鄉之政敎禁令，正月之吉，受敎法于司徒，退而頒之于其鄉吏，使各以敎其所治，以考其德行，察其道藝。三年則大比，考其德行道藝而興賢者能者，鄉老及鄉大夫帥其吏與其衆寡以禮賓之。厥明，鄉老及鄉大夫羣吏獻賢能之書于王，王再拜受之，登于天府，內史貳之』。（見周禮地官司徒）

其下文又有『使民興賢，出使長之，使民興能，出使治之』的話，這不單見得鄉大夫有從民間選取賢能的責任，也是見得此種選擧，皆出人民公意，與今之地方自治相近。輔佐這種選賢事務的，尙有州長、黨正、族師、閭胥、等官，周禮中各詳載其責任。總之：古代選擧人才，最初則出自推選，或由長官薦擧，或由地方推進，迨至學校制度既興，方才有由學校升進的辦法。從禮記中見得當時登庸仕進的道路有兩條：一由鄉學升進的，一由國學升進的，其辦法：

『大司徒……命鄉秀士升之司徒曰選士，司徒論選士之秀者而升之學曰俊士。（升于司徒者不征于鄉，升于學者不征于司徒曰造士），大樂正論造士之秀以告于王而升之司馬曰進士。司馬辨論官材，論進士之賢以告于王而定其論，論定然後官之，任官然後爵之，位定然後祿之』。（見禮記王制）

從選士而爲造士，是鄉學所進的，用爲鄉遂吏；從俊士而爲進士，是國學所進的，用爲大夫士。這裏所說的『論』，就是考校的辦法，禮記學記又記：

『古之敎者，家有塾，黨有庠，州有序，國有學。比年入學，中年考校：一年視離經辨志，三年視敬業樂羣，五年視博習親師，七年視論學取友，謂之小成；九年知類通達，强立而不反，謂之大成』。

這不但是周朝選取人材的辦法，也是歷代學校制度的根據。（說詳下文學校制度章）可見當時進身之路，最重要的，還是學校。同時，也有直接從鄉里中選拔出來的人材，尤其是到了春秋戰國的時候，登進的人材，多半不是出于學校，而是由于薦舉，只要有一技之長，便可取得人君的信任，像齊桓公曾經詢問鄉長說：

『於子之鄉，有居處好學，慈孝于父母，聰慧賢仁，發聞于鄉里者，有則以告，有而不以告，謂之蔽明。於子之鄉，有奉養股肱之力，秀出于衆者，有則以告，有而不以告，謂之蔽賢』。（見國語齊語）

這猶不脫古代選擧之意，以德行道義與才能學識爲標準，並不限于資格。如禮記所說：

『凡語于郊者，必取賢斂才焉：或以德進，或以事擧，或以言揚，……三而有一焉，乃進其等』。（見禮記文王世子）

孟子亦曾說古代選材的不限資格，如：

『舜發于畎畝之中，傅說擧于版築之間，膠鬲擧于魚鹽之中，管夷吾擧于士，孫叔敖擧于海，百里奚擧于市』。（見孟子盡心篇）

若從春秋戰國的人才中加以研究，可以知道大多數由于直接薦擧的。因爲當這個干戈擾攘之時，策士遊說，成爲風氣，所以草莽之人，往往可以朝居田舍而夕登廊廟。

漢代選舉　漢高祖即位之初，即頒求賢之詔，其言曰：

『蓋聞王者莫高于周文，伯者莫高于齊桓，皆待賢人而成名。今天下賢者智能，豈特古之人乎？患在人主不交故也。……賢士大夫有能從我遊者，吾能尊顯之。布告天下，使明知朕意，有而弗言，覺免』。（見漢書高帝紀）

此後漢朝取士之法，大概可分爲三種：一曰賢良方正的選舉，是由天子親自策問的；二曰孝廉茂才的選舉，是由州郡保薦的；三曰博士弟子的選舉，是由學校升拔的。文帝詔舉賢良方正，能直言極諫者，己親策之。武帝時如董仲舒公孫宏皆親册擢第。又詔郡國舉孝廉。當時董仲舒的對策中有：

『使諸列侯郡守二千石，各擇其吏民之賢者，歲貢各二人以給宿衛，且以觀大臣之能。所貢賢者有賞，不肖者有罰。夫如是，諸侯吏二千石，皆盡心於求賢，天下之士，可得而官使也』。（見漢書董仲舒傳）

之言。又詔補博士弟子員，間歲輒試，能通一藝以上者，補文學掌故闕。因此，在漢朝之初，文學經術之士，人材獨甚。曾令郡國察舉賢才以戶口爲準，人口滿二十萬以上，歲察一人，其察舉賢才的標準，計分四科：

『一曰德行高潔，志節清白。二曰學通行修，經中博士。三曰明習法令，足以決疑，能按章覆問，文中御史。四曰剛毅多略，遭事不惑，明足決斷，才任三輔縣令』。（參文獻通考卷二十八）

漢平帝時，又嘗詔令天下通知逸經、古記、天文、歷算、鐘律、小學、史篇、方術、本草，及以五經、論語、孝經、爾雅教授者，遣詣京師，這是西漢選舉的大概。及至東漢，選舉于郡國屬功曹，于公府屬東西曹，于中臺屬吏曹，尚書亦稱選部。當時選舉，以孝廉一科爲最盛，其餘如賢良方正，茂才四行，明經有道，直言獨行，等科，也是時常舉行的。當光武之初，曾用朱浮的意見，推廣博士的選舉，後來因爲矯飾不稱，章帝降詔嚴飭，恢復前漢所行四科。韋彪曾上議曰：

『夫國以簡賢爲務，賢以孝行爲首。孔子曰：『事親孝，忠可移于君』。忠孝之人，持心近厚，鍛鍊之吏，持心近薄，士宜以才行爲先，不可純以閥閱，然其要在于選二千石，二千石賢，則貢舉皆得其人矣』。(見同上)

可見當時在選舉上已生不良結果，故有此議。范曄亦嘗論其得失，則曰：

『漢初，詔舉賢良方正，州郡察孝廉秀才，斯亦貢士之方也。中興以後，復增淳朴有道賢能直言獨行高節質直清白淳厚之屬，榮路既廣，觖望難裁，自是竊名僞服，寖以流競，權門貴仕，請謁繁興。自左雄任事，限年試才，雖頗有不密，固亦因識時宜，而黃瓊胡廣張衡崔瑗之徒，泥滯舊方，互相詭駁，故雄在尚書，天下莫敢妄選，十餘年間，稱爲得人。順帝備元纁玉帛以聘南陽樊英，天子降寢殿，設壇席，尚書奉引，延問得失，急登賢之舉，虛降己之禮，於是處士鄙生，忘其拘儒，拂巾袵褐，以企旌旗之招矣。桓焉楊厚以儒學進，崔瑗虞詡將帥之宏規，王龔張皓虛心以推士，張綱杜喬直道以糾違，郎顗陰陽詳密，張衡機術特妙，東京之士，于茲盛焉。其餘宏儒遠智

，高心潔行，激揚風流者，不可勝言』。（見後漢書論選舉）

范氏論東漢選舉，可算詳盡，東漢人才之盛，亦于此可見。到了靈帝時，紀綱墮壞，選試博士，竟至互相告訟，賄賂公行，選舉之法，因而大濫，國運亦隨之衰落了。

九品中正制度　魏文帝時，聽尚書陳羣之議，立九品官人之法，州郡皆置中正以定其選，擇州郡中有識見的人充之。這個方法，一直從晉朝到南北朝，都是相沿不變。晉武帝雖亦曾照漢制親策賢良，但九品中正，仍照魏制，結果，發生了極大的流弊。劉毅曾諫言九品有八損，官才有三難，使上品無寒門，下品無世族，其弊可知。文獻通考馬端臨亦加以評議曰：

『蓋鄉舉里選者，採毀譽于衆多之論，而九品中正者，寄雌黃于一人之口。且兩漢如公府辟椽屬州郡，選曹僚皆自薦舉之而自試用之，若非其人，則非特累衡鑑之明，抑且失依毗之助，故終不敢十分徇其私心。至中正之法行，則評論者自是一人，擢用者自是一人，評論所不許，則司擢者不敢違其言，擢用或非其人，則司評論者本不任其谷，體統脈絡，各不相關，故循私之弊，無由懲革。又必限于九品，專以一人，其法太拘，其意太狹，其跡太露，故趨勢者不暇舉賢，如劉毅所謂上品無寒門，下品無世族是也』。（上皆見文獻通考卷二十八）

原來晉代選舉，是策試賢良與九品中正兩法並行的。策試多用經義，異常嚴格，一般孝廉秀才每都不敢應試。到了南朝，劉宋規定州舉孝廉，郡舉秀才，天子爲之親策，以定所舉之當否而施賞罰，州郡選舉，亦甚認眞。及至蕭齊，鄉舉乃不覈才德，專以官婚冑籍爲先，卒至有孝秀之名而無孝秀之實。梁初不行中正制，限定年未二十五，不得入仕，年未三十不通一經者，不得爲官。及至太平二年，復置中正。陳依梁制，亦限年入仕。後魏州郡，皆有中正，至正始始罷。北齊州縣皆置中正，嚴于課試，天子親臨對字，有脫誤者呼起立席後，書有濫劣者飲墨水一升，文理孟浪者奪席脫容刀。

隋代秀才 隋文帝定諸州歲貢三人，但工商不得入仕，其舉秀才，非常嚴格，必須文才傑出對策高第之人方能當選。開皇之初，只選得杜正元一人，楊素猶以爲妄舉，欲再加以考試，想使他落第，乃命于未時前擬就司馬相如上林賦、王褒聖主得臣賢頌、班固燕然山銘、張載劍閣銘白鸚鵡賦、幾篇，却想不到都準時做完了，楊素方才驚爲奇才。他的兄弟正藏正倫亦都被舉爲秀才。隋世天下所舉秀才總不過十人，而杜氏一門却有三人，可算得榮耀了。不過這種選舉，已趨重于文詞方面，與從前注重在賢良孝廉等德行方面，有些不同了，所以李諤曾上書言其得失：

『自魏之三祖，更尚文詞，忽君人之大道，好雕蟲之小藝，下之從上，有如影響，競騁浮華，遂成風俗，江左齊梁，其弊彌甚，貴賤賢愚，唯務吟詠。捐本逐末，流徧華壤。大隋受命，聖道聿興，公私文翰，並宜實錄，擇先王之令典，行大道于茲代。如聞在外州縣，仍踵弊風，選吏舉人，未遵典則。至于宗黨稱孝，鄉曲歸仁，學必典謨，交不苟合，則擯落私門，不加收齒，其學不稽古，逐俗隨時，作輕薄之篇章，結朋黨而稱譽，則選充吏職，舉送天朝。蓋由縣令刺史，未行風敎，猶挾私情，不存公道。』（見同上）

這一番議論，絕對不生效力，因爲煬帝雅好文詞，猶以詩賦取士，遂造成了唐代尙文的風氣。

唐宋科舉　唐代取士，分爲三種：一由于學館升進的，（唐制：學館有六種：曰國學，曰太學，曰四門學，曰律法書算學，曰弘文館，曰崇文館。）有秀才、明經、進士、俊士、明法、明字、明算、一史、三史、開元禮、道舉、童子、等科。一由于州縣鄉貢的，凡鄉里所講的明經秀才，先經州縣考試，然後入貢，再由考功郎復試。一由于天子制舉的，天子自詔有德行才能文學以及軍謀將略絕藝奇技的人，親加策問選拔。這時四海昇平，士大夫都以不從文章顯達爲恥。到高宗時，停秀才科，另加試貢士老子策，所以自王公以下的內外百官，都習老子道德經。武后親策貢士于洛城殿，數日方了，這便是殿前試人的起頭。又嘗自著臣範二卷，令貢舉人習業，停習老子。中宗始命停臣範復老子。玄宗詔舉人減尙書論語而加試老子，令鄉貢明經進士，至國子監謁先師，學官開講經義，又凡諸州貢舉省試不第的，准其入監肄業。國子祭酒楊瑒請廣明經進士之額，並以當時明經考試，不求述作大旨，專以孤經絕句爲問難，而請求改革。洋州刺史趙匡言考試十弊，宜從古制。本來這種舉貢的考試，由考功員外郎主之，但此時主考李昂爲舉人詆訶，玄宗遂以員外郎望輕，改由禮部侍郎主考，禮部選士，乃自此始。並創設道舉科，考試誦習老莊文列諸書。肅宗時楊綰奏停明經進士道舉，依古制察孝廉，結果，詔令明經進士與孝廉並行。當時進士科舉，已極冒濫，早爲一般人所厭惡。鄭覃曾以進士浮薄請廢，李德裕亦嫉進士附黨背公，請以公卿子弟爲顯官。李肇國史補論當時選舉之弊，有所謂拔解、合保、私試、關節、還往、書策、……等等名目。原來唐代科舉，以進士爲最貴，縉紳雖位極人臣，其不由進士出身者，終不爲貴。所謂『三十老明經，五十少進士，』可見進士科的艱難。可惜當時士風日下，不獨弊竇叢生，抑且卑鄙可厭。項安世嘗有言曰：

『風俗之弊，至唐極矣。王公大人巍然于上，以先達自居，不復求士；天下之士，什什伍伍，戴破帽，騎蹇驢，未到門百步，輒下馬奉幣刺，再拜以謁於典客者，投其所爲之文，名之曰求知已。如是而不問，別再如前所爲者，名之曰溫卷。如是而又不問

，則有執贄於馬前，自贊曰某人上謁者。嗟乎！風俗之弊，至此極矣。』（見文獻通考卷二十九）

唐初進士考試，用詩賦策，後加箴論表讚。其科第初則以秀才爲最高，進士次之，諸科又次之。永徽以前所舉秀才，僅二十九人，而進士則有二百五十四人。永徽二年停秀才選舉，專以進士明經諸科取士。韓文公曾言：

『天下之以明二經舉於禮部者，歲至三千人。始自縣考試定其可舉者，然後升於州若府，其不能中科者不與是數焉。州若府總其屬之所升，又考試之如縣加詳察焉，定其可舉者，然後貢於天子，而升之有司，其不能中科者不與是數焉。謂之鄉貢。有司者總州府之所升而考試之加察詳焉，第其可進者以上名于天子而藏之，屬之吏部，歲不及二百人，謂之出身。能在是選者，厥惟艱哉！』（見昌黎集卷二十贈張童子序）

唐代所舉進士雖多，而及第者不能即入仕，因爲吏部考試之關最難渡過，韓文公自己曾三試于吏部不能成，十年猶是布衣。當時著名人物，如狄仁傑徐有功皆以明經舉，白居易楊綰顏眞卿裴垍皆以進士舉，此外則祝欽明元鎮李宗閔牛僧孺之徒，亦出進士科，可見進士一科中雖有弊竇，亦不無眞才從此中選拔而來。

五代雖値亂世，開科取士，未嘗或廢，惟進士科人數較少，明經科人數獨多。宋代貢舉，多承唐制，有進士、諸科、武舉、童子……等科，以進士科得人最盛，如呂蒙正王曾歐陽修等，皆由此科出身。太祖乾德六年親試舉人於講武殿，是爲御試之始，與唐武后的殿試相近。太宗有意修文，因參用文武之士，故御試題以訓練將才爲賦，主聖臣賢爲詩，選拔頗多。當時所試以詩賦爲主，後乃加試一論，考校極嚴，禮部放榜之後，恐有遺材，再試再放，孟州進士張雨光以試不合格，醉罵街衢，竟至見殺，說者謂其恩威並用。歐陽修因爲閱卷疲勞，主張逐場裁汰，頭場試以策，于二千人中去其文辭鄙惡者十之七約五六百，次場試以論，如前法去二三百，然後再試以詩賦，選取五百人，使考官不至勞昏，童年新勞無由冒進。富弼亦言考試的利弊，以三長三短的理由，主張罷殿試而專用省試。及至王安石當國，乃欲廢除科舉，專取材于學校，但結果科舉仍不能廢，只罷詩賦不用，專以經義策論試進士，頒行自著的三經新義及字說，驅學者以宗己。後經多人力爭，乃分經義與詩賦爲二科，這辦法一直到南宋，兼行不廢。司馬光嘗論之曰：

『神宗罷詩賦及諸科，專用經義論策，此乃復先王令典，百世不易之法。但王安石不當以一己私學，欲蓋掩先儒，令天下學官講解及科場程試，同己者取，異已者黜，使聖人坦明之言，轉陷于奇僻，先王中正之道，流入于異端』。（見文獻通考卷三十二）

宋代科舉，太祖始以三科取材，仁宗增爲十科，先後中第者多名臣。覆試殿試始于太祖；太宗賜及第出身；糊名始于淳化；謄錄始于祥符；仁宗殿試不黜，以體遠途士子；孝宗于唱第後習射，以示文武並重。進士科佔最重要地位，當時有諺語曰：『焚香取進士，嗔目待明經』，所以有宋一代，進士科選材獨多，起初進士科第一名稱爲榜首，後來才有省元狀元之名。

金仿宋制，亦設科取士，分詞賦、經義、同進士、同三傳、同學究、五等。元代舉人，以德行爲首，試義經術爲先，詞章次之。每歲舉行考試，凡年在二十五歲以上，鄉黨稱孝弟，朋友服信義，經明行修之士，可以由地方保舉與試。其試例分蒙古色目人與漢人南人爲兩榜，第一名進士及第。注重經義策論，說者謂元代以詞曲取士，實無根據，邵遠平曾說：

『戚晉叔云：元代詞曲取士，設十二科，其說甚爲無據。自至元八年設國學，出策題試問，所對精通者爲中選。皇慶二年制科舉皆用經書時務爲題，並無詞曲一項，此明證也』。（見張遠平續弘簡錄）

至元二年，因徹里特穆爾的主張，曾一度罷行科舉，然未幾仍行恢復。

明清科舉　明代科舉，多沿唐宋舊制，三年大比，以諸生而試于直省曰鄉試，其制初場試四書義三道經義一道，次場試論一道，詔誥表內科一道判五條，末場試時務策五道，中式者爲舉人。會試于禮部，又中式，則列名上之天子，御前制策，明日臚傳，一甲三人曰狀元榜眼探花，賜進士及第，二甲若干人，賜進士出身，三甲賜同進士出身。會試不中式者，送國子監肄業，屢舉不第，也可以監生資格入官。令天下各府州縣學，歲貢其食廩生員，赴禮部試，試中得補國子監生，應兩京會試，試卷分南北取中，試文專重經術，因世風日下，學術日疏，當時吏部侍郎王鏊曾曰：

『百年之間，主司所重，士之所習，惟在經義；以爲經義既通，則策論可無俟乎習。夫古之通經者，通其義焉耳；今也割裂裝綴，穿鑿支離，以求合主司之求，窮年畢力，莫有底止，偶得科目，棄如弁髦……人才之不如古，其實由此。』

清初顧炎武亦曾論之曰：

『明初三場之制，雖有先後而無重輕，乃士子之精力，多專于一經，略于考古。……昔之所謂三場，非下帷十年，讀書千卷，不能有此三場也；今則務于捷得，不過于四書一經之中，擬題一二百道，竊取他人之文記之，入場日鈔謄一過，便可以僥倖中式，而本經之全文有不讀者矣，率天下而欲速成之，董子學問由此而衰，心術由此而壞』。

不但如此，而其所撰經文，往往排比，說是代聖人立言，稱之爲制義，遂成爲八股文體。顧炎武又曰：

『經義之文，俗流謂之八股，蓋始成化以後。股者，對偶之謂也。天順以前，經義之文，不過敷衍傳註，或對或散，初無定格，其單題亦甚少，成化二十三年會試，『樂天者保天下』文：起講先題三句，即講樂天四股，過接四句，復講保天下四股，復收四句作大結。弘治九年會試，『責難于君謂之恭』文亦然，每四股中一反一正，一虛一實，一淺一深，其兩對題，扇扇立格，則每扇之中有四股，次第之法，亦復爲之，故今人相傳謂之八股。』（上皆見日知錄）

清代取士，法與明同，分歲試鄉試會試殿試四級，試題、出身、等等，皆仿明制、注重八股制義，各府州縣間歲舉行歲試，拔取生員，分省鄉試，中式舉人，試于禮部曰會試，天子親試曰殿試。普通科舉之外，又設八旗科舉，以試滿蒙生員。康熙二年，曾一度廢止八股文體，代以策論表判，不久仍復。光緒變法維新，僉以八股文玩物喪志，不足以選拔眞才，乃始廢八股而用策論，科舉亦漸即停廢，專從學校取才。

民國成立，五權憲法中注重考試，因有特立之考試院，認考試爲選拔眞才的良制度，不過其考試內容與前此不同而已。

賢良孝廉的選舉　這種選舉，始于漢文帝時，在他的詔諭裏曾曰：『舉賢良方正，直言極諫者，以正朕之不逮』。又曰：『孝弟，天下之大順也，廉吏，民之表也，朕甚嘉此』。

漢武帝亦詔天下『舉方正賢良文學材力之士，待以不次之位』。又令郡國舉孝廉各一人，雖衛綰曾有反對之論曰：『所舉賢良，或治申商韓非蘇秦張儀之言，亂國政，請皆罷』。但當時從賢良選舉而來的如董仲舒公孫宏等，却認爲是不世出的人才。綜計西漢如董、公、鼂、杜、嚴、轅固、等人，皆舉于賢良。路、龔、鮑、蓋、蕭等人，皆舉于孝廉，其人才亦不可謂不盛。東漢也是如此，建武詔敕『公卿司隸州牧舉賢良方正各一人，遣詣公車，』凡郡口滿二十萬，須舉孝廉一人，是以東漢的賢良文學與孝廉，爲數更多于西漢。（參文獻通考選舉考）大概賢良以文學見重，孝廉以德行被徵。賢良對策，至于再試，始于武帝，晉武帝亦仿行之，于數百人中特拔而再試。魏晉之時，郡國人口滿十萬，歲察孝廉一人，南朝劉宋以後，州舉秀才，郡舉孝廉，皆須策試。唐朝每歲每州皆策孝廉，取在鄉閭有孝弟廉潔之行的，由地方官薦舉，有司待之以禮，並試其所學，能精通一經並能對策的，得授以官職，這是原于漢制而漸變爲制舉的一種。後來唐代的明經進士，那就是漢代的賢良孝廉，葉石林曾論之曰：

『漢舉賢良，文帝二年對策者百人，鼂錯爲高第。武帝元光五年對策者亦百餘人，公孫宏爲第一。當時未有黜落法，對者皆預選，但有高下耳。至唐始對策一道，而有中否，然取人比今多。』又曰：『自東漢以來，孝廉遂爲取士科目之通稱，不復有循名責實之舉，不過試以文墨小技而命之官。至倥偬之際，則並不試文而悉官之矣。隨唐而後，始有進士明經等科，遂無復有舉孝廉之事，蓋隋唐而後之進士明經，即東漢以來之孝廉，皆借其名以爲士子進取之塗耳』。（見石林燕語）

原來賢良文學，是由天子親策的，像漢武之于董仲舒，意有未盡，則再策之，晉武之于魏虞阮种也是如此；但到了唐朝，乃全憑有司黜陟。至于孝廉，原取其履行，不加考試，但不久覺出于干請，所舉往往虗妄，于是也用文字試驗來加以甄別，其實也已失原來的意思了。唐代在賢良方正能直言極諫諸科外，科目甚多，有所謂文辭雅麗科，博學宏詞科，志烈秋霜科、等。不下十數種，其實也不過是異其名稱，而以文辭取士則一也。宋代起初，分爲三科：一爲賢良方正能直言極諫，一爲經學優深可爲師法，一爲詳閑吏理達于敎化。後又加博通墳典，才識兼茂、武足安邊、洞明韜略、運籌決勝，軍謀宏遠，材任邊寄、等，總稱其名曰制科，其範圍乃及于武舉，熙甯時詔罷制科；紹聖則以宏詞繼賢良；甯宗一再詔求懷德抱材，才識學術素爲鄉黨推重之士；理宗詔舉賢良與孝廉，屢有更變。此後歷元而明，皆欲收羅山林隱逸，懷才抱德及孝弟力田之士，令有司具聞，待以不次之禮。清代亦如之。這種選舉，起初是由于推薦與徵訪，繼則加以考試，與科舉選拔併合爲一了。

薦辟的情形 薦辟是選賢的最古方法，像四岳舉舜，湯聘伊尹，武丁求傅說，文王訪呂尙，可以說是薦辟的濫觴。春秋時如鮑叔牙之薦管仲，虞丘子之舉孫叔敖，都是從薦辟而來的賢相。漢朝起初蕭何之于韓信，魏無知之于陳平，推薦尤力。此後則如吳公之薦賈誼，楊得意之薦司馬相如，王襄之薦王褒，這都是援引推薦的往例。但尤以辟召爲榮，最著者如漢武之迎申公，光武之聘嚴光，以及順帝之于樊英，桓帝之于徐穉姜肱，皆受天子隆禮徵辟。其餘博學通儒而受辟于丞相公府的，則有如蔡邕見辟于司徒橋玄，周舉見辟于司徒李郃，黃瓊則五府見辟，陳紀則四府並命。因爲當時的名公鉅卿，往往以能致賢才爲高，英才俊士，亦往往以投得知己爲樂，兩漢二千石長吏，皆可以自辟曹掾，何武以大司空而辟鮑宣爲佐，史高領尙書而辟匡衡爲吏，周景之辟陳蕃，王渙之辟仇覽，這都是歷史上有名的故實。漢末，昭烈之聘武侯，曹爽之召羊祜，有就有不就也。晉代以後，或薦或徵，初無一定，謝安以兄子玄應詔，卒奏淝水之功，而謝安自己，亦嘗被徵于桓溫，有所謂『安石不出如蒼生何』。呂婆樓以王猛進用，有知人之鑑。隋文帝時銓選悉歸吏部，尙書舉其大者，侍郎銓其小者，從此一命之官，皆屬朝廷，州郡無復辟署。唐制：三品以上冊授，五品以上制授，守，五品以上敕授，六品以下旨授，其流外官者判補之。（判補即辟舉）馬端臨曾詳言其情形：

『自隋時海內一命之官，並出於朝廷，州郡無復有辟署之事。士之才智可效一官者，苟非宿登仕版，則雖見知於方鎮岳牧，亦不能稍振拔之以收其用。至唐則仕者多由科目矣，然辟署亦時有之，而其法亦不一：有既爲王官而被辟者，若張建封之辟許孟容，李德裕之辟鄭畋，白敏中之辟王鐸是也。有登第未釋褐入仕而被辟者，若董晉之于韓退之是也。有强起隱逸之仕者，若烏重胤之于石洪溫造，張博之于陸龜蒙是也。有特招智略之士者，若裴度之于柏耆，杜悰之于辛讜是也。而所謂隱逸智略之士，多起自白衣，劉貢甫言：唐有天下，諸侯自辟幕府之士，唯其才能，不問其所從來，而朝廷常收其俊偉以補王官之缺，是以號稱得人。蓋必許其辟署，則石破拘攣以得度外之士，而士之偶見遺于科目者，亦未嘗不可自效于幕府，取人之道所以廣也』。（見文獻通考卷三十九）

此可以見唐代的辟署情形，若宋則禁藩鎮自行辟署，一切官吏皆須歸之吏部，但因所銓人員，往往才識不能相當，仍有自行辟署之事。故高宗詔河北招撫使河東經制使等，可以辟署將佐官屬，于是負有才略勇武的人，或以簪笏從戎，或以布衣入幕，多至不可勝數。呂頤浩以左僕射都督諸軍，請辟參謀文武七十七人，李彌大以爲不當，勅有司裁省辟員。而理宗却召布衣如李心傳、饒魯、趙景緯、歐陽守道、陳大中、何基、徐璣等人，各授官職。

元時詔凡山林隱逸之士，命所在官具以名聞，元史記：

『至元二十一年，謂爾根薩里擢左侍儀奉御，勸帝治天下必用儒術，宜招致山澤道德之士，以備任使，帝深嘉納，遣使求賢，置集賢館待之，即以謂爾根薩里爲集賢館學士，凡士之應詔者，命館穀之，飲食供帳車服之盛，皆喜過望』。（見元史謂爾根薩里傳）

唐宋元三世，由薦辟而入仕的人，實在不一而足。其最著者，莫如常何之舉馬周，李泌之推陽城，韓琦之引蘇洵，姚樞之薦許衡，拜珠之薦趙居信吳澄等，都稱得人。元代用人，多由辟擧，當時由徵而仕者固多，徵而不就者亦不少，除杜瑛張特立杜本孫轍何中武恪等皆見隱逸傳外，餘如趙復許謙龍仁夫劉岳申韓性張樞彭炳鄭滁諸人皆屢徵不起，稱爲志節之士。

明太祖，初下金陵，即辟儒士范祖幹葉儀，克婺州時召儒士許元胡翰，日講經史治道。克處州時徵耆儒宋濂劉基章溢劉琛，創禮賢館以處之。嘗勅中書省曰：

『自今有能上書陳言，敷宣治道，武略出衆者，參軍及督府具以名聞。或不能文章而識見可取，許詣闕面陳其事，郡縣官年五十以上者，雖練達政事而精力已衰，宜令有司選民間俊秀年二十五以上，資性明敏，有學識才幹者，辟赴中書，與年老者參用之』。

又曰：

『天下之事，天下之賢共理之，今賢士多隱巖穴，豈有司失于敦勸歟？朝廷疏于禮待

歟？抑朕寡昧不足致賢，將在位者壅蔽使不上達歟？不然，賢士大夫幼學壯行，豈甘沒世而已哉？』（上皆見文獻通考卷三十七）

其求賢若渴之情，溢于言表，是以當時山林巖穴，草茅窮居，無不獲自達於上，由布衣而爲大僚者，不可勝數。永樂時以處士楊士奇布衣陳濟入授翰林，擢馬麟等爲布政。此後吳訥以儒醫除御史，盧忠以軍伍補司訓，吳與弼以布衣應召，陳獻章以舉人蒙聘，胡居仁以處士見徵，他如潘辰文徵明葉幼學等，皆以儒士而入翰林院，凡此皆不由正途出身，而入仕于朝廷的，選才不拘資格，實爲明代的特典。

清初入關，徵召有明遺老，然因不事異族，屢徵不起者，如顧炎武黃宗羲……等，實不乏人。而四開開館，延攬人才，予以不次之選，又不少被其收羅。且開保舉一路，不由科舉正途而得榮顯者，亦正不乏其人。

納粟入官　這制度是始于漢代，漢文帝從鼂錯的話，令民入粟六百石爵上造，四千石爲五大夫，萬二千石爲大庶長，便開了後世捐貲爲官之例。武帝以征伐之餘，用度不足，明開鬻買之門，入穀者，入羊者，入奴婢者，貲隨冶鐵者，皆得入仕，吏道乃雜，名器乃濫。卜式黃霸等雖皆以財得官，尙不失爲名士，而張溫崔烈，究不免爲小人。劉毅竟當面指晉武帝不及桓靈，說：『桓靈賣官錢入官庫，陛下賣官錢入私門，』可見晉時亦有鬻官之事。此後歷唐而宋，皆有納粟補官的辦法。（見文獻通考卷三十五貲選進納輸財得官兩篇）元代納粟可以爲官，凡納粟而不願仕者得旌其門。當時有闒茸好事而輸粟得七品雜流之入，爲一怨家所告發，成遂以爲『賣官鬻爵，已非令典，況又賣與奸淫之人，其何以爲治？』

明代不獨納粟可以得官，即納馬草至千五百束，二千束者即予選用。文生員可納粟爲國子生，王圻曾謂：

『國初祗以徵聘薦擧賢良孝廉明經儒士入官，已而開歲貢之例，重擧人進士之選，而以貲發身所未覩也。雖洪武中有稅戶人材之擢，然祗取其富厚醇樸，而非計其貲也。景泰中始以邊費令民納粟納馬，而貲選濫觴矣。』

神宗時郭正域奏請罷納貢例，以爲此例一開，商賈輿臺一丁不識者，亦得雜廁學中，驟躐賢關，他日服官，必定爲民蠢賊。于是一度停止，然不久仍復開捐監之例。王圻又曰：

『貲選入官，昉于西漢，張釋之黃霸卜式司馬相如咸由是出，然終西漢之世，得人四五而已。唐宋以來，亦間行之，大抵由軍興賑濟，非獲已也。我朝宣德以前，科貢之途，入太學者猶須精擇，戒其冗濫；至于景泰，始以邊境多虞，開生員納粟納馬入監之例。成化初復開納粮納草納馬之例，未久而止，二十年山陝大饑，民相食，大臣以救荒無策，不得已又令納粟入監。近年太僕缺馬，戶部缺邊費，乃開例益濫，遂至市井恒人，皆得借俊秀名目，輸粟入監，注選銓部者，至數萬人』。（見續通考卷四十三貲選）

清代亦如明制，開捐納之例，因此，仕途品雜，吏治不良，其流弊有不可勝言者。

官吏的考課 欲知官吏的稱職與否，自古即有考績的辦法，尚書所謂『三載考績，三考黜陟幽明，』可以說是官吏考課的起頭。（見堯典）到了周朝，其法尤備，太宰以八法治官府，小宰以六敘正羣吏，又以聽官府之六計斷羣吏之實能，並掌治法以考百官府羣都縣鄙之治。太宰『歲終則令百官府各正其受其會，聽其致事而詔王廢置，三歲則大計羣吏之治而誅賞之』。小宰『歲終則令羣吏正歲會，月終則令正月要，旬終則令正日成而以考其治，治不以時舉者，以告而誅之，正歲則以法警戒羣吏，令修宮中之職事，書其能者與其良者而以告于上』。（見周禮天官總宰）

漢法以六條察二千石，（註一）令刺史歲終奏事，舉殿最。宣帝厲精圖治，丞相以下，各奉職奏事，考試功能，治行異善者，厚加賞賜。朱邑以治行第一入爲大司農，尹翁歸爲扶風盜賊課常爲三輔最，韓延壽以斷獄大減爲天下最，他如賜召信臣以黃金，擢陳萬年爲右扶風，尹賞爲長安令，皆其著也。元帝時京房奏考功課吏之法，乃令公卿會議。東漢之制，太尉掌四方兵事功課，司徒掌四方民事功課，司空掌四方水土功課，歲盡各奏其殿最而行賞罰。光武時不復委任三府，陞黜之權歸于刺舉之吏，朱浮乃極言其弊。順帝故特差八使巡行風俗，（見後漢書周舉傳）以察吏治之良窳，當時都稱爲善制。魏明帝以士人循名失實，令劉劭作都官考課法七十二條，杜恕以爲具文無益，乃不果行。晉武帝頒五條詔書于郡國，（註二）又詔杜預爲黜陟之課，杜預以爲法令滋彰，巧飾彌多，宜去繁就簡，令達官各考所統，歲第優劣，因計偕以名聞。

唐代考功，掌于吏部，郎中管京官，員外管外官。其考功之法，百官之長，歲較其屬功過，分四善二十七最九等之差。（註三）于最善之外別有可嘉，于罪殿之情有可矜恤，皆聽考官臨時量定。故有如高祖的親閱功績，而以李綱等爲上第，高宗以滕王驕逸，書下下考以愧其心。盧承慶以督運者寵辱不驚，乃由中下而考定上上。這都是例外的褒貶。宋法以七事考監司，以九事考縣令，（註四）太祖用趙普議，定考功法，設審官院功課，京朝官引對磨勘，大率文臣五年武官七年未犯贓私罪，得遷其秩。淳化中又設立磨勘司，後因磨勘多所寬假，范仲淹曾言其失，此後雖屢有更變，然而整飭官方，都是十分注重的。元代詔舉守令以五事定優劣，注重公、廉、勤、三要。明制考課屬于吏部，凡內外官三年一考，六年再考，九年通考，始行黜陟。屬官先考于其長官，書其最以送御史臺，御史考核，書其最以上考功部，別其殿最，凡分三等：一曰稱，二曰平常，三曰不稱。稱者爲上，賜坐而宴，有過而稱職爲中，宴而不坐，有過而不稱職者爲下，序立于門，宴者出而後退，乃是要借此來激勸官方。不稱者初分四等，即老疾、罷軟，貪酷，素行不謹，後又加『不及』爲五等。貪酷者拿問，罷軟者革職，不謹者閒任，老疾者致仕，不及者降調有差。辦法雖云詳盡，而弊竇仍不能免，神宗時邱橓陳吏治之弊，曾慨乎言之：

『京官考滿，河南道例書稱職，外吏給由，撫按官概與保留，以朝廷甄別之典，爲人臣市交之資，此考績之弊一也。御史巡方，未離國門，而密屬之姓名，已盈私牘，甫臨所部，而請事之竿牘，又滿行臺，以豸冠持斧之威，束手俯眉，聽人頤指，此請託之弊二也。撫按定監司考語，必託之有司，有司則不顧是非，侈加善考，監司德且畏之，彼此結納，上下之分蕩然，其考守令也亦如是，此訪察之弊三也。貪墨成風，生民塗炭，而所劾罷者，大都單寒輭弱之流，苟百足之蟲，傅翼之虎，即贓穢狼藉，還登薦劾，嚴小吏而寬大吏，詳去任而略見任，此舉劾之弊四也。懲貪之法在提問，乃徒有其名，或陰縱之使去，或累逮而不行，或批駁以相延，或朦朧以幸免，即或終竟其事，亦必博長厚之名，而以盡法自嫌，苞苴或累萬金，而贓止坐之銖累，草菅或數十命，而罰不傷其毫釐，此提問之弊五也。薦舉糾劾，所以勸儆有司也，今薦則先進士，而舉監非有憑藉者不與焉，劾則先舉監，而進士縱有訾議者罕及焉，晉接差委，專計出身之途，於是同一官也，不敢接席而坐，比肩而行，助成驕縱之風，大喪賢豪之氣，此資格之弊六也。州縣佐貳雖卑，亦臨民之官，必待以禮，然後可責以法，今也役使譴訶，無殊輿隸，獨任其汚黷害民，不屑禁治，禮與法兩失之矣。學校之職，賢才所關，今不問職業，而一聽其所爲，及至考課，則曰此寒官也，概與上考，若輩知上官不我重也，則因而自棄，知上官必我憐也，又從而日偷，此處佐貳教職之弊七也。科場取士，故有門生座主之稱，若巡按舉其職也，乃劾者不任其怨，舉者獨冒其恩，尊之爲舉主，而以門生自居，傭倌問遺，終身不廢，假明德之典，開賄賂之門，

此僥選之弊八也。』（見文獻通考卷四十六）

這一番議論，說盡了歷來吏治與考課的弊病，固不獨明代有此情形，第明代則更甚耳。故孫承澤曾說：

『明興，考課之制，遠法唐虞，近酌列代，最爲有法，至江陵柄國，大加振刷，蔚然可觀。迨其頹躓，時且以覆轍鑑之矣，人務因循，事趨簡便，內外大計，止據各衙門開報，聊一舉行，而三年報滿，槪加褒獎，以爲封典之地已耳，何怪乎人競傳舍之官，而事功日見其墮也。』（見清孫承澤春明夢餘錄）

清代嚴整吏治，欲有以掃除積弊，分八法處分，即貪酷革職提問、罷軟不謹革職、年老有疾休致、才力不及浮躁酌量降調。三年大計，塡注考語，分才、守、政、年、四格，才則或長或平或短，守則或廉或平或貪，政則或勤或平或怠，年則或青或中或老。督撫按考定咨達部院衙門，吏部考功司河南道詳核去留，都察院嚴核造報，不實者指參。冊報責在撫按，考察責在部院，糾拾責在科道。淸廉者有異賞，貪婪者務嚴懲。康熙時以直隸巡撫于成龍眞實淸廉，加授太子少保銜以爲勸，餘爲貪贓枉法之徒，受嚴刑處罰的，尤不一其人。然而末流貪汙之風，仍不減于明代。

這種黜陟幽明的古制，原欲求官方的整飭，實爲國家重要之典。可惜淸議漸衰，臧否失當，仍爲歷代難免之事。

（註一）一條，强宗豪右，田宅踰制，以强凌弱，以衆暴寡。二條，不奉詔典，背公向私，侵漁聚斂。三條，濫刑淫責，煩擾刻暴，山崩川裂，妖祥訛言。四條，選署不平，蔽賢寵頑。五條，子弟恃怙榮勢，請託所監。六條，阿附豪强，通行貨賂，割損正令。

（註二）晉頒五條詔：正身，勤百姓，撫孤寡，敦本息末，去人事。

（註三）一曰德義有聞，二曰淸愼明著，三曰公平可稱，四曰恪勤匪懈，謂之四善。餘見通考卷三十七。

（註四）凡考轉運提舉官曰擧官，曰勸農桑，曰招流亡，曰興利除害，曰按察部吏贓罪，曰平反獄訟，曰覺察盜賊，謂之七事。曰斷獄平允，曰賦稅不擾，曰差役均，曰盜賊屏，曰勸農桑，曰恤孤寡，曰修水利，曰戶口增衍，曰整治簿書，謂之九事。

第七章　歷代的學校制度

甲　國學的沿革

古代的學校　相傳學校始于五帝，名爲成均，有虞氏即學以藏粢，叫做庠也叫做米廩，有太學與小學之分，太學叫上庠，小學叫下庠。王制有言：

『有虞氏養國老于上庠，養庶老于下庠，夏后氏養國老于東序，養庶老于西序，殷人養國老于右學，養庶老于左學，周人養國老于東膠。養庶老于虞庠』。（見禮記王制）

由此可知四代之學，虞則上庠下庠，夏則東序西序，殷則右學左學，周則東膠虞庠，皆是太學小學的名稱。而周又有辟雍成均瞽宗澤宮之名，辟雍即古之成均，東膠即夏之東序，瞽宗即殷之右學，此皆爲太學也就是國學。諸侯國中之大學，則稱爲泮宮。國學是王世子王子羣后之世子、卿大夫元士之適子、以及國中由鄉學升入的俊秀、這些人所肄業的學校。在國學中任教的，則爲司徒以下等官，如師氏、保氏、大司樂、樂師、大胥、小胥、樂正、籥師丞、各有所掌。禮曰：

『司徒脩六禮以節民性，明七教以興民德，齊八政以防淫，一道德以同俗，養耆老以致孝，恤孤獨以逮不足，上賢以崇德，簡不肖以絀惡，命鄉簡不率教者以告。』

『樂正崇四術，立四教，順先王詩書禮樂以造士，春秋教以禮樂，冬夏教以詩書。王大子王子羣后之大子，卿大夫元士之適子，國之俊選皆造焉。』（見同上）

『凡學，世子及學士必時，春夏學干戈，秋冬學羽籥，皆於東序；小樂正學干，大胥贊之；籥師學戈，籥師丞贊之；胥鼓南。春誦夏弦，大師詔之瞽宗，秋學禮，執禮者詔之，冬讀書，典書者詔之，禮在瞽宗，書在上庠。凡祭與養老，乞言合語之禮，皆小樂正詔之於東序；大樂正學舞干戚，語說命乞言，皆大樂正授數。大司成論說在東序。凡侍坐于大司成者，遠近間三席，可以問，終則負牆，列事未盡，不問。』（見禮記文王世子）

從上面所引的幾段書中，則古代教育的情形，如教材，教師，以及教育的宗旨，受業的情形，略可考見。現在再來研究入學的年歲與升學的制度：大戴禮保傅篇云：

『古者年八歲而出就外舍，學小藝焉，履小節焉；束髮而就大學，學大藝焉，履大節焉』。

外舍一作小學，束髮即成童之年，蓋即白虎通所謂八歲入小學，十五入大學。朱子大學章句序曰：

人生八歲，則自王公以下，至于庶人之子弟，皆入小學，而敎之以洒掃應對進退之節，禮樂射御書數之文。及其十有五年，則自天子之元子衆子以至于公卿大夫元士之適子，與凡民之俊秀，皆入大學，而敎之以窮理正心修己治人之道，此又學校之敎大小之節所以分也』。

這是一種說法。還有尙書大傳所說入學年紀則不同，其言曰：

『公卿之太子大夫元士之適子，十有三年始入小學，見小節焉，踐小義焉；二十入大學，見大節焉，踐大義焉。故入小學知父子之道，長幼之序，入大學知君臣之義，上下之位』。

禮記內則篇又有「十年出就外傅」之說，這樣，就學之年，何以有三說的不同？馬端臨曾有一解釋，謂『保傅白虎通之說，乃天子世子之禮，尚書大傳之說，乃公卿大夫元士適子之禮，內則之言，乃學于家塾』云云，（見文獻通考卷四十）不無相當的理由。至于肄業的年限與升學的辦法，禮記中亦有記載：

『古之教者，家有塾，黨有庠，術有序，國有學，比年入學，中年考校，一年視離經辨志，三年視敬業樂羣，五年視博習親師，七年視論學取友，謂之小成。九年知類通達，强立而不反，謂之大成。夫然後足以化民易俗，近者悅服而遠者懷之，此大學之道也』。（見禮記學記）

『……命鄉論秀士升之司徒曰選士；司徒論選士之秀者而升之學曰俊士；升于司徒者不征于鄉，升于學者不征于司徒曰造士；大樂正論造士之秀者以告于王而升諸司馬曰進士；司馬辨論官材，論進士之賢者以告于王而定其論，論定然後官之，任官然後爵

之，位定然後祿之』。（見禮記王制）

這就是三代學校制度中的國學情形。及至周室衰微，國學亦隨之而凌夷，春秋戰國的時候，私家之學，甚爲發達，如孔子講學杏壇，諸子百家，廣集門弟子以講學，成爲極其普遍的事。所以登進仕途，不必由國學出身，早爲布衣，夕爲卿相，大都出諸私學。

秦漢的學校　秦併六國，學術摧毀，無國學可言，漢興，干戈初定，未遑庠序之事，及至武帝即位，董仲舒對策，亟亟以興太學爲言：

『養士莫大乎太學，太學者，賢士之所關也，敎化之本原也，……臣願陛下興太學，置明師以養天下之士，數考問以盡其材，則英俊宜可得矣』。（見漢書董仲舒傳）

武帝乃從董仲舒議，復興太學，立學校之官，置博士弟子員。這些博士弟子員，就是肄業于太學的學生，後來多方選拔，學額增多，太常博士孔臧等議曰：

『聞三代之道，鄉里有敎，夏曰校，殷曰序，周曰庠，其勸善也顯之朝廷，其懲惡也加之刑罰。故敎化之行也，建首善自京師始，由內及外。……請因舊官而興焉，爲博士官置弟子五十人，復其身。太常擇民年十八已上，儀狀端正者，補博士弟子。郡國縣官有好文學敬長上肅政教順鄉里出入不悖，所聞令相長丞上屬所二千石，二千石謹察可者當與計偕，詣太常，得受業如弟子。一歲皆輒試，能通一藝以上，補文學掌故缺，其高第可以爲郎中，太常籍奏，即有秀才異等輒以名聞。其不事學若下材及不能通一藝，輒罷之』。（見漢書儒林傳）

從此以後，公卿大夫士吏，皆爲彬彬文學之士，是由于設立博士弟子之故。昭帝時增太學博士弟子員滿百人，宣帝末又增加一倍，元帝時設員千人，成帝以爲孔子一布衣，尙養學徒三千人，故增太學弟子員至三千人。

平帝時王莽秉政，欲延譽于天下，因奏置元士之子，得受業如弟子，勿以爲員；歲課甲科四十人爲郎中，乙科二十人爲太子舍人，丙科四十人爲文學掌故。並奏起明堂辟雍靈臺，爲學者築舍萬區。西漢以博士入官的，有賈誼董仲舒……等十四人。以太常掌故入官的，有鼂錯。以博士弟子入官的，有息夫躬兒寬……等十四人。光武中興，先訪儒雅，四方博士，雲會京師，于是立五經博士，各以其法教授，共立十四博士。原來西漢博士，多以名流爲之，至東漢則先加以試驗。十九年車駕幸太學，會諸博士論難于前，又詔諸生雅吹擊磬，盡日乃罷。明帝永平二年，親臨辟雍，初行大射禮，禮畢正坐自講，諸儒執經問難，圜橋門而聽觀者億萬人。其後爲功臣子孫別立校舍，搜選高能以受其業，又爲四姓小侯開立學校，置五經師，期門羽林之士，悉令通孝經。匈奴亦遣子入學，學校的規模，這時候可算興盛了。章帝建初仿石渠故事，會諸儒于白虎觀，考詳同異，著爲通義。和帝時鄧后稱制，學者漸懈，安帝薄文藝勿好，博士不講，學舍頹敝，順帝時翟酺奏請復興太學，其言曰：

孝文皇帝始置一經博士，武帝大合天下之書，而孝宣論六經于石渠，學者滋盛，弟子萬數。光武初興，愍其荒廢，起太學博士舍內外講堂，諸生橫卷爲海內所集。明帝時辟雍始成，欲毀太學，太尉趙熹以爲太學辟雍皆宜兼存，故並傳至今；而頃者頹廢，至於園採芻牧之處，宜更修繕，誘進後學」。

這一段簡短的話裏，可以看見漢朝太學的興廢情形，順帝聽他的話，便重修太學，開拓房屋。左雄又奏召海內名儒爲博士，使公卿子弟爲諸生，有志操者加其俸祿，及汝南謝廉河南趙建年始十二，各能通經，拜爲童子郎，因此負書來學者，雲集京師，到質帝時，太學諸生乃有三萬餘人。桓帝時發生南北黨人之爭，郭林宗賈偉節爲之冠，與李膺陳蕃王暢更相褒重，公卿以下，莫不畏其貶議。牢修上書誣告膺等交結生徒，誹議朝政，天子震怒，逮捕黨人，收執膺等連及陳寔之徒二百餘人，成爲黨錮之禍。靈帝既誅黨人，却甚好學，自造皇羲篇五十章，召致諸生之能爲文賦的，工尺牘鳥篆的，以及能陳說方俗閭里小事的，待以不次之位，並爲之設立鴻都文學，蔡邕曾奏請廢置，因爲那些鴻都學士，大都無行，故士君子都恥與爲列，其學風自黨錮以後，墮落以至于此。計東漢以博士入官的，則有蔡茂承宮……等十人而已。(見文獻通考卷四十)

魏晉南北朝的學校

魏黃初五年立太學，制五經課試之法，置春秋穀梁博士，時慕學者始詣太學爲門人，滿二歲試通一經者稱弟子，不通一經者罷遣。是時國家多事，博士每多粗疏，是以有劉馥高柔等疏奏，宜高選博士，務求行爲人表，經任人師之人，從可知當時學者，大率有名無實。晉初太學生徒有七千人之多，後以人多猥雜，欲辨其涇渭，乃定制立學官第五品以上，得入國學。咸甯二年，始設立國子學，使國中貴游子弟國子得受教于師。是時玄學盛行，習尙老莊，雖有戴逵袁瓌馮懷等請興學校，徵集生徒，終不能革淸談之風，儒術因而不振。太元九年，謝石請興復國學以訓冑子，頒下州郡普修鄉學，乃增造廟屋，選公卿子弟爲生。晉自永嘉亂後，偏安江左，五胡之中，無能顧及學校，有之惟前秦苻堅，曾建太學，親臨考驗，尊崇儒術，反勝南方。

南朝宋文帝曾立國學，未幾即廢，別立玄史文儒四學，以何尙之主玄學，何承天主史學，謝元主文學，雷次宗主儒學，又立總明觀以統四學。齊高帝詔立國學，以張緒爲祭酒，置學生百五十人，取王公以下子弟年十五以上二十以下入學，不久又廢。武帝永明時復立國學，置生二百二十人，省總明觀，時王儉爲國子祭酒，好禮樂春秋，倡導儒術。梁武帝置五經博士，並設集雅館以招遠學，胡致堂曾論之曰：

『史稱武帝雅好儒術，至是置五經博士，開館宇，招後進，四館所養士踰千人，射策通明者除吏，又修孔子廟以示尊師。他日又幸國子監，親臨講肄，且令皇太子及王侯之子，年可從師者皆入學，可謂勸矣』。

陳承梁後，稍置學官，雖博延生徒，成業蓋尠。後魏道武帝初定中原，便立太學，置五經博士，生員有千餘人，後乃增至三千人。改國子學爲中書學，孝文時仍改中書學爲國子學，又開皇子之學，建明堂辟雍，立國子太學四門小學，當時學校勃興，比隆周漢。此後海內淆亂，齊也周也，雖亦不廢國學，究漸衰微，隋文帝統一中國，振興學校，一時稱盛，晚年崇尚刑名，鄙薄儒術，以天下學校生徒多而不精，廢太學四門州縣各學，祗留國子學生七十人，雖有劉炫切諫，亦不能挽回；後又改國子學爲太學。煬帝即位，復開庠序，盛于開皇之初，徵辟儒生，遠近畢至，後因戎事不息，師徒怠散，經籍變爲煨燼。

唐宋學校　唐興，有六種學校，皆屬于國子監：一爲國子學，有生徒三百人；二爲太學，有生徒五百人；三爲四門學，有生徒千三百人；四爲律學，有生徒五十人；五爲書學，有生徒三十人，六爲算學，有生徒三十人。又有二館：一爲門下省所設之弘文館，有生徒三十人；二爲東宮所設之崇文館，有生徒二十人。當時研究的對象，大概是經，分禮記春秋左氏傳爲大經，詩周禮儀禮爲中經，易尚書春秋公羊傳穀梁傳爲小經，在國學太學中都須依次誦習，律書算亦皆有一定的課程。太宗數幸國學，增建校舍，並增加國學太學四門生員，書算學又各置博士，高麗百濟新羅高昌吐蕃諸國酋長，皆遣其子弟來學，於是國學之內有八千餘人，其興盛實爲從古所未有。高宗置國子監于東都，武后聽韋嗣立議，廣學校，中宗敕學生宜行束脩之禮，洪邁有言：

『唐六典，國子生初入，置束帛一篚，酒一壺，脩一案，爲束脩之禮，太學四門律學書學算學，皆如國子之法，……束脩之禮乃於此見之。開元禮載：皇子束脩，束帛一篚，束帛一篚五疋，酒一壺二斗，脩一案三脡，皇子服學生之服，至學門外，陳三物於西南，少進曰，某方受業於先生，敢請見，執篚者以篚授皇子，皇子跪奠篚再拜，博士答再拜，皇子還避，遂進跪取篚，博士受幣，皇子拜訖乃出，其儀如此。州縣學

生亦然』。（見容齋隨筆）

這可見唐朝入學謁師之禮，何等鄭重！玄宗尤重儒學，詔州縣舉通經之士，州縣學生年二十五以下通一經及未通經而聰悟有文詞史學者，入四門學爲俊士，即諸州貢舉省試不第，亦可入學。設立麗正書院，聚文學之士，以張說爲脩書使以總之，置廣文館以鄭虔爲博士。曾罷鄉貢舉人，凡不由國子及郡縣學者勿舉選。置崇玄學，習老莊文列，謂之道舉，是時學校之興，可謂極盛；惜乎安史之亂，學舍爲墟；厥後雖有代宗德宗憲宗文宗等，復興各學，究不能再視前此之盛。五代亦興辦國子學校，然待士苛薄，又當離亂之時，在學者大都苟賤冒濫之士。

宋初增修國子監學舍，王拱辰等言首善自京師，漢太學二百四十房，千八百餘室，生徒三萬人；唐學舍亦千二百間；今國子監二百楹；不足以容學者，欲以錫慶院爲太學。當時雖未成功，神宗時又以鄧綰之言，乃許以錫慶院爲太學，並以朝集院西廡建講書室，太學棟宇，始僅足用。分學舍爲三等，初入學爲外舍，外舍升內舍，內舍升上舍。初上舍生僅百人，內舍生二百人，繼至元豐二年有上舍生百人，內舍生三百人，外舍生二千人，月一私試，歲一公試，間歲一舍試，優越者得升舍，這便叫做三舍法。時專用三舍法取士，以代科舉。王安石頒行三經字說，爲學課標準。原來凡欲考試國子監的，必先要補中廣文館生，乃得以牒求試，所以元祐時特立廣文館生額二千四百員，以待四方士子赴京考試。崇甯于郊外建立辟雍，增廣生員額數上舍爲二百人，內舍爲六百人，外舍爲三千人，三舍考選，徧行天下，由州郡貢之辟雍，由辟雍升之太學，學校之制益詳。先是王安石以新經字說取貢士，學官講業，非王說有禁，欽宗時，楊時指爲邪說，請予禁止，並奪配享。在經學之外，又重律學算學書學畫學醫學小學等科，律學專習古今刑法及朝廷新頒條令，置教授四員，命官學人皆得自占入學，算學尤爲注重，學習周髀九章等算法，以古來著名算數的人繪像孔廟，加五等之爵，如風后大撓隸首等封公，史蘇甘德石申等封伯，鄧平管輅祖冲之等封男，學生以三舍法考試，略如太學。書學則學習篆隸草三體字說文字說爾雅博雅方言等書。畫學則學習佛道人物山水鳥獸花竹屋木，以說文爾雅方言釋名教授。醫學小學亦各其專門學課，亦用三舍法考升。高宗南渡，秦檜以文飾太平，和議一定，即建太學，養士七百人，其時有所謂僞學之禁，互相傾軋，朱子曾有學校貢舉私議，可以考見當時學校的情形，其言曰：

『古之太學，主於教人，而因以取士，故士之來者，爲義而不爲利，且以本朝之事言之，如李廌所記元祐侍講呂希哲之言曰：仁宗之時，太學之法寬簡，國子先生，必求天下賢士，眞可爲人師者，……其游太學者，端爲道藝，稱弟子者，中心悅而誠服之，蓋猶有古法之遺意也。熙甯以來，此法浸壞，所謂太學者，但爲聲利之場，而掌其教事者，不過取其善爲科舉之文，而嘗得雋于場屋者耳。士之有志于義理者，既無求于學，其奔趨輻輳而來者，不過爲解額之濫舍選之私而已。師生相視，漠然如行路之人，間相與言，亦未嘗開之以德行道藝之實，而月書季考者，又祇以促其嗜利苟得，冒昧無恥之心，殊非國家之所以立學教人之本意也。』

這是詳言當時學校的積弊，欲有以改革之，然卒無效，故葉適又嘗論之曰：

『何謂京師之學？有考察之法而以利誘天下。……宣和靖康所用誤朝之臣，大抵皆學校之名士也。至于今日，太學尤弊。何謂州縣之學？無考察之法則聚食而已。士之俊秀者，不屑于學矣，豈非法度之有所偏而講之不至乎？今宜稍重太學、變其故習，無以利誘，擇當世之大儒，久于其職，而相與爲師友講習之道。而州縣之學，宜使考察上于監司，聞于禮部，達于天子，其卓然成德者，或進于太學。』（上皆見文獻通考卷四十三）

此可見當時學校的有名無實，元代以異族入主中國，仿效漢人舊制，設國子監，並國學監官，招生徒百二十人，蒙古漢人各居其半，又置諸路學校官，各縣設立小學，選老成人以掌敎。後另在京師設蒙古國子學，及回回國子學。在先儒名賢舊迹之處，立爲書院，凡師儒之命于朝者稱爲敎授，其次則有學正山長學錄敎諭等分別：其肄業之生徒，大概由守令舉拔，經臺憲考核，然後或用爲敎官屬吏，這是元代學制的大略。

明清學校 明太祖初定金陵，即建國子監于鷄鳴山下，並建孔廟于其東，落成，親祭孔子，在彝倫堂諭祭酒以崇儒弼敎之道，命禮部頒國子監規條，嚴師弟臨屬之禮。品官子弟及民俊秀通文義者，並可充國子學生。時高麗遣金濤來學，自金濤成進士後，日本琉球暹羅諸國，皆有官生入監讀書。永樂元年，于北京元國學舊址設北京國子監，以原有國子監爲南京國子監，于是太學生遂有南北之分。命會試下第舉人入監肄業，以俟後科。中飭學規，纂四書五經及理性大全等書，頒布學校。英宗設兩京武學，文武兼課。武宗定宗學敎習之制。崇禎以倪元璐言積行分法，歲內積八分者爲及格，與以出身。續通考總論明之學校有曰；

『國學之政，莫備于明初，其諸生則取之公卿之子，拔之郡國之秀，廣爲號舍以居之，厚其衣食以養之，在學十餘年，始撥歷出身，往往仕至顯宦，而所重者尤在司成一席，特簡大學士尚書侍郎爲之。及至中葉，名儒蔚出，如李時勉陳敬宗章懋羅欽順蔡清崔銑呂柟分敎南北，晝則會饌同堂，夜則燈火徹旦，如家塾之敎其子弟，故成材之士，多出其門，筮仕之後，知禮義，重廉隅，尊主庇民，事業皆有原本，至萬歷以後雖屢勤振飭，然求之法而不求之人，如博古正誼之倪元璐，講席未暖，斥之而去，則當日之所振飭，亦徒事文具耳』。（見續通考卷四十七）

清代開國，即飭八旗子弟入監讀書，設立學官考錄通文義者，附入順天府學，與漢人同應鄉會試。立八旗官四處，用伴讀十人，勤加教習，每十日赴國子監考課一次。京師所設國子監，大概照明朝舊法，有祭酒司業博士助教等爲教授，分生徒爲貢生監生官學生三種。穆宗時因爲外國通商之事日繁，乃于京師設同文館，教授英德俄語言學術，卒業生命往外洋留學，或派任交際官。德宗時學制全改，倣日本及西洋辦法，有小學中學大學及專門學堂之設；又設譯學館以教授外國語言，進士館以教習新科學。及光緒二十八年，科舉全廢，國家取材，專從學校，至今幾三十餘年，學校制度，雖有更改，而樂育人材，悉于是賴。學校課程，亦趨實用，不若前此專重經術文章，乃注重于實用的科學。

乙　鄉學的制度

最早的鄉學　上面所講的，是屬于京師學校的一方面，還有關于地方的學校，應當加以簡略地敘述：

鄉學之設，與國學同時產生，如禮記所云：

『古之教者：家有塾，黨有庠，術有序，國有學』。（見禮記學記）

所謂家有塾者，據爾雅云『門側之堂謂之塾』，原來古以二十五家爲里，里有門曰閭，在閭之旁有塾，在左曰左塾，在右曰右塾，尙書大傳云：『上老平明坐于右塾，庶老坐于左塾』，漢書食貨志亦云：『里胥平旦坐于右塾，鄰長坐于左塾』。上老庶老，是教里中子弟讀書，里胥鄰長，是教里中子弟耕稼的。尙書大傳又曰：

『大夫七十而致仕，老其鄉里，大夫爲父師，士爲少師，……歲事入畢，餘子皆入學，年十五始入小學，年十八始入大學，距冬至四十五日始出學，傅農事』。

這裏所說的父師，即上老，少師即庶老，是致仕之鄉老，爲里學的教師。據古書謂鄉村的組織，『五家爲鄰，五鄰爲里，四里爲族，五族爲黨，五黨爲州，五州爲鄉』，一鄉共有一萬二千五百家。里中之學稱爲塾，亦稱爲序，鄉中之學稱爲庠，序以明教，庠以行禮，所以說『八歲入小學，學六甲五方書計之事，始知室家長幼之節，十五入大學，學先聖禮樂而知朝廷君臣之禮』，這是漢書言入學之年齡，與尚書大傳所言不同，大約是天子之學與諸侯之學的分別，已詳上篇所述。王制曾云：

『諸侯天子命之，然後爲學。小學在公宮南之左，大學在郊，天子曰辟雍，諸侯曰泮宮』。

鄭注言此爲殷制，由此可知諸侯之學，小學在內，大學在外，由內以升外，然後達于京，而天子之學，則小學在外，大學在內，由外以升內，然後達于朝，這是長樂陳氏言諸侯天子學制的不同（見文獻通考卷四十六）小學的名稱，三代往往不同，孟子曾曰：

『設爲庠序學校以敎之：庠者養也，校者敎也，序者射也。夏曰校，殷曰序，周曰庠』。（見孟子滕文公）

這是言三代小學的名稱，但是進一步在黨在州，又各有其較高的學校，周禮記：

『黨正各掌其黨之政令敎治，及四時之孟月吉日，則屬民而讀邦法以糾戒之，以禮屬民而飲酒以序以正齒位。……書其德行道藝……』『州長各學其州之教治政令之法，正月之吉，各屬其州之民而讀法，以攷其德行道藝而勸之，以糾其過惡而戒之，……春秋以禮會民而射于州序』。（見周禮司徒）黨中的教學在正齒位，即孟子所謂「庠者養也」之義，州中的教學習射于州序，即孟子所謂「序者射也」之義，凡此皆爲最早的地方學校。

漢以後的鄉學　上面所說的這些地方學校的學生，大概也有遞級而升的辦法，如王制所記由選士而俊士而造士而進士的辦法。所以當漢武帝的時候，有文翁薦送蜀郡子弟詣京師受業，武帝便令郡國立學校官，察地方材俊之士，與計偕詣太常受業如弟子。平帝元始三年，立學官，郡國曰學，邑侯國曰校，學校置經師一人；鄉曰庠，聚曰序，序庠置孝經師一人。學即府學，校即縣學，庠序即古閭黨之學。西漢之世，以郡文學入官者，有梅福雋不疑韓延壽蓋寬饒張禹等，以今之學校制度列之，這些人就是今中學畢業而做官的。東漢之世，有李忠起學校于丹陽，宋均立學校于辰陽，寇恂修學校于汝南，衞颯修庠序于桂陽，任延造學校于武威，寇彭明庠序于秦山，鮑德復黌舍于南陽，所以班固嘗說當時：

『四海之內，學校如林，庠序盈門，獻酬交錯，俎豆莘莘，下舞上歌，蹈德詠仁』。(見班固東都賦)

漢末，天下紛亂，學校衰廢，故當魏明帝時高柔上疏說道：

『漢末陵遲，禮樂崩壞，太祖初興，愍其如此，在於撥亂之際，並使州縣立教學之官；高祖即位，遂闡其業，興復辟雍，州立課試，於是天下之士，復聞庠序之教，親俎豆之禮焉』。(見三國志高柔傳)

晉代亦有鄉學；虞溥爲鄱陽內史，大修庠序，廣招學徒，移告屬縣，具爲條制。穆帝時庾亮在武昌開置學宮，起立講舍。梁武帝分遣博士到州郡立學。後魏獻文帝立鄉學，大中下郡各置博士助教。北齊亦倣行其制。隋則廢止州縣之學；唐始恢復，規定京都州縣學額，每年仲冬，由州縣學監舉其成者，送之尚書省。于是諸州縣及鄉皆置學校，州縣學生中有通一經者，精神聰悟者，有文詞史學者，干每年銓量舉送所司簡試，聽入四門學充俊士。諸州縣學生，于習正業之外，仍兼習吉凶禮，並且任百姓私立學校，亦可寄州縣學受業。開元二十六年，曾有興學詔諭，說道：

『古者鄉有序，黨有塾，將以弘長儒教，誘進學徒，化人成俗，率由於是，其天下州縣，每鄉之內，里別各置一學，仍擇師資，令其教授』。（見通考卷四十六）

從此學校大興，風氣更變，各州皆置學校，小州合二三州共置一學，每學教授二人。

縣皆置小學，並推行三舍法。自縣選考升諸州爲州學生，每三年貢入太學爲太學生。崇甯時曾一度廢罷科舉，專以三舍法取士，舊法隸學三年，經兩試不預升貢，即除學籍，至是以其法太嚴，乃寬放年限，三年內三經公試不與選，兩經補內舍貢上舍不及格，凡曾犯三等以上過犯，則除籍歸縣內舍。惟州縣貢士有孝弟睦婣任恤忠和八行，爲鄉里所推者，鄉上之縣，縣延入學，審考無僞，再上之州，州第其等，孝弟忠和爲上，睦婣爲中，任恤爲下，復貢之太學，免試補上舍生，審考不誣，即命之官。可見其注重德行，而得越級以進的情形，然却不免有冒濫之弊，故崇甯嘗有貢舉不如令者三十八人，皆遣歸，並罰提學官俸金的事。自此以逮南宋，學校雖盛，皆屬有名無實。虞儔有疏曰：

『竊怪夫近年州郡之學，往往多就廢壞，士子遊學，非圖餔啜以給朝夕，則假衣冠以誑流俗。……敎授者則自以爲冷官而不事……』。（見續通考卷五十）

元代學校亦極多，元世祖紀中所記數目：

『大司農司所上諸路學校之數，至元二十三年二萬一百六十六所，二十五年二萬四千四百餘所，二十八年二萬一千三百餘所』。

這數目大概包諸路州縣學及書院而言，其注重學校，爲敎育人才之所的情形，雖可想見，亦名存而實亡。故明太祖即位之初，即諭中書省令天下府州縣興立學校，其言曰：

『古昔帝王育人材，正風俗，莫先于學校，至元而其弊極矣，上下波頹風靡，學校雖設，名存實亡，兵亂以來，人習戰鬥，惟事干戈，莫識俎豆，興化何由？今朕統一天下，雖內設國子監，恐不足盡延天下英俊，其令天下郡縣，並建學校，延師儒，招生徒，講道論德，以復先王之舊』。（見同上）

並規定府州縣教授生員額數，予府州縣學之外，又詔設社學，其詔曰：

『昔成周之世，家有塾，黨有庠，故民無不知學，是以教化行而風俗美。今京師及郡縣皆有學，而鄉社之民，未覩教化，有司其更置社學，延師儒以教民間子弟，導民善俗。』

于是鄉社中皆設立學校，民間幼童年十五以下者，送社讀書，講習冠婚喪祭之禮。同時，增加師生廩膳，規定學校規制，設立遼東諸衛學校，特制生員巾服；復定學官考課規則，增廣生員額數，整頓教學課程，此皆有明一代在學校方面的設施，不可謂不周至了。

清代對于郡縣學校的設施，亦頗注重，清通考卷六十九至七十二皆詳載之，其制大概與宋以來的情形相同，這裏可不必細述。惟有二事，或可謂清代的特點，即：一為頒布學規，于各府縣儒學中，勒刻生員教條，較明代所列尤為切實，康熙時頒布了十六條的聖諭廣訓，以為教育方針。一為四庫全書的編輯，分貯七閣，為嘉惠士林的盛事。此外則一切生員名額，與黌宮考升的辦法，皆與明代無異。惟在普通生員之外，加設一種佾生的錄取。又推廣義學與社學，使一鄉一邑一姓一族皆有學校。

迨光緒二十四年變法維新，採取西洋學制，研究西洋學科，乃罷科舉，廢八股，專以學學取材，有小學中學大學的設立，流傳至今，內容上雖屢有變更，而以學校為選拔人才的唯一門經，却未嘗或變，而前此的黌宮教育書院制度，至是已完全廢置不用了。

書院的設立，書院可以說是一種自由研究學術的私立學校，所以補州縣學校的不足而起，開始于唐代。宋代最負盛名的四大書院，（一）石鼓書院則為元和時衡州李寬所建。（二）白鹿洞書院則為南唐升元時所建的學館，以李道為洞主，宋太平興國二年周述言白鹿洞學徒常數千人，可以知其興盛了。（三）嶽麓書院則為開寶中郡守朱洞所首創，繼以周式為山長。（四）應天府書院則于大中祥符間，有府民曹誠即楚邱戚同文舊居造學舍百五十間，聚徒講習，戚舜賓為主教。從此一般賢士大夫留意斯文的人，往往前規後隨，創設書院，與州縣學並行不悖。在四書院外，如西京的嵩陽書院，江甯的茅山書院，當時亦甚有名，最著者為吳興的安定書院，胡瑗講學于此，垂二十餘年，束修弟子數以千計，稱為湖學。時天下方尙文辭詞賦，獨湖學則重經術時務，因此，湖學弟子，出而策仕往往取得高第，適于應用。歐陽修有詩稱之曰：『吳興先生富道德，詵詵弟子皆賢才。』王安石亦有詩曰：『先收先生作梁柱，以次收拾桷與榱。』慶曆四年詔州縣立學，令有司下吳興取先生之法以爲式。以其時州縣學極臻腐敗，講究實學的，只有書院，所以書院之設，遂日以增多。如開禧時的南嶽書院，嘉定時的北巖書院，尤以理宗時爲獨多，有明道，鶴山、丹陽、紫陽、考亭、廬峯、武夷、麗澤、甬東、柯山、稽山、河東、濂溪、涵江、宣城、淸湘、等。度宗時又有石硤、淸獻等。此外有名賢戾止，士大夫講學之所，自爲建置的，不勝枚舉，可見當時書院之多，幾徧天下。厥後歷元而明而淸，書院之設，始終不替，成爲造就人才的唯一塲所。

元代之初，即詔在先儒過化之地，出錢粟以贍學者，立爲書院。于是有楊惟中收集伊洛遺書，立太極書院于燕京，繼之者便有昌平的諫議，河間的毛公，景州的董子，京兆的魯齋，開州的崇義，宣府的景賢，蘇州的甫里、文正、文學、松江的石洞、常州的龜山、池州的齊山、婺源的明經、太原的冠山、濟南的閔子、曲阜的洙泗、尼山、東阿的野齋、鳳翔的岐陽、郿縣的橫渠、湖州的東湖、慈谿的慈湖、甯波的鄮山、處州的美化、台州的上蔡、南昌的宗濂、豐城的貞文、餘干的南溪、安仁的錦江、永豐的陽豐、武昌的南湖、龍川、長沙的東岡、喬岡、益陽的慶州、常德的沅陽、福州的勉齋、同安的大同、瓊州的東坡、……等等書院的設立，與州縣學並立，因此元代諸路學校之數爲最多，以其包括書院之數在內的緣故。

明代亦仿宋元制，設立書院，最著者如京師的首善書院，江南的東林書院等。後來因爲東林黨禍事起，魏忠賢乃毀首善書院，並及天下各書院，直至清朝雍正時方始恢復，雍正十一年諭各省設立書院，其略曰：

『朕臨御以來，時時以教育人材爲念，但稔聞書院之設，實有裨益者少，浮慕虛名者多，是以未敢敕令各省通行，蓋欲徐徐有待，而後頒降諭旨也。近見各省大吏，漸知崇尚實政，不事沽名邀譽之爲，而讀書應舉者，亦頗能屏去浮囂奔競之習，則建立書院，擇一省文行兼優之士，讀書其中，使之朝夕講誦，整飭勵行，有所成就，俾遠近士子觀感奮發，亦興賢育才之一道也』。（見清通考卷七十）並賜各省帑金一千兩，爲興辦書院士子讀書膏火之費，于是書院之設乃復宋元之舊。

直至科舉既廢，書院便亦無形消滅了。

第八章　歷代的刑法制度

刑法的起源　欲言中國刑法的起源，不能不推本到尚書所記：

『象以典刑，流宥五刑，鞭作官刑，扑作教刑，金作贖刑，眚災肆赦，怙終賊刑，欽哉欽哉！惟刑之恤哉！流共工于幽州，放驩兜于崇山，竄三苗于三危，殛鯀于羽山，四罪而天下咸服』。（見堯典今尚書舜典）

這是說舜初攝政時，便有此種象刑與四刑的規定。何謂象刑？白虎通曰：

『畫象者，其衣服象五刑也：犯墨者蒙巾，犯劓者以赭著其衣，犯臏者以墨蒙其臏，象而畫之，犯宮者屝，犯大辟者布衣無領。』

古代制刑，不過畫象及流扑，欲使善者有所勸，惡者有所戒而已。及即帝位，命二十二人各司職守，特立臯陶為刑罰之官，乃曰：

『皐陶！蠻夷猾夏，寇賊姦宄，汝作士，五刑有服，五服三就，五流有宅，五宅三居，惟明克允。』（見同上）

所說五刑，即墨劓剕宮大辟，然既畫象爲刑，何以又制此五種肉刑呢？說者謂此爲治蠻夷之罪的。虞書益稷：『皐陶方祗厥叙，方施象刑惟明。』純爲德化主義。周禮所謂刑新國用輕典，刑平國用中典，刑亂國用重典，蓋有分別也。但據尚書呂刑所記，則謂刑法乃制于蚩尤，其言曰：

『苗民弗用靈，制以刑，惟作五虐之刑曰法，殺戮無辜；爰始淫爲劓刵椓黥』。（見呂刑）

鄭註謂『苗民謂九黎之君，上效蚩尤』，傳亦云『三苗之君習蚩尤之惡，制以重刑』云云，是承認蚩尤爲肉刑的首創者，而下文所說『皐帝哀矜庶戮之不辜，』註皆謂此言皇帝，乃顓頊或帝堯，是皆承認刑法之產生，遠在帝舜以前。繼之者則有所謂夏之禹刑，殷之官刑，仍不失御衆以寬之旨，乃相傳紂爲無道，始作炮烙之刑，有焚炙忠良，刳剔孕婦的暴虐，此爲周以前刑法的大概。

周代的刑法　降至周代，其掌管刑法之官，則有司寇，周禮記其職掌曰：

『大司寇之職，掌建邦之三典，以佐王刑邦國詰四方。以五刑糾萬民。……以圜土聚敎罷民，凡害人者寘之圜土而施職事焉，以明刑恥之。其能改過，反于中國，不齒三年，其不能改而出圜土者殺。……正月之吉，始和布刑于邦國都鄙，乃縣刑象之法于象魏，使萬民觀刑象，挾日而斂之。』（見周禮秋官）

大司寇以下，又有小司寇以五刑聽萬民之獄訟，士師掌五禁以左右刑罰，以及鄉士、遂士、縣士、方士、訝士、朝士、等，各有其對于刑罰之職掌。再其次則有司刑掌五刑，即所謂墨劓宮刖死五種罪罰，又有掌囚、掌戮、布憲、禁暴氏、……等等官職，都是施行刑法的人。再從禮記王制看：

『司寇正辟明刑以聽獄訟，必三刺，有旨無簡不聽，附從輕，赦從重，凡制五刑必即天論，……凡作刑罰，輕無赦，刑者侀也，侀者成也，一成而不可變，故君子盡心焉。』

一方面本仁愛之意，聽訟必求實情，一方面却謹守法度，雖輕勿赦，所以有：

『析言破律，亂名改作，執左道以亂政，殺；作淫聲異服，奇技奇器以疑衆，殺；行僞而堅，言僞而辯，學非而博，順非而澤以疑衆，殺；假於鬼神時日卜筮以疑衆，殺。』（見周禮）

等四殺之刑。尚書周公戒康叔之誥，亦申述此意：一則曰：

『嗚呼！封！敬明乃罰！人有小罪，非眚，乃惟終，自作不典，式爾，有厥罪小，乃不可不殺；乃有大罪，非終，乃惟眚災，適爾，既道極厥辜，時乃不可殺。』（見康誥）

再則曰：

『非汝封刑人殺人，無或刑人殺人，非汝封又曰劓刵人，無或劓刵人。……凡民自得罪，寇攘姦宄，殺越人于貨，暋不畏死，罔弗憝。』（見同上）

這無非說明于刑罰之中，要寓愼重寬恕之意。其在君陳呂刑篇中，一而再地申明愼刑之意，如所謂：

『寬而有制，從容以和。』（見君陳）

『五刑之疑有赦，五罰之疑有赦，其審克之。』（見呂刑）

等話，不一而足。不過刑罰亦不能弛廢，因爲要『辟以止辟』的緣故，所以又說：

『狃于姦宄，敗常亂俗，三細不宥。』（見君陳）

『元惡大憝，矧惟不孝不友，……乃其速由文王作罰，刑茲無赦。』（見康誥）

總之：刑罰固不可廢，惟在輕重咸宜，勿枉勿縱，故曰：

『上下比罪，無僭亂辭，勿用不行，惟察惟法，其審克之。上刑適輕下服，下刑適重上服，輕重諸罰有權。刑罰世輕世重，惟齊非齊，有倫有要。罰懲非死，人極于病。』（見呂刑）

這可以說是古代用刑之本意。呂刑一篇，說得非得詳盡。

五刑的分析　五刑之名，始見于虞書，詳見于周禮秋官與尙書呂刑。一曰墨刑。呂刑謂『劓刵椓黥』原爲苗民之虐刑，黥就是墨，鄭玄註周禮則曰『墨黥也』。墨是一種什麼刑罰？孔安國註云『刻其顙而涅之曰墨刑』，白虎通五刑篇亦曰：『墨者墨其額也』。說文黑部訓黥義曰：『黥，墨刑在面也。』這種刑罰，乃在面部上刻以文字，塗之以墨，使人易見。

二曰劓刑。孔鄭註周禮尙書皆曰截其鼻，白虎通云『劓者劓其鼻也』。說文刀部云『劓刑鼻也』。鄭玄又謂：『今東西夷，或以墨劓爲俗，古刑人亡逃者之世類與！』墨劓之刑，往往而有，秦曾黥墨太子之傅，（見國語秦語）可見其普遍。

三曰剕刑。亦稱爲刖刑，孔註呂刑『刖足曰剕』鄭註秋官『刖，斷足也』。白虎通云：『剕者，脫其臏也』，臏亦稱髕，史記孫子傳：『以法刑斷其兩足』，太史公自序云：『孫子髕脚』，而淡時則有刖左右趾之刑，刖似較輕于臏，其實所謂髕，即古之剕與刖，皆爲足刑，臏是脫其髕，剕是斷其趾，刖是斷其足，大約可以這樣分別。

四曰宮刑。孔安國注呂刑，宮淫刑也，男子割勢，婦人幽閉次死之刑。』鄭玄註秋官：『宮者丈夫則割其勢，女子閉于宮中。』白虎通亦云：『宮者，女子淫，執置宮中不得出也，丈夫淫，割去其勢也。』漢除肉刑，宮刑猶在，隋廢男子宮淫，女子猶閉于宮。

五曰大辟。秋官作殺罪，殺是死刑，故孔安國注呂刑云：『辟，死刑也。』死是罪之大者，故謂死刑爲大辟。

上列五刑，據周禮秋官云自墨至五百共二千五百條。呂刑則云：『墨罰之屬千，劓罰之屬千，剕罰之屬五百，宮罰之屬三百，大辟之屬二百，五刑之屬三千』。條目雖增，而宮與大辟之刑却減少，未始非由重而減輕之證。據呂刑則知五虐之刑，始于苗民，舜用五刑，雖有苗民之迹，而用當其罪，故墨子所謂『聖王制爲五刑以治天下，有苗之制五刑以亂天下』，言舜雖用有苗五刑之制，而有治亂之不同。國語所記五刑，又與上述不同，魯語記『温之會，晉人執衞成公歸之于周，使醫鴆之不死，醫亦不誅。臧文仲言于僖公曰：

『夫衛君殆無罪矣！刑五而已，無有隱者，隱乃諱也：大刑用甲兵，其次用斧鉞，中刑用刀鋸，其次用鑽笮，薄刑用鞭扑以威民也。故大者陳之原野，小者致之市朝，五刑三次，是無隱也。』（魯語上）

其分大刑中刑薄刑三等，大刑是用兵征伐，中刑是墨劓等肉刑，薄刑是鞭扑之教，漢書刑法志本之，殆後世以笞杖入五刑之始。後世以笞杖徒流死罪爲五刑而加之以罰鍰，大概是據上列各說而合成的。

三代以後的刑法　夏作禹刑，殷作官刑，究竟是一種什麽刑罰？漢書刑法志則云：『禹承堯舜之後，自以德衰而制肉刑，湯武順而行之者，以俗薄於唐虞故也。』引叔向之言曰：『夏有亂政而作禹刑，商有亂政而作湯刑，周有亂政而作九刑，三辟之興，皆叔世也。』這是承認三代皆用肉刑，我們在周官及呂刑等書中，見得刑罰之條甚多，要使百姓既懼且畏，而史稱成康之治，刑措不用者四十餘年，穆王之時，作爲贖刑，罪之可疑者，哀矜曲全，愼施厥罰。降及春秋，敎化不行，子產相鄭，鑄刑書于鼎，爲叔向所非；趙鞅賦鼓鐵以鑄刑鼎，著范宣子所爲刑書，爲孔子所譏，是可見春秋以前，刑制尚未大定，一般主張王道政治的，尤以制刑爲失道，如孔子以『導之以政齊之以刑』爲小康之治；以爲刑罰莫先于禮樂，『禮樂不興，則刑罰不中，刑罰不中，則民無所措手足』。『孟氏使陽膚爲士使，問于曾子，亦曰：上失其道，民散久矣，如得其情，則哀矜而勿喜』。及至戰國，法家興起，李悝之著法經，分盜法，賊法，囚法，捕法，雜法，具法等六篇，爲法家學說的濫觴，厥後韓任申子，秦用商鞅，連相坐之法，造參夷之誅，增加肉刑大辟，有鑿顛抽脅鑊烹之刑。秦始皇兼併六國，刑罰愈酷，赭衣塞路，囹圄成市，偶語棄市，非今者族，甚至有腰斬、車裂、裂屍、梟首、等種種苛刑。二世信李斯，以督責爲尚，刑者相半，死人成積于市，以殺人多者爲忠臣，當時刑制，約分十二種：一譎治，二棄市，三族，四坑，五裂，六砍，七踪爲城旦，八相坐收奴，九搒掠，十具五形，十一腰斬，十二夷三族。此可爲刑法最重的時代。

漢代刑法　漢高祖入關，即與父老約法三章，——殺人者死，傷人及盜抵罪，——餘悉除去，秦民大悅。可是漢初刑罰，還是與秦時差不多，什麼夷三族、腰斬、磔、棄市、腐刑、髡鉗、黥劓、斬左右趾、梟首、具五形……等等慘酷之刑，還是在漢書刑法志中看見。蕭何攈摭秦法，根據李悝所造而爲九律，叔孫通又加增至十八篇。蕭曹本皆秦吏，故漢法多取秦舊。惠帝欲除夷三族，議未決而崩，高后始詔除之。文帝除收孥相坐律令，及取消誹謗妖言之罪，但其治新垣平及晁錯，仍不免于三族之誅。及至緹縈上書，始詔除肉刑，從張蒼等議，頗減輕刑罰。自來所謂肉刑有五，漢文所除則三，謂即黥劓斬趾三者，以髡鉗代黥，笞三百代劓，笞五百代斬趾。（見刑法志）但景帝元年詔云：『孝文皇帝除宮刑，出美人，重絕人之世也』，則知漢文連宮刑亦一併除去；不過到漢武帝時，如李延年司馬遷等人，皆坐腐刑，想此時又復用宮刑了。史稱孝文時張釋之爲廷尉，有刑措之風，實則文帝雖除肉刑，而笞者多死，乃詔減笞數，並定箠令，當笞者笞臀，（以前大約是笞背的）從此笞者得全。武帝即位，禁網寖密，律令凡三百五十九章，大辟四百九條，千八百八十二事，死罪決事比萬三千四百七十二事，文書盈于几閣，典者不能徧覩，因此，往往有罪同而論異，姦吏因緣以爲市，所欲活則傅生議，所欲陷則予死比，議者咸冤傷之。張湯杜周之爲廷尉，專以人主意旨爲獄，竟曰：『三尺安在哉！前主所是著爲律，後主所是疏爲令，當時爲是，何古之法乎！』可見當時國家雖著爲法令，一惟皇帝之意旨，又受姦吏之播弄，沒有法治可言。而且武帝好窮治慘虐，定見知故縱、廢格沮誹、腹誹沈命諸法，義縱以鷹擊毛摯爲治，嚴延年人稱屠伯，呂步舒案治淮南獄，死者竟數萬人，這都是由于武帝好殺之故。宣帝從民間出來，知道民間疾苦，及即帝位，聽路溫舒之言，選于定國爲廷尉，秋季後請讞，常幸宣室，齋居而決事，不可爲非愼于刑獄。但是連蓋韓楊之死，說者猶稱冤，故鄭昌上言曰：『明主躬垂明聽，雖不置廷平，獄將自正，今不正其本，而置廷平以理其末也，政衰聽怠，則廷平將招權而爲亂首矣。不若刪定律令，以杜其弊』。宣帝未及修正，及至元帝初元，方下令減省刑罰七十餘事。刑法志有言：

『漢道至盛，歷今二百餘載，考自昭宣元成哀平六世之間，斷獄殊死率歲千餘口而一人，耐罪上至右趾三倍有餘。古人有言曰：滿堂而飲酒，有一人鄉隅而悲泣，則一堂皆爲之不樂。王者之於天下，譬猶一堂之上也，故一人不得其平，爲悽愴於心。今郡國被刑而死者，歲以萬數，天下獄二千餘所，其冤死者，多少相覆，獄不減一人，此和氣所以未洽者也』。（見漢書刑法志）

班固所言，雖不十分詳盡，而獄所之多，於此可見。據後漢百官志記：『孝武以下，置中都官獄二十六所』，中都一隅，獄所已有此數，其刑法之密，犯法之多，可想而知。光武中興，始減省獄所，詔二千石諸大夫博士議郎等議省刑罰，刑典務崇寬大，梁統疏請嚴刑，羣臣請增科禁，皆不之許。明帝性褊察，好以耳目隱發爲明，近臣至見提曳，朝端莫不悚慄。然其案治楚獄，却嘗親至洛陽獄，理出枉囚千餘人，稱爲得情。章帝時吏治每甚嚴切，聽陳寵語，務求寬厚。此後順沖桓靈之世，宦官用事，政刑往往失中，黨錮之獄，皆由宦官操縱，坐死者數百人，妻子皆徙邊，株連者不可勝計。竊自東漢以來，雖屢有省刑薄罰之詔，但是上下相胥，以苛酷爲能，拷囚之際，尤極殘忍。當時因楚王英坐反誅，牽連會稽太守尹興及其功曹椽史等五百餘人，掠拷至慘，死者大半，其不死者肌肉消爛。成公興爲人誣以賊罪，並及戴就，下獄拷掠，五毒慘至，甚至燒鋘使挾肘腋，肉焦墮地，又令臥覆舟下以馬矢薰之，不死，又復燒地以大鍼刺指爪中，使以把土，爪悉墮落，慘酷至此，雖炮烙亦不是過。質沖以後，又因爲人主昏庸，閹侍秉政，曹節王甫矯詔成獄，淫拷慘戮，又甚于李斯偶語之禁，張湯腹誹之律。東漢刑罰既如此其酷，而崔實猶病其寬，（見崔實政論）不可謂非助火以添薪，而魏武魏文之欲恢復肉刑，或謂乃受其影響。

魏晉南北朝刑法

曹魏之時，恢復肉刑之一問題，却成爲極嚴重之問題，參與是議者如鍾繇王朗陳羣孔融等不下百餘人，結果，爲之否決，乃採漢律以更定魏法新律十八篇。晉初以陳羣劉劭等所改魏法，科網猶嫌太密，令賈充等就漢九章而定爲二十篇，減梟斬族誅從坐之條。懷帝時除三夷刑，而明帝又恢復之。衞展桓玄曾先後請復肉刑及斬左右趾之法，以輕死刑，經過多少人的討論，卒不果行。說者謂東遷以後，姑息立國，刑罰失之太寬，雖有劉隗刁協庾亮等欲濟以綜核，然亦無及。南朝自宋齊以下，多仍漢晉舊制，惟梁武帝頗改刑法，依周漢故事，有罪者得以金贖，令王亮等定律爲二十篇，分刑制爲十五等，大別之有死罪耐罪及贖罪之分，然無論死罪耐罪皆可以贖。但治罪有階級性，往往朝士有罪則屈法以申，百姓有罪則案之如法，故有秣陵老人『急于黎庶緩于權貴』之諫。晚年因專精佛戒，每斷重獄，終日不懌，即謀反事覺，亦泣而宥之。寬弛之弊，一則姦吏弄法，賄賂成市；一則王侯子弟，驕淫不法；甚至白晝殺人，暮夜剽掠，亦不過問；有罪者匿于王家，有司不敢搜捕，國事乃不可爲矣。北魏之初，刑法甚簡，非大逆外叛，罪止其身，其餘死罪皆可入金馬以贖，自道武帝與太武帝皆減省刑罰，孝文尤持慎重，大刑多所覆鞫，或繫囚積年，羣臣多以爲滯獄，帝以爲與其倉猝而濫，毋甯滯遲。人當幽苦則思善，故智者以囹圄爲福堂，既可冀其改悔，亦所刑皆得其宜，這未始不是一種仁恕之意。後至東西魏及北周北齊，以世亂愈甚，刑罰乃漸嚴酷，王叡等奏定齊律十二篇，拓拔迪奏定大律二十五篇，宣帝殘忍暴戾，誅戮無度，又廣刑書要制而更峻其法，謂之刑經聖制，是時下自公卿，內及妃后，咸遭捶楚，上下愁怨。

隋唐刑法　隋文帝令高熲等更定新律，分刑律爲五等：一曰死刑，即古大辟，隋以前有轘絞斬梟裂，至此僅有絞斬二刑。二曰流刑，即書流宥五刑，有千里，千五百里，二千里三等，應配者千里居作二年，千五百里居作二年半，二千里居作三年。三曰徒刑，徒奴也，即周禮所謂『其奴男子入于罪，寘之圜土而教之，有一年，一年半，二年，二年半，三年五等。四曰杖刑，即書鞭作官刑，自六十至于百凡五等。五曰笞刑，笞，恥也，過之小者捶撻以恥之，即書扑作教刑，自十至五十凡五等。把前代鞭扑，梟首，轘裂等法除去，並減輕流徒年限，——流改六年爲五年，徒改五年爲三年——。惟大逆謀反等罪，父子兄弟皆斬，家口沒官，定十惡之刑。無論何罪，皆可以銅贖之，其法，凡笞十者銅一觔，每加一等則加銅一觔，徒一年銅二十觔，每加一等則加銅十觔，流千里銅八十觔，每加一等則加銅十觔，死罪銅百二十觔。繼又令蘇威牛弘等更減條目，——除死罪八十一條，流罪百五十四條，徒罪千餘條——惟留五百條凡十二卷。從此刑網簡要，疏而不失，詔諸州凡死罪不得便決，覆按上奏，須三奏而後決。刑法雖減省前代，然帝性猜忌善怒，往往任意殺人，甚至定盜一錢棄市法，于是上下希旨，以殘暴爲幹能，以守法爲儒弱。楊素楊遠等深文周納，枉死甚多。煬帝即位之初，頗以高祖禁網深刻爲非，令除十惡之條，並定新律十八篇曰大業律，五刑降從輕典，枷杖決罰訊囚等制，皆比前代減輕。但後來窮奢極欲，厚斂病民，乃至盜賊蠭起，嚴刑誅罰，楊元感反，罪及九族，甚至轘裂梟首，磔而射之，命公卿以下臠噉其肉。郡縣官吏，亦專威福，生死任情，百姓怨嗟，天下大潰。總隋一代，刑制雖輕，而人主羣臣，往往任性斷治，不守法制，仍不免于暴虐。（見隋書刑法志）

唐代刑律，悉照開皇之舊，高祖入關，定約法十二條，惟殺人，刼盜，背軍，叛逆者處死罪，餘悉除去。及即帝位，命劉文靜等損益律令，頒布新格五十三條。當時刑書，約分四部，一曰律，乃問刑之科條，二曰令，即國家之制度，三曰格，即百官有司所常行之事，四曰式，即百官有司所常守之法。人之爲惡而入于罪戾，一斷于律，律之爲書，悉照隋開皇之十二篇，五等處罰。太宗時長孫無忌房元齡等復定律令，議絞刑之屬五十，皆免死而斷右趾，繼又以裴弘獻等議，復除斷趾法爲加流役三千里。帝見明堂鍼灸圖，人之五臟皆近背，詔罪人毋鞭背。凡斷死罪，必五覆奏而後決，決之日，撤樂減膳，不勝痛楚，四年斷死罪者僅二十九人，六年親錄囚徒，縱死罪者三百九十人歸家，期以明年秋即刑，及期囚者詣朝堂無後者，乃悉赦之，史書稱爲佳話，歐陽修有縱囚之論。高宗以後，格令繁多，不勝其擾，有所謂留司格，散頒格之規定，武后又刪改爲垂拱留司格，趙冬曦以爲『科條省則下人難知，煩則陷機穽，文義深則法吏得便，比附而用；律令格式，宜重復刊定，使民易曉。當時大獄，以尚書刑部御史大理寺雜按，謂之三司，法吏以慘酷爲能。武后爲帝，自徐敬業反後，疑天下人多圖已，益加誅殺以威天下，又盛開告密之門。用索元禮周興來俊臣等，令按制獄，俊臣與萬國俊，共撰羅織經數千言，網羅無辜，唐宗室及廷臣之被告捕而誅殺者，近千家，胡致堂所以言，『自古酷刑，未有盛于武后之時，其技與其具，出于佛氏地獄之事』。但其能察知周興與來俊臣之奸，——其謂侍臣曰：『頃者周興來俊臣按獄，多連引朝臣，云其謀反，朕疑其不實，使近臣就獄引問，得其手狀，皆自承服，朕不以爲疑，自興俊臣死，不復聞有反者，然則前死者不有冤耶』，——不可謂非英明察徵之主。

玄宗起初，勵精圖治，改訂開元新格，頗減省刑罰，一歲決獄死罪祇二十四人，大有刑措之風。相傳大理獄中，鳥雀不棲，這時有鵲巢其庭樹，羣臣稱賀。後來自李林甫爲相，常起大獄，誣陷異已，寵任羅希奭吉溫爲御史，二人皆隨李林甫所欲，鍛鍊成獄，無能自脫，時人稱爲羅鉗吉網，枉殺者甚多。故胡致堂評之爲『奢汰逸樂，慕刑措之名，飾太平之跡，詔獄曲直，不得其分，姦猾逋誅，蠹害脫死，』亦以見其有名而無實。肅宗既平安史之亂，諸附安祿山者，陳希烈等三百餘人，素服請罪，從李峴議以六等定罪，全活甚多。代宗仁恕，德宗猜忌，憲宗詔除十惡，死罪皆流，穆宗設參酌院以慎施刑，文宗不能制宦官肆孽，濫殺大臣，武宗嚴刻，贓滿千錢者處死，此後刑罰失當，國勢日削，歐陽修之言曰：

『自高祖太宗除隋虐亂，治以寬平。……高宗武后以來，毒流邦家，唐祚絕而復續。玄宗初勵精爲政，二十年間，刑獄減省，歲斷死罪，纔五十八人。自此以後，兵革遂興，國家多故，而人主規規，無復太宗之志，其雖有心於治者，亦不能講考大法，而性有寬猛，凡所更革，一切臨時苟且，或重或輕，徒爲繁文，不足以示後世，而高祖太宗之法，僅守而存，故自肅宗以來，所可書者幾希矣』。（見新唐書刑法志）

五代關于格式律令，代有更變，處此亂世，刑罰往往不當，洪邁嘗論之曰：

『五代之際，時君以殺爲嬉，視人命爲草芥，唐明宗頗有仁心，獨能斟酌援救。……周世宗英毅雄傑，然考其行事，失于好殺，周法太嚴，羣臣職事，小有不舉，往往置之極刑，雖素有才幹聲名，無所開宥，此其所短也』。（見容齋隨筆）

宋元明刑法　五代衰亂，禁網頗密，宋太祖受禪，始定折杖之制，並大辟詳覆法，深恐刑部大理寺用法不當，另設審刑院以求其平。開寶二年五月，上以暑氣方盛，深念累繫之苦，乃下手詔兩京諸州，『令長吏督掌獄掾，五日一檢視，灑掃獄戶，洗滌杻械，貧不自存者給飲食，病者給醫藥，輕繫小罪，即時決遣』，其注意刑辟，哀矜無辜之情，于此可見，嘗嘆『堯舜之時，四兇之罪，止從投竄，何近代憲網之密耶』，蓋有意于刑措也。太宗改司寇院爲司理院，選清白能折獄辨訟者爲參軍，曉法律高貲者爲判官。令長吏每五日一慮囚，情得者即宥之，又制聽獄之限，易決者不得過三日；令諸州十日一具囚帳，及所犯罪禁繫日數以聞。特遣侍御史李範等四十人分往江南江浙西川荊湖嶺南等道，按問刑獄，情得即決。置諸路提點刑獄司，覆按疑獄，諸州決死刑，有號呼不伏及親屬稱冤者，即以白長吏，移司推鞫，因此得全活的，大約有千人。其愼刑哀矜之情，殆不亞于太祖。眞宗從王禹偁之奏，令諸路置病囚院，爲徒流以上有疾之犯所處，其餘罪輕的人，可以責保於外。河北提點刑獄陳綱奏定枷重以十五斤爲準，王隨樹劄之請，楊守珍凌遲之法，皆以爲殘忍慘毒而不許。仁宗即位，詔內外官司，聽獄決罪，須躬自閱實。又規定杖制，不得過十五兩重。此皆不失爲愼刑之主。至熙豐以後，韓絳曾布等主復肉刑，王安石馮京等互有論辯，迄不果行。紹聖間章惇蔡卞用事，起同文館獄，將悉誅元祐舊臣，幸哲宗有詔弗治。徽宗時刑法又峻，宜國勢日衰，金人南犯，高宗偏安江南，曾詔用政和折杖之法，但秦檜得政，動興大獄，岳飛莫須有之死，天下冤之。孝宗究心庶政，每歲慮囚，未嘗廢法。理宗起自民間，深知刑獄之弊，親製審刑銘以警諸司，但是監司郡守，擅作威福，慘毒不可名狀。度宗雖累詔禁止，終于無效。總之：宋代刑制，悉照唐舊，律令格式，不無損益，太祖時竇儀等上編敕四卷，與新定刑統三十卷並頒天下，太平興國中增敕至十五卷，淳化中倍之，咸平中增至萬八千五百五十五條，此後又多增損，神宗以律不足以周事情，律所不載者，一斷以敕，乃更其目曰敕令格式，律恒存乎敕之外。其言曰『禁于未然之謂敕，禁于已然之謂令，設于此以待彼之謂格，使彼效之之謂式』，當流之時，往往加杖與配。又加刺配法，及凌遲腰斬等刑，實較唐代爲慘酷。（見宋刑史法志）續通考所謂：

『自元豐以後，黨禍漸興，章惇起同文館獄，羅織善類，蔡京請帝數降御批，杜塞法司之口，秦檜假詔獄爲號，戕害忠良，韓侂胄顯排道學，竄斥幾盡，史彌遠賈似道之閫，竊弄威福，相爲始終，蓋既失其操柄，政出多門，下至胥吏輿隸之賤，皆得快其恩怨之私，故其禍先及士大夫，而終亦毒流百姓』。（見續通考一百卅五卷）

是言宋代之失，在于馭臣不嚴，乃至酷吏橫行，生民苦暴，不可謂非扼要之論。宋以後爲遼金，遼定刑制爲四等：一曰死，有斬絞凌遲之屬；二曰流，置諸邊城部族之地，遠則投諸境外及絕域；三曰徒，有終身五年一年半之別；四曰杖，自五十以至三百；刑罰更峻。穆宗尤性殘嗜殺，遼史刑法志嘗記其事：

『嗜酒及獵，不恤政事，五坊掌獸，近侍奉膳掌酒人等，嘗以鹿豕鶻雉亡失傷斃，或以飲食細故，輒加炮烙鐵梳之刑。蓋其初惑女巫錫庫之言，取人膽合延年藥，故殺人頗衆。……斬壽格等支解之，……』

其殘忍至此，有投高崖殺之，五車轘殺之，以鐵錐椿其口殺之，以及梟、磔、生瘞、射鬼箭、砲擲、支解、等刑罰，暴虐可知。金初法制簡易，輕罪笞以柳葼，殺人及盜劫者擊其腦殺之。並定權勢家買貧民為奴之罪。罷獄卒酷毒刑具以從寬恕。禁朝官飲酒犯者死，不可謂非善政；後亦濫刑殘暴。宣宗喜用刑罰，朝士往往被箠楚，至用杖乃決殺，言者高琪用事，定職官犯罪決斷百餘條，苛暴日甚，司縣官亦多貪暴不法。其先嘗據唐律，修訂為泰和律義三十卷，頗有增損，又新定勅條格式，尚多持平，惜末葉殘虐，為元所亡。元初沿用金律，世祖入主中原簡除煩苛，改定新律，名曰至元新格，頗主寬弛，而其褻阿哈瑪特之屍縱犬食之，四子或醢或剝皮，又誅盧世榮，則刲其肉以食禽獸，與遼金末代非法之刑無異。仁宗時以格例條畫有關風紀者，類集成書，號曰風憲宏綱。英宗復命宰執儒臣，取世祖以來所行條格，校讎修改，成爲大元通制。順帝時又頒至正條格。綜元一代，雖起自漠北，而其施用刑法，尚不失爲仁厚，太宗令諸州十月奏報囚數，頗能愼重刑獄，其餘諸帝，皆未峻酷，故元史刑法志謂爲『其得在仁厚，其失在緩弛而不知檢也。』其制：有五刑，（笞、杖、徒、流、死、）十惡，（謀反、謀大逆、謀叛，惡逆、不道、大不敬、不孝、不睦、不義、內亂、）與唐宋制同，又有贖刑，許罪輕者以銅贖，大概多用輕典。

明太祖爲吳王之時，即以元時條格繁冗，宜去煩就簡，懲寬從嚴簡，則無出入之弊，嚴則民知畏而不敢輕犯，于是更定新律一百四十五條。定宦官禁令，早知宦官之不可寬縱。廷臣坐笞罪者，得以俸贖。六年重命刑部尙書劉惟謙詳定大明律篇，一準于唐，爲六百六條之大明律。其先吳元年所頒之令，與漢高入關時之約法三章，唐高進京時之約法十二條同一性質，至是始造正式律令，與大誥三篇大誥武臣等書，唐宋的律令格式編敕等，皆包括在內。二十二年又經更定爲四百六十條，三十年作大明律誥，刑法志云：

『太祖之于律令也，草創于吳元年，更定于洪武六年，整齊于二十二年，至三十年始頒示天下，日久而慮精，一代法始定，中外決獄，一準三十年所頒』。

鑑于元代以寬縱失天下，立法尙嚴，重懲貪吏，犯贓者無貸，凡貪酷縣令，許里老解京剝皮問罪，吏命乃惴惴恐懼。同時，却禁用黥刺剕劓閹割之刑，一以大誥爲準。成祖篡位，乃主嚴酷，其誅戮方孝孺至于十族，可云慘矣。法官希旨，亦往往周內鍛治，而有所謂瓜蔓抄者，（見明史景淸傳）查抄財產而濫及無辜，邑里爲墟。然曾嚴誣告誹謗之禁，續通考記一事：

『永樂二年，有典仗率軍卒往安慶採木，道過民家，縱軍强取民財，民將訴于官，典仗敎軍誣民爲誹謗，縛送刑部，獄具以聞。帝慮民受誣，命五府六部都察院共訊得其實，遂釋民而抵官罪。夫以一夫受冤，輒命多官雜治之，可云辨釋無辜矣』。

又嘗禁中國妻妾子女出境，勅甘肅總兵官，謂近聞回回多買中國人妻妾子女出境，律載買賣者皆處死。又禁妻子不育，京師愚民，厭多男子，往往生輒棄而不育，宜嚴行禁止，有犯者兩鄰並罪。即此數端，亦可見其嚴峻之中，而能繼之以明，不可謂非逆取而順守也。仁宗即位，頒大赦于天下，謂羣臣曰：『方孝孺等皆忠臣也，宜從寬典』，乃詔宥其家屬還籍，仍以田土給與之。凡為言事謫戍者，並令赦還。宣宗每遇法司奏要囚，輒廢膳變色，謂左右曰：『說與刑官，少緩之』，其存心可謂仁恕。孝宗頒問刑條例于天下，末年勵精圖治。訟獄以平，世宗時大禮之爭，下獄而貶竄者數百人，三楊——楊爵楊名楊繼盛——之獄，尤為慘毒。萬曆既頒大赦，又令停刑，張居正以為姑息非宜。天啓時魏璫竊柄，誅勠正人，其禍更烈。崇禎手剪凶豎，廓清一時，但以深察為事，刑獄滋繁，乃至上下解體，國本動搖。綜明一代，刑法多用唐宋之舊，根據律令直解與大明律二書，時中律外之令，如嚴不孝律，定子弟刼父兄罪例，威逼父母致死律，義女為妾罪律，……等等，大概皆從倫理方面注意。其以刑部都察院大理寺為三法司，人民有不服州縣及按察使之審判者，准其上控，有三審五覆之法，很像現在的三審制。遇有大獄，由三法司會審。其初固嚴禁法外之刑，厥後有廷杖詔獄之制，往往逾出範圍，廷杖顧乖刑不上大夫之禮，詔獄以錦衣衛掌之，用武夫聽斷，掠治荼毒。如劉瑾嚴嵩魏忠賢等的殘害正人，刑罰之權，操于武夫閹人之手，末造又嚴刑峻急，續通考謂：『崇禎承神宗廢弛熹宗昏亂之後，銳意綜理，用刑頗急，大臣下獄者，……大學士范復粹疏請清獄，言獄中文武纍臣至百四十有奇，甚可痛。』國事日棘，惟用重法以繩，羣臣救過不暇，而卒無補于亂亡。

清代及今 清代以滿族入主中華，其刑律悉照前代，刑分五等，罪有十惡，要以大清律例一書爲其總綱。先是從順治以至康熙雍正，曾襲取前代律法，編大清律例四十二本，凡三十卷，計律文四百三十六條，每篇正文後有總註，或標舉大意，或逐節分疏，或釋正文而兼及小註，或詮本條而旁及別義，異同條貫，眉目井然，律後附例，共八百二十四條。其刑制，一曰笞，自十至五十分五等，用小竹板折責，每十笞責四板，旗人犯笞者以鞭代。二曰杖，自六十至一百爲五等，用大竹板折責，折數與笞同。三曰徒，發本省驛遞，自一年至三年為五等，各依年限應役，役滿回籍，五徒各予杖自六十至一百。四曰流，安置遠方，終身不返，分二千里二千五百里三千里三等，各杖一百。五曰死，斬絞有立決監候之分。五刑之外，有軍罪發遣二種。死刑之最重者為凌遲梟示，大概是處叛逆劇盜謀殺本夫而用之刑。刑具用板，枷，杻，鐵索，鐐，夾棍，拶指，等物，各有輕重尺寸的定制。又有刺字之法，重囚應刺字，有刺臂刺面之別。監分內外，重囚禁內監，流以下禁外監，另有女監。刑部大理院為最高司法機關，每歲有秋審，會同都察院定讞，與明代制度相同。海禁既開，中國刑制，與世界潮流不合，外國居留民，不能受中國刑罰處置，于是在治外法權上發生問題，光緒辛丑，乃謀有以適應潮流，特設法律專館，從事修訂，時有沈家本伍廷芳主其事，現在所頒行之新刑律，即其時草案之一，革除非刑及刑訊，有廢止死刑之議，前此之梟首凌遲，大多代之以鎗決。各省縣多注意改良監獄，民國成立，又經幾度修訂，而今日國民政府所施用之新刑律，較前更為進步。

中國向來注重禮治，以道德化民，如孔子所謂：『道之以德，齊之以禮，有恥且格』

，刑法者，不得已而用之，以繼禮法之窮，非王道而爲霸道，故孔子又曰：『道之以政，齊之以刑，民免而無恥』。雖有法家主張法治，究不能奪禮治之席，故歷代制法，有取嚴峻，有取寬弛，終不失期刑無刑之意。不過在專制政治之下，君主勢力，往往生殺任意，宵小權奸，法吏貪汙，又往往濫用威福，上下朋比，人民每遭酷虐，草菅生命。又因民刑法律不分，使手續法與實體法混合，發生糾紛與弊竇。今則政體民主，司法獨立，在內則維持法治精神，對外收回治外法權，實是建設中國的重要措置也。

第九章　歷代的兵制

兵的起源　兵是執武器以從事戰爭的人，自有戰爭便有兵。戰爭何由而起？起於財產私有制度的確立。財產既經私有，便需要一種保障財產的力量，同時，更需要一種力量去掠奪他人的財產，所以在全體社會中設立這種特殊的人，就是所謂『兵』。古代情形如何？其詳不可得聞，惟相傳黃帝與蚩尤戰於涿鹿之野，顓頊與共工爭帝，夏有甘扈之誓，商有亳野之師，從此易代更姓，便有『班師振旅』的武事，進而有編排組織的制度。立司馬之官，設六軍之衆，因井田而抽調人口，據周禮大司馬云：

『萬二千五百人爲軍，王六軍，大國三軍，次國二軍，小國一軍，軍將皆命卿。二千五百人爲師，師帥皆中大夫。五百人爲旅，旅帥皆下大夫。百夫爲卒，卒長皆上士。二十五人爲兩，兩司馬皆中士。五人爲伍，伍皆有長。』

小司徒中又詳言卒伍人數：

『五人爲伍，五伍爲兩，四兩爲卒，五卒爲旅，五旅爲師，五師爲軍』。

班固在漢書刑法志中言根據井田而出兵的情形：

『地方一里爲井，井十爲通，通十爲成，成方十里。成十爲終，終十爲同，同方百里。同十爲封，封十爲畿，畿方千里。有稅有賦，稅以足食，賦以足兵。四井爲邑，四邑爲丘，丘十六井也，有戎馬一匹，牛三頭。四丘爲甸，甸六十四井也，有戎馬四匹，兵車一乘，牛十二頭，甲士三人，卒七十二人，干戈備具，是謂乘馬之法。……戎馬車徒，干戈素具，春振旅以蒐，夏茇舍以苗，秋治兵以獮，冬大閱以狩，皆於農隙以講事焉。五國爲屬，屬有長，十國爲連，連有帥，三十國爲卒，卒有正，二百一十國爲州，州有牧。連帥比年簡車，卒正三年簡徒，美牧五載大簡車徒，此先王爲國立武足兵之大略也』。

由此可考見周代兵制：

成周兵制圖

王	六鄉六遂	六軍	七萬五千人
大國上公	三鄉三遂	三軍	三萬七千五百人
次國侯伯	二鄉二遂	二軍	二萬五千人
小國子男	一鄉一遂	一軍	一萬二千五百人

伍	五人	伍長公司馬	下士	二千五百伍長
兩	二十五人	兩司馬	中士	五百兩司馬
卒	百人	卒長	上士	一百二十五卒長
旅	五百人	旅帥	下大夫	二十五旅帥
師	二千五百人	師帥	中大夫	五師帥
軍	萬二千五百人	軍將	卿	一軍將

此種軍隊，完全由農民中徵集而來，平時種田，有戰事時任役，其抽調的方法，據周禮所記小司徒的職司，就是「均土地以稽人民」，爲抽調的標準：

『上地家七人，可任也者家三人，中地家六人，可任也者二家五人，下地家五人，可任也者家二人』。

周禮司馬亦有同樣的說法。周禮又規定天子萬乘，諸侯千乘，卿大夫百乘。一乘有馬四匹，牛十二頭，甲士三人，步卒七十二人，人夫二十五人，共爲百人。凡田六十四井爲一甸，一甸出兵車一乘，天子屬有六十四萬井田，故有兵車萬乘，合爲一百萬軍隊。此種軍隊，大概是戰時可以動員之數，上文所云六軍，大概是指平時常備軍額而言。數額的多寡，固爲今古文家所聚訟，而古代之實行徵兵制度，似乎是可以相信的，一讀詩經鴇羽東山等詩，見得當時全體農民，都有服兵役的義務。

春秋戰國變更古制　周代兵制，春秋時漸趨破壞，至戰國尤以征伐頻仍，於徵兵之外，又加招募。其見於管子的，則知齊國雖變更古制，猶爲徵兵制度，惟編制有不同耳：

『三分其國爲二十一鄉，工商之鄉六，士鄉十五。……五家爲軌，軌爲之長，十軌爲里，里有司，四里爲連，連爲之長，十連爲鄉，鄉有良人焉以爲軍令。五家爲軌，故五人爲伍，軌長帥之；十軌爲里，故五十人爲小戎，里有司帥之；四里爲連，故二百人爲卒，連長帥之；十連爲鄉，故二千人爲旅，鄉良人帥之；五鄉一帥，故萬人爲一軍，五鄉之帥帥之』。

他如晉作六軍；楚增二廣，且因與吳國戰爭，乃興舟師；魯更立邱甲之制，以十六井爲一邱，邱出一人爲兵；秦孝公用商鞅之法，作什五之制，民百人以五十人爲農，五十人習戰。不獨古制至此已被破壞，且亦開始推行募兵制度了。夏曾佑曾論及之：

『魯制之可見者：丘甲之法，（九夫爲井，四井爲邑，四邑爲丘，丘十六井，出戎馬一匹，牛三頭。四丘爲甸，甸六十四井，出長轂一乘，戎馬四匹，牛十二頭，甲士三人，步卒七十二人。）三軍之法，四軍之法，田賦之法。（哀公十二年，用田賦。杜預注：田賦之法，因其田財，通出馬一匹，牛一頭，今欲其田及家財，各爲一賦。）鄭制之可見者：偏伍之法，（戰車二十五乘爲偏，以車居前，以伍次之，承偏之隙，而彌縫闕漏也；五人爲伍，此蓋魚麗陣法。）丘賦之法。（丘十六井，當出馬一匹，牛三頭。）晉制之可見者：州兵之法，（五黨爲州，州二千五百家也；使州長各繕甲兵。）毀車崇卒之法。（昭公元年，傳云：晉魏舒請毀車以爲行。杜預注：爲步陳也。按此，即廢車戰之漸矣。）齊制之可見者：有軌里連鄉之法。總諸事觀之，知其時田賦軍旅，互相關繫，而各以車爲主，其戰術爲極拙也』。

『戰國之於春秋，軍政之異，當分三途言之：一軍額之異，二戰術之異，三徵發之異。軍額之異者，周制萬有二千五百人爲一軍，天子六軍，大國三軍，次國二軍，小國一軍。其後，五霸迭興，此制遂見破壞。齊桓公作內政以寄軍令，其法以五家爲軌，故五人爲伍；十軌爲里，故五十人爲小戎；四里爲連，故二百爲卒；十連爲鄉，故二千人爲旅；五鄉一帥，故萬人爲一軍；大國三軍。晉文公城濮之戰，有兵車七百乘。（五萬二千五百人。）楚莊王邲之戰，爲廣乘三十乘，分爲左右，廣有一卒，卒偏之兩。（十五乘爲一廣，百人爲卒，二十五人爲兩，十五乘爲大偏，言一廣十五乘，有百二十五人從之。）統以上所引觀之，知春秋時霸國全軍，皆不及十萬人，至戰國之世，則燕帶甲數十萬，車[illegible]百乘，騎六千匹；趙帶甲數十萬，車千乘，騎萬匹；韓帶甲數十萬；魏武士二十萬，蒼頭二十萬，奮擊二十萬，廝徒十萬，車六百乘，騎五千匹；齊帶甲數十萬，楚帶甲百萬，車千乘，騎萬匹：是其數皆十倍春秋也。戰術之異者：周制，……以車為主要；至戰國時，乃廢乘而騎，趙武靈王之胡服習騎射：此為古今戰術之一大轉關。……徵發之異者：春秋以前為徵兵，（?）戰國以後為召募。（?）……」（上皆見中國歷史教科書第一篇第二章）

戰國崇尚武力，咸以擴充兵備為務，兵額便漫無限制了。

秦漢兵制 秦併天下，以四十萬兵役北築長城，以五十萬兵額南戍五嶺，聚天下兵器於咸陽而銷燬之，並坑楚卒二十萬人，講武之禮，罷為角抵。以太尉總天下之士，諸郡設置尉使，有材官，謫戍，閭左，以服兵役。

漢踵秦法，置材官，武帝曾發材官三十餘萬，以擊匈奴。京師有南北軍：南軍衛尉主之，掌宮城門內之兵；北軍中尉主之，掌京城門外之兵。武帝置中壘、屯騎、步兵、越騎、長水、胡騎、射聲、虎賁、八校以屬北軍，置羽林、期門，以屬南軍。八校則以習知胡越人充之，羽林等以家世爲之，前者爲募兵，後者爲世襲兵。郡國之兵，初選引關、蹶張、材力，武猛之士，爲輕車、騎士、材官、樓船之兵。其制：年二十三爲正卒，一歲爲衛士，二歲爲材官騎士習射，御騎馳戰陳，然後退爲正卒，就田里以待番上調發，年六十五衰老乃得免爲庶民。正卒之外，有發謫徒與選募兩法：發謫徒卽遣發有罪的人，有所謂七科謫，如惡少年、亡命、弛刑、等，選募有勇敢、犇命、伉健之別。及至東漢，郡國之材官騎士，一切罷遣，地方之兵，悉出召募。自光武起，都試(卽檢閱)既罷，郡國武備遂弛，兵力日愈單薄，歲有邊患，奔命四方，加以郡牧爭政，漢室日衰，漸成三分之局。蜀初置五軍。魏制略如漢舊，分州郡典兵，州置都督，以大將軍都督中外兵柄。吳置舟師，兵有解煩敢死兩部。

兩晉南北朝兵制　晉初略改魏制，于京師置二衞三部司馬，總之于中領軍。武帝分左右各一將軍，置羽林、虎賁、上騎、異力、四部，皆領于驍騎。又有左右前後四部，四護

軍領之。凡左右前後驍騎七軍，以中軍將軍領之。既平吳後，乃詔去州郡兵，其詔曰

「昔自漢末，四海分崩，刺史內親民事，外領兵馬；今天下爲一，當韜戢干戈，刺史分職，皆如漢氏故事，悉去州郡兵，郡置武吏百人，小郡五十人」。

州郡兵既大減，惟在分封同姓之國中，置相當兵額，規定大國三軍，額五千人，次國二軍，額三千人，小國一軍，額千五百人。

當時交州牧陶璜，僕射山濤，皆力言州郡武備不可減削，武帝不聽，八王之亂，因此不易收拾。惠帝以後，內則盜賊蜂起，外則五胡侵入，州郡既無力應付，天下于是大亂。東渡以後，京師兵制，屢有變更，以揚州爲京畿，以荆州爲重鎮，使大將軍居之。復州郡兵，有大將軍都督四鎮四征四平之號，於是地方兵力，又較京師爲大，又釀成了王敦蘇峻桓玄等的叛變，馴至亡國。

南北分建以後，南朝略如晉舊，其詳不可得考，惟北魏初置四廂大將，又仿十二時分置十二小將，各將一萬騎，詔諸州六十戶出戎馬一匹，後詔二十戶出戎馬一匹，牛一頭。

考文定都洛陽，選武勇之士十五萬人爲羽林虎賁以充宿衞。宿衞之勢既盛，朝廷每不能制。及至北周，太祖用蘇綽議。倣周典置六軍，選魁健材力之士以爲兵而免其租調，令刺史于農隙時爲之敎練，合成百府，每府以郎將主之，分屬二十四軍。領軍者名爲開府，又設大將軍十二人，各統領二開府兵，大將軍之上，又設六柱國，一柱國乃統二將軍，最高統帥，稱爲持節都督，每一都督統領十二軍，此卽唐代府兵制度的先例。

隋唐府兵制度　隋仿北周制、設立府兵，煬帝征高麗，集左右各十二軍，其制每軍大將亞將軍各一人，騎兵四十隊，隊百人，十隊爲團；步卒八十隊，分爲四團，團各有偏將一人，其鎧胄纓拂旗旛，每團異色，輜重散兵亦分四團，使步卒挾之而行。

唐因之而置折衝府于各道，其制：

上府	千二百人	折衝都尉	左果毅都尉右果毅都尉同長史一人
中府	千人	折衝都尉	左果毅都尉右果毅都尉兵曹一人別將一人
下府	八百人	折衝都尉	左果毅都尉右果毅都尉同校尉一人

坊　坊主　羽林軍　龍虎軍

團　三百人　校尉　神武軍　禁軍　英武軍

隊　五十人　隊正　神策軍

火　十人　火長　天威軍　神威軍

唐志言：「凡天下十道，置府六百三十四，而關內二百六十一，皆以屬諸衛」。上言折衝府，共分三等，爲鎮壓地方之用，每年番上以衞京師，故皆隸屬京師衞府。例人民年二十爲兵，六十而免，能騎而射者爲越騎，餘爲步兵，每歲冬季，折衝都尉率五校兵馬之在府者，敎以戰術。凡發府兵，皆下符契，州刺史勘契乃發。唐志又言：

「唐有天下，二百餘年，而兵之大勢三變：其始盛時有府兵，府兵後廢而爲彍騎，又廢而方鎮之兵盛矣。及其末也，强臣悍將，兵布天下，而天子亦自置于京師曰禁軍。……府兵之制，居無事時，耕于野，其番上者宿衞京師而已。若四方有事，則命將以出，事解輒兵罷，散于府，將歸于朝，故士不失業而將帥無握兵之重。及府兵法壞而方鎮盛』……

宋廢府兵而召募　宋史兵志有曰：

『召募之制，起于府衞之廢：蓋籍國內良民以討有罪，三代之兵與府衞是也；收國內獷悍之兵衞良民，召募之兵是也。唐之既衰，府衞之制廢，故宋初遂行召募。』

宋代召募之兵，共分四種：一曰禁兵，二曰廂兵，三曰鄉兵，四曰蕃兵，分隸于殿前侍衞總管司，籍藏于樞密院，凡召募、廩給、訓練、屯戍、揀選之政，皆由樞密院掌管。

禁兵是天子的衞兵，總于殿前侍衞二司。其尤親近扈從者號班直，除自龍衞以下，皆番戍諸路，有事卽用來征討。

廂兵是諸州的鎮兵。太祖鑒于唐末藩鎮跋扈，詔選州兵壯勇者，悉部送京師以備京衞，餘留本城。本城雖或戍更，然少敎閱，不過任勞役而已。

鄉兵是選自戶籍或土民，敎練武事，以爲防守之用。

蕃兵卽塞下內屬諸部團結，以爲藩籬之兵。

宋志又言宋代召募的原因，說：

『唐末，士卒疲於征役，多亡命者，梁祖令諸軍悉黥面爲字以識軍號，是爲長征之兵。……宋朝取非一途，或士人就在所團立，或取營伍子弟聽從本軍，或乘歲凶募饑民，補本城，或以有罪配隸給役，是以天下失職獷悍之徒悉收籍之。』

其『廩給之制，總內外廂禁諸軍且百萬，國費最鉅者，宜無出此。常賦之外，山澤關市之利，悉以養兵。竭民賦租以養不戰之卒，糜國帑以優坐食之校。』

其『屯戍之制，諸州禁廂兵，亦皆戍更，隸州者曰屯駐，隸總管者曰駐泊。』

其『揀選之制，有自廂軍升禁軍，禁軍升上軍，上軍升班直；升上軍及班直者，皆臨軒親閱，自非材勇絕羣，不以應召。』（上皆見宋史兵志）

一切兵權，皆掌于三指揮使，卽殿前都指揮使，侍衛親軍都指揮使，馬步軍都指揮使。自西夏畔變後，增加召募額以充禁旅，使中外禁廂兵，達到百數十萬之多，此後論者莫不主張加以裁汰。王安石乃主張改變募兵制而行保甲法，其制：

『畿內之民，十家爲一保，選主戶有幹力者一人爲保長。五十家爲一大保，選一人爲大保長。十大保爲一都保，選爲衆所服者爲都保正。主客戶兩丁以上選一人爲保丁。並訂什伍相收司連坐之律。』

當時司馬光蘇軾等曾迭加反對，因此，或行或罷，卒無一定。兵制既不統一，大權又掌于宦者之手，竟致外寇深入，天子蒙塵。南宋高宗開元帥府于南京，初募兵近萬人，後招潰卒羣盜以成五軍。建炎以後，諸大將之勢力浸增，遂各以精銳雄視海內，張韓岳諸將兵力最盛，雖曾克敵一時，卒因將驕卒惰，動輒敗北，故夏貴之于漢口，賈似道之于魯港，皆以數十萬之衆，不戰自潰，馴至亡國。

遼金元兵制　遼兵制分爲四種：一曰「宮帳軍」，爲帝后護衛之兵，生則扈從，死則守陵。二曰「部族軍」，出自各部族，分隸南北府而爲四邊的守護。三曰「京州軍」，出自民間的丁籍。四曰「屬國軍」，凡臣服于遼者，各出其軍以供驅使。上述各軍，皆屬北樞密院掌管，因爲當時有南北兩樞密院，南院專管民事，北院專管軍事，有所謂『南衙不主兵，北衙不治民』的俗語。

金初，兵甚少，遼人嘗言女眞兵若滿萬，則不可敵。自太祖定中原後，兵逾十萬，統率者初曰總領，後改名爲都尉。並有建威、虎威、破虜、振威、鷹揚、虎賁、振武、折衝、盪寇、殄寇、等名目。

元初，分軍隊爲三種：一曰蒙古軍，二曰特默齊軍，三曰漢軍。蒙古軍乃本族人所組成的；特默齊軍一名探馬赤軍，乃各部族人所組成的；漢軍即打敗金人入中原後，徵發漢人所組成的。平宋以後所得之兵，稱爲新附軍。男子自十五歲至七十歲，盡簽爲兵，十人爲一牌，設牌頭，有事則備戰鬬，無事則屯聚牧養，稱爲漸丁軍。凡一戶出一人的，名爲獨戶軍，二三戶合出一人的，名爲正戶軍，工匠之爲兵的，名爲匠戶軍，王公子弟爲兵的，名爲質子軍，特別招募而來的，名爲達爾罕軍。尚有其他各地方軍，如遼東的糺軍，契丹軍，女直軍，高麗軍，雲南的寸白軍，福建的畬軍。又有驅丁、罪徒、礦徒、等所籍的兵；及湼宋人之手的世代兵，死則以兄若弟承代，名爲手記軍。于中央則設前、後、中、左、右五衛，各置親軍都指揮使，而總轄于宿衛。于行省則萬戶之下置總管，千戶之下置總把，百戶之下置彈壓，而以樞密為總領。有戰事時則設行樞密院。因此，蒙古武力，曾盛極于一時。

明代兵制　明興，盡革元制，師唐代府兵遺意，于京師設立前、後、左、右、中、五軍都督府，二十六衛為天子親軍，名為上直衛。每省各設衛、所，凡衛計有五千六百人，以指揮使為長官。所，有千戶所與百戶所兩種，一千一百二十人為千戶所，一百十二人為百戶所。每百戶設總旗二人，小旗十人。每省有都司一人，總管一省中衛、所，而上統于都督府。太祖時計有都司十七，內外衛三百二十九，千戶所六十五。其徵兵的方法，有從征，有歸附，有謫發。從征是諸將所部各兵，留戍于所定之地；歸附是征服及僭偽諸投降之兵；謫發即罪犯所充隸之兵；這些兵都是世襲的。太祖曾頗有屯田之論：

『古者寓兵于農，有事則戰，無事則耕，暇則講武。今所定郡縣民間武勇之才，宜精加簡拔，編緝為伍，立民兵萬戶府領之。俾農時則耕，暇則練習，庶幾寓兵于農之意。」……（乃敕天下衛所屯田，在外兵馬，盡是屯兵，官俸兵糧，皆于是出。嘗曰：「吾養兵百萬，要不費百姓一粒米」。）

所以凡衛所之兵，平時則從事屯田，有戰事發生，則遣兵符而出兵，事平以後，將則上其佩印，兵則各歸衛所。統率之權，則屬于都督府，征伐調遣之權，則屬于兵部。

成祖將京師五軍，分立爲三大營：一曰五軍，一曰三千，一曰神機。五軍任營陣之事，三千任巡哨之事，神機專習火器。英宗以後，營制屢改，兵威不振，五軍勢衰，衛所渙散，乃至流賊蜂起，無力禦制，

清代旗兵　清代兵制，分爲八旗，有滿洲八旗，蒙古八旗，漢軍八旗，共爲二十四旗。八旗者，分正黃、正白、正紅、正藍、鑲黃、鑲白、鑲紅、鑲藍、也。每三百人設牛彔額眞一人，五牛彔設甲喇額眞一人，五甲喇設固山額眞一人，每固山設左右梅勒額眞二人。時滿軍中有牛彔三百八人，蒙軍中有牛彔七十六人，漢軍中有牛彔十六人。（這所謂梅勒、固山、甲喇、牛彔、等名稱，于順治十七年乃改爲漢字，蓋即都統、副都統、參領、

佐領、等名。）其滿洲兵分駐于各省區的，稱之爲駐防八旗，其兵皆世襲，一兵受餉，全家坐食。

旗兵之外、又增設「綠營」，均以漢人充當，隸於各省提督總兵，乃駐紮於各省及邊疆，爲平定內亂的常備軍。當乾隆時，有：

滿洲八旗兵——五萬九千五百三十名

蒙古八旗兵——一萬六千八百四十三名

漢軍八旗兵——二萬四千五十二名

京師巡捕營——一萬名

各省綠營兵——五十八萬八千四百七十四名

乾嘉以後，旗兵綠營，皆甚腐敗，所以在川在楚都常有亂事，不得不另募鄉勇。鄉勇卽中國本部義勇兵。因討伐所謂教匪(?)而臨時招訓的。太平軍興，曾國藩募集湘勇淮勇，他省亦多仿效。後湘勇自動解散，淮勇遂成爲全國兵力重心。又增加旗兵兵額，內蒙古分四十九旗，外蒙古分八十六旗，青海有二十九旗，使分任地方警備。召募西藏士民，組成所謂番兵，擔任西藏警備。陸軍軍額，不可謂不龐大，然皆實力不足，一再受挫於外人。咸同時曾建立水師，有北洋、南洋、長江、福建、廣東、五部，隸屬於北京海軍衙門，甲午一役，竟至全軍覆沒。當時有識之士，咸主西法練軍，於是張之洞練自強軍於吳淞，袁世凱練陸軍於小站，凡此皆稱爲新軍，於是更定全國新軍爲三十六鎮，分駐各地，事未完成，清室已亡。

民國兵備 民國成立之初，陸軍編制，仍承清末新軍之舊，分爲師、旅、團、營、連、排、棚、而以師爲單位，軍中科別，有步、騎、砲、工、輜重、五種，軍官分三等九級，即將、校、尉、各分上中少三級。各省軍閥，任意招兵，擴充勢力，遂成軍閥割據之局，兵額亦漫無限制，盜即兵，兵即盜，國內幾無安寧之日。孫中山先生目覩此種情形，另建黨軍，創中央軍官學校於廣州黃埔，北伐成功，悉賴於此，該校遂遷於南京，復設分校於廣州、武漢、洛陽、成都、等處，造就有主義的軍事人才。

中國海岸綿長，不能不注意海軍的建設，自清末始創水師學堂於天津，漸成立北洋海軍。然以短於經費，又缺乏人才，民國雖略事擴充，僅有三萬七千五百六十噸，（民國廿一年海軍部統計）以與八十五萬噸的日本比較，不啻滄海與一粟耳。

今日戰事，由平面而變爲立體，空軍建設，尤爲重要，民國成立，雖曾置備軍用飛機，爲數極微。自淞滬戰後，方努力空軍建設，然進步亦極遲慢，七七抗戰，予中國軍事設備以猛烈的刺激，實偪處此，不得不積極擴充，不獨空軍有快速度的發展，即陸軍亦有非常的進步，而且實行徵兵，期達到全國皆兵之制，造成世界唯一强國。

軍器及戰備 古無兵器，刹林木以戰，爲生活上的需要，乃有『弦木爲弧，剡木爲矢』，『服牛乘馬，引重致遠』等等發明，弓矢牛馬，便成爲戰爭上的工具。周代有專門製弓矢的矢人弓人等官，與專門管理車馬的車僕校人等官；所以弓矢便爲當時的唯一武器。進一步乃有刀劍戈矛等等發明，而其戰術大都是用車乘，周武王有戎車三百輛，虎賁三百人，與商紂戰於牧野，古代戰陳，士卒必與車乘相麗，車乘之外，又有步卒，蓋以升陑入隧，山澗稠阻，非車所能用，必須用步卒以濟。故所謂『險野人爲主，易野車爲主』，以爲『車之於戰，動則足以衝突，止則足以營衛。』左傳記：『周伐鄭，爲魚麗之陳，先偏後伍，伍承彌縫。』（桓公五年）『邲之戰，楚君之戎分爲二廣，廣有一卒，卒偏之兩』。（宣公十二年）五伍爲兩，兩二十五人，四兩爲卒，卒一百人，偏卽車。卒兩爲步兵，車十五乘爲一廣，一廣有一卒，卽戎車在其前，步兵在其後。兵車，馭者在左，戎右在右，將帥居中，這是將帥所乘的；若士兵則左人持弓，右人持矛，中人御車的。這是春秋以前戰爭用車的情形，至戰國時漸廢乘車而騎馬了。不過車戰之制，漢猶兼用之，後漢光武造戰車可駕數牛，上作樓櫓，置於塞上以拒匈奴。此後在戰事中，猶不廢用車，只因車行遲緩，不若乘馬之捷，且山坡險隘之地，大車難進，戰車漸歸於淘汰。駕車本來用馬，所以養馬實爲軍備中要政。（見文獻通考卷一五八、一五九車戰馬政。）

舟師水戰，始見於春秋，襄公二十四年楚子爲舟師以伐吳，於是吳楚間戰事，常用舟師。漢武帝詔朱買臣建樓船以平東越，又造戈船、下瀨、橫海、等船，擊南粵，救東甌，皆用江淮會稽樓船，滅朝鮮則用齊樓船，又開昆明池以習水戰。三國吳習水戰，敗曹操於赤壁，襲關羽於江陵，皆用戰艦。隋文帝命楊素造戰艦，大艦名曰「五牙」，上起樓，五層，高百餘尺，可容戰士八百人。次曰「黃龍」，置兵百人，又有「平乘」「舴艋」等船。開皇八年伐陳，帥黃龍數千艘，旌甲曜日。五代時，晉李建以策破梁艨艟，宋韓世忠藉舟師扼長江以抗金。宋史兵志有曰：

『水軍之制，建炎初從李綱請，沿江河淮帥府各置水兵，招善舟楫者充立軍號曰凌波樓船軍』。

元爲謀取南宋，積極教練水軍，時劉整曾謂：

『我精兵突騎，所當者破，惟水戰不如宋耳。奪彼所長，則事濟矣』。（上皆見續通考卷一三二）

後一再發舟師東征日本。明以倭寇之患，閩浙沿海衛所皆置水軍，並積極建造戰船。成祖命三保太監率兵三萬七千餘人，乘大船六十二艘，遍歷南洋各島國，先後出使凡七次。清代仿西洋戰艦，建設海軍，甲午失敗後，一蹶不振，今雖稍稍增置，但爲數極微。

至於軍器，關係全軍的進退的，則爲鼓與金，所謂『軍以鼓進，以金退』，周禮鼓人『掌教六鼓四金之音聲，以鼖鼓鼓軍事，凡軍旅夜鼓鼜，軍動則鼓其衆』。鼓實爲軍隊中的重要器具，至今猶然，惟今則以吹號爲主，鼓乃居於次要地位。旌旗亦爲重要器具，周禮司常『掌九旗之物名各有屬以待國事』，屬即徽號，旗上各畫物象以資識別，統率全旗的帥旗曰大纛，其下各部隊各有其旗幟以資率領，韓信之拔趙幟，立漢赤幟，使全軍獲得勝利，此可以見旗幟在軍事上的重要性了。

用以衝鋒陷陣的兵器，最初則爲弓矢戈矛之類，相傳黃帝命揮作弓，荀子記倕作弓，山海經云少皥生般，始爲弓。弓所以激矢使及遠也。弓之有臂者謂之弩，或以脚踏，或以腰開，有數矢並發者稱爲連弩，有以弩機發石者稱爲弩砲。周禮司弓『掌六弓四弩八矢之法』，弓人爲弓，矢人爲矢，未有火器以前，弓矢實爲戰爭利器。其他如戈矛等兵器，據周禮司兵『掌五兵五盾，各辨其物與其等以待軍事』之言，則知其發明亦極早。五兵是什麼？鄭註云：戈、殳、戟、酋矛、夷矛。五盾爲干櫓之屬，其名未詳。周禮有司戈盾，掌戈盾之物，冶氏爲殺矢，廬人爲廬器，皆記各種兵器尺寸長短之形，其言曰：

『刃長寸圍寸，鋌十之重三垸；戈廣二寸，內倍之，胡三之，援四之，已倨則不入，已句則不決，長內則折前，短內則不疾，是故倨句外博，重三鋝；戟廣寸有半寸，內三之，胡四之，援五之，倨句中矩與刺，重三鋝。』(見周禮冶氏)

『戈柲六尺有六寸，殳長尋有四尺，車戟常，酋矛常有四尺，夷矛三尋。』(見周禮廬人)

戈卽句孑戟，漢謂之雞鳴，或謂之擁頸。其形似雞頭，正義謂爲二刃刺兵。戟形似戈而略異，援略昂起，內亦有刃，漢稱爲三鋒戟。矛長柄有刃，用以刺敵，亦名爲鍦，酋矛略短，夷矛較長，『攻國之兵欲短，守國之兵欲長。』殳長丈二尺無刃，大約是棍之類。戈戟稱爲句兵，矛屬稱爲刺兵，殳稱爲擊兵。此外又有戚劍等物，戚就是斧，詩稱『干戈戚揚』，劍兩刃而有脊，自脊至刃名爲臘，周禮桃氏爲劍，臘廣二寸有半寸，其長度：

身長五其莖，謂之上制，身長四其莖，謂之中制，身長三其莖，謂之下制。莖卽劍柄，長一尺，五其莖卽五尺長也。劍之最短者，稱匕首，僅長一尺八寸。歷代都特設專官，督造此種軍器，以及防守攻城器械與軍將服裝盔甲，名目繁多，不克詳舉。

火器的應用 中國在戰爭上何時始用火器？至難斷定，有謂唐代已有礮，據元哀宗天興元年『實嘉紐勒琿守歸德時，父老有言北門之西一菜圃中時得古砲，云是唐張巡所埋，掘之得五千有奇，上有刻字或大吉字者。』（見實嘉紐勒琿傳）其次則云始於金，『元兵攻汴梁，金攻城之具有火砲名「震天雷」者，鐵罐盛藥，以火點之，炮起火發，其聲如雷，聞百里外。又「飛火槍」，注藥以火發之，輒前燒十餘步，人亦不敢近，元人惟畏此二物。』（見特嘉喀齊喀傳）先是古所謂礮，不過是以機發石，此震天雷與飛火槍，實爲用火然發的起頭。元至元九年囘囘伊斯瑪音創作巨石礮，以攻襄陽。後與宋兵夾江對峙，豈礮北岸以擊南岸宋軍，每戰有功。此礮後世稱之爲襄陽礮。明邱濬大學衍義補曰：

『唐李光弼作礮飛巨石，一發輒斃二十餘人，疑卽此礮，蓋古原有此制，流入西番也。」

邱氏疑襄陽礮爲唐人之舊法，恐未必然，因在金拒元用震天雷以前，未聞有用火然之礮的。自此以後，火器逐漸發明，明太祖鄱陽之戰，發火礮以焚敵舟，沐英討思倫，發置火銃。明會典有『軍器局成，造火器，三年一造，椀口銅銃三千個，手把銅銃三千』云云，是知當時於礮之外又有銃的製造。其構造法，邱濬曾曰：

『礮之制，用銅或鐵，爲具如筩筒狀，中實以藥，而以石子塞其口，通一線用藥發之，其石子之所及者，無間人物皆糜爛。……近有神機火鎗者，用鐵爲矢鏃，以火發之，可至百步之外。』

此所謂神機火鎗，殆卽銃之類，亦稱之爲神銃。又有兩頭神銃，每頭置鐵彈十枚。嘉靖時造佛郎機銃於南京，佛郎機，外國名，明人稱葡萄牙西班牙人爲佛郎機，時廣東巡檢何儒招降葡人，因得其火器，稱之爲佛郎機銃，此後便以佛郎機爲西洋鎗礮之名。據茅元儀武備志云：

『其制，以銅爲之，長五六尺，大者重千餘斤，小者百五十斤，巨腹長頸，腹有修孔，以子銃五枚輪流貯藥，安入腹中，發及百餘丈，最利水戰。』

崇禎鑑於外患之急，曾命教士湯若望等鼓鑄大礮。國人翁萬達自造連珠地雷等礮，比之佛郎機尤輕便。清代創立製造局兵工廠自爲鼓鑄，惟所製僅屬輕兵器，一切重兵器，及機關鎗炸彈等，猶仰給於外國的輸入。如今在戰爭上的利器，厥爲飛機，自第一次歐戰以

部落，凡非與自己有血緣關係而不是共同生活的人，一概看做一種敵人，而發生出相互的鬬爭。從這一方面講，原始社會的組織，大都基於血緣與生活的關係上，這便是氏族制度的起源，也是中國宗法社會形成的重要根據。後者是包含着地域與氣候的環境關係，在原始人類生活的需要上，地域與氣候發生了特別的作用，例如在富有魚介的河沼平原地區，與在富有木材鑛物的山岳地區，或者在溫煖濕潤的與寒冷乾燥的不同氣候下，足以使一般人民的生活方式與勞動手段，會形成各不相同的一種社會。中國立國在東亞溫煖的大平原上，成爲一個以農業爲中心的社會，自是一件當然的事。

第三編　社會與風俗的情形

第一章　中國社會的結構與演進

一般社會形成的原則

古代社會結合的基礎，總逃不了主觀與客觀的條件，前者如種族與民族間，在血緣的關係共同生活等的形態下，自然而然地結成了一種團體，就是所謂部落，凡非與自己有血緣關係而不是共同生活的人，一概看做一種敵人，而發生出相互的鬭爭。從這一方面講，原始社會的組織，大部基於血緣與生活的關係上，這便是民族制度的起源，也是中國宗法社會形成的重要根據。後者是包含着地域與氣候的環境關係，在原始人類生活的需要上，地域與氣候發生了特別的作用，例如在富有魚介的河沼平原地區，與在富有木材鑛物的山岳地區，或者在溫煖濕潤的與寒冷乾燥的不同氣候下，足以使一般人民的生活方式與勞働手段，會形成各不相同的一種社會。中國立國在東亞溫煖的大平原上，成爲一個以農業爲中心的社會，自是一件當然的事。

這自然的社會基礎，決不是始終在同一形態下繼續着，當然的，在悠久的長時期過程中，不無逐漸的進展或變遷。當原始的蒙昧時期，人類只知道採取果實為食糧，進而至於發明了弓矢，耕漁獵為生活的時期，便感到有共同行動的必要，進而為有互助性的社會組織。

傳說中的初民生活　最初的人民，是茹毛飲血，野居穴處的，自燧人氏鑽木取火，有巢氏構木為巢，以至神農氏教民稼穡，軒轅氏始製衣裳，始有衣食居室之制。

據韋爾斯世界史綱所云：原始人民所居之處，名為『蹲息處』，常在小河之旁，便於飲水盥洗。同時，亦必近於火岩，便於取火取煖。因為火是初民生活中最重要之物，常不令其熄滅。其取火之法，據中國史載有燧人鑽木取火的故事，但從世界考古學者說，大概以鐵石相擊於乾葉之中而開始的。據近代從山岩中掘得硫鐵與火石凝合物，推測到原始人群聚居在火旁的情形。因為在冰河時期，非火則無以禦寒。此穴居時期的狀況，歐人稱之為岩穴生活。此種岩穴遺跡，近世發現得很多，如奉天所發現的沙渦洞，中有火然痕跡；或者原是一種獸居之洞，人乃逐去其獸而佔居之。同時，火不但可以取煖，也是狩獵的利器，所以古代凡能用火的人，大家都尊重他，擁護他爲首領，試看最初帝王的名稱，如祝融、燧人、有熊、炎帝、等等，都是以火爲名的。從中國的字義講，「王」字在金文中作[illegible]，吳大澂以爲王下從火，火在土下，正合古人穴居尙火之意。王亦作旺，旺爲火盛義，亦可爲多人聚居之徵。

再言穴居，氏族之「氏」，作[illegible]，象山之側形，許氏說文云厂爲山旁之厓石，人可居也。呂覽有『厂之民椓蠡而食』之語，可見古人多居山岩石穴之中，故後世稱人民爲『丘民』，或即因此而來。又爾雅釋君字曰『林蒸』，釋言訓林蒸爲衆，林義多木，蒸義爲火氣上升。考古學者推測人類在穴居之前，亦曾樹居，韓非子五蠹篇說：「有巢氏因人民不勝鳥獸蟲蛇，構木爲巢以避羣害」，巢本鳥居之名，這可以爲樹居之證，迄今南非洲野蠻民族中尙有巢居樹上之事。（上參柳詒徵中國文化史）

樹居穴居，大約是舊石器時代的生活，亦稱爲岩穴山林的生活。以後便進而爲池窩生活，其時或卽開始室居，而入於新石器時代。如一八五四年瑞士國在湖底發現一木製的屋基，土木骨製的器皿，證明是古代的一個村落，考古者斷定其爲新石器時代的遺跡。易繫辭說：「上古穴居而野處，後世聖人易之以宮室。」墨子亦有言曰：「古者未有宮室之時，因陵邱堀穴而處焉。」皆信古代是由穴居而室居的。不過室居究竟始於何時？却不能考證，相傳黃帝建造明堂爲宮室之始，淮南子中却說：「舜作室，築牆茨屋，辟地樹穀，令民皆知去巖穴，各有家室。」是似承認舜時脫離穴居而始建宮室。孟子記「象往入舜宮」，言舜時已有宮了。墨子稱「禹茅茨土階」，論語稱「禹卑宮室」，皆承認夏禹時之有宮室了！

說到飲食，原始人民，最初是採取樹木果實與生食鳥獸之肉，是狩獵時代的情形，後來因爲禽獸不能常得，乃把賸餘的畜養起來，以備不時之需，於是由狩獵而進入到畜牧時代了。經過很長的時期，偶然發現植物種子的生殖，便發明了耕稼，又由肉食而變爲穀食了。不過耕稼究竟始於何時？中國歷史上的推測，則云始於神農：易繫辭云：「神農氏作，揉木爲耒，斵木爲耜。」白虎通云：「古之人民皆食鳥獸肉，至於神農，人民衆多，禽獸不足，敎民農作。」管子云：「神農作，樹五穀。」都是承認神農爲耕稼之祖。神農雖是後世推想出來的人物，然而史前人民在食物方面的演進，却可以相信是有理由的。從所掘得的石鋤石刀等農具，不能不承認在新石器時代，已有農業的事實了。

再講到衣服，最初是用樹葉蔽體，後來進而用獸皮鳥羽等物。像白虎通所云：「古時人民，茹毛飲血而衣皮葦，能覆前而不能覆後」。經過很長的時期，乃發明絲麻紡織而爲衣服，禮記云：「昔者先王未有麻絲，衣其羽皮，後聖有作，然後治其麻絲以爲布帛。」現在雖不能確知發明麻絲而爲布帛的是誰？然而由衣羽皮而衣布帛，確是當然的演進。相傳發明蠶絲的是嫘祖，她是黃帝的元妃，所以古史承認黃帝是始製衣裳的。這是不是事實？果然無從證信，但從近世在安陽所掘得的半個蠶繭，及甲骨文中有「桑」「系」等字觀之，不能不承認在殷商以前，確已有蠶絲及衣服的發明了。

殷商時代的社會狀況

殷商以前的社會狀況，果然是無從徵信，但是從一般古物的發現，(見前第一編第二章)則知中國曾經有過石器時代，遠在西元前數千年以上的太古，在甘肅北部及陝西一帶，發見未經磨光的舊石器，厥後在山西河南一帶，又發見新石器的遺物，如石鏃骨鏃石斧石刀等類，不但證明已有狩獵時所用的弓矢，亦證明開始製造粗鄙的種植器具了。再從華北所獲得的青銅器遺物，其時已知利用金屬器，而有團結的社會生活了。傳說中的伏羲氏，可以做狩獵社會的代表，所謂「以佃以漁」，那就是當時的主要生活，進到所謂神農時代，開始從事於幼稚的耕稼生活。從易繫辭那一段「製器象卦」的話看來，(見易繫辭傳下第二章前編已引過)在黃帝堯舜時已有種種的發明，而且也發明了書契、(文字)天文、曆數、等事。這些雖是後世「託古改制」的推測，然也不能說是憑空揑造的。如今要尋求比較可考的史料，只有從殷墟出土的甲骨上研究，據羅振玉王國維及最近郭沫若等考證，略可窺見殷商時代社會的一斑。日本森谷克己在中國社會經濟史中舉出了五點，來證實殷商時代的社會狀況，茲節錄如下：

(一)牧畜：據羅振玉氏所輯的卜辭的分類，大概占卜生產的次數最多的爲卜田(狩獵)

，第二爲卜風雨，第三爲卜年(豐凶)，而第四則爲卜漁。可是占第二位卜風雨的占卜，如郭沫若氏所言，可說是與牧畜也有關係的。但卽使拋棄了這些，也尙不乏供我們想像當時牧畜之盛的材料。

小島祐馬教授發現在卜辭中牛、羊、犬、豕、豚、彘、馬、及鷄等家畜家禽的名稱，爲數甚繁。且又發現牧畜的『牧』字，這可以說在殷代末年尙與以牧畜爲支配的生產部門時代相距不遠。

總之：家畜是殷人的重要財產，同時也是他們主要的食糧資源。

(二)農業：據羅振玉氏的卜辭分類，卜年(豐凶)的占卜爲卜風雨的次多數，卽後者爲七十七，前者爲二十二。

殷代的勞働用具，不是鐵器，而是高貴的銅製物。但發掘出來的銅器，經化學分析的結果，乃是純銅，銅器因質體較弱，無從驅逐石器，故當時還不得不以石器爲勞働用具，而給以重要的地位。

殷代的作物，以黍爲最重要，其次則爲禾、麥及米等。又好像也知植桑，蓋卜辭中也可看到桑字。若知植桑，則又可認爲已知養蠶了。

(三)漁獵：卜辭中以卜田二字爲最多，但這並不是說殷代還是狩獵時代，因爲卜辭是王者的占卜記錄，所以關於田的卜辭，大體上是關於王者的狩獵。一般人民間或也從事狩獵以爲獲得食糧的補助手段，打漁却純是民間的事，所以依卜辭分類裏，卜田有一二三次，卜漁只七次而已。

狩獵具是弓矢，網及陷穽等，在狩獵時，有利用犬的，又馬則供乘御之用。漁具是梁及笱。田獵的主要對象是鹿、狼、羊、馬、豕、兎、及雉等。根據郭沫若氏所說狩獵一次的獲物的最高記錄，爲鹿三八四頭，豕一一三匹，狼四一匹。

總之：狩獵在一般人民，不過爲獲得補助食糧手段而已，但在一部分的特權階級之間，則已成爲禮儀化，娛樂化的行事。

(四)工業生產：殷代的勞働用具是高貴的銅器，與木器石器相輔應用，故其工業不能不說是極其幼稚。成爲當時工業生產的，第一是土器的製造，第二是銅器的鎔解與製作，第三如卜辭中所能看到的絲、帛、衣、等文字，可見這時已知紡織了，但這當然衹是家內的工作。在家庭之中尙能造酒。最後如卜辭中也能看到宮室宅家舟車等文字，則可知建築也已進步到某種程度了。

五）交易：殷代交易的發達水準，或許不出以自然產物的差異爲基礎，而於各同體之間行交換，此種交易，初時或許是以家畜及獸皮來擔任貨幣的職能的，以後龜甲及貝殼也逐漸充貨幣之用。當時成爲貨幣而使用着的貝殼是子安貝。這大概是殷人與沿海各種族交易而來的，或來自這些種族所貢納。最後因養蠶的發達，故絹也成爲貨幣而供使用。

殷代的交通，大都是出於戰爭的方式。武器在勞働手段中最爲發達。戰爭是常發生的，但在當時初期的文化，每因戰爭而將廣擴於各地，同時戰爭又產生了因混血而向上的種族。（上見森谷克己中國社會經濟史第一篇第二章）

氏族社會的演變

氏族是起源於部落的羣，人本是羣的動物，原始人類爲求生活上的需要，不能不結合爲羣，藉以抵抗猛獸與掠取動物。這些羣，又因爲生活關係，發生化合與分化的作用，漸漸成爲許多小部落。在生活與血緣的關係上，後世就稱牠爲氏族。梁任公曾說過，傳說中的伏羲氏神農氏，都是古代的氏族部落，伏羲又稱庖犧，代表佃獵的氏族，神農代表初期農業的氏族。大概這種社會組織，是在酋長制度下共同生活，後來因爲征服與分化，情形便複雜起來。在一個氏族之下，分出了許多小部落，而各立一個「姓」，例如：回鶻之有九姓，月支亦有九姓，北魏有七姓，女眞有三十姓之類，每一姓便是一氏族下的小部落。這些分化的原因，不單是血緣的關係，也有經濟上的關係，迨至經濟上發生了衝突的時候，遂有部落間的戰爭，像傳說中黃帝與蚩尤戰爭，就是原始氏族部落互爭的表見。在戰勝的一方面，就會合併了戰敗的部落，把自己部落中的分子分建起來，像史記所稱『黃帝二十五子，其得姓者十四人』，就是這種道理。史記索隱據國語晉語云：

「黃帝之子二十五宗，其得姓十四人爲十二姓，姬、酉、祁、己、滕、葴、任、荀、僖、姞、嬛、依、是也。唯青陽與夷鼓同己姓，又云青陽與蒼林同姬姓，是則十四人爲十二姓，其文甚明。後人以爲十四人乃十三之誤，其實青陽姓己而不姓姬，玄囂乃帝嚳之祖，與黃帝同爲姬姓。」

無論其姓之爲十二或十三，總可以知道這十四個得姓的人，卽是一個氏族部落所化分出來的小部落。而一個氏族裏包含着若干不同的姓，也是後來封建制度的根據。左傳所稱『因生以賜姓，胙土而命氏，』（隱公八年）則姓與氏的關係，已經不是古代的氏姓關係了。古之姓出于氏，此則氏分于姓，故黃帝之子，兄弟異姓，而周之子孫皆屬姬，前者是一種建立國家以前氏族制度，後者乃是封建制度下的宗族制度了。

姓與氏的關係 歷來言姓的起源者，往往不一其詞，史記陳世家云：『陳胡公滿者，虞舜之後也。昔舜爲庶人，居于嬀汭，其後因爲氏姓，姓嬀氏。武王克殷，得嬀滿，封于陳，故陳爲嬀姓也。』世本云：『帝舜姓姚』，左傳昭公八年云：『胡公不淫，故周賜之姓，胡公姓嬀，非因舜而姓也』。此說與史記異。但周語云：『帝嘉禹德，賜姓曰姒，氏曰有夏；胙四岳國，賜姓曰姜，氏曰有呂；以及賜姓曰嬀，命氏曰陳。』這又言陳與嬀，乃一氏一姓也。王充釋因生以賜姓，乃曰：「夏吞薏苡而生，故姓苡，商吞燕子而生，故姓子，周履大人跡而生，故姓姬。」這不可謂非望文生義的臆測也。

古者有氏而無姓，後來因爲分支漸繁，便以姓爲區別，等到宗族制度成立，乃以姓爲宗，姓之下復又爲氏。所以周以後的氏，等于周以前的姓，周以後的姓，等于周以前的氏，這大概是與母系制度與父系制度的變遷有關的。

鄭樵通志氏族略裏解釋姓與氏的分別說：

「三代之前，姓氏分而爲二，男子稱氏，婦人稱姓，所以別貴賤；貴者有氏，賤者有名無氏。姓可呼爲氏，氏不可呼爲姓。姓所以別婚姻，故有同姓異姓庶姓之別。氏同姓不同者，婚姻可通，姓同氏不同者婚姻不可通。三代之後，姓氏合而爲一，皆所以別婚姻，而以地望明貴賤。」

從這一段話裏，有幾點可以叫我們注意的：

(一)三代前後氏姓關係的不同，三代前以氏別貴賤，以姓別婚姻；三代後姓與氏皆用以別婚姻。

(二)姓可呼爲氏，氏之下有不同姓者，明出于一源。氏不可呼爲姓者，欲明其同一源中，分別血統的遠近關係。蓋氏所以表地望，姓所以表血統，同姓者以其血統近，故不能通婚姻。

(三)三代後以姓爲宗，不問其氏的關係如何，凡屬同姓，皆不可以通婚姻。

(四)三代前，姓專屬之女子，如伯姬、孟姜、之類，三代後男子亦可稱姓，史記稱周公爲姬旦，稱文王爲姬昌，是漢時姓氏合一的稱謂，並不是古制。

姓之字從女生，所謂「婦人稱姓」，大概是母系制度的遺傳，所以如姬、姜、嬴、姒、嬀、姞、嫻、姶、妘、嫪、之類，都從女旁。等到母系制度變成父系社會以後，猶沿稱原始之姓，在同姓的落部擴大之下，又化分出許多小姓，這些小姓，也就是周代之所謂氏，如同一姬姓而有魯、衛、晉、鄭、等氏，同一姜姓而有齊、許、申、呂、等氏的分別。

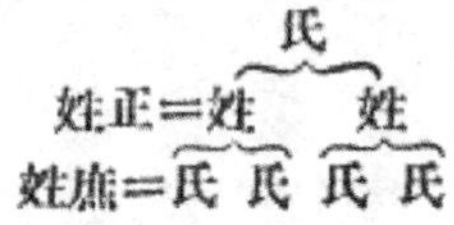

關於研究姓氏的書：漢則有鄧氏官譜，應劭氏族篇，穎川太守聊氏萬姓譜。魏立九品中正制，各有簿狀。南朝有百家譜，百官譜。何承天撰姓苑，後魏河南宮氏志。唐太宗命撰氏族志百卷。柳冲撰大唐姓系錄二百卷。林寶撰元和姓纂，爲言姓氏之集大成者，後世言氏族者皆本之。

氏
姓　姓
氏氏　氏氏
姓＝正姓
氏＝庶姓

正姓庶姓之分：禮記大傳云：

「四世而緦，服之窮也；五世祖免，殺同姓也；六世親屬竭矣。其庶姓別於上，而戚單于下，昏姻可以通乎？繫之以姓而弗別，綴之以食而弗殊，雖百世而婚姻不通者，周道然也。」

鄭康成註云：『姓爲正姓，氏爲庶姓，始祖爲正姓，高祖爲庶姓。』孔氏正義云：「姓正姓者，對氏族爲正姓也；始祖爲正姓者，若炎帝姓姜，黃帝姓姬。周姓姬本于黃帝，齊姓姜本于炎帝，是始祖爲正姓也。云高祖爲庶姓者，若魯之三桓，慶父叔牙季友之後，

（卽孟孫叔孫季孫皆桓公之後）及鄭之七穆，（子展、子西、子產、伯有、子太叔、子石、伯石、皆穆公後）子游子國之後爲游氏國氏等類。王充論衡云：『古者有本姓，有氏姓。』（見詰術篇）本姓卽正姓，氏姓卽庶姓，正姓庶姓，本姓氏姓，卽前述的姓與氏。顧炎武有一段詳細的解釋：

『男子稱氏，女子稱姓，氏一再傳而可變，姓千萬年而不變。考之于傳，二百五十五年之間，（按春秋自隱公元年至哀公十四年獲麟絕筆，則爲二四二年；左傳續記至哀公二十七年止，合爲二五五年。）有男子而稱姓者乎？無有也。女子則稱姓，古者男女異長，在室也稱姓，冠之以序，叔隗季隗之類是也。已嫁也，於國則稱姓，冠之以國，江羋息嬀之類是也。在彼國之人稱之，或冠以所自出之國若氏，驪姬梁嬴之於晉，顏懿姬（魯伯禽食采顏邑故以爲氏）鬷聲姬（祝融之後董父封鬷川故以邑爲氏）之於齊也。旣卒也，稱姓，冠之以諡，成風敬嬴之類是也。亦有無字而仍其在室之稱，仲子少姜之類是也。是故氏焉者，所以爲男別也，姓焉者，所以爲女坊也。自秦以後

之人，以氏爲姓，以姓稱男，而周制亡，而族類亂。』(見日知錄原姓篇)

這是把春秋時稱姓稱氏之例說得很明白。但是爲什麼男子不稱姓？並不是不重姓，因爲男子與人交接較多，故必另外以氏來表明其祖系，這是第一個原因。又因爲得氏之祖相去久遠之故，必須變其氏，表明其爲何人之後，這是第二個原因。例如魯之有叔孫氏，表明其爲叔牙之後，在叔牙後代中，又分支流，別立氏以表明之，如叔仲氏之類。若女子則因有婚姻關係，欲免娶同姓之女，故必以姓標明。由此可以知道秦以前應用姓氏的分別與其關係了。但氏之下又有族，如羊舌氏之有十一族。(國語叔向語)

總之：一大姓之下分若干小姓，卽氏，一大氏之下又分若干小氏，卽族，這便是封建制度下的氏族系統。(參通志氏族略序)

氏與族的關係 杜預釋例解釋氏族之義，乃曰：『別而稱之謂之氏，合而言之則曰族。』他把族字解作氏的綜和，彷彿上面所說的姓，乃後來的宗族之義。然而白虎通釋之曰：

『族者，湊也，聚也，謂恩愛相依湊也。生相親愛，死相哀痛，有聚會之道，故謂之族。』(見白虎通宗族篇)

據此則族爲聚居之義，最初所謂氏族，後來所謂宗族，莫不本此意義。推而廣之，乃有所謂九族。何謂九族？今文家與古文家有不同的解釋：

今文家則說父族四，(白虎通云：父之族，一族也，父母昆弟適人有子，二族也，身女昆弟適人有子，三族也，身女子適人有子，四族也。)母族三，(母之父母，一族也，母之昆弟，二族也，母昆弟子，三族也。)妻族二。(妻之父爲一族，妻之母爲一族)。

古文家之說，如鄭康成註禮：『上自高祖下至玄孫爲九族。』以爲今文家及于異姓，從喪服上說，異姓不過緦麻，不足以解釋宗族關係；故後世言九族者，都以古文家說爲根據。

氏族既繁衍而支分，一氏一族，往往有別立一姓以示支派的區別，故姓不盡是天子所賜的，如釋例所說：

『子孫繁衍，枝布葉分，始承其本，末取其末，故其流至於百姓萬姓。』

凡稱姓稱氏稱族，據左傳隱公八年所記，大概分以土、以字、以謚、以官、以邑、五等。鄭樵通志分姓氏爲三十二類，可以說是最詳盡了。總之：我們在這種氏族制度的社會裏，看見兩種重要的影響：

(一)階級制度的產生。一則曰貴者有氏，賤者有名無氏。再則曰三代以後，以地望名貴賤。都是以地位的高下做根據，而有賜姓賜氏的分別，這是封建制度下最顯著的事實。毛奇齡春秋傳辯賜姓賜氏，則曰：

『氏非盡人可賜也。大抵先公之子則爲公子，公子之子則爲公孫，或從父字，或從父謚，或從官從邑而自立爲氏。天子賜姓，其實非也，若眞有所賜，則齊陳魯衞有誰賜姓？陳之姓嬀，史記云由舜居嬀汭而早以爲氏，未聞入周始姓嬀也。』

這一段話，可以說有一部分是對的，不過天子賜姓，也是當時事實，若說一切姓氏，都是由天子所賜，那當然是不對的，因爲大多數的姓氏，都由自己所定，以表其地位。

(二)宗法制度的產生。　宗法制度，不能否認是由氏族制度所演變而成的。一族之人，既聚合而居，久則人口漸繁，勢不能不分殖于外，這是封建的原因。但是分殖于外的，却又不可不有一種聯繫，這種聯繫的方法，便是宗法制度。所謂『有分土，無分民，』那便是氏族制度進一步的組織。

第二章　宗法制度

宗法制度的產生

宗法制度既由于氏族演變而成，然同時氏族又成爲宗法的骨幹。因爲一宗法之中包含着若干氏族，所以宗法便成爲氏族的綜和。

聚若干氏族而爲宗族，聚若干宗族而爲國家，這是中國社會由下而上的組織系統，而以宗法爲單位，故亦稱爲宗法社會。

什麼叫宗法？即由血統關係的親族中所定的一尊辦法，就是在同宗之中奉一人爲主，爲全宗族的命令者。白虎通解釋這個宗字說：

『宗者，尊也，爲先祖主也，宗人之所尊也。』（見宗族篇）

宗與族異：宗則于親族之中，奉一人爲主，主者死，有另一尊者繼之；族則指凡有血統關係者而言，初無主從之別。所以在宗法之中，宗主之地位，爲全族人所尊，也稱爲族長，有統轄全族之權。

儒家的主張中，因爲維持其親親的關係，特地定出了這種禮制，周公尤爲完成這種禮制的中心人物。我們一打開儀禮周禮大小戴禮記等書，便看見中間所討論的喪禮、喪服、婚禮、孝道、等等，莫不是這種制度的表見。這種制度所注重的意義，不外乎『明長幼尊卑之序，正父子兄弟夫婦之倫，嚴男女適庶婚姻之別』的幾大端而已。

大宗小宗之別　宗法的傳于今者，惟周爲詳，周代宗法，見于禮記大傳，其言曰：

『同姓從宗合族屬，異姓主名治際會。名著而男女有別。』

這一節所論的『同姓從宗，異姓主名』，就是說明大小宗的道理。什麼叫同姓從宗？同姓，父族也，從宗，從大小宗也。合族有屬者，言合親族人的親疏，使昭穆各有所屬，以分尊卑也。什麼叫異姓主名？異姓，謂他姓之女，來做己姓之妻，則主母婦之名，以防亂人倫，如衛宣公爲子娶而自納之類。治，正也，際會，婚禮交際之會。名著而男女有別者，各有尊卑異等不相混亂也。（根據正義之意）此其一。大傳又說：

『別子爲祖，繼別爲宗，繼禰者爲小宗。有百世不遷之宗，有五世則遷之宗，百世不遷者，別子之後也。宗其繼別子之所自出者，百世不遷也。宗其繼高祖者，五世則遷也。尊祖故敬宗，敬宗，尊祖之義也。』

鄭康成註別子謂公子，若始來在此國者，後世以爲祖也，別子之世適也，族人尊之，謂之大宗，是宗子也，父之適也，兄弟尊之，謂之小宗。究竟什麼叫別子？卽諸侯之庶子，因爲諸侯之適子，適孫，將繼世爲君，其第二子以下，都不得禰先君，將另建一國，後世奉他爲祖，這就稱爲別子。故別子于國爲小宗，于封地則爲大宗。別子之庶子，又爲小宗，別子之世適于其封國內則爲大宗，是百世而不遷的。別子的第二子以下又爲小宗，他的子繼下去，叫繼禰小宗，他的孫叫繼祖小宗，曾孫玄孫皆如此。繼禰者是親兄弟，繼祖者是堂兄弟，繼曾祖者是再從兄弟，繼高祖者是三從兄弟，不再宗事六世祖，所以說五世則遷也，換言之：百世不遷者爲大宗，五世則遷者爲小宗，大宗繼別子，小宗繼高祖。喪服小記又說：

『親親以三爲五，以五爲九，上殺，下殺，旁殺，而親事畢矣。』

這是從服制而分的親疏。三，父己子也，五，加祖與孫，九，加高曾與曾玄。親親之道，以一爲三，而不言一者，以父子無可分，又不言以五爲七者，略其相親之言。上殺者，服之減殺也，服父三年，服祖爲期，服曾祖爲大功，服高祖爲小功，俱齊衰三月。故喪服註云：『重其衰麻，尊尊也，減其日月，恩殺也』。下殺者，父爲子期，爲報，于孫無報，降減，祖爲孫大功。旁殺者，世叔之屬也，世叔期九月，從世叔期五月，族世叔緦麻，以次減殺而服也。從服制言，亦以五世爲限，而于共宗的別子（始祖）則百世不改其宗的，此宗法的組織，所以能歷久而滾廣，就是這個緣故。

（一世）（二世）（三世）（四世）（五世）（六世）

諸侯開國——嗣君——嗣君——嗣君——嗣君——嗣君——嗣君……

別子——大宗——大宗——大宗——大宗——大宗……百世不遷

禰——小宗

禰

禰

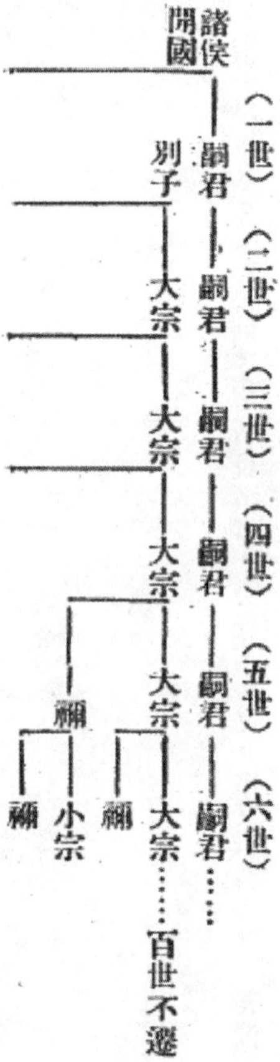

宗法圖

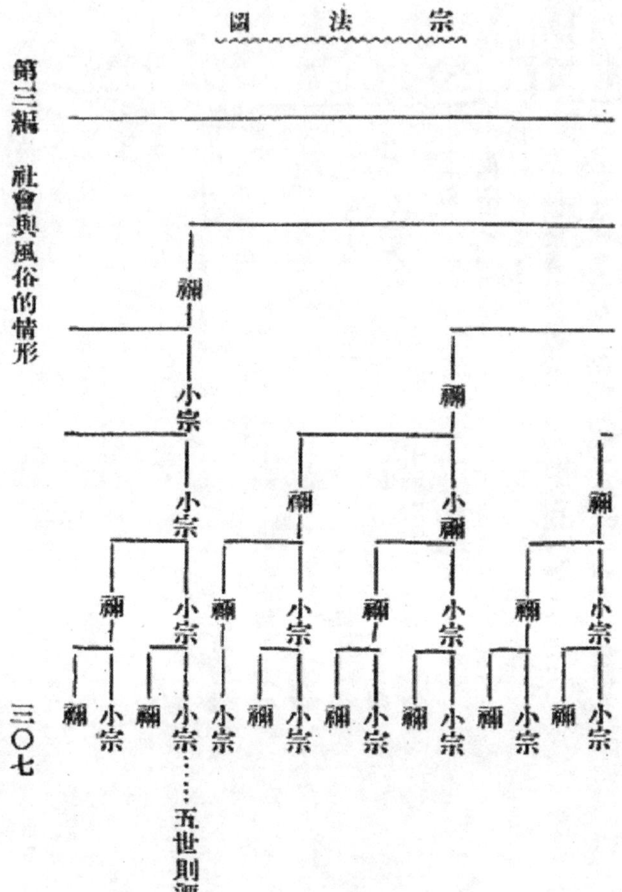

禰　小宗　小宗
禰　小宗
禰　小宗
禰　小宗　小宗　小宗
庶弟
庶弟

宗法與封建　宗法制度與封建政治，原是相輔而行的。詩云：『君之宗之』，（見公劉篇）『大宗維翰』，『宗子維城』，（見上帝板板篇）註云：『大宗强族，宗子爲保障』。傳皆云君王爲天下大宗，故天子于諸侯，諸侯于大夫，猶大宗之于小宗，可見天子諸侯之間，多屬親族關係。

原來封建之制，其勢力乃惡其合而不分，但又恐其分而不合。分則占地廣而多助，所以凡得一地，則分封其同族之人，所分愈多，勢力愈大，如幹之生枝，枝之生葉，遂徧布于天下。但既分之後，又恐其勢力渙散，乃復立一聯繫之法，立宗子爲全族之主，定宗法爲全族所守，方可以團結力量以資自衛。如周公于魯爲大宗，于周爲小宗，三桓于其族爲大宗，在魯則爲小宗，故當時諸侯稱天子爲宗周，諸侯與諸侯，大夫與諸侯皆相宗屬。左傳所謂『今子以小惡而欲覆我宗國，』孟子所謂『我宗國魯先君，』國語所謂『晉，吾宗也，』等類，皆可證明。這也叫做『有分土，無分民，』有分土，卽封建之謂，無分民，卽宗法之謂。此皆足以證明宗法與封建的關係。宗法既出于封建，便可知最初的宗法，乃是貴族所專有，所以其位愈尊，則所追之宗愈遠。儀禮喪服篇有一段問答，不但是討論大宗小宗的服制關係，也可以見得此種制度爲一般平民所不知，其言曰：

『傳曰：何以期也？不貳斬也？何以不貳斬也？持重于大宗，降于小宗也。爲人後者孰後？後大宗也。曷爲後大宗？大宗者尊之統也。禽獸知母不知父，野人曰父母何算焉！都邑之士，則知尊禰矣，大夫及學士，則知尊祖矣，諸侯及其大祖，天子及其始祖之所自出。……大宗者，收族者也，不可以絕，故族人以支子後宗子也，適子不得後大宗。」

從這一段話裏，知道出繼之子，不能爲生父母斬，因爲是旣繼了大宗，大宗不可絕的緣故。曾子問裏有「支子不祭」的一番問答，內則裏有「適子庶子宗子宗婦之禮」，皆所以發明這種道理。同時，也知道這種制度，是限于貴族階級，平民本不甚懂得，因爲平民是沒有宗法的。所以說，都邑之士，則知尊禰，猶言平民只知尊其本身之父，父以上皆不知尊，這在周朝的情形還是如此。惟漢代以後，經一般儒家的提倡，宗法思想，便漸漸地普遍起來。故周以前的諸侯尊天子，卽族人尊宗子。講信修睦，便是同族的相親，興滅繼絕，便是同族的維護。對國的忠，便是對族的孝；所以忠孝便是全族自衞之道。這種制度，最初原是很有意義，不過到了後來，諸姓互相侵伐，親親之義，不能勝利祿之欲，利是實際，宗是空名，欲以空名制實利，勢所難能，封建與宗法的所以崩潰，自不足怪的。

還有一點要附帶說明的，卽古代本來沒有所謂國家，其團結力只有族，族漸擴大，變而爲九支，合族而居，便不能不有統治者，乃定爲宗，宗主卽國君，國君統治之下，分若干封國卽諸侯，諸侯之下有卿大夫，有食邑者名曰家，然後乃確定了國家的名稱。國與家的關係，也就是宗法的關係。

〔立後繼宗的辦法〕 大宗不可絕，所以當大宗無繼承人的時候，族人得以支子後大宗，這是宗法制度中最重要的一點。大宗不可絕，必須立後，小宗不必要立後，但等到後來，不管大宗小宗，都要立後了，這原不是古制，所以黃宗羲這樣說：

『古來宗法，有大宗，有小宗，餘子無後者，祔祭于宗子之廟。大宗不可絕，故族人以支子後大宗。非大宗而立後者，古未有也。今一人必求一繼者，世俗之習說也』。(見明夷詩訪錄)

古惟大宗不可絕，後來變成人人立後，這大概是封建制度崩潰以後而發生的變動。原來古時臣人者必以其宗，任人者亦以其宗，後來因爲國權擴大，人人得直屬于國而不必間接于宗，乃不能盡守古宗法遺制了。現在且從戴聖等所說以研究之：

『大宗不可絕，言適子不爲後者，不得先庶耳。族無庶子，則當絕父以後大宗』。

此言適子本應爲小宗後，不可爲大宗後，所以不能先于庶子而立爲大宗之後，但是當小宗之中沒有庶子時，適子只好後大宗，寧可絕了自己的小宗。

還有魏田瓊這樣說：

『以長子後大宗，則成宗子禮，諸父無後，祭于宗家，後以其庶子還承其父』。（上皆見通典卷九十六引語）

這明明說適子可以後大宗，同時，也以爲後來仍當以適子之後的庶子還承其父，卽小宗仍當有後的意思。

晉朝范汪之論曰：『廢小宗昭穆不亂，廢大宗昭穆亂矣。』這猶以大宗爲重要，非必人人要立後的。後來柳宗元在寫給許孟容的信裏這樣說：『自以得姓二千五百年，代爲家嗣，故以無後爲戚，猶非如世俗之人人皆欲立後也』。可見當唐朝時，人人立後的事，已成爲世俗極普通的風俗了。明朝邱濬田汝成等皆曾討論到這件事體，以爲關於這問題的重要意義，不外乎血食與財產的兩種關係。因爲主張人人立後的，以爲古無後者，祔祭于宗子之廟，但假使沒有宗子，不是祠食無所了麼？所以要立後以主祭祀。在財產方面，無後之人，死便爲人收去，有所不顧。蓋律有『無男歸女，無女入官』之條，所以必欲立後以承繼財產。這類思想，本非古制，實爲私產制下的必有結果。所以邱濬說：『大明律令，雖許同宗立嗣，然重在生前自立，而非死後爭繼，利其財產。』這又可見立後之事，初爲宗法的傳統關係，却不料竟變成爲爭奪財產的藉口，清朝法律，許以同宗昭穆姪輩承繼，如近親無丁，遠房支子，可以兼祧，即以一人爲兩房之後，惟不得立異姓。不過在同姓選擇應繼人之外，仍許招異姓人爲贅婿與領異姓人爲養子，得有均分財產的權利。這是清代的變通辦法，亦爲人人立後的特殊制度也。俞曲園曾論之曰：

『殷人立弟之法，以次傳訖，仍歸其兄子。……無子即無後，可知殷禮不爲無子者立後。是以文王有長子伯邑考，不以武王之子爲之後，猶殷禮也。大同之義，不獨親其親，不獨子其子，人固不必皆有後。立後之禮，其起于後世之各親其親，各子其子乎！』（見茶香室經疏）

大概周行宗法，始有爲大宗立後之制，至秦廢封建，蕭何定律，乃變宗法而爲戶法。宗法以宗爲單位，故以大宗爲不可絕。戶法以戶爲單位，故有人人立後之制。其無後可立者，便有養子與贅婿的辦法。

贅婿與養子　贅婿之制，始于齊之『巫兒』。什麼叫巫兒？漢書地理志說：

『齊襄公令國中民家長女不得嫁，名曰巫兒，爲家主祠。嫁者不利其家，民至今以爲俗。』

大約巫兒是不出嫁而招婿的，此種辦法，在齊襄公前很早就有了，我們在左傳哀公六年註中，見有『齊俗婦人首祭事』的話，與秦策中說『太公望齊之逐夫』，說苑說『太公望故老婦之出夫』等話，可知齊國已早有招夫出夫，婦人主祭的風俗。照漢書的所載，知道漢時猶盛行，並且不但限于齊境，秦地亦有此俗，漢書又謂『秦人家富子壯則出分，家貧子壯則出贅』。應劭註云：『出贅，出作贅婿也。秦漢贅婿無籍，以其妻之籍爲籍』，其妻就是齊之巫兒。此種贅婿辦法，後世亦極通行，不獨以女招婿，更有子死媳寡而招人爲婿的，俗名爲『接脚夫』，亦有稱爲『黄泥』者。大約『黄泥』即巫兒的音訛。

養子即異姓爲後，雖爲古禮所不許，然亦甚通行。春秋記『莒人滅鄫』，（見公羊襄公六年）莒公子，鄫外孫，是以異姓爲後的。（按莒爲秦之先嬴姓，鄫爲姒姓，莒女嫁爲鄫夫人，無男有女，女還嫁于莒，有外孫，鄫子愛夫人而立其外孫。）這可以說是立異姓爲子之最早紀錄。後漢秦嘉早亡，其妻徐淑，曾養子爲秦之後。吳周逸本左氏子，養于周氏而爲周後。董仲舒時曾有二疑獄：『甲無子，拾道旁棄兒爲己子，子長殺人，甲乃匿之，董子以爲不當坐。』又有一事：『甲子乙，爲丙所育，既長，甲謂乙曰：「汝吾所生」，乙怒杖甲。董子以甲生乙而不育，義已絕，雖杖甲，不應坐』。（見呂誠之宗族制度史所引）可見以異姓爲子的事，歷代都有。這不但是關于宗祠承繼等問題，也有因選舉制度而發生的。清代法律，雖禁止異姓亂宗，但仍許留養三歲以下的棄兒，而承繼其後。義男，女婿，如爲所後之親所喜悅，也可以留養而有分取財產的權利，及承襲其義父的地位的。

宗法制度與譜牒 宗法制度中所最關重要的事，莫如姓氏與族望，記載這種姓氏族望的書，便叫做『譜牒』。譜牒是跟着宗法而來，也是維繫宗法的繩索，其在宗法制度中佔重要地位可知。玆且言譜牒的起源：

最初記載世系的叫做世本，周禮有小史之官，『掌邦國之志，奠繫世，辨昭穆』。鄭註『繫世謂帝繫世本之屬』。又有瞽矇『諷誦詩，世奠繫』，亦掌帝繫諸侯世本之屬。大概瞽矇口傳世繫，小史據以著之竹帛，故瞽矇在前，小史在後。瞽矇之責，在教之世而爲之昭明德，而小史則辨名諱忌日及世次，皆後世譜牒之先河。故唐柳冲傳載：『氏族者古史官所記，昔周小史定繫世，辨昭穆，故古有世本。』

封建之世，諸侯各國，皆有世家，史記三代世家有曰：『殷以前不可得而譜，周以來乃可著也。』這是明言譜牒起源于周代。司馬遷爲古帝王作本紀及諸侯世家，皆根據古遺的世本，不過他以爲至周乃著，名爲周譜。桓譚新論嘗曰：『太史公三代世家，乃效周譜。』今大戴記中有帝繫姓一篇，五帝德一篇，大概即古世本之遺。厥後不但帝王諸侯有世繫的記錄，即凡世族名家，亦皆有譜牒以記其承傳的系統。自漢以來，更爲人所重視，舉者亦往往有專門著述。且舉最著名的著作如下：

在漢則有應劭風俗通的氏族篇。王符潛夫論的志氏姓。魏晉選舉重世族門第，故關于氏族問題的學問漸形發達。晉賈弼的姓氏簿狀，劉宋時何承天的姓苑，皆爲著名作品。唐柳冲記：『晉太元中賈弼撰姓氏簿狀合七百十二篇，甄析士庶至備』。宋劉湛好其書，別撰百家譜。王儉又廣之。弼子匪之傳子希鏡，撰姓氏要狀十五篇，希鏡子執，又作姓氏英賢一百篇，並另作百家譜。

唐代言譜牒者，莫如路敬淳與柳冲，李守素李公淹蕭穎士殷寅孔至等，皆明斯學，唐太宗命他們撰氏族志，後又命魏元忠取國籍之家，等而次之，經柳冲徐堅等完成其書，名曰姓系錄。後林寶據以成元和姓纂，可謂集諸作之大成。四庫書目云：

『其論得姓受氏之初，多原于世本風俗通；其他如世本氏族記三輔決錄以及百家譜英賢傳姓源韻譜姓苑諸書，不傳于今者，賴其徵引，亦皆班班可見。鄭樵作氏族略，全祖其文，蓋亦服其該博也。』（見子部類書一）

鄭樵氏族略既本于是書，鄭名世復補其闕佚，乃著古今姓氏書辨證。此後如王應麟急就篇，凌迪知萬姓統譜氏族博考氏族大全等，皆以此為根據。由此可見姓氏族望，為歷代所注重。除官家譜籍外，復有私家譜系，故通志有曰：

『隋唐而上，官有簿狀，家有譜系，私籍濫，糾以官籍，官籍缺，考以私書。夫所譜者，繫之地望而不惑，質之姓氏而無疑，綴之婚姻而有別，蓋所以明系統辨宗族也』。（見氏族略序）

然一考其淵源所自，私籍之興，當不能不以魏晉九品中正為其重要原因。因為朝廷既以閥閱用人，社會復以門第相尚，『上品無寒門，下品無世族』，舉凡一切國家取士男女婚姻等事，莫不以門閥為標準，所以譜牒為當時社會所重視，與九正中品制度，實有互為姻緣的關係。

宋學盛行，注重敦宗睦族，宋史藝文志中有司馬光所著臣寮家譜一卷，成鐸文宣王家譜一卷。世家大族，莫不各修家譜，于是纂修譜牒，成為極普遍的風俗，此種譜牒，往往附會名賢，誇張德業，雖然沒有多少價值，但于人口的增減，年齡的長短，以及其他種種瑣碎的社會問題，亦可以減省國家調查力量，以補國史及地方志的材料，不無相當的用處。中國歷來的人口調查，至不容易正確，(說見前編)而一家一族的譜系，往往記載詳盡，無一脫漏，而且其間關於地方的風土人情，有為國史所未有而為社會學者所寶視的材料，這種材料，尤為編修地方志者所根據。章實齋撰和州志與永清縣志中首列氏族表，曾說：

『譜牒之書，藏之于家，易于散亂，盡入國史，又懼繁多。方州之志，考定成編，可以領諸家之總而備史之要。』

其有賴于私家著述，于此可見。私家譜牒，雖僅記一姓一族之事，而此一姓一族，却成一個系統的社會，既有統一的信條，復有親親的觀念，在團結與親睦的關係上，自有其相當的好處。不過牠的流弊，亦正無窮，使一般人們只知有家族不知有國家，甚至演成兩姓械鬥的慘劇，這不可謂非提倡家族制度的壞結果。所以從西洋的個人主義思想流入以後，對于宗族主義的思想，根本上發生了動搖，主張焚毀一切家族譜牒並廢除姓氏，以期澈底推翻宗族制度。這種矯枉過直的意見，只有孫中山先生出來加以糾正，他以爲宗族制度雖有缺點，但卻不無好處，只要我們能把宗族團結的固有精神，擴大爲國族的團結，這家族制度，不可謂非良好的基礎。

謚法 與氏族有關係的一事，叫做謚法，應當在此附帶的說明。謚是對於死人的稱謂，根據其人一生的行爲而定的。其起源甚古，例如文武成康，都是善謚，桀紂幽厲，都是惡謚。不但有官謚，也有私謚，如孔子稱孔文子爲文，是私謚也。宋蘇洵取劉熙等所著六家謚法，刪定考證，撰成謚法一書，有一百六十八謚。通志據之而定二百十謚，分上中下三類，上謚一百三十一，用之君親焉，用之君子焉，即：

神、聖、賢、文、武、成、康、獻、懿、元、章、釐、景、宣、明、昭、正、敬、恭、莊、肅、穆、戴、翼、襄、烈、桓、威、勇、毅、克、壯、圉、魏、安、定、簡、貞、節、白、匡、質、靖、眞、順、思、考、顯、和、元、高、光、大、英、容、博、憲、堅、孝、忠、惠、德、仁、智、愼、禮、義、周、敏、信、達、寬、理、凱、清、眞、欽、益、良、度、類、基、慈、齊、溫、深、讓、密、厚、純、勤、謙、友、郁、廣、淑、儉、靈、榮、厲、比、紫、舒、賁、逸、退、訥、偲、述、懋、宜、哲、察、通、儀、經、庇、協、端、休、悅、綽、容、確、恆、熙、洽、紹、世、果。

中諡十四，用之閔傷焉，用之無後者焉，即：

懷、悼、愍、(亦作閔)哀、隱、幽、沖、夷、懼、息、攜、鄙、慼、儆、

下諡六十五，用之殘滅夷焉，用之小人焉，即：

野、夸、躁、伐、荒、煬、戾、刺、虛、蕩、墨、傲、亢、千、褊、專、輕、苛、介、暴、虐、愎、悖、凶、慢、忍、毒、嚚、殘、臭、擅、頑、昏、驕、酗、湎、僥、狃、侈、惑、靡、溺、僞、妄、譎、諂、誣、詐、謠、謟、詭、奸、邪、慝、蠱、危、圮，慆、撓、覆、敗、斁、疵、饕、費、(見通志諡略)

秦始皇曾一度廢除諡法，以臣子議君父爲不敬，至漢即恢復，後仍沿用，或由臣以諡

君，或由君王賜謚臣宰，或由弟子私謚先生，皆爲稱頌德行，獎勵功勳，而多有取于上謚的。有謚以一字的，也有謚以二字的。在帝王中如周之文、武、成、康、漢之昭、宣、元、平、之類，是爲一字的謚，如周之威烈，貞定，漢之光武，晉之簡文，孝武，之類，是爲二字的謚。在人臣中有單稱『文』的，如韓愈王安石朱熹歐陽玄……等，皆謚文公。有單稱的『忠』，如呂祖謙高傢鄒浩……等，皆謚忠公。有連稱二字的，如司馬光范仲淹蔡沈吳澄耶律楚材方孝儒倪元璐李鴻藻曾國藩湯斌……等皆謚「文正」。如諸葛亮郭子儀岳飛韓世忠史天澤伯顏向榮楊遇春……等皆謚「忠武」。其他如謚文勤、文肅、文靖、文端、文節、文貞、文襄、文恪、文忠、忠文、忠愍、忠肅、忠烈、忠節、……等等，不勝枚舉。即一二字之謚名，即可以略窺其人的生平，未始非一獎勸人們立德的良法也。

聚族而居的習慣　聚族而居，亦爲宗法制度下的附帶風俗。此風俗是由于漢儒提倡起來的，應劭風俗通說：

『凡兄弟同居，上也；通有無，次也；讓，其下耳。』

此後儒家著述中，莫不以聚族同居爲美德。如：

『樊重三世共財，子孫朝夕敬禮，常若公家，貲至巨萬，而賑贍宗族』。（見後漢書樊宏傳）

『繆彤兄弟四人，皆同財產，及各娶妻，諸婦遂求分異，彤乃掩戶自撾，弟及諸婦聞之，悉叩頭謝。』（見後漢書獨行傳）

『漢有田眞與其弟廣慶同居，共議分財，庭前荆樹忽死，乃感而不分，荆又復茂』。（見續齊諧志）

陶淵明誡其子曰：

『穎川韓元長，漢末名士，八十而終，兄弟同居，至于沒齒。濟北氾紀春七世同居，家人無怨色』。

這可見漢代以兄弟同居爲美德，不然，則爲社會所不滿，抱朴子記漢桓帝時童謠曰：『舉茂才，不知書，察孝廉，父別居』，雖指當時選舉的腐敗，然亦可見當時以父子異居爲惡德。在歷史上所傳爲美談的，厥爲唐張公藝的九世同堂。所以歷來能『糾合宗族，一再傳而不散者，則人異之爲義門』。(見陳澔道禮書)

何以稱之爲義門？因爲前此秦商鞅變法，有『富民子壯則分居』之令，凡民有二男以上，不分異者倍其賦，所以兄弟皆不能同居。自漢以來，一般學者提倡同居，對于兄弟不分異者，輒謚之爲義。據趙甌北的統計，歷代所稱爲義門的：

『南史中得十三人，北史中得十二人，唐書中得三十八人，五代史中得二人，宋史中得五十人，元史中得五人，明史中得二十八人，計自南北朝至明共得百四十六人』。(見陔餘叢考)

其散見于他書的，不可勝數，可見義門之風，爲一般社會所羨慕。反之，凡兄弟異居的，便爲社會所詬病。顧炎武說：

『宋孝建中，中軍府錄事參軍周殷啟曰：『今士大夫，父母在而兄弟異居，計十家而七，庶人父子殊產，八家而五。其甚者乃危亡不相知，飢寒不相恤。……宜明其禁以易風俗』。當日江左之風，便已如此。魏書裴植傳云：『植雖自州送祿奉母及賑其弟，而分別資財，同居異爨，一門數竈，蓋亦染江南之俗也。』隋盧思道聘陳，嘲南人詩曰：『共甑分炊飯，同鐺各煮魚。』冊府元龜：『唐肅宗乾元元年四月詔：百姓中有事親不孝，別籍異財，玷汚風俗，虧敗名教，先決六十，配隸磧西』。宋史太祖開寶元年六月癸亥詔：『荊蜀民祖父母父母在者，子孫不得別財異居』。眞宗祥符二年正月戊辰詔：『誘人子弟析家產者，令所在擒捕流配。』遼史聖宗統和元年十一月詔：『民有父母在，別籍異居者坐罪』。若劉安世劾章惇，父在別籍異財，絕滅義禮，則史傳書之以爲正論。馬亮爲御史中丞，上言父祖未葬，不得別財異居。（見李元綱厚德錄）乃今之江南，猶多此俗，人家兒子娶婦，輒求分異，而老成之士，有謂二女同居，易生嫌競，式好之道，莫如分爨者，豈君子之言歟？』（見日知錄分居篇）

顧氏把歷代主張合居的情形，簡略地敍述，同時，也表示他個人的意見，贊成合居。在字裏行間，看出國家政令，一而再地取締分居，而一般儒家，尤以分居爲世風日下之衰徵。實際上人民多願意分居，不然，何必要國家來取締，儒家來提倡呢？所謂『二女同居，易生嫌競』，實在是一種經驗之談，硬欲把禮教來强制合居，表面上所稱爲義門的，骨子裏恐怕有許多氣惱，或者可以叫牠是氣門。試看張公藝答唐太宗之問，提出『百忍』二字，以爲合居非百忍不可。何以要百忍呢？便可以想見在大家庭之中有許多氣惱，反證着合居是一件勉强的事。袁載獨有幾句經驗話，說：

『每見義居之家，交爭相疾，甚于路人，則甚美反成不美。故兄弟當分，宜早有所定。倘能相愛，雖異居異財，亦不害爲孝義也。余謂一家內外大小，果能同心協力，自當以共居爲善，倘其間未免參差，恐難强合而不相得，不如折箸爲愈耳。至于父子別籍，如蔡京蔡攸之各立門戶，挾詐相傾，則惡之大者。』(見日知錄註)此雖爲折衷之言，不若一般儒家的主張勉强合居，然而他還是贊成合居，不過到不得已的時候，也不妨分居的。

從兄弟同居進而爲合族同居的大家庭，據杜佑通典記：『北齊瀛冀諸劉，清河張宋，幷州王氏，濮陽侯族，都近萬室。北史薛元爲河北太守，有韓馬兩姓，各二千餘家，今日中原北方。雖甲族無千丁者，其衰可見。陳宏謀與楳園書『閩中江西湖南皆聚族而居，族居有祠』。可見族居大家庭的風氣，起初北盛于南，後來乃南盛于北。淸李穆堂之議曰：『江西聚族而居之風殺他省，必立家法，長幼有禮，職事有司，善敗懲勸而後可。否則財相競，事相諉，不如析居。』

所以在一般大家庭之中，必立有所謂家法，以維持全族的秩序。家法的行使權，則操于族長之手。同時族長又有經濟的支配權，禮所謂『父母存不得有私財』，好像是一種家庭公產制。可見聚族而居，不但是屬於禮教的問題，却也是有經濟上的關係。若從國家賦役的制度上來比較研究，也可以見得分居合居的變遷，又往往受經濟的支配。古代按年授田的時候，壯而有室者，授田百畝，成爲獨立的家庭，一家之中，多不過八口。及至土地私有，地主勢力日漸擴大，始有大家庭的趨向。降及唐代，行租調庸稅制，人民因丁役關係，又以分居爲利，觀唐天寶時詔敕中有『百姓有戶高丁多，苟爲規避，父母見在，乃別籍異居』之言，可見當時爲避役而大多異居的。見得國家政令，還是竭力鼓勵人民合居。在丁役方面，也有特別的規定，如所謂「放丁」（賦丁，十丁以上放兩丁征，五丁以上放一丁征「孝假」（父喪可以免役）等例。所以到了宋朝，甚至有欲求其子免役而自殺的事。由此，可見賦役一方面，也與家族的合居與分居有相當關係。

第三章　社會的經濟

初民經濟生活的推測　在前編『國家的經濟』一章裏，單從國家的經濟政策一方面加以叙述。這裏要說到國民的經濟生活，所以叫牠是社會的經濟。當然的，要敍述到這一方面的情形，免不了與前章有重複的地方。根據社會科學家的意見，社會的史的變動，社會經濟乃其主要的原因。欲觀察社會經濟的變遷，不能不先從初民生活說起。普通社會學家，大概以爲初民的生活狀況，其所經過的階段：第一當爲蒙昧時代，由菓食而至於漁獵。第二便進到畜牧時代，飼養家畜的技術與經驗，逐漸進步。第三纔進到種植，種植上所使用的器具，由粗陋的石器進展到鐵器的使用，這是天然的進步程序。（參蔡和森社會進化史）中國初民生活的情形，當然也不能例外。

傳說中的燧人氏，當是蒙昧時代末期的表徵，在這時期以前，當已有過多少的經驗，在他們採食果實與獵取禽獸的經驗中，感到人力不足時，需要一種工具，於是便取用樹棵或石塊做掠食的用具。在使用石塊的時候，偶然在互碰中發明了火，把獵得的禽獸，用火烤過，覺得非常適口，於是由血食而爲火食。同時，用火來取煖，用火來做狩獵工具，火的用處，更一天一天的大起來了。伏羲也稱庖犧，（司馬貞補史記三皇紀有曰：養犧牲，充庖廚，故曰庖犧）。這名稱是包含畜牧的意義，可想而知當時由於獵得的食物，發生了有餘與不足的困難，把活的禽獸保存起來，又從這些禽獸中，發現了繁殖的現象，才知道家畜的飼養。飼養，需要芻料的，芻料的籽粒，偶然落在濕地，會生長而結實。這些所結出的籽粒，不但可以飼養家畜，也可以做人的食糧，那便注意於種植而進入到農業時代了。這些發明，完全由於生活上的要求，而有一步進一步的生產方法和工具，這便是社會經濟進展的原因，也是社會經濟基礎的基礎。（參楊東蓴本國文化史大綱第一篇第一章）

漁獵畜牧時代，人民是流動的，及至農業時代，人民始有固定的居所，所以前者是以血緣爲社會紐帶，後者乃以地緣爲社會紐帶了。在這種社會裏的生活，大概是共產的，沒有什麼婚姻的禮節，沒有什麼成文的制度。首先產出的，對於長老的尊敬。因爲長老居於社會領袖的地位，所以敬老便爲最先的道德，三代時尊崇三老五更，就是這種風尚的遺跡。長老在部落中有了優越的地位，漸從共同生產的地位，進而爲指揮監督的地位，當部落間發生戰爭時，長老就成軍事上的指揮官，戰敗的部落，就被俘虜而爲奴隸，大部落併吞小部落，大部落治理小部落，就變成後來宗法與封建的雛型。（參熊得山中國社會史研究二〇九頁）

農業上的工具與技術　初期的農業技術，由使用石器進而木製的耒耜，再由木制耒耜進而爲鐵鎔的鋤犂，農業才發達起來。所以講到農業的發達，與鐵器的發明，實有密切關係，鐵器究竟是什麽時候發明的？前編中已經約略地討論過，這裏再來加以補充。梁江淹有過這樣的幾句話：

『古者以銅爲兵。春秋迄於戰國，戰國迄於秦時，攻爭紛亂，兵革互興，銅既不克給，故以鐵足之。鑄銅既難，求鐵甚易，故銅兵轉少，鐵兵轉多』。（見銅劍讚序）

在尙書禹貢與管子海王中所提到的鐵，前已提過，而國語所言：『美金以鑄戈戟，試諸狗馬，惡金以鑄鉏夷斤欘，試諸土壤』。（見國語齊語）美金是銅，惡金是鐵。以此語合諸上述江淹之言，無論如何，總可以肯定在春秋時代，已知有鐵鑄的農具，農業便因而發達起來。我們從周禮中看見幾個關於農業的官，至少可以證明戰國時耕稼技術的進步：

『草人：掌土化之法，以物地相其宜而爲之種。凡糞種：騂剛用牛，赤緹用羊，墳壤用麋，渴澤用鹿，鹹潟用貆，勃壤用狐，埴壚用豕，彊檃用蕡，輕爂用犬。』

『稻人：掌稼下地，以豬畜水，以防止水，以溝蕩水，以遂均水，以列舍水，以澮寫水，以涉揚其芟，作田。凡稼澤，夏以水殄草而芟夷之，澤草所生，種之芒種。』

『土訓：掌道地圖以詔地事，道地慝以辨地物，而原其生以詔地求。』

『司稼：掌巡邦野之稼而辨穜稑之種，周知其名與其所宜地，以爲灋，而縣於邑閭。巡野觀稼，以年之上下出斂灋。』（上皆見周禮地官司徒下）

此外尚有：山虞林衡是管森林的，川衡澤虞是管水利的，以及掌葛、掌染、掌荼、囿人、場人、廩人……等等，都是與農業有關的官職。從這些官職所管的事務上，見得當時對於土壤、肥料、水利、森林、……等各種學術，已有相當的研究。再從農具和方法上看，則由人力的耦耕進而用牛犂。不論山海經所云『牛耕始於后稷之孫叔均』之言，是否可信？而春秋戰國時確已有犂牛的事實。據漢書所記，以爲犂牛耕田是始於漢之趙過，說：

『以趙過爲搜粟都尉，過能爲代田，田一畝三甽，歲代處，故曰代田，古法也。后稷始甽田，以二耜爲耦，廣尺深尺曰甽，長終畝，一畝三甽，一夫三百甽，而播種於甽中……用耦犂二牛三人，一歲之收，常過縵田畝一斛以上，善者倍之。過使教田太常三輔，大農置工巧奴與從事，爲作田器，二千石遣令長三老力田及里父老善田者，受田器，學耕種，善苗狀，民或苦少牛，無以趨澤，故平都令光教過以人輓犂，過奏光以爲丞，教民相與傭輓犂，率多人者田日三十畝，少者十二畝，以故田多墾闢。』

（見漢書食貨志及趙過傳）

這裏有兩件事可以注意的，即一爲代田法，一爲牛耕法，不可謂非耕稼技術之一進步。但這些方法是不是從漢朝起頭的呢？葉石林却有一段討論：

『世多言耕用牛，始漢趙過，以爲易『服牛乘馬，引重致遠』，牛馬之用蓋同，初不以耕也。故華山桃林之事，武王以休兵並言，而周官凡農政無有及牛者，此理未必然。孔子弟子冉伯牛司馬牛皆名耕，若非用於耕，則何取於牛乎？漢書趙過傳，但云畝五頃，用耦耕二牛三人，其後民苦少牛，平都令光乃敎過以人輓犂。由是言之，蓋古耕而不犂，後世變爲犂法，耦用人，犂用牛，過特爲之增損其數耳，非用牛自過始也。耦與犂皆耕事，故通言之，孔子言『犂牛之子騂且角』，則孔子時固已用犂，此二氏所以爲字也。』(見通典引石林燕語)

王應麟敍述到宋以前的農具發明，略如下述：

『自耒耜發明以來，見於古書記載者，則如月令『修耒耜，具田器』，『天子親載耒耜』。祭義『天子爲藉千畝躬秉耒』。詩『三之日於耜，四之日舉趾』，『以我覃耜，俶載南畝』。齊語『耒耜耞芟槃菒除田以待時耕，深耕疾櫌以待時雨。』周禮遂人『以時器勸甿』，註鎛作耒耜錢鎛之屬。遂大夫『正歲簡稼器修稼政，』註耒耜鐵基之。孟子『雖有鎡基，不如待時』。漢趙充國上田處及器用簿。龔遂敕縣屬持鉏鉤田器者皆爲良民。杜詩還南陽太守造作水排，鑄爲農器，力少功多，百姓便之。武帝詔江南之地火耕水耨。唐代王方翼爲耦耕法張機鍵，力省而功多。淳化時太子中允武允成，有獻踏犂一具，不用牛以人力運之，因宋亳間牛多死，乃給予踏犂數千分。此外如戽斗翻車鍋鉤之類，代有發明。』(參玉海一七八卷)

農民生活的一斑 當井田制度施行的時候，人民的生活如何？我們無從肯定。不過井田是土地國有的公產制，井田破壞，土地遂變爲私有，產生地主與農奴的兩階級，也就是所謂勞心勞力的兩階級。從國語『公食貢，大夫食邑，士食田，庶人食力』之言觀之，則知庶人是專門勞力的，他們有供養勞心階級的義務。所以孟子說：『勞心者治人，勞力者治於人，治於人者食人，治人者食於人。』又說：『無君子莫治野人，無野人莫養君子』。這便明明分出了兩種階級：一爲不勞而食的君子，一爲勞力的野人，前者就成爲搾取的階級，後者就成爲被搾取的階級。因此，勞力的野人——農民，生活也就一天比一天的困苦了，單從詩經中的幾首詩看，就可以知道這種情形，例如大雅召旻所云：『瘨我饑饉，民卒流亡，我居圉卒荒』。是描寫荒年時民衆的流離，但這還是天災，而瞻卬所云：『人有土田，女反有之，人有民人，女覆奪之，此宜無罪，女反收之，彼宜有罪，女覆說之』。那簡直是被壓迫民衆的咒詛了！再看魏風中的葛屨：『糾糾葛屨，可以履霜，摻摻女手，可以縫裳，要之襋之，好人服之』。小雅大東中有差不多相同的話，胡適之以爲這兩篇都是寫那時代的資本家，僱用女工，把那摻摻女手的血汗工作，來做他們的發財門徑，葛屨這首詩，是不是那麼一囘事。且不去管牠，只是下霜的天氣，還穿着夏天的葛屨，却不能否認貧民階級的痛苦了。伐檀詩中所描寫的，那些『不稼不穡，不狩不獵』的人，倒是『取禾三百廛，庭有縣貆』，而眞正的勞苦大衆，竟至『每食不飽』，可想見農民生活的痛苦了。孟子記當時竟有『狗彘食人食而不知檢，塗有餓莩而不知發』的狀況。這種貧富不均的現象，孟子却歸咎於『經界不正』之故，因爲孟子是醉心井田制度的人，所以他以爲『井地不均』，便是民衆痛苦的原因。歷史上稱破壞井田制度的是商鞅，不知在商鞅以前已經是『經界不正井地不均』了。商鞅的開阡陌，廢井田，不過隨順其時勢要求而已。文獻通考曾言：

『……欲復井田，是强奪民之田畝，以召怨讟。……隨田之在民者稅之，而不復問其多寡，始於商鞅。』(見田賦考)

這是明言井田已不可復，因爲時勢所趨，土地早已變爲私有制度了。土地既私有，地主與農奴的階級，自更加顯著。董仲舒的對策中有曰：

『富者田連阡陌，貧者亡立錐之地。邑有人君之尊，里有公侯之富，小民安得不困？……貧民常衣牛馬之衣，而食犬彘之食，重以貪暴之吏，刑戮妄加，民愁無聊，亡逃山林，轉爲盜賊』。(見漢書董仲舒傳)

從這幾句話看見秦漢時人民的痛苦；漢初雖曾減輕賦稅到三十分之一，然而却只便宜了地主，普通農民，仍舊在地主壓迫之下，得不到絲毫的利益。

重農輕商與實際生活

漢初的一般思想家，他們鑒於農民生活的痛苦，與商業發達的情形，莫不揭櫫他們重農輕商的主張。漢高祖有『賈人不得衣絲乘馬』之令，並徵重稅以困之。景帝時規定有市籍者不得爲官吏，武帝時規定有市籍者無得有田產。商人所納之稅，名爲緡錢，雖無市籍，亦必以其物自占，運輸貨物，必須取得關傳。（關傳卽今之護照定告緡之法，使商人不能私匿財產，又定均輸平準之法，限制商人的壟斷，種種抑制商人的辦法，可以算得嚴厲了，但在實際上，商業的發達，商人的勢力，並不因此而減殺。）

『商賈大者積貯倍息，小者坐列販賣，操其奇贏，日遊都市，乘上之急，所賣必多。故其男不耕耘，女不蠶織，衣必文采，食必粱肉。亡農人之苦，有阡陌之利，因其富厚，交通王侯，力過吏勢，以利相傾，千里游敖，冠蓋相望，乘堅策肥，履絲曳縞。此商人所以兼併農人，農人所以流亡也』。（見鼂錯貴粟疏）

在農民方面，在豪強地主壓迫之下，貧困到了極點，王莽原想取得民心，謀澈底的改革，名天下田爲王田，把私有制改爲國有制，消滅地主的勢力，並且規定不得買賣奴婢私屬，剪除豪強地主們的工具，這種改革的動機，何等正大！照理應該受大多數平民的歡迎，然而當時的平民，毫無力量，怎能抵抗那些豪強地主呢？所以王莽的改革，不但不能奏效，反而開罪了地主，馬上回頭，已經不及了。光武藉大地主們的擁護，起來推翻了王莽的新國，恢復了西漢的情形，地主與農奴的兩層階級，便沒有法子使牠消滅。社會上的富者愈富，貧者愈貧，貧者到不能生活的時候，便挺而走險，爲非作歹起來，史記貨殖傳裏所描寫的社會情形，不但是西漢的寫實，也可以作爲東漢的現象看：

『故壯士在軍，攻城先登，陷陣却敵，斬將搴旗，前蒙矢石，不避湯火之難者，爲重賞使也』。

『其在閭巷少年，攻剽椎埋，刼人作姦，掘冢鑄幣，任俠并兼，借交報仇，篡逐幽隱，不避法禁，走死地如騖者，其實皆爲財用耳』。

『今夫趙女鄭姬，設形容，揳鳴琴，揄長袂，躡利屣，目挑心招，不遠千里，不擇老少者，奔富貴也』。

『游閑公子，飾冠劍，連車騎，亦爲富貴容也』。

『弋射漁獵，犯晨夜，冒霜雪，馳阬谷，不避猛獸之害，爲得味也』。

『博戲馳逐，鬬雞走狗，作色相矜，必爭勝者，重失負也』。

『醫方諸食技術之人，焦神極能，爲重糈也』。

『吏士舞文弄法，刻章僞書，不避刀鋸之誅者，沒於賂遺也』。

『農工商賈，畜長固，求富益貨也』。

『此皆智盡能索耳，終不餘力而讓財矣』。（見史記貨殖列傳）

這一段裏所描寫的，有九等人：有當兵吃糧的，有爲匪爲盜的，有賣笑的，有江湖賣技的，有貪贓枉法的……莫非因爲窮得不堪，不得已而出此。此種社會病態，又莫不是豪强地主剝削之賜。這些人爲着生活的壓迫，一有機會，便會暴動起來，如同漢中的赤眉，漢末的黃巾，唐代的黃巢，明末的李闖……等等，無一非爲生活壓迫之故，成者爲王，敗者爲寇，而成者之王，又復抄襲前代搾取陳法，農民的生活，仍舊得不到絲毫的解放。

從工業方面觀察民衆生活

說到工業的起頭，在農業還沒有發明之前，早已發明了。

像易繫辭所記『結繩而為網罟，斲木耜以資耕稼』，製造網罟耒耜為生產工具，可以說是工業的開始。郭沫若從殷墟甲骨文字中，證明商朝已有相當的工業：在食器方面，有鼎尊敦卣斝甗壺爵等物；在土木方面，有宮室家宅牢圂舟車等物；在衣服方面，有絲帛衣裘巾幕旃旒等物；在武器方面，有弓矢彈笰弋鉞函箙等物。到了周朝，自給自足的粗陋工業，進到工業專門化的時代，周禮攷工記中所分的專門工業，有攻木之工七，攻金之工六，攻皮之工五，設色之工五，刮摩之工五，搏埴之工二。還有蠶絲紡織，成為婦女專門的家庭工業。管子分當時的職業為四等，曰士農工商，所謂：

『制國以為二十一鄉：商工之鄉六，士農之鄉十五。……士農工商四民者，國之石民也，不可使雜處。故士之子常為士，農之子常為農，工之子常為工，商之子常為商』。（見管子小匡篇）

可見春秋時的分業中，工已佔了一個部分。不過這些工業，都是手工業，歷代雖多設工官，如少府、將作、大匠、等類，然而工業上並沒有多大的進步。直到現在，大多數工業，還是停留在手工業的階段，從國際的資本主義侵入以後，乃發生了很大的影響，始覺機器的應用，在現在工業競爭的世界潮流中，有不能不急起直追的必要。中國向來把工業的地位看得很低，凡不能爲士爲商的人，才去學工，所以工業上沒有進步的發明，工人的生活，亦與農民同樣的窮困。

在正式工人之外，另有一種小販或傭工與江湖賣技的人，雖不是正式的工人，亦以技術圖謀糊口的。見之于歷史者，有什麼賣漿、賣屨、販繒、賣餅、……等類，這些可以說是小販者。有什麼吹簫、賣卜、走方郎中、角觝……等類，這些可以說是賣技者。有什麼酒保、騎士、門卒……等類，這些可以說是傭工者。凡此都是因沒有正式職業，而成爲社會中一種特殊職工。

土地兼併與富豪剝削

陶希聖氏在他所著的中國社會現象拾零中，講到古來的商業資本與土地私有的情形，非常扼要。他並且把漢以來的土地兼併與富豪剝削的情形，簡明的敍述，與我所要說明的話很相同，所以把牠節錄在下面：

『自漢代以來，中國經濟最進步的區域，常有土地兼併的現象。當前漢末年『强者規田以千數，弱者曾無立錐之居』。（前漢書王莽傳）後漢中葉以後，『豪民之室，連棟百數，膏田滿野，奴婢千羣，徒附萬計』。（後漢書仲長統傳）『井田之變，豪人貨殖，館舍布於郡州，田畝連於方國』。（同上）唐代之中葉前後，『富豪之室，多於籍外占田』。（舊唐書一八五卷之上）在當時，官吏本有職田永業田，但是依燉煌石室所發現的唐代戶籍來看：唐時職事官田與勳官田，皆有名無實』。（王國維觀堂集林唐寫本燉煌縣戶籍跋）其官僚之富有田園的，還是寘買，卽如：『盧從愿廣置田園，有地數百頃』，（鄭處誨明皇雜錄）這都是農民出賣的。在前漢中葉，農民賣田給豪商已引起政府的（地主政權）注意，鼂錯便已指出『商人所以兼併農人，農人所以流亡』的道理，就是商業資本發達之故。在唐代，農民的狀況也是如此的：『天下編戶，貧弱者農，亦有傭力客作以濟餱糧，亦有賣舍貼田以供王役』。（舊唐書卷九十四李嶠疏）五代的時候，土地買賣更甚。豪富的人家，不肖子弟賣田貼舍的事情，很足使士大夫

觸目驚心。唐末孫光憲北夢瑣言記九世紀末年的儒生，有如下的名言，

『唐咸通中荆州有書生號唐五經者，常謂人曰：『不肖子弟有三變；一變爲蝗蟲，謂鬻莊而食也。二變爲蠹魚，謂鬻書而食也。三變爲大蟲，謂賣奴婢而食也』。（說庫石印小字本）

在北宋時代，王安石有兼併詩如下；

『三代子百姓，公私無異財。人生擅操柄，如天持斗魁。賦予皆自我，兼併乃姦回。姦回法有誅，勢亦無自來。後世始倒持，黔首遂難裁。秦王不知此，更築懷清臺，禮義日已偸，聖經久埋埃。法尙有存者，欲言時所咍。俗吏不知方，掊克乃爲才。俗儒不知變，兼併可無摧。利孔至百出，小人司闔開。有司與之爭，民愈可憐哉』！（容齋四筆卷四引）

『小人司闔開』，『黔首遂難裁』，無疑是指商人兼併農人的。後來他當國，便『設靑苗以奪富民之利』。（容齋之語）他的失敗也是由於商人地主的反對。到了南宋，中國商

業更是發達，國外貿易的興盛，更增加商業資本的勢力，農民受商人兼併更加厲害了。

『理宗淳祐六年，殿中侍御史謝方叔言：『豪强兼併之患，至今日而極。夫百萬生靈，資生之具，皆本於穀粟，而穀粟之產皆出於田。今百姓膏腴，皆歸貴勢之家，租米有及百萬石者。小民百畝之田，頻年差充保役，官吏誅求百端，不得已則獻其產於巨室，以規免役。小民田日減而保役不休，大官田日增而保役不及，以此弱之肉，强之食，兼併浸盛，民無以遂其生』。（宋史紀事本末卷九十八）

土地兼併，容易造成莊園制度。每當商業資本把農業生產破壞而土地集中之際，一經游牧部落侵入，便構成封建制度。中國自原始封建制度破壞於公元四五世紀以後，於北魏時代及元代，都曾一度隨商業經濟的破壞，而再建封建莊園。但不久以後，商業經濟再行抬頭，封建莊園必又分解。南宋以後，蒙古侵入，則封建制度以起。然而江南的大手工業生產，已不能容封建制度之蔓延。封建制度只行於黃河流域。

明代以來，商業經濟因國外貿易發達，及手工業之進步，與農村商品生產之發達，尤臻於成熟之境。典當、錢莊、票號、紛紛勃興。如山西幫票號則起於明末清初。（銀行雜誌一卷一號馬寅初吾國銀行業歷史上之色彩）紹興帮也起於清朝。在太平天國時期，山西票擬得北方國庫省庫的地位。官僚藉票號通匯，票號藉官款營業，相依為命。（張輯顏中國金融論商務版三〇三頁）楊蔭溥在上海金融組織概要裏面說道：『自乾隆間票號發軔以後，經道光而入咸豐時代，四十年中，經營培植，票業益見發達。自此而同治以迄光緒季年，毛羽既豐，大有顧盼自豪，左右金融之概。考其發達之原因，巨商顯宦於外邑款項之來往，莫不藉票號為之滙兌。卽國家賦稅丁銀，亦懇藉票莊以資挹注。且清自中葉以後，特開捐例，於是捐升加級等事，票莊可代承辦也。甚至鑽營門路，運動官缺，票莊亦可代墊巨金，代為引進也。款不論大小，事不論公私，票號固當時政府之總賬房也』。（商務版九十頁）

卽就上海一埠而論：『上海錢莊之創設，實遠在開埠之前』（見同上）。

原书三四七、三四八为空白页，
内容无缺失。

第四章　家庭的組織

母系時代　社會學家莫不承認原始人類為雜交時代，沒有夫妻的名稱與制度，正如社會通詮裏所云：

「蠻夷男子，於所婚圖騰之女子，同妻行者皆其妻也；女子於所嫁圖騰之男子，同夫行者皆其夫也。」

圖騰（Totem）是野蠻民族中所認為人類的始祖，或狗或蛇或牛或馬，屬於宗教性的生活團結。在圖騰團體中（Totemism）男女雜處，故所生之子，只知有母不知有父。亢倉子所云：

「几蘧氏之有天下也，天下之人，惟知有母，不知有父。」（几蘧古帝王名，莊子人間世有「伏羲几蘧之所行終旬」，認為古帝王之名。）

其他書中也有相同的話：

。

『古之時，未有三綱六紀，民人但知其母不知其父』。（見白虎通）

『天地而民生之，當此之時，民知其母而不知其父』。（見商君書開塞篇）

『其民聚生羣處，知母不知父，無親戚兄弟夫婦男女之別』。（見呂氏春秋恃君篇）

『上古婚禮未備，以女子爲一國所共有，故民知母不知父』。（見劉師培中國歷史教科書）

知母不知父，是母系時代的情形，爲一般社會學家所公認。且從『姓』的意義上看，說文姓從女生，古代著名之姓中，如姚、姬、姜、等姓，皆從女旁，其系統之屬於女性，至爲顯然。帝王世系云：『堯初生時，其母寄於伊祁長孺之家，故從其母姓曰伊祁氏。』神農黃帝同出少典，而神農姓姜，黃帝姓姬，因爲母姓不同的緣故。伏羲姓風，女媧亦姓風，因爲其母出於一源的緣故。可見同父異母，得姓則殊，同母異父，得姓則一。據秦本紀，秦之先世，顓頊之苗裔，伯益得姓之後，舉女修而不舉少昊。又禹本顓頊之後，顓頊姓姬，以其母吞薏苡而生，故姓姒。皆本母姓也。

再從「妻」字的字義看：妻古文作𡚨，肖為古貴字，這可以見得「以妻為貴」的古俗。古代神話中，又有「聖人無父，感天而生」之說，如華胥履人跡而生伏羲，安登感神龍而生神農，女節感流星而生少昊，女樞感虹光而生顓頊，以及棄契禹湯，……等人，莫不是無父感天而生。鄭樵通志中曾信感生為確有的事實，不知古之所謂感生，乃「知有母而不知有父」的緣故，也是母系時代的證明。

但是母系怎麼會變到父系的呢？其最大的原因，大概是由於戰爭，戰勝者往往有刼掠婦女為奴婢的事，婦女便成為被征服者，於是男女的地位，便互易過來。換言之，男女地位的互易，乃由於力的關係。女子在力的方面，有身理上的不便，終不及男子。說文釋男字為力田，龜甲文作𤰃，鐘鼎文作男，是同樣的意義，蓋言男子是用力狩獵的人。而說文之釋女字，則曰象人席地坐，婦，從女持帚，為席地操作之義，女子的地位便降低了！

婚姻的起源　原始隨遇而合，初無所屬，而且女貴於男，男子必獻媚以誘女子，證以動物中，雄者往往天生美麗，以誘牝者，其理可知。及至男權伸張，女子降為奴隸，女便娶爲悅己者容了！一妻多夫制遂變而一夫多妻制，而有婚姻制度的產生。婚姻者，起於人類佔有之私，故最初的婚姻形式，有言是掠奪的，梁任公舉易屯卦爻辭『屯如邅如，乘馬班如，泣血漣如，匪寇婚媾，女子貞不字，十年乃字』之言，爲掠奪婚之證。其言曰：

『夫寇與婚媾，截然二事，何至相混？得毋古代婚媾所取之手段與寇無大異耶？故聞馬蹄蹴踏，有女啜泣，謂是遇寇，細審乃知爲婚媾也。』（見中國文化史社會組織篇）

社會通詮中以歐俗證明婚姻爲掠奪之遺，其言曰：

『歐俗嫁娶，爲夫儐相者稱良士，此古助人奪婦者也。爲新婦保介者曰扶娘，此古助人扞賊者也。若士婚禮之婿行親迎，必以從車載從者，婦入夫門，有姆有娣，咸從婦行，非即古時助人奪婦，助人扞賊之遺俗乎』？

禮記曾子問篇記孔子曰：『嫁女之家，三夜不息燭，取婦之家，三日不舉樂。』有以爲此雖言喪中婚姻儀式，然中間不無掠奪的意味。又有人以爲婚在昏夜舉行，爲便於掠奪之故。且婚時欲舉哭，亦因出於掠奪之故。然而陳顧遠氏以爲此皆屬於附會，其言曰：

『有人說中國古代婚姻，是出於掠奪的形式，怎見得？男子娶妻底時候一定要親迎，這親迎就是男子往搶女子的遺意。女子出嫁，母家有送者，這送者就是女子被搶後往追底遺意。而稱之爲昏，就是黃昏往搶的遺意。我以爲這實是附會的解說。』（見中國古代婚姻史）

他以爲親迎送女，不過是一種儀式，不能作爲搶掠的證據，况搶掠不一定要在黃昏，藉武力掠搶，又怎能成爲一種禮節和風俗呢？這話實在很有理由。鄭康成解釋昏的意義，則說『取陽往陰來之意。』說文說：『娶婦以昏，婦人陰也』。郊特牲裏也有『昏禮幽陰之義也』的話。陳氏之言，頗與此意相合。但是古代在戰爭中擄掠婦女，取爲臣妾，的確也是一種事實，不過硬把婚姻禮節，都認爲是搶掠之遺，實不能不說是一種附會。

其次謂婚姻的形式，乃爲買賣的，據說伏羲制婚姻以儷皮爲禮，便是買賣式婚姻的起頭。劉師培說：

『伏羲之世，慮刼掠之易於造亂，乃創爲儷皮之禮，定夫婦之道。然儷皮之禮，即買

賣婦女之俗也。』(見中國歷史教科書)

而柳詒徵則反對是說，謂：

『古者相見必執贄，或執羔，或執雁，國家聘使，則以玉帛，皆所以表示敬禮，不得謂之買賣也。游獵之民，所有者惟獸皮，爰以此爲贈品，後世相沿，則委禽焉，非惡俗也。』(見柳著中國文化史)

後世稱行聘爲委禽，委禽卽執雁爲贄的意思，亦與古儷皮爲禮之意相同。曲禮有『買妾不知其姓則卜之』，可知娶妻則爲聘，納妾則爲買，是有分別的。不過後世嫁女者，爭論聘金的多少，眞正成了討價還價的買賣形式了。

婚姻之用意，據大戴記說：『婚禮享聘者，所以別男女，明夫婦之義也。』(見盛德篇)禮記說：『婚姻之禮，所以明男女之別也。』又說：『婚姻之禮廢，則夫婦之道苦，而淫辟之罪多矣。』(見經解篇)由此可知婚姻一所以別男女，一所以防淫辟，而爲中國人倫中的第一層。易繫辭稱『有天地然後有萬物，有萬物然後有男女，有男女然後有夫婦，有夫婦然後有父子，有父子然後有君臣。』郊特牲曰：『天地合而萬物興，夫昏禮，萬世之始也。』這見得夫婦是居人倫中的首位，及至五倫之說生，把夫婦置在君臣父子之下，始改變了原來的意義。

婚姻上的限制　原始男女婚姻，本極自由，周禮媒人：『仲春之月，令會男女，是月也，奔者不禁。』詩傳：『三十之男，二十之女，禮未備則不待禮。』可見雖有婚禮的規定，然仍有不受禮節限制的自由。我們在詩經中讀到：野有死麕，靜女其姝，期我乎桑中、遵大路兮、野有蔓草、東門之楊、子惠思我、將仲子兮、氓、彼狡童兮、有美一人、東門之枌、一類的詩，尤足證明當時婚姻的自由。及至禮教的勢力日增，婚姻上便有種種限制：

（一）父母之命。詩齊風南山篇：『蓺麻如之何？衡從其畝。取妻如之何？必告父母。』鄘風蝃蝀篇：『乃如之人也，懷婚姻也，大無信也，不知命也。』是言婚姻必待父母之命，不然，便爲非禮，所以萬章疑到『舜之不告而娶』（見孟子萬章）爲非禮。不獨娶婦必待父母之命，即嫁女亦必由父母作主，孔子看中了公冶長，便把女兒嫁給他，所以嫁娶由父母作主，便成爲牢不可破的風俗。

(二)媒妁之言。詩南山又曰：『析薪如之何？匪斧不克；取妻如之何？匪媒不得。』曲禮曰：『男女非有行媒，不相知名。』詩氓之篇曰：『匪我愆期，子無良媒』。婚姻中如無媒妁，便爲私奔，爲社會所不齒。

(三)同姓不婚。殷人五世以內不通婚姻，至周朝則凡同姓皆不可婚。禮記說：『娶妻不娶同姓，』是宗法制度成立以後的限制。其理由有二：一因生理的關係，左傳中說：『男女同姓，其生不蕃』。(僖公二十三年)國語中說：『同姓不婚，懼不殖也。』(晉語)一因禮教的關係，禮大傳說：『不娶同姓，以厚別也。』白虎通說：『不娶同姓，重人倫，防淫佚，恥與禽獸同。』

(四)行輩上的限制。不同行輩者不能結婚，不然，便謂爲亂倫。如衛宣公烝夷姜，晉獻公烝齊姜，晉惠公烝賈君，以及公子頑通君母宣姜，均爲詩人所刺，所謂牆有茨，鶉之奔奔，皆刺其事。禮云：『禽獸無禮，父子聚麀』，爲瀆亂人倫之大者。至如齊襄公與其妹文姜戀愛，詩有南山敝笱以刺其事，以兄妹通婚爲非道。衛宣公納子婦爲妻，詩有新臺之刺，翁媳通婚亦爲禮教所不許。

（五）既婚亦可出妻。大戴記有七出之條：『不順父母，其爲逆德也；無子，爲其絕世也；淫，爲其亂族也；妬，爲其亂家也；有惡疾，爲其不可共粢盛也；口多言，爲其離親也，竊盜，爲其反義也。』韓非子記『必私積聚，爲人婦而出』，則等於七出中之竊盜。曾子以蒸梨不熟而出妻；孔子家中，曾有三代出妻的事。（檀弓記『子上之母死而不喪，門人問諸子思曰：昔者子之先君子喪出母乎？曰：然。』（子上乃子思之子，先君子指伯魚）又記：『伯魚之母死，期而猶哭』。（伯魚孔子之子）是可知孔子子思皆出妻，或又謂孔子父叔梁紇亦曾出妻。）但是家語中大戴記中皆云有三不去：（一）有所娶無所歸，（二）與共更三年之喪，（三）先貧賤後富貴。這似乎使婦女們得了些保障。然而男子單方面的權威還是很大，所以歷來出妻的事，仍舊很多。

夫妻的人數

原始社會，大概是一妻多夫的，後來乃變成一夫多妻，見之於歷史記載的，則爲多妻制，相傳有虞之世，規定天子有三夫人，堯曾以二女妻舜，夏則有十二夫人，殷則有三十九夫人，至周則據曲禮所記，天子有后、有夫人、有世婦、有嬪、有妻、有妾。然則其數有多少呢？禮昏義云：『古者后立六宮、三夫人、九嬪、二十七世婦、八十一御妻。』竟有一百二十六人之多。周禮中亦說三夫人、二十七世婦、八十一女御、則爲一百十一人。春秋時代，天子一娶十二女，諸侯一娶九女，這些女子都稱爲媵，媵就是妻的娣姪而從嫁的人。諸侯娶一國之女，其他二國亦要隨同媵嫁，楚辭有『魚鱗鱗兮媵子』，據說江海間魚游必三，先一後二，故云妾魚。凡嫁一女必媵二女，成爲春秋貴族階級的風俗。春秋中記媵的甚多，如衞人來媵，晉人來媵，齊人來媵……等。惟媵必同姓，成公八年云：『凡諸侯嫁女，同姓媵之，異姓則否』。在二同姓國媵嫁之外，復以自己國內的娣姪從之，故其數有九。易歸妹卦曰『歸妹以娣』，是以娣從嫁的古例，如堯以女英隨娥皇嫁舜，尸子云：『堯聞舜賢，徵之草茅之中，妻之以娥，媵之以英』。這種媵妾制度，起初僅限於天子諸侯，後來連卿大夫士庶人都亦有妻妾了。鹽鐵論散不足篇云：『古者夫婦之好、一男一女、而成家室之道、及後世士一妾、大夫二、諸侯有姪娣九女而已。』白虎通云：『大夫一妻二妾，士一妻一妾』。這足以說明的是(一)多妻是始於後世，(二)當時的多妻，猶有數目上的限制。但到後來，竟漫無限制了，如孟子所謂『侍妾數百人』，(見盡心)管子記『齊襄公陳妾數千』，(見小匡)墨子記『大國拘女累千，小國累百。』(見辭過)詩亦有『百兩御之』(見鵲巢)『其從如雲』(見敝笱)『見此粲者』(見綢繆註一妻二妾也)等，見得數目上的無限制。同時，在等級上亦沒有限制了，原來庶人是不能有妾的，所以稱之爲匹夫匹婦，白虎通有曰：『庶人稱匹夫，匹，偶也，與其妻偶，陰陽相成之義也。』註云：『庶人無妾媵，唯夫婦相匹，故稱匹也。』但事實上並不如是，庶人有妾的，於當時記載中所見到的，已不一而足。

(一)韓非子內儲六微篇記：『衛人有夫妻禱者，而祝曰：『使我得百束布。』其夫曰：『何少也』？對曰：『益是，子將以買妾。』

(二)孟子齊人章記：『齊人有一妻一妾而處室者。……』

(三)列子黃帝篇記：『宋逆旅人有妾二人，其一人美，其一人惡，惡者貴而美者賤。楊子過宋問其故？曰：「美者自美，吾不知其美，惡者自惡，吾不知其惡」。』

(四)列子楊朱篇記：『楊朱見梁王，言治天下如運諸掌。梁王曰：「先生有一妻一妾而不能治」。』

(五)國策秦策記：『楚人有兩妾：人挑其長者，長者詈之：挑其少者，少者許之。居無何，有兩妻者死，客謂挑者曰：「子取長者乎？少者乎？」曰：「取長者」。客曰：「長者詈汝，何取於長者？」曰：「居彼人之所也，則欲其許我也；今爲我妻，則欲其爲我詈人也」。』

即此數則，已可見庶人之有妾，已極普通了！只要生活上稍爲過得去，便要想法買妾，所以中國數千年來，已成爲多妻制爲國家，或者可以說是多妾制，因爲在名義上妻只有一個，其餘的只得稱之爲妾。然所以多妾的緣故，有的爲後嗣計，以『不孝有三無後爲大』爲藉口，然大多數無非『飽煖思淫欲』耳。如今則提倡一夫一妻制，納妾已爲法律所不許了！

婚嫁的年齡 書傳禮記公羊穀梁周官等書中，都言男子三十而娶，女子二十而嫁。惟墨子節用韓非外儲，則言男子二十，女子十五。大戴記竟說『太古五十而室，三十而嫁，中古三十而娶，二十而嫁。』(見本命) 左傳則說：『天子十五而生子；三十而嫁，庶人禮也。』(見襄公九年) 由此知婚嫁年齡，原無一定，大抵古人遲，今人蚤，然其間又不無經濟與地位的關係。至若從生理上言之，則莫如家語中記哀公與孔子的問答：

「哀公曰：『男子十六精通，女子十四而化，則可以生民矣；而禮必三十而有室，女必二十而夫也，豈不晚哉？』孔子曰：『夫禮言其極，不是過也，男子二十而冠，有爲人父之端，十五歲許嫁，有適人之道。』」(本命解)

素問天眞篇云：『女子二七而天癸至，七二而天癸竭；丈夫二八天癸至，七八天癸竭。』

上兩說皆云女子十四而化，故主張十五可以出嫁。何休注公羊云：「婦人八歲備數，十五從誦，二十承事君子。八歲者齔之翌年，十五者化之明歲，所以十五可從，二十而御。』（隱公六年）許愼穀梁註亦云：『姪娣年十五以上，能共事君子，可以往，二十而御。』

最能折衷上說的，莫如王肅，他在註毛詩標有梅篇這樣說：『男子自二十至三十，女子自十五至二十，皆得嫁娶。』他又說明『不必以十五六女，妃二十一二男，雖二十女妃二十男，三十男妃十五女亦可。』

上面已經說過婚嫁的遲早，大概關係於經濟與地位，富貴之家，婚嫁必早，貧賤之家，婚嫁必遲。『天子十五而生子』，爲什麽這樣早呢？自然因爲天子是『富有天下貴爲天子』之故。曹大家十四而適人。漢惠帝令女子十五不嫁，五算也。因爲他們自己早婚之故，竟欲罰遲婚者的鏹，這是何等的無理。貴族人家早婚之例，歷史上實屬舉不勝舉，而普通平民呢，往往有逾時未婚的事，說苑記着一件故事：

『齊桓公之平陵，見年老而自養者，問其故？對曰：『吾有子九人，家貧無以妻之，吾使傭而未返也。』齊桓公取外御者五人妻之。管仲入見，曰：『公之施惠，不亦小矣。』公曰：『何也？』對曰：『公待所見而施惠焉，則齊國之有妻者少矣。』公曰：『若何？』管仲曰：『令國中丈夫三十而室，女子十五而嫁』。』管仲不贊成桓公辦法，以爲他的辦法，範圍太小，而欲他出一道命令，限定婚嫁年齡，以爲這便可以救濟婚嫁的問題了。不知這是有經濟關係在內，並不是空空的一道命令所能解决的。須知從儷皮之禮既行後，婚姻已成爲買賣的形式了，周禮雖有婚禮無過五兩之規定，然六禮不可不備，且『爲酒食以召鄉黨僚友』（見曲禮），亦不可少，家境貧寒者亦有無法辦到之苦。周代尙文，婚禮比較麻煩，不若夏禮的質朴，墨子曾言：『聖王之法，丈夫年二十毋敢不處家，女子年十五毋敢不事人。聖王既沒，……其欲蚤處家者，有所二十年處家，其欲晚處家者，有所四十年處家。』（見節用上）這是明言夏禮簡，人民易爲，故婚早；周禮煩，人民難措，故婚遲。越國承夏政遺風，句踐所以令民男二十不娶，女子十七不嫁，罪及父母。這雖是因爲越國旨在生聚謀吳，然亦可爲南方人較北方人早婚之證。這種早婚風氣，漸漸地普遍到全國，此後便莫不主張早婚。現在我們知道早婚是有害的，中國人種之弱，與死亡率之多，不能不說這是一個重大原因。近世優生學者，竭力提倡晚婚，婚嫁年齡，以三十而娶，二十而嫁爲最適當。而且在經濟方面，應該力求節省糜費，最好是提倡集團結婚一類的辦法。

家庭中的各個份子——夫婦　一個家庭之中，當然以夫婦二人爲中心，上以事養父母，下以撫育子女，爲夫婦間唯一的責任。原來夫婦關係是平等的，從字義講，夫婦即陰陽，陰陽爲抱負之義，老子云：『萬物負陰而抱陽』，負爲背的意思，抱爲向的意思，向爲陽，背爲陰，萬物都有陰陽二性，所以說：『天地絪縕，萬物化醇，男女構精，萬物化生』。『乾道成男，坤道成女。』（見易繫傳）可見夫婦本無尊卑的分別，只是陰陽的關係。方言訓抱爲耦，抱負二字，猶言正負，正負是一個體中的兩面，所以夫婦也是正負的關係。說文㚘字讀作伴，集韻謂扶古作㚘，儀禮謂『夫妻胖合』。古稱婦曰負，負又訓依，夫又訓傅。從這些字義看來，夫婦是伴侶，是平等的。再看易家人卦云：『女正位乎內，男正位乎外，男女正，天下之大義也。』男女在職務上只有內外的分別。詩言好逑，春秋言伉儷，所謂『共牢而食，同尊卑也』，（見儀禮）皆爲匹偶平等之義。禮哀公問：『昔三代明王之政，必敬其妻子也有道，妻也者，親之主也，敢不敬與！』曲禮曰：『生曰妻，死曰嬪，妻與已齊者也，嬪猶賓也。』然而劉熙釋名則曰：『天子之妃稱后，后，後也，言在後不敢以副言也。諸侯之妃曰夫人，夫，扶也，扶助其君也。卿之妃曰內子，子，女子也，在閨門之內治家也。大夫之妃曰命婦，婦，服也，服家事也。士庶人曰妻，妻，齊也。』穀梁隱公二年云：「婦人謂嫁曰歸，從人者也。婦人在家制於父，既嫁制於夫，夫死從長子，婦人不專行，必有從也。』禮郊特牲亦曰：『婦人，從人者也，幼從父兄，嫁從夫，夫死從子。』此卽後來謊儒『三從』之本。孟子亦言婦人以順爲正。把女子的地位，變成服從役使的地位，而有尊卑之分了。詩小雅斯干之詩曰：『大人占之，維熊維羆，男子之祥，維虺維蛇，女子之祥。』又曰：『乃生男子，載寢之牀，載衣之裳，載弄之璋；乃生女子，載寢之地，載衣之裼，載弄之瓦。』是言當男女初生之時，已有尊卑之別，所謂『古生女三日，臥之牀下，』乃以生女子爲不幸的事件。內則故有『子生：男子設弧於門外，女子設帨於門右』的話，甚至在韓非子中言『父母之于子也：產男則相賀，產女則殺之，』（見六反）女子的地位，便愈降愈低了。喪服傳裏言喪服，則曰：

『婦人有三從之義，無專用之道，故未嫁從父，旣嫁從夫，夫死從子。故父者，子之天也，夫者，妻之天也，婦人不貳斬者，猶言不貳天也。』

這便產生了『三綱』的道理，白虎通遂有『君爲臣綱，父爲子綱，夫爲妻綱』之言，女子在家庭中，簡直沒有地位可言了。

婦道　禮記內則一篇中，專言女子怎樣『守婦道』的道理。當她沒有出嫁之前，先要學習如何事奉舅姑。其言曰：

『男女未冠笄者，鷄初鳴，咸盥漱，櫛縰，總角，衣紳，皆佩容臭，昧爽而朝，問何飲食矣？若已食則退，未食則佐長者視具。』

『婦事舅姑，如事父母，鷄初鳴，咸盥漱，櫛縰，總角，衣紳，以適舅姑之所。及所，下氣怡聲，問衣燠寒，疾病苛癢，而敬抑搔之。出入則或先或後而敬扶持之。進盥，少者奉槃，長者奉水，請沃盥，盥卒，授巾，問所欲而敬進之，柔色以溫之。』

『凡婦，不命適私室，不敢退，婦將有事，大小必請于舅姑。子婦無私貨，無私蓄，無私器，不敢私假，不敢私與。』

『在父母舅姑之所，有命之，應唯敬對，進退周旋愼齊，升降出入揖遊，不敢噦噫嚏咳，欠伸，跛倚，睇視，不敢唾洟。……』

這些未嘗不是家庭中很好的規矩，但是把牠專門責任在媳婦身上，彷彿媳婦是專爲事奉舅姑的侍役，那便變成做媳婦的一種束縛。我們細讀內則那一篇，見得媳婦對舅姑的各種規矩，如何奉飲食？如何備衣服？如何發言？如何舉動？都是爲着要討舅姑的歡心，不然，便是犯了七出之罪，其言曰：『子甚宜其妻，父母不說，出；子不宜其妻，父母曰是善事我，子行夫婦之禮焉，沒身不衰。』不管丈夫之是否相得，只看舅姑的歡喜與否，可以隨意去留的。一般做婆婆的，把自己做媳婦時所受到的一切，依樣葫蘆地施諸於媳婦，這種衣鉢相傳的方法，不知演出了家庭中多少慘劇。

媳婦有冢婦與介婦的分別，冢婦是長子的妻子，介婦是餘子的妻子。在宗法制度下，長子居於繼宗的地位，所以他的妻子，也是高出於介婦。內則曰：『舅姑使冢婦，毋怠，不友無禮於介婦；舅姑若使介婦，毋敢敵耦於冢婦；不敢並行，不敢並命，不敢並立』。冢婦介婦的地位雖不同，要皆惟舅姑之命是從。如是以事舅姑，謂之孝婦，如是以事大夫，謂之賢妻，儀禮中說到妻子奉丈夫的道理：當其出嫁之時，父母必命之曰：『無違夫子，戒之敬之，夙夜毋違命。』及其既嫁之後，則應守五德：（一）平日纚笄而相，則有君臣之嚴；（二）沃盥饋食，則有父子之敬；（三）報反而行，則有兄弟之道；（四）規過成德，則有朋友之義；（五）惟寢席之交，而有夫婦之情。妻子對待丈夫，包括了五倫的道理，夫婦之情，不過在寢席之交而已，其實寢席之交，也是不能平等的，內則又說：『男女不同椸枷，不敢縣於夫之楎椸，不敢藏於夫之篋笥，不敢共湢浴，夫不在，斂枕篋，簟席襡器而藏之。』連衣服不能掛在同一的架子上，不能藏在同一的篋笥中，何言其他？這種禮教，起原於周代，推波於漢朝，在漢朝有一最重要的人，稱之為婦女中的聖人的，就是曹大家。(班昭)她做過一本書，名叫女誡，一共有七篇：(一)曰卑弱。其言曰：『古者生女三日臥之牀下，明其卑弱之下人也』。(二)曰夫婦。其言曰：『夫不御婦，則威儀廢缺，婦不事夫，則義理墮闕』。(三)曰敬愼。其言曰：『敬順之道，婦之大禮也』。(四)曰婦行。其言曰：『女有四行，婦德、婦言、婦容、婦功。行己有恥，動靜有法，謂之婦德。不道惡語，時然後言，謂之婦言。沐浴以時，身不垢辱，謂之婦容。專心紡織，不好戲笑，謂之婦功』。(五)曰專心。其言曰：『夫有再娶之義，婦無二適之文』。(六)曰曲從。其言曰：『宜順命，毋爭是非曲直』。(七)曰和叔妹。其言曰：『求叔妹之心，莫尙於謙順，謙則德之柄，順則婦之行』。此書一出，便成了女子教育中的聖經，當時馬融便令自己的妻女誦讀，後世尤莫不奉爲女子必讀之書。她又注劉向列女傳，曾鞏說她曾著續列女傳一卷。她的著作，影響於此後女婦的地位不小。從此三綱五常，三從四德等道理，成爲女子的道德標準。

婦人在事奉舅姑與丈夫之外，尙有敎養兒子的責任。歷來所傳爲美談的『孟母三遷、歐母晝荻、柳母丸熊、……等故事，以忠臣孝子，賢妻良母，作爲她們唯一的教育目標。不過如孟母等，乃是女子中極少數中的極少數，而女子之能識字懂教育的，千萬人中難得一二，在『女子無才便是德』的信條支配下，故談不得什麼家庭教育。

貞操　古無所謂貞操，詩經中所指的淫詩，都是後世戴着禮教眼鏡者的瞎說，相反的，正是顯出古代有男女相悅的自由。把淫字列爲七出之一，大約始於秦漢時代，史記記秦始皇爲巴清寡婦築懷淸臺，（見貨殖傳）可以說是表章貞節的起頭。漢是禮教形成的時代，叔孫通爲漢高定朝儀，漢武帝招儒生定禮儀，一切禮制，便在這時規定。而關於女子貞操的褒獎，要以漢宣神爵四年詔『賜貞婦順女帛』爲最先（見漢書宣帝紀）。漢安元初六年亦有『賜貞婦有節義穀十斛』之詔（見安帝紀），並且甄表門閭，旌顯厥行，這是用名利旌表的法子獎勵貞操的事實。尤其是劉向著列女傳班昭著女誡以後，守節便爲女德中的重要條件。接着有晉初的裴頠張華，都有女史箴之作，於表章貞烈，尤有關係。太和中令寡婦出家爲尼，北齊羊烈家一門女不許再醮，於是在各城邑建造尼寺。爲尼，便成爲後世寡婦守節的出路。范曄列女傳於後漢書中，在十八個女子中有四人是爲貞操而死的，如：羊樂子妻死於盜；許升妻死於賊，號曰貞義，皇甫規妻死於董卓之箠，號曰禮宗；劉長卿妻以刀割鼻，號曰行義；此後在正史中，大多數有列女傳，晉書中列三十九人，中有陝婦人號曰女表，盧元禮妻號曰貞孝女宗。魏書有十八人，有兒先氏女許嫁彭老生爲妻，未娶，彭逼奸不從，乃被殺，號曰貞女。北史三十五人，隋書十六人，舊唐書二十九人，新唐書五十四人，宋史四十九人，金史二十四人，遼史五人，元史百八十七人，明史二百九十四人，其中大半爲貞烈之女。從這些數字中比較觀察，見得元以前尚未有及六十人者，元史竟四倍於宋，明史且六倍於宋。明史中所記的如：『蔡烈婦，夫三病危，執婦手曰：『及我生，改嫁，毋受三年苦』。婦乃自刎』。『戚家婦，甫合巹，夫暴死，乃投江』。金華方氏，袁堅妻，嗜酒敗家，卒殯城壕，氏覓棺殯處，寢處其中而死。』這種記載，各史中都有，以明史爲最多；且多數爲民間婦，可見貞烈之風，時愈後而愈普遍。或未嫁而守節，或夫死而殉身，或迫醮而自殘，或被辱而輕生，誠如舊唐書所云：『前代誌貞婦女，以禮自防，臨白刃而慷慨，誓丹衷而激發，粉身不顧，視死如歸』者也。

這種風氣的造成，不能不說是由於儒家的提倡，以漢儒爲作俑，以宋儒爲完成，所以在宋以前還不是十分普遍。若從歷史上觀察：宋書記廢帝之妹山陰公主竟公然置面首三十人。（面首即美男子）新唐書記公主之再嫁者，達二十三人之多。以道統自命的韓文公，把自己的女兒，先適李氏，後又改嫁於樊宗懿。雲溪友議記：『顏魯公爲臨州刺史，楊志堅因貧而妻求離，志堅以詩送之，詩中有『荆釵任意撩新鬢，鸞鏡從他畫別眉』之句』。獨孤郁娶權德輿之女，乃是寡婦，正與司馬相如之于卓文君一樣。唐玄宗所寵的楊太眞，本是十八子壽王瑁之妃。李德林以寵妾畀兒子。卽宋代司馬光所著家範，他所提出的六種女子道德、柔順、淸潔、不妬、儉約、恭謹、勤勞，沒有提到貞操，並且說『夫妻以義合，義絕則離』。王安石曾改嫁其媳婦，當時有諺云：『王太祝生前嫁婦，侯工部死後休妻』。從這些故事，可以證明這個貞操問題，在宋初猶不十分重視。及至到了理學家手裏，便漸漸地認眞起來。有人問程伊川：『孀婦於理，似不可娶，如何？』伊川先生曰：『然！

凡娶，以配身也，若娶失節者以配身，是己失節也。』又問：『人或居孀貧窮無託者，可再嫁否？』曰：『只是後世怕寒餓死，故有是說。然餓死事小，失節事大。』（見近思錄）這幾句不合人情的高調，便是後來理學家所奉爲聖訓的，如朱熹等更加看重而提倡，認寡婦再嫁，便爲失節的事，夫死守節，是婦人的義務，守節的事，便一天一天地普遍化了，不獨已嫁夫死應該守節，即未嫁夫死亦須守節，卽偶爲男子調笑，也認爲失節，貞節竟成爲婦女的宗教，造成了歷史上許多的慘劇。俞樾曾記有一故事：

『直隸永平風俗，初嫁，次日夫家鼓樂喧闐則大喜，否則喪氣。有王姓嫁於李氏，嫌女貌陋，次日託言非處女，遣歸，嫂知小姑寃，乃問洞房事，言未合歡也。乃言於翁，訟於官，驗之果處女。』（見右台仙館筆記）

聞廣東風俗，亦有嫁後先驗處女之事。這都是把婦女貞操看得十分嚴重的表現，使無量數的婦女，葬送在禮教的桎梏之中，無怪如今有人要罵禮教的吃人了。果然，禮教是吃了許多婦女，應該求其解放；但是人盡可夫，隨便離婚，不能不說是矯枉過直，廉恥道喪，也是要不得的事。

父子關係　父子居五倫中重要的地位，易經中家人卦，言父子兄弟夫婦的責任，而尤注重父子的關係，其言曰：

『男女正，天地之大義也。家人有嚴君焉，父母之謂也。父父子子兄兄弟弟夫夫婦婦而家道正，正家而天下定矣。』

此所謂家道正，卽大學所說的「家齊」，「家齊而後國治，國治而後天下平」，原是儒家的政治哲學。然則家道何能正？是在家庭中各個份子的各盡本份。單從父子言，父當慈，子當孝，父子相互間的關係，尤當保住其恩愛，故孟子曾言古者父子之間不責善的道理：

『公孫丑曰：『君子之不敎子，何也？』孟子曰：『勢不行也。敎者必以正，以正不行，繼之以怒，繼之以怒，則反夷矣。夫子敎我以正，夫子未出於正也，則是父子相夷也，父子相夷，則惡矣。古者易子而敎之，父子之間不責善，責善，朋友之道也，

責善則離，離則不祥莫大焉。』(見孟子離婁)

責善尚且不可，何言乎父權？孔孟雖提倡孝道，却並不主張用父權來壓迫，且看孔子所討論的孝道，一則曰無違，再則曰無改，原沒有提倡父權的意味，及至漢人三綱之說借託孔子之名以行，後世便解作從親之令爲無違，子不得自專爲無改，甚至產出『父要子亡不得不亡』的謬說。但是在孔子的意義中何嘗如此！他自己解釋無違是『生事之以禮，死葬之以禮，祭之以禮』，無改並不是終身不改，乃是三年之中不忍便改的意思。可見孔子沒有提倡專制的父權。孔子弟子中的曾子，他才把孝道講得太宗教化了。但是他却只講兒子應該怎樣，沒有講到父親應該怎樣，所以以後講孝道，都只講兒子方面的事情，這不能不說是中國講父子關係的缺點。兒子應當怎樣呢？

第一，要奉養父母的口體，誰說兒子奉養父母是不應當的呢？不過父母不當把兒子看做一種產業，好像放債圖利一樣。在兒子方面，受了父母的顧養，自幼以至成人，當然應當感恩圖報。不要說是父母，就是朋友的交情，也有知恩報恩的道理。

第二，要善體父母的心志，兒子只知道奉養父母的口體，不能體貼父母的心志，怎能算得盡孝呢？所以孔子說『父母唯其疾之憂』，『至於犬馬皆能有養』，『有酒食先生饌，曾是以爲孝乎？』等等的答語，與孟子記曾子養曾晳曾元養曾子的故事，都是明言養志比養口體更爲重要。

這是兒子方面應盡的責任，原是極公允的道理，可惜經漢宋儒的繼續演繹，失去了原始的意義，孝道便成了家庭專制的別名了。（關於孝的道德，下編講倫理道德時，再行詳細討論。）

第五章　社會的各種禮節

禮的意義　中國是一個重禮的國家，把禮看作治國的工具，古書中說到禮的意義：『禮者，履也，所以事神致福也。從示從豊。』（見說文）豊是祭祀中陳俎豆的器具，這是從宗教方面言的意義。

『禮也者，理也，君子無理不動，無節不作。』（見禮記仲尼燕居）『禮者，天地之序也。』（見禮記樂記）『夫禮，先王以承天之道，以治人之情』。（見禮記禮運）把禮解作天地間的秩序，是從宇宙觀念方面言的意義。

『禮者，所以章疑別微，以爲民坊者也，故貴賤有等，衣服有別，朝廷有位，則民有所讓。』（見禮記坊記）『夫禮，坊民所淫，章民之別，使民無嫌，以爲民紀者也。』（見同上）『夫禮禁亂之所由生，猶防止水之所自來也。』（見禮記經解）言禮乃因人之情而爲之節文，是從人生倫理方面言的意義。

『禮者何也？卽事之治也，君子有其事，必有其治，治國而無禮，譬猶瞽者之無相與！倀倀乎其何之？譬猶終夜有求於幽室之中，非燭何見？』（見禮記仲尼燕居）『安上治民，莫善於禮』，（見禮記經解）這是從政治方面言的意義。

總上意義，則其作用可分爲三點：

（一）爲維持秩序。周禮大宗伯的責任，是在『治神人，和上下，』是卽指社會秩序而言。禮記哀公問說：『非禮無以節事天地之神也，非禮無以辨君臣上下長幼之位也，非禮無以別男女父子兄弟之親，婚姻疏數之交也。』荀子在禮論中又說：『禮者，養也，君子旣得其養，又好其別。曷謂別？曰：貴賤有等，長幼有差，貧富輕重皆有稱者也。』是言欲使社會人士各守其秩序，惟有重禮。

（二）爲防惡未形。大戴記說：『夫禮之塞亂之所從生也，猶防之塞水之所從來也。故婚姻之禮廢，則夫婦之道苦，而淫辟之罪多矣；鄉飲酒之禮廢，則長幼之序失，而爭鬬之獄繁矣；聘射之禮廢，則諸侯之行惡，而盈溢之敗起矣；喪祭之禮廢，則臣子之恩薄，而倍死忘生之事衆矣。凡人之知，能見已然，不能見將然。禮者，禁于將然之前，而法者，禁於已然之後。』(見禮察篇) 在禮記經解篇中也有相同的說法。漢書禮樂志曰：『禮云禮云，貴絕惡於未萌，而敬起於微渺，使民日徙善遠惡而不自知也』。又曰：『正人足以副其誠，邪人足以防其失』。這是明說要防止人作惡，莫如重禮。

(三)爲節制人欲。這一層荀子講得最透澈，他說：『禮起於何也？曰人生而有欲，欲而不得則不能無求，求而無度量分界則不能不爭，爭則亂，亂則窮。先王惡其亂也，故制禮義以分之，以養人之欲，給人之求，使欲必不窮乎物，物必不屈於欲，兩者相持而長，是禮之所起也』。(見禮論) 在禮記禮運篇中也有同樣的說法，『聖人之所以治人七情，修十義，講信修睦，尚辭讓，去爭奪，舍禮何以治之？飲食男女，人之大欲存焉，死亡貧苦，人之大惡存焉，故欲惡者，心之大端也。……欲一以窮之，舍禮何以哉？』是言欲節制人欲，只有重禮。

禮之作用既如此，所以歷來的政治家教育家莫不把牠看得十分重要，而成爲社會思想的中心。除了墨家道家表示反對以外，數千年來在儒家領導下，莫不受這種禮教的支配。

最古的五禮　尚書言三禮，即天地人之禮。而周禮言五禮，爲吉、凶、軍、賓、嘉。其實尚書的三禮，皆屬於五禮中的吉禮。現在且略說此五禮的意義：

(一)吉禮，即爲祭祀之禮。周禮春官大宗伯說：

『以吉禮事邦國之鬼神示：以禋祀昊天上帝，以實柴祀日月星辰，以槱燎祀司中司命飌師雨師。』這是祭祀天神的禮。

『以血祭祭社稷五祀五嶽，以貍沈祭山林川澤，以疈辜祭四方百物。』這是祭祀地示的禮。

『以肆獻祼享先王，以饋食享先王，以祠春享先王，以禴夏享先王，以嘗秋享先王，以蒸冬享先王。』這是祭祀人鬼的禮。

祭天神、地示、人鬼，便是尚書中所言的三禮，後來把天神地示合而爲天的祭祀，把人鬼稱爲祖的祭祀，漸變成爲天祖二神平行的崇拜。關於天的祭祀，有封禪之禮，有郊社之禮，關於祖的祭祀，有禘、郊、宗、祖、報、等的分別，在禮記中有祭義祭法祭統郊特牲等篇，皆詳載此種祭祀的禮節。(當于宗敎篇中再行討論。)

(二)凶禮，卽爲哀喪之禮，所謂『哀喪』，並非專指喪葬，周禮說：

『以凶禮哀邦國之憂：以喪禮哀死亡；以荒禮哀凶札；以弔禮哀禍烖；以襘禮哀圍敗；以恤禮哀寇亂。』(見同上)

據此則知所謂凶禮，是包括弔喪救患濟災討罪等事，國有死亡，則含襚以弔之；(含襚送財物也)國有不安之患則救之；國有災荒則以財濟之；諸侯無道則會師以討之；諸侯戰敗則同盟會合財貨以助之；國有寇亂則遣使慰問以恤之。凡一切不幸事件，皆在此範圍之內。至於喪葬之禮，當於下文另詳。

(三)軍禮，卽關於一切戰事及田獵等禮節。周禮說：

『以軍禮同邦國：大師之禮用衆也；大均之禮恤衆也；大田之禮簡衆也；大役之禮任衆也；大封之禮合衆也。』(見同上)

這裏是有五種的分別：(一)是出征討伐，(二)是出兵均諸侯國的賦稅，(三)是田獵習武，(四)是使民力役，(五)是封地防邊。這五種武事，包括於出征(一)(二)習武(三)(四)(五)二端，而都爲民衆服役的義務，國家當舉行此種事體時，都有一定的禮節。

(四)賓禮，卽爲招待一切賓客之禮。周禮說：

『以賓禮親邦國：春見曰朝，夏見曰宗，秋見曰覲，冬見曰遇，時見曰會，殷見曰同，時聘曰問，殷頫曰視。』(見同上)

這裏所說會見禮共有八種，但包括爲三等：(一)諸侯見天子之禮，如朝宗覲遇等是；(二)諸侯與諸侯相見之禮，如會同等是；(三)卿大夫聘使相見之禮，如問視等是。大概賓來延見的時候，有儐相以傳命，有贄物以將意，如天子用鬯，諸侯用圭，卿用羔，大夫用雁，士用雉等，會見時如何招待，如何燕饗，皆有規定，詳見儀禮。

(五)嘉禮，卽一切冠昏鄉射之禮。周禮說：

『以嘉禮親萬民：以飲食之禮親宗族兄弟，以昏冠之禮親成男女；以賓射之禮親故舊

朋友；以饗燕之禮親四方之賓客；以脤膰之禮親兄弟之國；以賀慶之禮親異姓之國；以九儀之命正邦國之位。』(見同上)

嘉禮的範圍最大，(一)男子二十歲行冠禮。(二)男子三十而娶，女子二十而嫁行昏禮。(三)鄉大夫飲賓於庠序，尊賢養老，三年一次，名爲鄉飲酒禮。(四)州長春秋以禮會民而射於州序，名爲鄉射禮。這些禮節如何舉行，在儀禮中有分篇的說明。

上述五禮，都是封建時代貴族階級所行的，其儀文非常繁瑣，儀禮十七篇有詳細的記載。及至封建制度逐漸崩潰，這些禮節也就失其效用。孔子出來，鑑於王綱不振，禮樂崩壞，乃欲繼承周公之志，正名分以興禮樂，故其答子路問政，首在正名，則曰：

『名不正則言不順，言不順則事不成，事不成則禮樂不興，禮樂不興則刑罰不中，刑罰不中則民無所措手足。』(見論語)

此後儒家，無不欲復興禮樂，以維持國家和人心，而造成了數千年來支配人生的禮教。

秦漢以後的禮制

秦用法家之治，廢禮樂而不講，漢高起自布衣，不知禮爲何物，迨叔孫通率弟子百餘人，習爲朝廷禮儀，禮樂乃漸復興。河間獻王繼通之後，采取禮樂古事，增輯禮制至五百餘篇。漢武議立明堂，頗欲追述舊禮，卒因竇太后好黃老，不用儒術。宣帝時王吉上疏述舊禮，修王制，而帝不納。成帝時劉向以得古磬於犍爲，乃上興辟雍，設庠序，陳禮樂之策，會向病卒而止。王莽頗有意復古禮制，亦以時短而未見實行。及至光武中興以後，明帝躬行禮讓，彬彬有文明之象。章帝元和三年，曹褒上疏，以爲宜定禮制。乃據叔孫通漢儀十二篇，更定冠昏吉凶終始制度，巢堪以爲一世大典，不能定於一人，宜廣集衆儒以議得失，但帝曰：『築室道旁，三年不成』，仍命曹褒制定。褒乃依舊典，雜五經文，撰次天子至庶人冠昏吉凶之禮。張酺等竟奏褒擅定禮制，宜加誅戮，帝雖寢其議，然漢禮竟不能行。

晉則有荀顗鄭沖等裁成國典，南遷後又有荀崧刁協等編定朝儀，典制具備。南朝至齊，又有伏曼表定禮樂，並詔王儉制定新禮。梁武命羣儒裁成大典，由明山賓撰吉禮，嚴植之撰凶禮，陸璉撰軍禮，賀瑒撰賓禮，司馬褧撰嘉禮，合爲一千餘卷。陳之江德藻，後齊之陽休之熊安生，周之蘇綽盧辨等，皆爲習禮的名人。

此後歷隋及唐，對於禮制的更定，更爲重視。隋受周禪，便命牛弘辛彥等依梁齊儀制，另定五禮。唐初依隋法，太宗始增益篇條，定爲貞觀禮。高宗又命長孫無忌杜正倫等增加篇幅，稱爲顯慶禮。玄宗以韋縚爲禮儀司，並命王仲丘撰定了百五十卷開元禮，又著曲臺新禮等，成爲唐代禮制的根據，說者謂唐代文明，可與三代並美。宋代初興，太祖命李昉等著開寶通禮二百卷，太宗以下均仿照也。歐陽修等另纂太常因革禮百卷，異於舊禮者十之三。哲宗時陸佃著禮象五十卷，以補禮記之缺。南渡後高宗銳意求治，續編太常因革禮。朱熹取儀禮周禮二戴爲本，並采漢唐諸家之說，撰宋代新禮，期成當代大典，惜未成而歿，宋代理學，本爲注重禮教之學，故其重禮，實爲前此所不及。元雖來自蒙古，然因繼宋之後，受其影響，劉秉忠訪求前代知禮之人，肄習朝儀。及至明代光復，太祖即命中書翰林定擬禮制，於是有陶安之郊社宗廟禮，詹同之四廟祫祭禮，李善良之官民喪禮，朱升之祭祀齋戒禮，崔亮之五祀禮，劉基之百官朝會禮，魏觀之祭祀禮，陶凱之軍禮，而合爲大明集禮，凡冠昏喪祭服制房屋器用，各有規定，並著爲條格，爲明清所遵行的禮制，清雖酌取滿俗，然大部仍依漢制。

溯自漢代以來，要以唐宋最爲注重，歷代皆有著作，因革損益，大抵不離乎嚴君臣之分守長幼尊卑之節，使人民的一舉一動，莫不有禮法爲之節制。其流弊乃至徒重形式，不獨繁瑣虛僞，尤影響於民氣，國勢之不振，未始非過重禮制之故。是以新文化運動，首以打破禮教爲務，欲從數千年拘束的習俗中得解放，對於舊行禮節，悉予否定。大多數的智識份子，咸以西洋禮節爲替，所以如今一般社會所行的婚禮、相見禮、喪祭禮、每雜着西洋風俗，而有極大的變更了。

古代的婚禮—六禮

言古代婚禮，必根據儀禮所言的六禮：

(一)納采。儀禮云：『昏禮下達，納采用雁。』達，通也，先使媒氏通達其言，然後納采。采是撰擇的意思，納采是納其采擇之禮，後人以爲納采即文定，其實納采在問名之先，與納吉不同。故黃以周禮書通故云：『後儒視納采節太重，且以納采時已定其伯仲，故問名納吉諸節，皆說不通。』雁，是古人用作進見之禮物的，在六禮中五次都是用雁。

（二）問名。儀禮云：『賓執雁，請問名，主人許賓入，授如初禮。』古禮男女非有行媒，不相知名，問名者，問女爲誰氏，將歸以卜其凶吉。賈公彥疏解云：『納采則知女之姓矣，今乃更問女爲誰氏者，恐非主人之女。』亦有以爲重在適出與庶出。此卽後世之請庚帖，（取女之八字）歸卜其凶吉。

（三）納吉。儀禮云：『用雁如納采禮。』從問名歸卜得吉，乃使人告知女家，婚約遂定。此卽後世的文定。其言納吉如納采禮而不言如問名禮者，以納采納吉性質相同之故。

（四）納徵。儀禮云：『玄纁束帛儷皮，如納吉禮。』徵，成也，使媒納幣以成昏禮，用玄纁者，玄，黑色，纁，絳色，三染而後成，取其陰陽備也。束帛，十端也，儷皮，兩皮也，惟此不用雁而用束帛，亦取陰陽兼備之義。此卽後世之催妝，俗稱過禮或送大盤，卽用簪釧衣裙等物，送往女家。

（五）請期。儀禮云：『用雁主人辭賓許告期如徵禮。』此言男家來請女家決定婚期，云主人辭者，言不敢定自女家也。使者既見女家主人推辭，方告以男家所定的日期，此卽後世所謂通信，俗稱爲送日子。照士婚禮的辦法，男家既定日期，徵求女家同意，故謂爲請，而後世則由男家所定日期，通知女家，故不曰請而曰送。

（六）親迎。當行婚之日，婿往女家迎娶新婦，儀禮云：『婿御婦車，授綏，姆辭不受，婦乘以几，姆加景，乃驅御者代授綏。』（几，安坐也）俗謂之奠雁，後世有不由婿親往，而倩人代迎的。

上述六禮，歷代遵行。其言納者有三：初納采，言始相采擇，恐女家不許。次納吉，言既卜之後，婚約始可定。終言納徵，言納幣以成婚禮。所謂納，皆含未能決定之意，請期親迎皆不言納，因爲婚禮已定，不再有何變動也。

料理婚事的人　婚禮中有一料理新婦的人，叫做姆。她的職務有三：（一）指導新婦禮節。儀禮云：『姆纚笄宵衣在其右。』註：『纚，韜髮之紒也。』士冠禮云：『纚廣充幅長六尺。』這是在姆的頭上兜着一塊布。宵讀作詩，註云素衣也。姆玄衣以綃爲領，在新婦之右，助新婦能行禮也。(二)代新婦謙辭。當婿來親迎時，御車授綏，本爲新郎尊敬新婦舉動，姆乃代婦辭謝。(三)爲新婦加景。景亦稱明衣，以綃爲之，古代用以禦行道中灰塵的，又名爲襟。如後世之兜面，與今之兜紗也。

姆是何種人做的呢？據鄭註：『婦人年五十無子，出而不復嫁，能以婦道教人者』。可知婚禮中之姆，是一種無子被出的婦人，爲新嫁娘料理一切禮節。後世亦沿用之，不過普通的風俗，必擇夫婦雙全的人任之。宋吳自牧夢粱錄說：

『凡嫁娶，男家送合往女家，至宅堂中，必請女親夫婦雙全者開合。及娶，兩新人並立堂前，請男家雙全女親以秤或機杼挑蓋頭，方露花容參拜。』

這種風俗，極其普遍，我鄉稱之爲『上頭人』，不過古取無子之老婦人，後世則取雙全的夫婦，古取其能以婦道教新婦，後世則僅取其吉利耳。

另有一種陪伴及侍奉新婦的婦人，名爲伴娘，或者也就是古姆之遺，不過所謂伴娘，乃雇役的傭人之類，其地位不若古姆。如今新式婚禮中，有儐相，含義也與之相等。

饋食禮　婚禮中有饋食禮，據士昏禮云：是行於既婚的次日，稱爲『婦盥饋』。其法以『特豚合升側載』，（特豚，全豬也，側，半也，分半並載，右半載之舅俎，左半載之姑俎。）鄭註：『婦道以成，成以孝養者。』今廣東有燒豬之俗，或卽此禮之遺，貧家不能備此禮者，往往改用酒饌以代，稱其名曰餪。廣韻云：『餪，女嫁三日送食』，可見此種風俗的由來已久。如今之餪房規矩，其義由此而來，惟性質已略變矣。唐詩有『三日入廚下，洗手作羹湯』，亦含此意。舅姑亦有饗婦之禮，據鄭康成註禮云行此禮的規矩：『舅姑降自西階，婦降自阼階』，阼階，尊處也，曲禮云：『子事父母升降不由阼階』，今乃降自阼階，是以婦爲賓而舅姑爲主，蓋欲授婦以室事，以明其代已也。普通風俗，新婚之日，新婦在徧拜祖先親族之後，舅姑設席要新婦，或卽此遺意。

請覲禮　婚後婿至岳家請覲，俗稱囘門。請覲是由婿方發動的，春秋稱之爲『反馬』，（左傳宣公五年）就是婿往拜見婦之父母。吳俗稱爲展馬。展馬或卽反馬之音訛。春秋註云：『禮，送女留其送馬，謙不敢自安，三月廟見，遣使反馬』。意卽恐婦被出，卽可乘之以歸，今既三月相安，夫婦願從此偕老，故將馬歸還。不過後世之回門，則由岳家發動，三請而往，亦有夫婦同往，稱爲雙回門，亦稱謁岳，其義與反馬有些不同。古禮又有『三月廟見』之事，卽婦至夫家，次日行盥饋禮之後，至三月則祭於祖廟，稱爲廟見，依反馬之意，則反馬是在廟見之後。後世往往於結婚之日，卽行祭祀祖先，不必等到三月之後。

婚禮中的其他風俗　上述的各種古禮，至春秋時已多不復遵守，而另外產生了許多風俗。詩經中有許多關於男女婚姻的詩，見得這時候已不講古禮了。例如陳風中的東門之楊，是說到男女期會而負約不至。齊風中的俟著，是說齊俗不親迎。唐風中的綢繆，是說國亂民貧，婚姻失時。鄭風中的丰兮，是說婦人悔約。這一類的詩歌，註者往往指爲淫詩，然實足以證明當時婚姻的不拘古禮。再看春秋中的記載，亦有許多不爲禮法所拘的事，如：鄭公子忽的先配而後祖，（左隱八年）魯莊公的臨黨氏而從孟任，（左莊三十二年）泉丘女的奔孟僖子，（左昭十一年）鄅陽封人女的奔楚子，（左昭十九年）聲伯之母的無媒而婚，聲伯的奪施氏婦以歸郤犫，（左成十一年）孔文子使大叔疾出妻而妻以己女，（左哀十一年）這些記載，左傳中實在很多，亦足證春秋時的不守古禮。

降及漢代，婚禮崇尚奢侈，且多早婚，產生幕帷撒帳等風俗。通典謂『東漢魏晉以來，急於嫁娶，乃以紗縠蒙女首，而夫氏發之，因拜舅姑，便成婚禮，六禮俱廢』。紗縠蒙首，即後來凡新嫁娘必以巾蒙首，此即所謂幕帷之俗。事物原始上記：『李夫人初至，帝迎入帳中共坐，歡飲之後，預戒宮人遙撒五色同心花果，帝與夫人以衣裾盛之，云得果多，得子多也。』此為撒帳風俗的起原。

當時婚姻，不論行輩，漢惠之后，乃其姊魯元公主之女，是舅父娶甥女。哀帝之后，乃祖母傅太后從弟之女，是外姑與表姪成婚。江都王建之女細君嫁烏孫昆莫，其孫岑陬取之，是祖母與孫成婚。王昭君嫁呼邪單于，單于死，其子雕陶莫皋，復妻昭君，是子母成婚。晉蔡興宗以女妻姊孫，是外姑與表姪成婚。

同時，又有許多自由戀愛的事，如：司馬相如之於卓文君，且羨爲韻事。館陶公主寡而寵董偃，武帝乃呼偃爲主人翁。蓋長公主寡而通丁外人，昭帝不欲絕公主歡，乃詔丁侍公主。宋廢帝爲山陰公主置面首三十人。唐中宗之新寧公主前後三嫁，後周郭威凡四娶皆爲寡婦。在公主貴人中有此種踰禮的事，當時並不以爲奇。離婚轉嫁亦極自由，如朱買臣妻的求去，楊志堅妻的別嫁，等。

喪中娶妻，亦時有之，見之於春秋的，如魯公子如齊納幣，公羊謂爲喪服未畢而行婚禮，漢文有短喪之詔，云：『毋禁取婦嫁女，祠祀飲酒』，不必等三年喪畢。晉梁州刺史楊欣，有姊，喪未經旬，車騎長史韓預强聘其女爲妻，時張輔爲中正，乃貶預。王籍之居叔母喪而婚，顏含在叔父喪嫁女，皆爲劉隗所奏劾。帝乃下令曰：『詩稱殺禮多婚，以會男女之無夫家，正今日之謂也。』(見晉書張劉本傳) 此皆喪中婚嫁，後世遂成爲一種風俗，名之曰『出親』。

六朝婚姻，極重門閥，士庶不通婚姻，故庶族之家，每以娶得高門爲榮，即夫家坐罪沒官的婦女，也要爭相聘娶的。唐代亦然，高族恥與卑族爲婚，當時僅有太原王，范陽盧、滎陽鄭、清河博陵之二崔，隴西趙郡之二李，始能互通婚姻。嫁娶尤重貲財，人都視如買賣。又有所謂冥婚，韋后爲其弟洵，與蕭至忠殤女冥婚，（見唐書蕭傳）後來貴族之家，往往有這種風俗。酉陽雜俎記當時種種婚姻的風俗：

『唐世婚禮納采，有合歡、嘉禾、阿膠、九子蒲、朱葦、雙石、綿絮、長命縷、乾漆、九事。膠漆取其固，綿絮取其調柔，蒲葦取其心可屈可伸，嘉禾分福也，雙石義在雙固也。當迎婦以粟三升塡臼，席一枚以覆井，枲三斤以塞窗，箭三隻置戶上。婦上車，婿騎而環車三匝。女嫁之明日，其家作黍臛。女將上車，以蔽膝覆面。婦入門，舅姑以下皆從便門出，復從門入，言當躪新婦迹。又婦入門，先拜豬櫼及竈。行禮則夫婦併拜，或共結鏡紐。娶婦之家，喜弄新婦。臘月娶婦不見姑。』

段成式這段記載，大概是山東一帶所流行的風俗。而當時最普遍的風俗，厥爲早婚，前文已說過漢朝的早婚風氣，但從南北朝以來，這種風氣，更其普遍。大抵十三四歲，便已結婚，考後魏道武帝十五歲卽生明元帝，景穆太子十三歲卽生文成帝，文成帝十五歲生獻文帝，獻文帝十三歲生孝文帝。北齊的後主緯十四歲而生子恆，恆弟儼被誅之時，年祇十四已有遺腹子四人。又北齊文宣帝之兄高澄年十二而尙東魏孝靜帝之妹。此專從北朝言之，若南方更其如此，此後早婚之俗，更影響於民間，甚至有在襁褓之時，則已訂婚，或竟有指腹爲婚的事。司馬溫公家範中曾載其事，可見宋朝已有此種風俗。因親爲親，尤爲宋人所尙，蘇洵以女妻內兄之子，呂榮公娶母姊之女，皆以舅姑姊妹爲婚的，當時雖有人表示反對，然却已成爲普遍風俗，自宋而後，上述種種，都有相沿成俗的，在此姑不殫述了。

喪葬禮的沿革 孟子謂『上世嘗有不葬其親者，其親死，則舉而委之於壑。』易繫辭說：『古之葬者，厚衣之以薪，葬之中野，不封不樹，喪期無數，後世聖人易之以棺槨』。檀弓中言『有虞氏瓦棺，夏后氏堲周，殷人棺槨』。是承認用棺是始於有虞氏。孟子又說：『舜崩，百姓如喪考妣，三年，……』是承認三年之喪也始於虞舜的。至於葬，有謂始於黃帝，帝王世紀說：『黃帝斬蚩尤，因置墳墓』。漢書地理志云『濟陰成陽有堯冢，』這都是承認舜以前已有墳墓了。春秋記：其南陵夏后皋之墓也。』(見左僖三十二年）史記記：『湯冢在濟陰亳縣北東郊。』(見殷本紀集解）尙書有『封比干墓』(見牧誓）之言，呂覽言『禹治水爲喪，法使死於陵者葬於陵，死於澤者葬於澤』，禮記記『舜死葬蒼梧之野，』此皆證葬事起源之早也。

考之儀禮喪禮，禮記喪服等書，則知周朝已有規定的喪葬禮節。常人始死，先由一人，升屋北向，呼死者之名字而以衣招之，是謂之『復禮』(卽招魂），冀死者之魂復歸體魄。其後則沐浴，飯含，(以米及玉納死者口中）小斂，(易死者之衣）大斂，(卽入棺）。期而小祥，(週年祭）又期而大祥，(奉死者之主入祭於廟）此等儀節，卽所謂事死如事生也。至於喪服，亦所以表示哀戚之情，依宗法上的親疏，分別其服制。父母之喪，則爲斬衰三年，父母及伯叔父母昆弟之喪，則爲齊衰一年，稱爲期，從父母昆弟，則爲大功九月；再從昆弟，則爲小功五月；三從昆弟，則爲緦麻三月。

喪服制圖

				高祖父母 齊衰三月				
			曾祖姑 在室緦麻	曾祖父母 齊衰五月	曾叔伯祖父母 緦麻			
		堂祖姑 在室緦麻	祖姑 在室小功 出嫁緦麻	祖父母 齊衰不期	叔伯祖父母 小功	堂叔伯祖父母 緦麻		
	族姑 在室緦麻	堂姑 在室小功 出嫁緦麻	姑 在室期年 出嫁大功	父母 斬衰三年	叔伯父母 期年	堂叔伯父母 小功	族叔伯父母 緦麻	
族姊妹 在室緦麻	再從姊妹 在室小功 出嫁緦麻	堂姊妹 在室大功 出嫁緦麻	姊妹 在室期年 出嫁大功	己身	兄弟 期年 兄弟妻 小功	堂兄弟 大功 兄弟妻 緦麻	再從兄弟 小功	族兄弟 緦麻
	再從姪女 在室緦麻	堂姪女 在室小功 出嫁緦麻	姪女 在室期年 出嫁大功	長子 長子婦 衆子 期年 衆子婦 大功	姪 期年 姪婦 小功	堂姪 小功 姪婦 緦麻	再從姪 緦麻	
		堂姪孫女 在室緦麻	姪孫女 在室小功 出嫁緦麻	嫡孫 期年 嫡孫婦 小功 衆孫 大功 衆孫婦 緦麻	姪孫 小功 姪孫婦 緦麻	堂姪孫 緦麻		
			曾姪孫女 在室緦麻	曾孫 緦麻	曾姪孫 緦麻			
				玄孫 緦麻				

註：斬衰，其服三年；齊衰有一年，五月，三月，三等；大功，其服九月；小功，其服五月；緦麻，其服三月。

期一年，有杖期與不杖期之別。夫爲妻，嫡子衆子爲庶母，本身爲祖父母伯叔父母嫡孫，皆期，惟夫爲妻，父母在則不杖。

帝王喪中，嗣王不親政，名曰『諒闇』，百官總已以聽於冢宰三年；羣臣亦服喪三年。

葬式的差別：天子七日而殯，七月而葬；諸侯五日殯，五月葬；大夫士三日殯，三月或踰月葬。天子葬，同軌悉至；諸侯葬，同盟悉至；大夫士葬，同位悉至；庶人葬，族黨相會。

棺槨制度，亦有區別：棺厚五寸，槨稱之，其制天子四重，諸侯三重，皆用松木；大夫二重用柏木；士一重用雜木；庶人有棺而無槨。以竹器瓦器納于棺中，名曰明器。

儒家則主三年之喪，墨家則主短喪，漢文帝下短喪之詔，於是兩漢臣僚中，爲父母守三年之喪的，爲數甚少。喪期長短，聽人自便，至漢末甚至有縮短至三十六日的。當時風俗，人死之後，乃有招魂，挽歌、行狀、相地、等事，旣葬之後，則有碑文、墓銘、墓室、等物。

招魂蓋卽古復禮，其名始見于楚辭。漢武帝思念李夫人，方士齊人少翁爲之招魂，後世遂沿爲風俗。挽歌始見於春秋左哀十一年記『公孫夏命其徒歌虞殯。』註謂『虞殯爲送葬歌曲，』疏云『今之挽歌，』可見挽歌是很早就有的。最著名的薤露蒿里，據搜神記所云，是漢初悲傷田橫的挽歌：

『挽歌者，葬家之樂，執紼者相和聲也。挽歌詞有薤露蒿里二章，出田橫門人。橫自殺，門人傷之，悲歌，言人如薤上露，易晞滅也。亦謂人死精神歸於蒿里，故有二章。至李延年乃分爲二曲，薤露送王公貴人，蒿里送士大夫庶人，使挽者歌之。』

行狀，卽記述死者的生平，大約始於魏晉之間，據說裴松之註三國，多取先賢行狀爲材料。後來唐朝凡三品以上的官員死亡，故吏錄其行狀，送到尚書省去考核。後世凡子孫往往述其先人德業，亦稱行述。

相地亦稱堪輿，許愼釋之爲堪天道與地道，卽視土地的吉凶以爲卜葬，漢志有堪輿金匱一書十四卷，卽爲相地書。郭璞著葬經，頗爲人所信仰，陶侃聽老父之言，葬父於牛眠之地。（見晉書周光傳）南史中記相墓之事甚多，善相墓地者，有如孔恭高靈文唐寓之等人，梁昭明太子傳中有不利長子，吳明徹傳中有最小子大貴之言，足徵當時堪輿術的盛行，後世多受其迷惑，以爲子孫的窮通壽夭，多有關於葬地，於是有因圖佳穴久淹而不葬的，亦有因失利而謀遷葬的，而一般術士，復鼓其如簧之舌，此風遂愈加普遍，後雖有司馬光奏禁天下葬書，張九成主科葬巫以左道，以及其他闢此邪說的人，卒不能滅斯迷信。

至於碑文墓銘，作者甚多，文心雕龍云：『自漢以來，碑碣雲起，才鋒所斷，莫高蔡邕。』蔡邕是漢朝第一個著作碑銘的人，其爲郭林宗撰碑文乃云：『吾爲碑銘多矣，皆有慚德，惟郭有道銘無愧色耳。』原來古人立碑爲懸棺下窆之用，以木爲之，漢以後始以石代之，取其不朽。東漢立碑之風盛行，其碑上之序，就是死者的行狀，序後之贊詞，卽爲銘，合之則稱爲墓誌銘。據明王行著墓銘舉例四卷，集韓愈李翺以下十五家誌墓之文。我們現在讀韓愈以下的各家文集，大多有此類文字。

當時貴族，頗尙厚葬，遂引起盜賊發塚之事，故劉向諫起昌陵疏，痛陳厚葬之弊。龔勝張奐貢禹周磐等人，亦皆主張薄葬，楊王孫甚至主裸葬以挽流俗，趙咨等曾言體魄無知，死欲速朽，用以針砭世俗。成帝明帝故有禁民葬埋踰制之詔，可見厚葬已成爲當時的風俗了。

六朝藐視禮法，喪禮不甚拘守，謝安期喪不廢樂，阮籍居喪食肉，雖有貶議，亦不能挽此風氣。喪禮幾乎多廢，居喪則飲酒食肉，親朋往弔，主人備酒饌享客，甚至醉飽連日，作樂以娛。及殯則樂道輀車，號泣隨之。又信浮屠念經，以爲可以使死者超升天堂，不入地獄。又焚化紙錢以爲鬼禮。查漢時殉葬乃埋錢，南齊東昏侯始剪紙爲錢以代之。唐玄宗時，王璵爲祠祭使，取紙錢焚燒，五代以來，寒食野祭，必燒紙錢，宋代更盛行，邵康節比之爲明器，惟錢若水不燒紙錢，呂南公爲文以頌，那可見燒紙錢已成爲普遍的風俗了。

火葬之俗，時亦流行。查火葬始見於列子的記載，云『秦之西有義渠之國，其親戚死，聚柴積而焚之，熏則煙上，謂之登遐。』荀子亦言『氐羌之民，其虜也不憂其係壘，而憂其死不焚也。』義渠爲諸戎之一，在今之甘肅，當時稱之爲氐羌。此種記錄，意欲斥責氐羌之民的不知禮教，認爲以火焚屍，是一件不人道的事。因爲中國古代，往往把焚燒死人施之於仇敵的，如田單以掘墓燒屍來激怒齊人，因而破燕。漢尹齊爲淮陽都尉，及死，仇家欲焚其屍。東海王越亂晉，石勒則剖其棺焚其屍。楊元感反，隋掘其父塚，焚骸骨。這些都是把焚屍爲仇恨的表示，故沒有親死焚化的事。直至宋朝，始有火葬之俗，范同言：『今民俗有所謂火化者，……河南地狹人衆，雖至親之喪，悉用焚棄。』黃震爲吳都尉，謂『城外有焚人空亭，愚民親死，舉而付之烈燄。』他們的話，雖然站在反對地位，然亦可證民間已有此種風俗了。這種風俗，大概與佛教傳入有相當關係。因爲佛教本有人死焚化的規矩，信仰佛教的人，也因而奉行，後來如顧炎武黃汝成等皆曾痛詆此俗的無道，不過這是極少數人民的事，並不如燒紙錢拜經懺等那種風俗的普遍。如今東西洋火葬之俗影響於中國，中國的觀念，亦漸次改變，火葬便成爲極尋常極應提倡的事了。

古喪禮之能歷久不變的，只有喪服制度這一件事，顧炎武曾說：『三代聖王教化之事，其僅存於今日者，惟服制而已。』但如今自西俗東漸以後，連服制亦改變了，無論斬衰期功，都以臂纏黑紗爲表示。不獨一切舊禮制盡行革除，卽一切相地迷信，亦日愈減少，僧徒助喪等事，尤爲稍有智識者所屏棄。（參張亮采中國風俗史）

喪禮上的零星風俗 古代喪禮，自始死以至殯葬，皆詳於儀禮士喪及既夕等篇，惟以纍節繁瑣，不能一一詳舉，姑舉其大要如次：

（一）赴告。禮記檀弓『父兄命赴者』，（赴卽訃）『赴謂死者生時，於他人有恩識者，今死則其家宜使人往相赴告也。』既夕鄭註云：『赴，走告也。』此爲喪禮中的第一事。朱子家禮，於初終赴告親戚僚友，護喪司書爲之發書，下款署孝子名。在古禮，大夫以上，父母命赴者，士則主人親命之，無論父兄命赴或主人親命，均稱孝子名，而後世則有用家人或護喪出名的。然亦有不赴而僅表喪於門的，明呂新吾四種疑有云：『梁宋表喪於門，不訃。』宋書孔琳之傳：『謂宜謹遵先典，一罷凶門之式，易以素扇，足以示凶。』翟晴江說：『凶門既本古懸重，素扇蓋卽今所謂喪牌。』表喪大概有三種：一叫門報，貼在大門之旁，寫着『恕報不週』一類字樣。一叫殃榜，貼於屏門間，寫着死者的官職名字生卒年歲等等。一叫喪牌，貼於弔屏，置大門內，上書與訃文相同之字。喪牌卽古素扇，都是表喪於門的法子，是赴告的另一方式，亦猶今之登報赴告也。

（二）殯葬。儀禮載『既夕哭，請啟期告於賓。』鄭註：『將葬，當遷柩於祖，有司於是乃請啟肂之期於主人以告賓，賓宜知其時也。』所謂肂，卽古人在未發引前，埋柩於堂前西階之上，其埋柩之穴謂之肂，也稱爲殯。將發引則啓殯出柩。啓殯朝祖，其時在夜間，故既夕禮有『二燭俟於殯門外，朝祖後，質明滅燭』等話。這一夜裏，有賓客來弔，既夕禮疏云：『必有弔賓來，賓來弔主人啟殯』等云。這大概就是現在的開弔。原來賓客於初終時來弔，則爲送殮，士喪禮謂『三日成服，』大約是在大殮的那一天，後世訃文上往往有『親視含殮卽日成服』等字樣。禮記問喪云：『三日而后殮者，以俟其生也，三日而不生，亦不生矣。』故普通必以三日大殮。古時與殯禮並行，故發引又稱爲出殯，賓客來送，就叫送殯。

(三)招魂。古禮招魂稱爲復，檀弓說：『復，盡愛之道，有禱祠之心焉。』鄭註『復謂招魂，且分禱五祀，庶幾其精氣之反。』也叫做『皐復』，長呼曰皐，呼死者名而冀其復蘇也。是卽後世的神迴。

(四)本主。古者祭必立尸，後世易以木主，木主究起於何時？有人以爲武王載木主以伐紂，是周初已有此制了。而呂新吾則說『程伊川始爲木主作式，古無有也。』(見四禮疑)其實程氏以前，已早有木主，不過其式樣不同而已。毛西河喪禮吾說篇『檀弓之豊碑恆楹，四方如柱，背面左右皆可書』，程氏不過把這四方形改爲扁方式，並不是程氏以前沒有木主的。呂氏則記其式樣：

『作主用栗，取法於時月日辰；趺方四寸，象歲之四時；高尺有二寸，象十二月；身博三十分，象月之日；厚十二分，象日之辰。剡上五分爲圓首，寸之下，勒前爲額而判；一居前，一居後。陷中以書爵姓名行。合之，植於趺。竅其旁以通中，如身厚三之一，居二分之上。粉塗其面，以書屬稱。旁題主祀之名。』（見同上）

後世更有題主之禮，虛主字的一點，請一顯者來以朱筆點之，俗稱爲點主，以爲既經點主，則死者之魂便附麗於其上，此亦成爲富有家通行風俗。如今也有廢木主而改用照相的。

其他各種禮節

除上述婚喪禮之外，還有許多別的禮節，照儀禮所記，則有：

（一）冠禮。男子年至二十，要舉行這種禮節，表明已經成人了。士冠禮一篇，詳細地記着：首先要經過好幾次的占卜，然後擇定一個行禮的日期，到期，冠者的父兄，穿着禮服，迎接爲子行禮的人，加冠題字。內則裏說，兒生三月，父爲他題個名，這時候才另外題一個字。字在古時稱爲甫或父的，甫是丈夫之美稱，孔子爲尼甫，周大夫有嘉甫，宋大夫有孔甫，是其類。（見鄭註）所以中國風俗，一個人至少有名與字二個稱謂，甚至又有號別號等許多稱謂。冠禮行完以後，便有拜兄弟姊妹鄉大夫……等禮節。後世往往於十六歲時舉行的。

(二)祭禮。這問題是屬於宗教範圍的事，這裏不必詳述。(見下編)僅略舉其普通禮節•上古崇拜庶物，原無何種禮節，及至設立明堂，始有天神地示的祭祀，周禮大宗伯，是一個管理祭祀的專官。後來才產出祖先的祭祀，有礿祠蒸嘗的分別。其禮節都散見於儀禮及禮記之中。春秋以後，更產生許多淫祀。

(三)養老禮。此禮相傳在虞舜時稱燕禮，夏稱饗禮，殷稱食禮。禮記祭義中說：『有虞氏貴德而尚齒，夏后氏貴爵而尚齒，殷人貴富而尚齒』，卽對於老人，都加以隆重敬禮。其養老的地方，有虞氏養國老於上庠，養庶老於下庠，夏后氏養國老於東序，養庶老於西序，殷人養國老於右學，養庶老於左學。

還有鄉飲酒禮，集一鄉的人開一宴會，好像現在的懇親會一樣。其意義注重於互相親睦，尊敬長老，可以明長幼之序，習賓主之禮。每三年舉行一次，鄉大夫做主人，鄉父老做賓客，推出一個年最高而懂禮的人做上賓，其餘都是衆賓，按照年齡依次列坐，飲酒作樂，以盡歡悅。

其次還有州長習射禮，這些禮節，都是訓練揖讓進退的規矩，與養老的禮節看得一樣重要。也包括着敬老的意味。養老所以要在國學中舉行，原是要叫一般學子，練習這種禮節，知道敬老的道德。樂記稱『食三老五更於太學，』歷代都有此禮。究竟三老五更是多少人數？說者很不一致，而開元禮記：『仲秋之月，擇吉辰，皇帝親三老五更於太學，所司先奏定三師三公致仕者，用其德行及年高者一人爲三老，次一人爲五更，』云云，可知三老爲一人，五更又爲一人。而且也知道這敬老的禮節，歷久而沒有廢掉。

（四）射禮。射禮有三：一曰大射，二曰賓射，三曰燕射。天子大射於射宮，賓射於王朝，燕射於路寢庭。諸侯亦有大射之禮。大射之侯曰皮侯，以虎豹之皮飾側，而棲鵠於中；賓射亦用虎豹熊麋之皮飾側，而中畫五采以爲正，曰五采之侯；燕射則爲天子熊侯白質，諸侯麋侯赤質，大夫布侯，畫以虎豹，士布侯，畫以鹿豕，皆丹質，名曰獸侯。

周禮射人：『以射法治射儀，王以六耦射三侯，三獲三容，樂以騶虞，九節五正；諸侯以四耦射二侯，二獲二容，樂以貍首，七節三正；孤卿大夫以三耦射一侯，一獲一容，樂以采蘋，五節二正；士以三耦射豻侯，一獲一容，樂以采蘩，五節二正。』鄭註謂：『此皆與賓射於朝之禮也。』

又有鄉射之禮，州長以禮會民，而射於州序，鄉大夫亦在，其禮與大射等有相同之處。古人重此禮節，一以爲提倡尚武，一以爲學習禮儀，所以在禮記射義中說：『射者，進退周還必中禮，內志正，外體直，然後持弓矢審固；持弓矢審固，然後可以言中，此可以觀德行矣。』

（五）朝聘禮。周的朝儀有三種：（一）外朝之法，朝士掌之。左九棘，孤卿大夫位焉，羣士在其後；右九棘，公侯伯子男位焉，羣吏在其後；面三槐，三公位焉，州長衆庶在其後。（二）治朝之位，司士正之。王南鄉，三公北面東上，孤東面北上，卿大夫西面北上。（三）燕朝之儀，大僕掌之。大夫坐於上，士立於下，王坐而聽政焉。諸侯朝覲，皆受舍於朝，同姓西面北上，異姓東面北上。天子袞冕負斧依，侯氏降階，東北面再拜稽首。……聘禮則有使有介，主君及夫人使使勞之，致館，設飧，明日迎賓，設几筵於朝，賓執圭致聘。此二事見於儀禮中覲禮聘禮二篇。

(六)通常古禮。(一)關於飲食之禮。凡取飯於器中，都要用匕。沒有吃的以前，先要洗手，將要吃的時候，仰其手而奉之，已經吃完了，要覆其手。吃的時候，不能揚飯、摶飯、放飯、流歠、齧骨。賓主會食，主人以酒進賓，叫做獻；賓報主人以酒，叫做酢；主人飲酒勸賓，叫做酬；凡獻酒必薦食，執爵皆用左手。(二)關於拜跪之禮，周朝拜跪有九種：頭至地叫稽首頓首拜；頭叩地叫頓首拜；頭至手叫空首拜；戰栗變動的拜，叫振拜；拜而後稽顙的叫吉拜；稽顙而後拜的叫凶拜；先屈一膝的叫奇拜；再拜叫褒拜；且俯下手叫肅拜。門外的拜禮，大概東西向；堂上的拜禮，都是北向；室中房中，乃以西向爲敬。臣向君行禮，都在堂下再拜稽首。拜必互答，惟拜送之禮，送者拜，去者不答拜。丈夫坐而拜，婦人興而拜。(三)關於迎送揖讓之禮。凡迎賓，主人敵者於大門外，主人尊者於大門內，賓入自左，主人入自右，皆主人先入。入門必三揖，升階皆三讓。(四)關於坐立行走之禮。古者席地而坐，坐必正席，客至於寢門，則主人請入為席。若為飲食之客，則布席，席間函丈，主人跪正席，客跪撫席而辭。侍坐於先生，先生問焉，終則對，請業則起，請益則起。侍坐於長者，屨不上於堂，解屨不敢當階，就屨跪而舉之屏於側。尊卑在室，尊者脫屨於戶內，餘則脫屨於戶外。立必正方，不中門，行不履閾。將上堂，聲必揚，戶外有二屨，言聞則入，言不聞則不入，戶開亦開，戶闔亦闔。坐如尸，立如齋。趨行之法，亦有分別：一為疾趨，一為徐趨，照爾雅解釋：室中謂之時，堂上謂之行，堂下謂之步，門外謂之趨，中庭謂之走，大路謂之奔。(五)關於相見之禮。凡與尊者相見，必有所執，名為贄。天子用鬯，諸侯用圭，卿用羔，大夫用雁，士用雉，庶人用鶩，工商用鷄。凡賓執贄以見，主人必辭，兩士相見，則以賓所執者還之於賓，辭讓而受。

這些都是古代進退周旋的各種規矩，說來非常煩瑣，大概可參見禮記中曲禮王制等篇，然大多數已經廢除了，有些在後世還是遵行的。

近代稀见旧版文献再造丛书

民国中国文化史要籍汇刊（影印本）

侯杰 主编

第十四卷 下

王治心 中国文化史类编（中）

南開大學出版社

王治心教授編著

中國文化史類編

中編

第六章　社會生活中的衣食住

服裝問題　太古的人民，不知道穿衣，以獸皮木葉遮蔽身體，正如譙周所說：『昔者先王未有麻絲，衣其羽皮，後聖有作，然後治其絲麻，以爲布帛。』究竟布帛之製，始於何人？無從肯定，有謂『伏羲作布，西陵氏育蠶，軒轅氏爲衣裳，』都無確實的證明。相傳羲農時已有琴瑟，琴瑟必用絲絃，似乎蠶絲的發明是很早就有了。易繫辭稱『黃帝堯舜垂衣裳而天下治，』所以歷來都說黃帝敎民養蠶，定衣冠之制。據說文的解說，衣者人所依以蔽體，上曰衣，下曰裳，象覆二人之形，說文的寫法㐆，孫星衍則解作二ㄥ(古肱字)，段氏以爲在說文的序次上，自人部以下皆從人，衣字若非從人，則無由次此。衣字從人，自是至理，然何以象覆二人？卻不能無疑，所以柳詒徵氏以爲衣字之下半，當是北字，北方天氣寒冷，故最先發明衣服，取象於北方人之冠戴，說雖新穎，亦無根據。惟衣服之制，北先於南，或較可信，王制記四夷形狀，則曰：『東方曰夷，被髮文身；南方曰蠻，雕題交趾；西方曰戎，被髮衣皮；北方曰狄，衣羽毛穴居』。西北氣寒，衣制較早，東南氣煖，裸體恆有。呂氏春秋云『禹之裸國，裸入衣出。』(見貴因篇)史記稱『太伯仲雍奔荊蠻，文身斷髮。』(見吳太伯世家)莊子記『宋人資章甫而適諸越，越人斷髮文身，無所用之。』(逍遙遊)這都可以證明南北氣候的不同，而衣制乃有別。

世本謂：『黃帝作冕垂旒，目不邪視也。』虞書謂：『予欲觀古人之象，日月星辰山龍華蟲，作會宗彝藻火粉米黼黻絺繡，以五采彰施五色，作服汝明。』承認這時候已有很完美的制度了。所以說文說：『古者黃帝初作冕，』冕上有旒，後世取爲帝王禮服，尙書大小夏侯說：『冕版廣七寸，長尺二寸，前圓後方，前垂四寸，後垂三寸，用白玉珠，十二旒。』有以麻做的叫做麻冕，也有稱爲弁的，也有稱爲冠的。弁有爵弁皮弁韋弁的分別，太古冠以布爲之，平時則尺白色，齋戒之時，則用黑色。儀禮曾謂『太古冠布，齋則緇之。』三代稱謂不同，儀禮謂：『委貌，周道也，章甫，殷道也，毋追，夏后氏之道也。』孔疏『三冠皆緇布爲之，』不知周時的委貌，乃以皂繒爲之，而不是布做的了。不過仍是黑色的，所以也叫做玄冠，或叫做冠弁，孔子說過：『麻禮冕也，今也純，儉吾從衆。』又可知當時的冠冕，不是麻布而純絲的了。

虞書所載的禮服上，繪着日月藻火的花紋，可見當時衣服的制度，已經不是單取其蔽形，而進一步分別尊卑了。文獻通考言冠冕的起源與制度，甚爲扼要，略節於下：

『按周以前冠冕衣裳之制，其詳不可得而聞，所可考者，惟虞書言服章，戴記言冠制耳。然冠之制有三：曰弁曰冕曰冠。冕者朝祭之服，所謂十二旒九旒而下是也；惟有位者得服之。弁亞於冠，所謂周弁殷冔夏收是也。冠亞於弁，所謂委貌章甫毋追是也。弁與冠自天子至於士皆得服之，冕始於黃帝，至有虞氏以爲祭服，夏殷之祭則用弁，蓋末以弁爲殺於冕也。至周而等級始嚴，故大夫雖可以服冕，而私家之祭不得用之，天子不妨服弁，而雖小祀必以冕，蓋冕弁之尊卑始分矣。然弁有二：曰皮弁，以白鹿皮爲之，其制最古。曰爵弁，則其制下員上方，如冕而無旒。古者冠禮三加：始緇布冠，次皮弁，次爵弁，皆士服也；大夫則服冕矣。』（見文獻通考一百十一卷王禮考）若言衣服的起源，白虎通謂為起於蔽形：

『聖人所以制衣服何？以為絺綌蔽形，表德勸善，別尊卑也。所以名為裳何？衣者隱也，裳者障也，所以隱形自障蔽也。何以知上為衣下為裳？以其先言衣也』。

易繫辭所謂『黃帝堯舜垂衣裳而天下治』，莫不承認衣裳之制，始於黃帝，到了堯舜，文明日啟，乃有山龍藻火的繪繡，進而至夏禹時，有織文織貝等貢物，（見禹貢）知紡織之業亦精進，又有皮服，卉服，毛扇，以供常用，羽毛，齒革，球琳，琅玕，以為服飾，已經不像洪荒時代的簡陋了。周代乃愈完備，王后及公卿大夫之禮服，有專官掌之，司裘掌為大裘以供王祀天之服，內司服掌王后之六服，大宗伯再命受服，司服掌王之吉凶衣服。其服制乃依貴賤而有等差，其詳見於周禮司服弁師二官：

『王之吉服，祀昊天上帝則服大裘而冕；祀五帝亦如之。享先王則袞冕；享先公饗射則鷩冕；祀四望山川則毳冕；祭社稷五祀則希冕；祭羣小祀則玄冕。凡兵事韋弁服；眡朝則皮弁服。凡甸，冠弁服。凡弔事弁絰服，凡喪為天子斬衰，為王后齊衰，王為三公六卿錫衰，爲諸侯緦衰，爲大夫士疑衰。大扎大荒大烖，素服。公之服，自袞冕而下，如王之服。侯伯之服，自鷩冕而下，如公之服。子男之服，自毳冕而下，如侯伯之服。孤之服，自希冕而下，如子男之服。卿大夫之服，自玄冕而下，如孤之服。其凶服加以大功小功。士之服自皮弁而下，如大夫之服。其凶服亦如之，其齊服有玄端素端。』(見周禮春官司服)

『弁師，掌王之五冕，皆玄冕朱裏延紐，五采繅十二有就，皆五采玉十有二，玉笄朱紘。諸侯之繅斿九就，瑉玉三采，其餘如王之事。繅斿皆就，玉瑱玉笄，王之皮弁，會五采玉璂，象邸玉笄，王之弁絰，弁而加環絰。諸侯及孤卿大夫之冕，韋弁，皮弁，弁絰，各以其等爲之。』(見周禮夏官弁師)

此可以見周代冕服的一斑，儀禮禮記中記載甚繁，清代研究的人尤多，最詳者莫如任大椿的弁服釋例深衣釋例。馬端臨謂：

『三代時衣服之制，其可考見者雖不一，然除冕服之外，惟元端深衣二者其用最廣。

元端則自天子至士，皆可服之，深衣則自天子至庶人皆可服之。蓋元端者，國家之命服也，深衣者，聖賢之法服也。然元端雖曰命服而本無等級，非若冕弁之服上下截然者之比，故天子服之而不爲卑，士服之而不爲僭。至於深衣，則裁製縫衽，動合禮法，故賤者可服，貴者亦可服，朝廷可服，燕私亦可服，……蓋亦未嘗有等級也。古人衣服之制不復存，獨深衣則戴記言之甚備。』(見文獻通考王禮攷)

元端即玄端，是一種齋服，禮玉藻有『天子玄端而朝日於東門之外，聽朔于南門之外。卒食玄端而居。諸侯玄端以祭。大夫士朝玄端夕深衣。』可知所謂玄端者，可以爲朝服，爲祭服，爲燕居私服。深衣在禮有深衣篇，疏云：『連衣裳而純之以采者，素純曰長衣，有表則謂之中衣』乃衣裳相連，被體深邃，故名爲深衣，亦可以爲各種之用，沒有等級可分的。

原來當時的衣服，有士不衣織，不衣狐白，無君者不貳采的限制，童子不裘不帛，其衣縕布。但歷春秋戰國以後，乃日就奢侈，漢書五行志說：

『風俗狂慢，變節易度，則爲剽輕奇怪之服。』

王符潛夫論言：

『今京師貴戚，衣服飲食車輿文飾廬舍，皆過王制，僭上甚矣。從奴僕妾，皆服葛子升越，筩中女布，……文組綵褋，驕奢僭主。』(見浮侈篇)

這可見漢代服制，已趨奢侈，漢末王公名士，以幅巾爲雅，是以袁紹崔豹之徒，雖爲將帥，皆著縑巾。(見宋書禮志) 輕視冠冕，以灑脫爲高，風氣爲之一變。男子有通天冠，遠遊冠，高山冠，進賢冠等分別，又有頭巾如所謂林宗巾，角巾，布巾，幘，帽之類。婦人亦有冠子，或以綾羅覆面，而結頭髮。衣則有汗衫，襖，袄肚；裳則有袴褶，袴，抱腹之類。屐則有履，舄，不借，伏虎頭鞋之類。另有裋褐，是賤者之衣，複衣爲廚人之服。

到了南北朝，風氣大異，南朝人多著逢衣寬袖之服，北朝人則窄袖寬袴。南朝照周秦舊風，結髮于頂，而北朝循胡俗而編髮辮，孝文帝曾惡其國俗之陋，遷都洛陽，禁胡服胡語。隋唐以降，雖復漢人古服，然皆窄小是尚，士人以棠苧欄衫爲上衫，以顏色分等級，一命以黃，再命以黑，三命以纁，四命以綠，五命以紫。士服短褐，庶人以白。太宗時，長孫無忌請于袍上加襴，馬周請加襴袖褾襈爲士人上服。有以半臂爲輕佻之服，房大尉家法不著半臂；然亦有以爲得禮者，馬周所請士庶服章，于中單上加半臂；其好尙不同如此。半臂之服，始于隋朝，大業中內官多服半臂，（見事物紀原）揚子方言謂『無袂衣謂之褙』褙半臂衣也，俗謂之披襖，小者曰背子，卽後世之背心一類，無袖而露臂者。

帶也是服裝中重要的一種，古代是用革製的，秦漢以來，也分出貴賤，庶人服之，大概以銅爲銙，以韋爲鞓。後來六品以上用銀，六品以下至庶人都用鐵。唐貞觀的時候，曾經令三品以上以金爲銙服綠，庶人以鐵爲銙服白，嘗于端午賜文官黑玳瑁腰帶，武官黑銀腰帶。天子所用之帶，則稱爲九環帶。巾的式樣亦略變，百官及士庶都戴幞頭，本來叫做上巾或叫折上巾，用三尺皂羅包裹頭髮，是庶人的常服。後周武帝裁爲四脚，名叫幞頭。唐朝馬周用緔代羅，重繫前後以象兩儀，兩邊各爲三撮以象三才，爲百官士庶的常服。此外有一種爲紗帽，也是一般人所常戴的。宮人騎馬時常服一種羃䍦，可以障蔽全身，舊唐書輿服志云：『武德貞觀之時，宮人騎馬者多著羃䍦，雖發自戎夷，而全身障蔽，不欲途路窺之』，大約近于後世的斗蓬。開元初，宮人馬上著胡服，靚粧露面，士庶都效法之。天寶中，士人之妻，著丈夫靴衫鞭帽，內外一體。同時，女人往往披帛。

宋眞宗太中祥符的中間，禁止民間服皂班纈衣。宋史輿服志說：『初皇親與內臣所衣紫，皆再入爲黝色，後士庶漸相效，言者以爲奇袤之服，仁宗始禁之』。紫衫本來是軍校之服，中興士大夫服之以便戎事，高宗禁毋得以戎服臨民，從此紫衫遂廢。涼衫亦名白衫，其制如紫衫，乾道時王儼奏稱近日士大夫皆服涼衫，甚非美觀，而以交際臨民，居官純素，可憎，有似凶服。……朝章之外，宜有便衣，仍存紫衫，未害大體。白衫就禁止了。起初宮裏都用白角冠梳，人家都效法，名爲內樣，也叫做垂肩等肩，至有長三尺，梳亦逾尺，仁宗乃下詔規定，『令婦人所服冠，高毋得踰四尺，廣毋得踰一尺，梳毋得踰四寸，毋以角爲之』。朝野雜記，說宋代衣服的變更，從南渡以後，日趨簡易。

元代雖爲胡人，然其服制都取法中國，元史輿服志云：『元初立國，庶事草創，冠服車輿，並從舊俗。世祖混一天下，近取金宋，遠法漢唐。至英宗親祀太廟，復置鹵簿。今考之當時，上而天子之冕服，皇太子之冠服……百官祭服朝服以及士庶人之服色，粲然其有章，秩然其有序，大抵參酌古今，隨時損益。」服色分等第，上得兼下，下不得僭上。

明代服制，大概仿唐宋，在明史輿服志中分皇帝冕服，文武官冠服，士庶冠服，以及樂工軍隸外蕃僧道皆有定式。其時所戴小帽，大概以六瓣合縫，下綴以簷，如筩，乃太祖所定，取六合一統之義。楊維楨戴方巾見太祖，太祖問其製，曰四方平定巾，上喜，令士人皆得戴之。太康縣志載：『國初時衣衫褶，前七後八。宏治間上長下短，褶多。正德初上短下長三分之一。士夫多戴中停冠，則平頂高尺餘，士夫不減八九寸。嘉靖初服上長下短，似宏治時。市井少年帽尖長，俗云邊鼓帽。宏治間婦女衣衫，僅掩裙腰，富者用羅緞紗絹織金彩通袖，裙用金彩膝襴，髻高寸餘。正德間衣衫漸大，裙褶漸多，衫惟用金補子，髻漸高，嘉靖初衣衫大，至膝，裙短褶少，髻高如官帽，皆鐵絲胎，高六七寸，口周回尺二三寸餘。』內邱縣志載：『萬曆初童子髮長，猶總角，年二十餘始戴網。天啓間則十五六便戴網，不使有總角之儀矣。萬曆初庶民穿腄靸，儒生穿雙臉鞋，非鄉先生首戴忠靖冠者，不得穿邊雲頭履，至今日而門快輿皂，無非雲履，醫卜星相，莫不方巾。又有晉巾唐巾樂天巾東坡巾者。先年婦人，非受封不敢戴梁冠，披紅袍，繫帶，今富者皆服之。』太祖實錄記：『禁官民步卒人等服對襟衣，惟騎馬許服』。對襟衣也叫做罩甲，其制比甲稍長，比襖減短，此即前述的所謂半臂衣。

清代純用胡服，朝服則爲套袍，袖如馬蹄，帽有頂，以色別等級，亦視補服而分文武等級。士庶人皆戴小帽，如瓜皮，上有結。惟婦人禮服則仍明制，常服則用衫裙。革命以後，大禮服仿歐式，常禮服仍爲清制而用袍褂，惟一般人有服西裝，或中山裝，而尚短衣。婦人則由短衣而爲長袍，初名旗袍，蓋仿旗人之式也，茲在城市，大都截髮長袍革履，爲時髦的裝飾。

飲食問題　國以民爲本，民以食爲天，飲食不單是立國的根本，實是生活的根本。人類最初的時候，都是靠天然的產物，就是鳥獸之肉草木之實以果腹，所以禮運說：『昔者未有火化，食草木之實，鳥獸之肉，飲其血，茹其毛。』最初是鮮食的，後來漸漸變成火化，再進而有佃漁牧畜，耒耜耕稼，由生食而熟食，由掠食而牧食，由肉食而穀食，是原始社會進化的自然階段。因爲飲食是人類生存競爭的要素，故能使人民得飲食的，便爲人民所擁戴，所以古帝王如庖羲神農后稷，都是從飲食而來的徽號。堯遊康衢，聞蠟飲耕食之歌，赫胥氏之民，鼓腹而遊，無懷氏之民，甘食樂居，帝王與飲食，實有密切關係。尙書益稷謨：『奏庶艱食鮮食，』舜命后稷播時百穀，汲冢周書：黃帝始炊穀爲飯，很早的時代就有穀食了。當時不但以穀爲糧，還有以穀爲酒，說文訓酋長之酋爲繹酒，尊卑之尊亦從酋，厥後又以祭酒爲長官之稱，酒之起源也是很古，相傳酒爲夏禹時儀狄所製，故有『禹惡旨酒，』五子之歌，酣酒之戒。尙書中言及酒的，如桀紂之淫湎于酒，周公作酒誥以戒康叔，可見三代時酒已極普遍了。

周代食料，以穀爲主，周禮司稼之官，『掌巡野之稼，而辨之稑種種，周知其名，與其所宜地，而縣于邑閭；巡野觀稼，以年之上下出歛法，掌均萬民之賦而賙其急，而平其興。』周禮中有很多的官，是關于飲食方面的，例如：

廩人，是統計食物的數目，打算及救濟的方法。
遺人，是管糧食的積蓄的。
旅師，是管調劑民間的糧食的。
閭師，是鼓勵民間的畜牧與耕稼。
萍氏，是管酒的限制。
膳夫，是專管王公等的飲食，也管六牲，六清，八珍，以及百二十品食物。
庖人，是管六獸六禽的畜養。
醢人，是管理一切製造的食物。
㲋人，是管魚類。
鱉人，是管鱉類。
臘人，是管乾肉之類。
食醫，是管調味的醬醯，以及牛羊等畜之牧養。

從上面這些官的管理，可以知道當時的食品，于穀類蔬菜之外，有肉食如魚鳥牛豚羊五鼎之食。穀類之中，有米粟麥黍稌等物，蔬菜之中，有菜葱薤薑茶瓜等物，又肉食之中，有鷄鴨雉雁牛羊犬豕馬鹿熊猿等物。其製作配合之法，亦有非常的進步。禮記內則一篇，可以見其大概。飲料中有酒醴漿湆等物，酒自儀狄以後，有杜康繼續改良，便更加流行了。醴是一種甘酒，是用在宴饗時的必須品，漿是一種酢類，湆是一種肉酪，都是食物中的附屬品。另外最有名的飲料，要算是茶，茶是發明于周時的，爾雅釋木：『有檟苦茶，』郭注：『樹小如梔子，冬生葉可以爲飲。』唐皮日休茶經序，以苦茶爲茶，大約承認飲茶的發明是很早的。還有春月用冰的事，詩經所說：『二之日鑿冰冲冲，三之日納于凌陰』，凌陰就是冰室，周禮有『凌人掌冰正』，可以爲證。

周代在食物制度上，也有階級的分別，內則規定，天子燕食，羞用百二十品，大夫燕食，有膾則無脯，有脯則無膾，上大夫庶羞二十品。此外從禮記上也看見許多分別，燕食，自諸侯以下至于庶人，無等，士不貳羹胾，大夫無秩膳，七十而有閣。士以下，恆食黍稷，大夫以上，加稻粱，所以稱貴族子弟爲膏粱，稱卿大夫爲肉食者。這是與周代的封建制度和禮教有密切關係。我們從儀禮中看見了許多關于飲食的禮節，劉師培中國歷史教科書有一段話，柳詒徵亦嘗引之：

『凡食禮，初食三飯，卒食九飯，設饌，以豆爲本，凡正饌，先設黍稷，輔以俎豆，加饌以後，則用稻粱，庶羞。初食加饌之稻粱，以正饌之俎豆佐食，卒食正饌之黍稷，以加饌之庶羞佐食。凡食禮，有豆無籩，飲酒之禮，有豆有籩，其用牲也，士冠禮士昏禮用豚，鄉飲鄉射燕禮大射均用狗，聘禮用太牢少牢，公食大夫禮用太牢，士喪既夕士虞皆用特牲。凡牲皆用右胖，牲二十一體，謂之體解，牲七體，謂之豚解，殺者曰饔，生者曰餼，烹牲及魚腊曰饔爨，炊黍稷曰饎爨，出脯醢謂之薦，此會食禮之大略也。食必于廟，燕必于寢，鄉飲必于庠。』

因爲周代尚文，所以在一飲一食的事情上，也有許多禮節，春秋戰國，民生凋敝，而王公貴族，奢侈性成，往往有因飲食之微，而肇殺身之禍，例如『羊斟不及，華元受其謀，寵羹不均，子家肆其禍，熊蹯不熟，殺宰夫而趙穿弑，雙鷄易鶩，饋子雅而慶舍死』。（皮日休食箴語）（見圖書集成食貨典）又如五侯傳鯖，易牙調味，尤甚馳名。降及漢朝，飲食愈加進步，除上述各種食品外，光武始製糭，靈帝始作餅，諸葛之作饅頭，王莽之喜啖麵，皆爲漢代新製。調和者有鹽豉醯蜜，加香者有姜桂蒜麥，肉食有燒劃之法，狗肉爲貴豪所嗜。嗜酒更成風氣，高祖定國，羣臣飲酒爭功，漸有羣飲之罰，武帝乃推酒酤，寓禁於征，然而羣飲如故，欲求如邴原遊學未嘗飲酒，武侯治蜀途無醉人，實不可得。六朝放達，嗜酒者尤多，劉伶之頌酒德，畢卓之盜隣釀，從來爲文人韻事。唐代食品，具見於韋巨源的食譜，圖書集成略記其奇異者六十餘種。閶闔門外通衢，有食肆，人呼爲張手美家，水產陸販，隨需而供，每節則專賣一物，徧京輳輻，號曰澆店。皇建僧舍旁，有餻坊主人，由此入貲爲員外官，都人呼爲花餻員外，所製餻食，亦甚著名。中國風俗史記當時食品云：

『唐人食品，有湯料脆炙膾蒸丸脯羹糊䭔飣餃餅餛飩糕酥包子麵糭等名目。其所食之肉，除六畜外，兼用鹿熊驢貍兔鵝鴨鶉子蝦雞蟹蝦蛤蜊蛙等類。其製造之精妙，鷄有葱醋乳瀹劙縷三種，鵝有八仙盤花折鵝糕兩種，鴨有交加鴨脂，生進鴨花湯餅二種，魚有乳釀鳳凰胎金粟平鎚剪雲析魚羹加料鹽花魚屑與興連帶鮓六種，雞有遍地錦裝金丸玉葉膾二種，蟹有金銀夾花平截巖蟹含春侯二種，炙品有昇平炙筋頭春光明蝦炙火煉犢龍鬚炙金裝韭黃艾炙乾炙滿天星七種，麵有甜雪青蒸聲音部湯裝浮萍麵婆羅門輕高麵四種。其參和數種爲一種者，如鹿鷄參拌，謂之小天酥，細治羊豕牛熊鹿，謂之五生，盤治魚羊體，謂之逡巡醬，薄治羣物，謂之過門香。而桃花醋葫蘆醬照水油，尤爲俗間所貴重。至于研究食品之著名者，長安以張手美家爲第一，而花糕員外，亦其次也。張手美家，每節專賣一物，如元旦之元陽臠，人日之六一菜，上元之油畫明珠，二月十五之涅槃兜，上巳之手裏行廚，寒食之冬凌粥，四月八日之指天餕餡，眞可謂膾炙人口者也。花糕員外，研究最精之品，則有滿天星操拌金糕糜員外糁截肚大小虹橋木密金毛麵六種焉，此外則金陵爲士大夫淵藪，家家之研究烹飪，故有所謂建康七妙者。又朱象髓白猩脣，當時以爲異味，而熊蕃家所製之過廳羊，亦盛行於時。其飲料不外茶酒等物，而於茶味之研究，較六朝以上獨精，觀茶經可知矣。』

此段文字，多根據圖書集成食貨典飲食部，較爲具體，故轉錄之，以覘唐代飲食的講究。唐段成式酉陽雜俎中亦舉當時食品之名，以爲甘而不喙，酸而不嚛，鹹而不減，辛而不耀，淡而不薄，肥而不腴。宋朝食品，亦極講究，虞悰食珍錄。列當時之諸珍食，（按虞悰爲南齊人，史稱其善爲滋味和齊皆有方法。而圖書集成列之于韋巨源食譜之後，且其所舉食品中，有煬帝御廚用九飣牙盤食，韋巨源有單籠金乳酥光明蝦炙，等語，其別一虞悰與？抑後人冒爲與？）鄭望膳夫錄，黃庭堅食時五觀，吳氏中饋錄，等書，所舉食品種類，與烹調方法，實較唐代爲更多。楓窗小牘所記：

『舊京工役固奇妙，即烹煮槃案，亦復擅名。如王樓梅花包子，曹婆婆肉餅，薛家羊飯，梅家鵝鴨，曹家從食，徐家瓠羹，鄭家油餅，王家乳酪，段家爊物，石逢巴子南食之類，皆聲稱於時。若南遷河上魚羹，宋五嫂羊肉，王家血肚羹，宋小巴之類，皆

當行不數者。㈡

當時在食品上負盛名的，於此可見一斑，此後歷明而淸，莫不異常講究，庸盦筆記中記鹽商筵客，眞令人咋舌。西人常謂中國在食品方面，其味之美，其式之多，要算世界第一。

歷代米價　中國民食，以米爲宗，故欲知民生的情形，可以從歷代米價的高低，以覘其大概。周禮舍人掌平宮中之政，分其財守以法掌其出入，是爲管米的專官。當施行井田之時，男耕則有餘粟，女織則有餘布，三年耕則餘一年之畜，餘三年食，進業曰登，再登曰平，餘六年食，三登曰泰平，二十七歲，遺九年食，所以家給而人足。必謹觀歲有上中下孰，大孰則上糴三而舍一，——終歲長三百石，官糴二百石，此爲糴二而舍一——中孰則糴二，下孰則糴一，使民適足，賈平則止。小飢則發小孰之所斂，中飢則發中孰之所斂，大飢則發大孰之所斂而糶之，故雖遇飢饉水旱，糴不貴而民不散，取有餘以補不足，（見漢書食貨志）使民無水旱之虞。計當時米價，每石不過百文，試卽食貨志之言觀之：

『今一夫挾五口，治田百畝，歲收畝一石半，爲粟百五十石。除十一之稅十五石，餘百三十五石，食人月一石半，五人終歲爲粟九十石，餘有四十餘石。石三十，爲錢千三百五十，除社閭嘗新春秋之祠，用錢三百，餘千五十。衣人率用錢三百，五人終歲用千五百，不足四百五十。不幸疾病死喪之費，及上賦斂，又未與此。』

從這一段詳細的分析，可以知道當時米價，每石不過三十文，其價甚廉。在這裏有一個連帶關係的問題，就是量制與幣制，先須明瞭，漢以前的權量制度與貨幣價格，不能十分知道。大概古代的量器，小於後代，日知錄曾云：『今代之大於古者，量爲最，權次之，度又次之。』而古代的錢幣，大率重於後代，通考記：『周景王鑄大泉，徑一寸二分，重十二銖。』可見關於度量衡的制度，一天大一天，錢幣的分量，却一天輕一天。古量小於漢，漢量小於唐，唐量小於宋，宋量又小於後代，據夢溪筆談所說，就可以類推而知。其言曰：『漢一斛當宋之二斗七升，』『今以粳米一斛之重爲一石，凡石者以九十二斤半爲法，乃漢秤三百四十一斤也』。這是漢與宋爲一與二七之比，若唐與宋的相差，則唐六斗當宋之一斗七升九合，卽一斗等於二升九合多，其遞差之比例略相等。至於錢法，亦有不同，例如上述周景王大泉重十二銖，而漢代則通行五銖錢，到唐朝一善錢收買五惡錢，或以一當十，以一當五十，宋亦如是，鑄當十大錢，明神宗時定制每錢百文重十三兩，以此與周之大泉比，相差至十倍多。卽從漢宋論，假定其錢價相仿，則漢代一斛米價值百錢，宋一斛則需三百七十文多，如以一當十的錢價衡之，則又須加十倍。故欲定米價的貴賤，不能純以錢數之多寡爲斷，故欲得其眞相，不能不與錢法量制互爲比較也。

漢代的米價若何？據宋孔平仲琳瑣新論所說：

『漢初米石至萬錢，昭帝時穀石五錢，王莽時米石二千，明帝永平十二年，粟斛三十，獻帝時，穀一斛五十萬，豆麥一斛二十萬，宣帝元康四年，比年豐，穀石五錢，則唐明皇米五錢不足言也。』

這些價格，相差甚多，古斛十斗與石等，其間貴至石五十萬錢，賤至石五錢，固非通常情形，漢初與漢末皆因世亂，又遇饑荒，故有此特別價格。宣帝昭帝時賤至五錢，乃由於『吏多賢良，歲數豐穰』之故，（見食貨志）也不是常情。惟明帝時之三十，或爲當時普通價格耳。又據野客叢談說：

『前漢食貨志曰：漢興，接秦之敝，民失其業，大饑，米石五千，人相食；高祖令民就食蜀漢。又按高祖紀二年，關中大饑，米萬錢，人相食，令就食蜀漢，皆一時事，所書米價不同，恐稍先後亦未可知。王莽末，黃金一斤，易粟一斛。晉愍帝時米斗二金，是一斗粟易錢二十緡，一石粟爲錢二百緡也。後漢末董卓之亂，百姓流離，穀石至五十萬。唐潼關失守，魯炅所守郡中，米斗五十千，是一石穀爲錢五百緡也，梁侯景入石頭，常平倉盡，米一斗七八萬錢，是一石米爲錢七八百緡也；自古米貴，未有如是之甚者。漢明帝永平間斛粟三十，正與唐太宗米斗三錢之價同。東魏元象間穀斛九錢。趙充國傳金城湟中，穀斛八錢。漢宣紀穀石五錢。自古米賤，又未有如是之甚者。等一石穀耳，賤而至於五錢，貴而至於七八百緡，無乃太懸絕乎！』

賓暇錄亦有一段記錄：

『唐太宗時米斗三錢，後世以爲美談。梁天監四年米斛三十錢。唐元和六年天下米斗有値二錢者，人罕稱道，皆不若漢宣帝元康間嘗穀石五錢矣，此古今所少。東魏元象與和中穀斛九錢，可以爲次矣。』

荒亂之時，圍城之中，甚至易子析骸，米價往往極貴；平時石米大概不出百錢，這是唐宋以前的大略情形。唐末五代之間，『荆南孫儒之亂，斗米四十千，持金寶換易，纔得一合一撮，謂之通腸米。』（南楚新聞）斗米四十千，甚至金寶換得一合，可以想見當時離亂的情形，貴至如此。同時，却有一極賤的地方，南漢中宗紀云：『是時（乾和十三年六月）博白縣緣舍村民自言山谷深邃，人迹少至，斗米一二錢。』（十國春秋）一方因離亂而乏食，一方却因人迹少至而賸餘，交通不便，不能調劑，乃有此貴賤大殊的現象。

宋初米價，不很高貴，范仲淹條奏有：

『臣知蘇州日，詢問高年，則云曩時兩浙未歸朝廷，於時民間錢五十文糴白米一碩。至皇朝一統，農政不復修舉，今江浙之米，碩不下六七百足至一貫者，比於當時，其

貴十倍。』(見續資治通鑑長編)

斗米百錢，實爲宋初鉅價，蓋普通則僅二三十文，開寶三年時陡增至斗米七十，陳從信乃嘆爲米貴民將餓殍。其原因乃

『今市米騰貴，官價斗錢七十，買者失利，無敢致於京師，雖居商厚儲，亦匿而不糶。』

其補救之策，則曰：

『若聽民自便，即四方奔湊，米多而價自賤矣。』(見宋史陳從信傳)

當時在汴京米價漲至七十，已爲非常之事，當宋太祖開寶之時，曾謂宰相曰：年穀豐登，人物繁盛。其詔又有『今三時不害，百姓小康，田里無愁歎之聲，壟畝有遺滯之穗』等話，當時米價必不甚貴，何以有漲價至七十之貴？從陳從信的話裏，可以知道由於輸運不得其法之故，等到聽民自便之策一行，馬上就有江淮米運到，米價就低下去。當時還有一件特別記載，乃十國春秋南唐後主『乙亥歲，宋師百道攻城，——金陵——晝夜不休，

城米斗萬錢。』這一年正是上述年穀豐盛的那一年，斗米萬錢，爲有宋一代所未有，何以在同年之中會有這樣的懸殊？最顯而易見的，是金陵圍城中特殊現象，還有那時江南所用的是鐵錢，大概十鐵錢只當一銅錢，故雖云萬錢，其實也不過千錢耳。金陵圍城後之四年，卽太平興國四年，爲河東米價最賤之時：

『司馬光曰：昔太宗平河東，輕民租稅，而戍兵甚衆，命和糴糧草以給之。當是時，人稀物賤，米一斗十餘錢，草一圍八錢，民皆樂與官爲市。』（見宋史司馬光傳）

自此至天禧之末，大概常在米斗五十之間，或三十五，或二十，最高不過至七八十，未出乎百錢的。此後乃漸貴，范文正知杭州時，二浙饑荒，斗米百二十文，乃增至百八十。皇祐時賤至五六十，貴至百二三十，也有貴至三百。熙寧以後，米價似飛高，每斗四五百，最低亦須三百以上，此雖一時不安定的情形，但普通米價，總在百文以上，較諸宋初已增一倍。

元史食貨志市糴云中統二年始以鈔一千二百定，糴三萬石。元用鈔法有五等錠，一錠有銀自一兩至十兩，此定若爲十兩，則石米值銀四兩。而在元貞時京師賑糶價，白粳米每石中統鈔十五兩，白粳米每石十二兩，糙米每石六兩五錢，賑糶之價，已增於元初兩倍，而普通米價更貴。然鈔價往往貴於現錢，且看明史食貨志言『洪武九年，天下稅糧，令民以銀鈔錢絹代輸，銀一兩，錢一千，鈔十貫，皆折輸米一石，』這便是石米之價銀一兩或錢一千，而錢一千則等於鈔十貫。其後戶部又定鈔一錠折米一石，金一兩十石，銀一兩二石。如此，又可知金一兩等於銀五兩，鈔一錠等於銀半兩，而米價又低落一半，此爲國家賦稅上的折價，原不足據爲普通民間的米價的，同志又記有明一代的田稅出入，亦有折鈔若干等米若干的數目，不過這些數字很不一致，統計其價，大約與元代相彷。

米價原與人口爲正比例，時愈後則價愈高，除非經過大亂之後，人口銳減，則米價乃低，否則總是逐漸增高。當我幼時，石米不過二元，上溯至淸初，價已倍增，而最近五十年來，又增加五倍，至二十倍，民生問題日趨於尖銳了。

常平義倉的辦法　關於民食問題中，有一種救荒的辦法，就是常平義倉等的組織。常平辦法始於何時？大家都說是始於漢之耿壽昌，其實三年餘一九年餘三的主張，很早就有了。管仲言輕重斂散之道，李悝言糴糶饑熟之法，富國濟民，實爲產生常平的根據，通考記耿壽昌創建常平之事：

『漢五鳳中歲數豐穰，穀至石五錢，農人少利，大司農耿壽昌奏言……令邊郡皆築倉，以穀賤時增其價而糴以利農，穀貴時減價而糶，名曰常平倉，民便之。』

但在後漢劉般傳中，漢明帝欲置常平倉，而劉般以爲常平外有利民之名，而內實侵刻百姓，豪右因緣爲姦，小民不得其平。常平起於漢宣之時，至東漢已發生這樣的弊病，到晉武四帝復立常平倉，豐則糴，儉則糶，以利百姓。隋文帝時工部尚書長孫平奏：

『古者三年耕而餘一年之積，九年作而有三年之儲，雖水旱爲災，人無菜色，皆由勸導有方，蓄積先備。請令諸州百姓及軍人勸課當社共立義倉，收穫之日，隨其所得，勸課出粟及麥於當社，造倉窖貯之，即委社司執帳檢校，每年收積，勿使損敗，若時或不熟，當社有饑饉者，即以此穀賑給。』

這是與常平辦法不同的義倉，常平是用政治力量來辦糴糶的事，好像是一種國營的合作社，義倉是完全自動的儲積，好像是一個儲蓄機關。唐太宗時有一個尚書左丞戴胄奏所在義倉，歲凶以給。又置常平倉於洛相幽徐諸州，規定藏粟年限。常平辦法，後來變成和糴，白居易曾奏言其害。但唐宋之世，每當凶荒，必出常平義倉積穀以施賑貸。王安石變常平爲青苗，司馬光曾言其不便，其言曰：

『常平倉者，乃三代聖王之遺法，非獨李悝耿壽昌能爲之也，穀賤不傷農，穀貴不傷民，民賴其食而官收其利，法之善者，無過於此。比來所以隳廢者，由官吏不得其人，非法之失也。今聞條例司盡以常平倉錢爲青苗錢，又以其穀換轉運司錢，是欲盡壞常平專行青苗也。國家每遇凶年，供軍食自不能足用，因無羨餘以濟饑民，所賴者只有常平倉錢穀耳，今一旦盡作青苗錢散之而去，若有豐年，將以何錢平糴，若有凶年，將以何穀賙贍乎？臣竊聞先帝嘗出內藏庫錢一百萬緡，助天下常平倉作糴本，前日天下常平倉錢穀，共約一千餘萬貫石，今無故盡散之，他日若思常平之法，復欲收聚

，何時得及此數乎？臣以爲散青苗錢之害猶小，而壞常平倉之害尤大也。』（通考卷廿一）

朱子亦嘗論其利弊：

『抑世俗所以病乎此者，不過以王氏之青苗爲說耳，以予觀於前賢之論，而以今日之事驗之，則青苗者其立法之本意固未嘗不善也，但其給之也，以金而不以穀，其處之也以縣而不以鄉，其職之也以官吏而不以鄉人士君子，其行之也以聚斂亟疾之意而不以慘怛忠利之心，是以王氏能行之於一邑，而不能行之於天下。』（見金華社倉記）

朱子嘗設社倉於建安，且曾言常平義倉之弊：

『予惟成周之制，縣都各有委積，以待凶荒，而隋唐所謂社倉者，亦近古之良法也，今皆廢矣，獨常平義倉，尚有古法之遺意，然皆藏於州縣，所恩不過市井惰游輩，至於深山長谷力穡遠輸之民，則雖饑餓致死而不能及也。』（見建安五夫社倉記）

所以主創社倉，以補救其弊。眞西山彷行之於長沙，皆著成效，此後歷元而明而清，常平義倉社倉三者並行，而爲國家所重。明邱濬大學衍義補有言：

『考耿壽昌初立常平時，衆請立於邊郡，今竊以爲內地行之不能無弊，惟用之邊郡爲宜。』又論和糴曰：

『馬端臨言。唐以前所謂糴者，聚米以賑民，宋以後所謂糴者，聚米以養兵。今日宜以賑民者行之內郡，置常平司於遼以東淮以北，養兵者行之邊郡遼東大同諸處，前已言之，未必無補於儲蓄之計也。』(見續通考卷廿七)

是可見歷來計畫民食者，莫不以常平義倉等爲惟一備荒之計。三通考皆詳言之。

居住問題　禮運說：『昔者先王未有宮室，冬則居營窟，夏則居橧巢，後聖有作，然後修火之利，范金合土以爲臺榭宮室牖戶。』易繫辭亦說：『上古穴居而野處，後世聖人易之以宮室，上棟下宇以待風雨，蓋取諸大壯』。此所謂聖人，究竟是誰?大家都以爲由穴居而構木爲巢，是始於有巢氏，而宮室之創造，則始於黃帝，白虎通稱黃帝作宮室避寒暑，管子云黃帝有合宮，故後世討論明堂制度的，都以爲自黃帝起頭的，漢武帝欲建明堂，濟南人公玉帶上黃帝明堂圖，中有一殿，四面無壁，以茅蓋，通水，水圜宮垣爲複道，上有樓，以爲這便是黃帝時建築的形式。漢人所推想的明堂建築，如大戴記盛德篇，周禮冬官匠人，都是說明堂的制度，而是根源於這種意思。這種建築，是否實在？現在無法證明，不過古代由穴處而爲室居，乃是當然的歷程，墨子辭過篇所以說：『古之民未知爲宮時，就陵阜而居，穴而處下，潤濕傷民，故聖王作爲宮室。……高足以辟潤濕，邊足以圉風寒，上足以居雪霜雨露，宮牆之高足以別男女之禮，謹此則止。』在節用篇中也是這樣說，表明最初建造宮室的意義，一以避風雨，一以別男女，並不注重美觀，所以最初的房屋，不過是茅茨土階，墨子又云：『堯堂高三尺，土階三等，茅茨不翦，采椽不刊，』韓非子也是這樣說，史記根據這些話，說『堯之有天下也，堂高三尺，采椽不斲，茅茨不翦。』後來纔用木板做建築材料，詩經秦風小戎所謂『在其板屋』，屋而稱板，證明山林產木之處，建屋的進步。同時在豳風七月篇裏則云：『晝爾於茅，宵爾索綯，亟其乘屋，其始播百穀』，取茅絞索，還是非常簡陋的象徵，試以曲禮所云『爲宮室不斬於丘木』，考工記所云『凡任索約大汲其版，』『葺屋參分瓦屋四分』從這些話來看，知道當時蓋屋用木用索用茅進而至於用瓦的歷程。禮記儒行所云：『儒有一畝之宮，環堵之室，篳門圭窬，蓬戶甕牖』，在簡陋的組織中，有一定的制度了。注云：『一畝，東西南北各十步，方丈為堵，東西南北各一堵。』考工記云：『牆厚三尺崇三之』，所謂『三之』者三倍於牆之厚，則有九尺高矣。東西牆謂之序。牖戶之間謂之扆，其內謂之家。西南隅謂之奧，西北隅謂之屋漏，東北隅謂之宦，東南隅謂之窔。柣謂之閾，棖謂之楔，楣謂之梁，樞謂之椳，樞達北方謂之落時，落時謂之戺。此皆見於爾雅釋宮，名目繁多，不及枚舉。此蓋可以知房屋制度之漸繁，而有種種堂室臺榭宮殿門牖棖樞等等分別。同時，亦見有種種堊采雕斲等等的裝飾，如梓材所記：『若作家室，既勤垣墉，惟其塗壁茨，若作梓材，既勤樸斲，惟其塗丹雘』。可見在建築上已有相當的進步了，不過其建築的眞相究竟若何，不能有很清楚的說明，只有秦始皇所建造的阿房宮，從史記裏可以知道牠的大概：

『秦始皇以咸陽人多，先王宮庭小，乃營朝宮，渭南上林苑中，先作前殿阿房，東西五百步，南北五十丈，上可以坐萬人，下可以建五丈旗，周馳爲閣道，自殿下直抵南山，表南山以爲闕，爲複道自阿房渡渭屬之咸陽。隱宮徒刑者七十餘萬人，乃分作阿房宮，關中計宮三百，關外四百餘。』(見秦始皇本紀)

這一段記載，也不能給我們以明確的事實，後來杜牧之所作的阿房宮賦，也是一種推測之辭，所謂『五步一樓，十步一閣，廊腰縵迴，簷牙高啄，各抱地勢，鉤心鬥角，』所謂『負棟之柱，多於南畝之農夫，架梁之椽，多於機上之工女，釘頭磷磷，多於在庾之粟粒，瓦縫參差，多於周身之帛縷，直欄橫檻，多於九土之城郭，絃管嘔啞，多於市人之言語』。這一套的話，不過要發揮他『楚人一炬，可憐焦土』的哀嘆，並不能確實指示漢以前的作品。不過在漢人以後的想像中，阿房宮是一偉大華麗的建築，較之古時的鹿臺靈臺等等建築，一定是大的多。繼此以後的建築，漢高祖五年建長樂宮於長安。七年蕭何治未央宮，高祖怒其壯麗。漢武帝起柏梁臺，作承露盤，宮室之修，自此日盛。太初元年柏梁臺火燬，更作建章宮，度爲千門萬戶，東鳳闕，西虎圈，北太液池，中有漸臺蓬萊方丈瀛洲壺梁，南玉堂壁門，立神明臺井幹樓，辇道相屬，其規模比柏梁臺更大。隋文帝時楊素所建仁壽宮，尤爲著名，文帝見其制度壯麗，大怒曰：『楊素殫民力爲離宮，使吾結怨天下』，而獨孤后獨勞之。煬帝窮奢極欲，更甚於前。唐太宗作飛仙宮，穆宗取波斯材而建香亭，此後歷代帝王，都注意于宮殿的建築，在這裏固無庸瑣說。

茲且略言歷代宮室的制度。周禮考工記記夏后氏世室之制，則曰堂修二七，廣四修一，五室三四步四三尺，九階，四旁兩夾窗，白盛，門堂三之二，室三之一。夏稱世室，卽殷之重屋，周之明堂，殷制四阿重屋，周制明堂東西九筵，南北七筵，堂崇一筵，五室凡室二筵，內有六寢六宮九室。王宮門阿之制五雉，宮隅之制七雉，城隅之制九雉。按三禮宗義說，天子宮方一千二百步，分西宮與東宮，公羊稱西宮爲小寢，何休註天子諸侯皆有三寢，曰高寢路寢小寢，董仲舒以爲西宮小夫人之居，左氏以爲西宮公宮，東宮太子所居，這大概是古代宮殿的制度。

秦始皇阿房宮，東西五百步，南北五十丈，上可以坐萬人，下可以建五丈旗，以木蘭爲梁，以磁石爲門，周馳爲複道。三輔黄圖記其作信宫渭南，改爲極廟，道通驪山，作甘泉前殿，築甬道自咸陽屬之，引渭水灌都，構橋南渡，橋廣六丈，南北二百八十步，六十八間，八百五十柱，二百十二梁。史記所謂幸梁山宫，就是這個地方，漢初長樂宫，就是秦的興樂宫，周回二十里，前殿東西四十九丈七尺，兩序中三十五丈，深十二丈。中有鴻臺，有臨華殿，有温室殿，有信宫長秋永壽永甯四殿。『未央宫周回二十八里，前殿東西五十丈，深十五丈，高三十五丈，中有殿三十二』，這是三輔黄圖的記載。而西京雜記所記略不同，『周迴二十二里九十五步五尺，街道周迴七十里，臺殿四十三，其三十二在外，其十一在後宫，池十三，山六，門闥九十五。』漢武帝增廣甘泉宫，原來甘泉宫有三：一是秦的甘泉，在渭南，二是漢的甘泉，在雲陽磨石嶺上，後來隋朝也有一個甘泉，是在鄠縣。秦始皇初作甘泉山宫，周十餘里，漢武增廣之，周十九里。柏梁臺既火，建章宫的建築，據三輔黄圖記其跨城作飛閣以通未央，周三十里，闕高二十五丈，南有玉堂璧門，三層臺高三十丈，内殿十二門，階陛皆玉爲之，鑄銅鳳高五丈，上下有轉樞，向風若翔。

此後如光武之南宮，明帝之北宮，魏文之營洛陽，孫吳之作太初，晉武經營永安宮，梁武建造太極殿，皆甚著名，隋開皇之仁壽宮，大業之承乾殿，規模皆甚大。煬帝造龍舟置離宮四十餘所，尤見奢侈。歷唐而宋，各有建築，每經世亂，重事興建，或因舊以增葺，或示豪而新建，實屬舉不勝舉，欲知其詳，可參圖書集成考工典宮殿部。

宮殿之外，普通居住之所，頗難得其詳細，夢餘錄記：『唐制，六品以下，堂舍不得過三間五架，門屋不得過一間兩架，庶人房舍不得過三間四架，不得輒施裝飾。宋制，庶人屋舍，許五架一間兩廈而已，其朱漆梁柱窗牖者，亦在所禁。我朝庶人亦許三間五架，已當唐之六品官矣。江南富翁一命未沾，輒大爲營建，五間七間，九架十架，猶爲常常耳。』此略可考見唐宋以後，國家限制人民建築的情形，然而富有多金的人，仍舊可以不受限制，而建富麗的樓閣，普通平民，大概都以矮小簡單之屋爲居所，多用泥土與木材爲建築材料，漢以後受印度建築的影響，崇隆的廟宇與宮殿，頗多佛教美術的色彩，唐宋以後又受西洋建築的影響，晚近尤甚。

第七章　風俗與風氣

何謂風俗

人類在生活上所共同遵守的規則，有二種：一種是成文的，就是所謂禮制，一種是不成文的，就是所謂風俗。前者由于歷聖先賢，根據人們的習慣與人情，斟酌損益，爲人類行動的範圍；後者由于人們的性情嗜好，在不知不覺中演化而成。前者是人爲的，後者是自然的，古聖人制禮立法，亦往往根據俗之所宜，故曰：『禮從宜，事從俗』。可知禮制與風俗，本是不能截然畫分的事。不過禮制是統一的，風俗是有時地的限制，禮制是善的，風俗是有善有惡的。應劭風俗通序文裏說：

『風者，天氣有寒煖，地形有險易，水泉有美惡，草木有剛柔也。俗者，含血之類，像之而生，故言語歌謠異聲，鼓舞動作殊形，或直或邪，或善或淫也。』

這是明言風俗的不能一致，所以古時有『太師陳詩』『輶軒采詩，』藉以觀民間風俗，爲施政的標準，善者加以發揚，惡者予以改革，詩三百篇，大抵由此而來。現在我們來考察一下歷來的風俗，也是這種意思，不過風俗的範圍太大，大有『一部十七史，不知從何說起』之慨。而且如前文所敘述的婚喪禮節中與飲食衣服的制度中，已有不少的風俗在內，所以要單純的把風俗分出來講，是一件極不容易的事。在這裏我們只好擇其重要的幾件事，略爲敘述於下。

歷代淫祀與迷信　上古民智未開，對於神奇不解之事，莫不信有鬼靈，遂產生淫祀。故古官制中居最高地位的，有巫與祝的兩種官，巫祝蓋所以通神鬼而爲人民祈福佑的，等於西洋古宗教中的祭司。周禮大宗伯『以疈辜祭四方百物』。禮記祭法『山林川谷丘陵，能出雲爲風雨見怪物，皆曰神，有天下者祭百神。』又『王爲羣姓立七祀：曰司命，曰中霤，曰國門，曰國行，曰泰厲，曰戶，曰竈。』這便是淫祀的起頭。春秋之世，益以陰陽家言，不獨方士神仙之言，愈爲鼓煽，影響于民衆生活，卽一般儒者，亦多陷入于神秘之中。周人立壽星祠于下杜亳，周宣王殺杜伯而不辜，杜伯之靈，竟會射王，周人尊其鬼，乃立祠以祀。這一類的故事，見之於春秋中者，不一而足，無論是日蝕星殞以及自然界的災變，都認爲神鬼的示戒與作祟，必虔於祭祀，可期免禍而致福。咸信以爲國家苟遇災禍，都是因爲祭祀不虔之故，所以在祭天祭祖之外，無論神異怪物，都在祭祀之例。如秦文公獲石於陳倉，立陳寶祠以祀，（晉太康地志云：秦文公時，陳倉人獵得獸若彘，不知名，牽以獻之，逢二童子，二童子曰，此名爲媦，常在地中食人腦，卽欲殺之。媦亦語曰：二童子名陳寶，得雄者王，得雌者霸，陳倉人乃逐二童子，化爲雉，雌上陳倉北阪爲石。秦祠之。搜神記云：其雄者飛至南陽，其後光武起於南陽，皆如是言也。）從這有趣的神話裏，可見當時淫祀迷信的一斑。

秦始皇祀名山大川于海上，祀日月參辰于雍，以及其他神鬼廟祠，不計其數。漢初因之，悉召故秦祀官，復置太祝太宰等官，且下詔曰：『吾甚重祠而敬祭，今上帝之祭及山川諸神當祠者，各以其時禮祠之如故。』以是漢代立祠立社之事更多，甚至祠二世皇帝于秦中。（據說二世魂魄爲厲故祠之。）成帝時匡衡始奏罷之。武帝信方士之言，李少君以祠竈却老見寵，祀竈便成爲民間風俗，二千年來幾乎家家戶戶都祀竈神。（竈神本爲古五祀之一，起源甚早，淮南子云：黃帝作竈，死爲竈神。有謂祝融爲竈神（見禮記疏）有謂竈神姓蘇名吉利，有謂竈神姓張名單（見五經異義）種種傳說，本屬荒誕。而禮則有『孟夏之月，其祀竈』之言，後漢陰子方于臘日見竈神，遂有臘日祀神之俗，後世咸于十二月二十三日祀竈。）以武帝的迷信，造成了巫蠱之獄。（當時方士神巫，多聚京師，女巫往來宮中，教美人度厄，埋木人祭祀，適帝病，江充得乘機謀害太子，此便是所謂巫蠱之獄。）當時那些經學家，都以災異講經義，如易有京房的象數，詩有翼奉的五際六情，書則有洪範五行，禮則有陰陽明堂，若春秋則更有三統之說，無論何種學說與理論，都附會於陰陽五行，而產出所謂讖緯之學。據王莽傳云：『讖緯盛於哀平之際，王莽藉之以移漢祚。（讖是一種預言，後世如劉伯溫燒餅歌李淳風推背圖，即因之而產生；緯是緣經而生，有所謂『經陳其常，緯究其變』，合爲一種學說，爲漢代迷信陰陽五行的結晶。）雖有應劭桓譚王充王符等出而反對，效亦甚微。應劭風俗通祀典篇，於淫祀及神怪禁忌之事，多所指斥匡正。其正失篇，又力斥漢武封禪延壽，王喬仙舄，東方朔太白星精，淮南王安神仙，王陽能鑄黃金，及天雨粟，日再中，虎渡河，馬生角，等說爲不經。桓譚曾言：『先王之所記述，咸以信義正道爲本，非有奇怪虛誕之事；今諸巧慧小才伎數之人，增益圖書，矯稱讖記，以欺惑貪邪，詿誤人主。』（見後漢書本傳）王充所著八十五篇論衡，大部份是攻擊當時信神信鬼的迷信。王符潛夫論亦言巫祝祈禱的糜費無益。他如宋均師西門豹故智，殺巫以禁九江惡俗，第五倫禁會稽淫祀。這都是想挽救當時迷信風俗，但是積重難返，加以大儒如鄭康成者爲緯書作註，且采其說以釋經，因此，漢代迷信，不能消滅，且貽毒于後世。

六朝隋唐佛教盛行，地獄天堂的小乘教義，復助其燄，淫祀迷信，益以加甚，幾乎無一地無廟宇神祠，幾乎無一人不崇拜神鬼。僧道巫覡，便爲社會所崇奉的神人，顏之推家訓雖曾稱巫覡爲妖妄，但信之者仍甚普遍，至唐朝更加利害起來，玄宗的封東嶽，用老巫阿馬婆以禮神。（見開元傳信記）王璵的相肅宗，密使巫者置符瑛履中以求媚。（見唐書本傳）奉巫覡爲神明，號巫覡爲天使，不但用之于醫藥祈福祈雨，即升遷之事亦决之于巫覡，如雲溪友議所載，石州巫言石雄升遷之事悉驗。然韋覲爲大僕，使巫禱求節度使，而卒貶潘州司馬。（見雲溪友議）趙彥昭以巫力得宰相，爲御史郭震所奏，姚崇執政，卒貶江州別駕。（見隋唐嘉話）巫覡之術乃不驗。靈異記又載：白行簡生魂求食，中巫術而死。蘇州巫趙十四，平日能致生魂，又曾以術致許至雍妻之死魂，其說尤怪誕，而世俗信之。大抵當時社會上迷信巫覡，已成爲一種風俗，雖有崔鄲之毀金天神像，杖責神巫董氏，（見酉陽雜俎）狄惟謙之因求雨不驗，杖殺女巫郭天師，（見劇談錄）而信仰的人仍舊很多。民間偶患疾病，往往不知醫藥，聽命巫覡或求諸鬼神，此種事實，見之于宋史者，不一而足。如：

『李惟淸爲涪陵尉，蜀民尙淫祀，病不療治，聽於巫覡，惟淸擒大巫笞之，然後敎以醫藥，風俗稍變。』（見本傳）

『侯可知巴州化城縣，巴俗尙鬼而廢醫，惟巫言是用，可禁之，幾變其俗。』（見本傳）

『蔣靜爲安仁令，俗好巫，疫癘流行，病者寧死不服藥。靜悉論巫罪，聚其所祀淫像三百軀，毀而投諸江。』(見本傳)

『陳希亮知鄠縣，巫覡歲歛民財祭鬼，謂之春齋，否則有火災，民訛言有緋衣老人行火，希亮禁之，民不敢犯，火亦不作。毀淫祠數百區，勒巫爲農者七十餘家。』(見本傳)

『夏竦徙壽安洪三州，洪俗尚鬼，多巫覡惑民，竦索部中得千餘家，敕還農，毀其淫祠以聞，詔江浙以南悉禁絕之。』(見本傳)(上皆參張亮采中國風俗史)

卽此可見宋代迷信鬼神巫覡之一斑，雖經賢明有司嚴行禁止，然以此種迷信，深入人心，無法挽救。顧炎武天下郡國利病書中記錄各地風俗甚詳，玆節其一二：

『山西忻州郡境，村落約三百許，皆有梵寺數楹。最小者亦斗室供奉香火，貧民爲僧，傭作者挈妻傍居，流倡僦居僧舍，與僧諧狎，藉資衣食焉，河南磁州之武安涉兩邑，皆尚鬼，賽禱淫祀，有病惟事祈禱。湘楚之俗尚鬼，自古爲然，少皞之衰，九黎亂德，民神雜糅，湘楚爲三苗舊日根據之地，其尙鬼固自無怪，然其淫祀日多，有最可笑者，衡州人賽盤古，病及讎怨重皆禱祀。今誤作盤鼓，賽之日，巫者以木爲鼓，圓徑斗一握，中小而兩頭大，如今之杖鼓，四尺者謂之長鼓，二尺者謂之短鼓。巫自綆帛，長二三丈，畫自盤古而下三皇及諸神，靡所不有。是日以帛三皇五帝，盡懸之長竿，鳴鑼擊鼓吹角，巫一人以長鼓遶身而舞，兩人以短鼓相向而舞。昔所許若干會，爲所舞之節，隨口而唱，無復本據。讎怨重者，夜至野池滅燈燭，謂之盤黑鼓，每鼓罷一會，則恣口飲食，極其村野，鄉俗合二三十家，共祀一大王神，其神或以其山，或以其陂澤，或以其地所產之物而得名，輙加以聖賢帝王公相之號。……又其俗事女神，每家畫一軸神，分班而坐，多不可數，中標題云，家居侍奉李家天子三樓聖賢神仙，兩旁題云，三千美女八百妓娥。歲晚用巫者鳴鑼擊鼓，男作女妝，始則兩人執手而舞，終則數人牽手而舞，從中翻身輪作觔斗，或以一人仰臥，衆人觔斗從腹而過，亦隨口唱歌，黎明時起，竟日通宵而散。又如師巫盜竊廟中神像首，以爲魘魅，收陰兵以作下壇，書符篆以爲廟中靑筒，鄙俗怪誕，不可盡書。……

山西平定州志云：祠廟自祀典神祇外，古帝王如太皞女媧，非民間所得祀，東岳，非本境所宜祀，關眞君祠，不時增建，多至二三十處，與其餘不在祀典者，皆瀆祀也，如妬女廟愚水祠崔府君祠，妖妄不經，皆淫祀也。……

盂縣志曰：若地之人，不問賢愚，惑於禍福感應，輙自立寺，飾偶標木。……

松江府志曰：松俗頗尙淫祀，信師巫，城市鄉鎭，迎神祈賽，盆飾彩亭儀仗，沿門抑派，因而射利，男女輻集，遠近若狂，舟車飮食，又靡費無算，至有爲神娶婦之事，春月演戲酬神。……

上杭縣志曰：汀俗夙稱尙鬼，而杭邑巫覡，裝魔設醮，建壇郊外，金鼓達旦，名爲做大翻，如是者三日夜，男女喧闐，羣趨壇所，婦之不孕者，惑其說，解袒服付巫者，名爲斬煞，以煞去而身可孕也，知縣蔣廷銓就壇所擒爲首者數人，痛懲之，其風始息。』

此種迷信淫祀風俗，不但當時如是，至今猶復盛行而普遍。在此科學昌明時代，宜如何加以取締而改良之。

歷代畜奴的風俗　奴制始于何時？却不易肯定，在甲骨文中已見有『奴奚婐嬖俘』等字，（見殷虛書契）可知其起源的早了。

『奴』，說文云：『坐罪而沒入縣官者，男女同名。』又說：『奴婢皆古罪人。』又釋奴字從女從又，又即手字，會意爲稽手操勞的女人。

『奚』，說文作㜎，女隸也。周禮酒人有『奚三百人』的話，鄭註：『古者從坐男女，沒入縣爲奴，其少才知以爲奚，今之侍史官婢。』

『婐』，即果，孟子『二女果』，趙註：『果，侍也。』說文亦訓爲女侍。

『嬖』，說文云：『便嬖，愛也』。玉篇作便僻，廣韻云：『愛也，卑也，妾也』，按經傳中不外此三義。

『俘』，說文云：『軍所獲爲俘』，春秋傳云『以爲俘馘』，即俘虜爲奴婢之義。

據上字義，則知商代已確立奴婢制度了。周傳儒在甲骨文與殷商制度書中言奴婢起源于戰爭的俘虜，據卜辭中常有『小臣、豎、僕、婞、奴、妾、奚、㣥』等字，小臣豎僕㣥等皆男奴，妾奚婞奴皆女奴。郭沫若據周金文存考證奴隸亦起源俘虜。（見中國古代社會研究二九六頁）舉周代『盂鼎』『周公敦』『克尊』……等十二器，上載『庶人』『臣僕』……等名，皆是奴隸之稱。不但如此，而且有奴籍，『克鼎』上有『錫汝井𨑔𠨘人籍，』左傳有『丹書』之名。襄公二十三年記：

『初，斐豹，隸也，著于丹書。欒氏之力臣曰督戎，國人懼之。斐豹謂宣子曰：『苟焚丹書，我殺督戎。』宣子喜曰：『而殺之，所不請於君焚丹書者有如日！』

這裏所說的『丹書，』便是奴籍，所請焚丹書，便是要求脫離奴籍。既有奴籍，奴籍便是一種產業，終身爲主人服役，不能自拔。因此，有靠奴隸發財的，漢書貨殖傳記：『齊俗賤奴虜，而刁間獨愛貴之，因以致富，其能使豪奴自饒而盡其力。』並且還可以當作貨物，賣給別人。這種販賣奴隸的事，在金文中亦可考見，正像從前美國南方蓄養黑奴的情形一樣。從揚雄方言所舉奴隸的名稱，亦可證明當奴的普遍，其言曰：

『燕齊之間，養馬者謂之娠，官婢女廝謂之娠，臧甬侮獲奴婢，賤稱也。荊淮海岱雜齊之間，罵奴曰臧，罵婢曰獲，齊之北鄙，燕之北郊，凡民男而壻婢謂之臧，女而婦奴謂之獲，亡奴謂之臧，亡婢謂之獲，皆異方罵奴婢之醜稱也。自關而東，陳魏宋楚之間，保庸謂之甬；秦晉之間，罵奴婢曰侮；南楚凡罵庸賤謂之田儓，或謂之𤬪，庸謂之倯，轉語也。』

起初只有俘虜與罪犯的官奴，後來便有豪富之家所蓄的家奴了。如呂不韋傳云：『不韋家僮萬人，嫪毐家僮數千人。』留侯世家中也有『韓破，良家僮三百人』等話。這些家僮，大概都是鬻買而來的。因爲當社會離亂的時候，有許多貧苦人家的子女，賣給富家做奴隸。看漢書記：『高祖五年，詔民以饑餓自賣爲人奴婢者，皆免爲庶人』的話，可知當時有錢的人家，可以自由買人做奴婢。雖在文帝四年有『免官奴婢爲庶人，』哀帝二年有『限止諸侯王奴婢二百人列侯公主百人關內侯三十人官奴婢五十以上免爲庶人』等詔，但事實上還是很多。緹縈爲父贖罪，願沒爲官婢。司馬相如傳中記：『卓王孫家僮八百人』，程鄭亦有數百人。武帝時以告緡而民財物以千萬計，奴婢以千萬數，其沒入奴婢，分諸苑養狗馬禽獸。元帝時貢禹言官奴婢十餘萬，馬端臨曾論之曰：

『今按豪家奴婢，細民爲饑寒所驅而賣者也。官奴婢，有罪而沒者也。民以饑寒，至于棄良爲賤，上之人不能有以賑救之，乃復效豪家兼併者之所爲，設法令其入奴婢以拜爵復役，是令饑寒之民，無辜而與罪隸等也。況在官者十餘萬人，而復稅良民以養之，則亦何益於事哉？』(見文獻通攷卷十一)

王莽建國，銳意革新，禁止人民買賣奴婢，惜乎不容于豪强貴族，不獨其政策無法實行，卽國祚亦因此而被推翻。當時的豪强貴族，且更有虐待奴婢的事，故光武中興，卽有『殺奴婢不得減罪』與『敢炙灼奴婢論各律』之詔。後漢書董宣傳記：

『湖陽公主蒼頭白日殺人，因匿公家，吏不能得。及主出行，而以奴驂乘，宣于夏門亭候之，乃駐車叩馬，以刀畫地，大言數主之失。叱奴下車，因格殺之。』

又可見一般豪强家奴，竟有恃勢臨人之事。終漢之世，豪强蓄奴之風，未見稍殺，梁冀取良人悉爲奴婢數千人，名之曰自賣人，可見一斑，當時顧譚爲太常，奴婢不滿十人，竟駭爲例外。

自晉以後，當南北朝國祚興替之時，以敵國俘虜爲奴婢的事，時所恆有。隋文帝統一天下，楊素檀權，富家僮數千人，史載其家僮中有鮑亨者善屬文，殷冑者工草隸，因高智慧，沒爲家奴。這與世說新語所記：『鄭玄家奴婢皆讀書，婢且知詩』，傳爲同樣的美談。奴婢中本不乏優秀人才，善詩能文，見諸于古人筆記中者甚多，例如雲溪友議記：

『咸陽郭氏，殷富之室也，僕腠甚衆。內有一蒼頭名曰捧劍，常以望水眺雲，不遵驅策。題堂後牡丹花曰：『一種芳菲出後庭，却輸桃李得佳名，誰能爲向夫人說，從此根移近太淸。』捧劍私啟賓客曰：『願作夷狄之鬼，恥爲愚俗蒼頭』。』

天下不平的事，孰有甚于是者，彼豪富的主人，不但不加憐惜，且往往有加以虐待的事。酉陽雜俎中記有一事：

『馬侍中嘗寶一玉精盌，嘗匣于臥內，有小奴七八歲，偷弄墜破焉。時馬出未歸，左右驚懼，忽失小奴。馬知之，大怒，鞭左右數百，將殺小奴，三日尋之不獲。有婢晨治地，見紫衣帶垂于寢床下，視之乃小奴，卽令左右擒殺之。』

讀了這一段記錄，雖不爲之髮指，然其實這一類的事，歷代都有，不算是一件了不起的事。因爲如此，所以國家每有寬宥奴婢的法令，如天寶時曾有限制奴婢數目之詔：『王公家不得過二十人，職事官一品不得過十二人，二品不得過十人，三品不得過八人，四品不得過六人，五品不得過四人，六七品不得過二人，八九品不得過一人。』大歷時詔罷歲貢奴婢，以爲使離父母之鄉，絕骨肉之戀，大非仁道。元和時敕嶺南黔中福建等道，百姓被公私掠賣爲奴婢者，宜令所在長吏切加捉搦。同時，又敕嶺南諸道不得輒以良口餉遺販易。長慶時禁登萊州及沿海諸道縱容海賊掠賣新羅人口爲奴婢。大順時敕天下州府及在京諸軍，或因收擄百姓，宜給內庫銀絹委兩軍收贖，歸還父母，不得壓良爲賤。並禁止北方緣邊州縣，不得蓄突厥奴婢，從這些詔令看來，知道唐代奴制：(一)力求減少官奴。(二)禁止販賣良口。(三)釋放收擄百姓。(四)不得收外人奴婢。(五)對于嶺南等處詔令獨多。一二三條似乎是官樣文章，不足爲奇的，四五條却見得是一種特別情形。平心而論，唐代國家總算注意到奴婢的事情，唐代以後，時局紛亂，五代時又有虐殺奴婢的事，如燕翼貽謀錄所記：

『五代諸侯跋扈，枉法殺人，主家得自殺其奴隸。太祖建國，首禁臣不得專殺，然主家猶擅黥奴僕之面，以快其忿毒。眞宗咸平六年五月復諭士庶之家有犯，不得黥面，蓋重于戕人肌膚也。』

宋太祖初立，極欲挽回五代時頹風，曾一再詔敕以官財贖還奴婢，因爲當時有販賣人口入契丹及戎人爲奴婢的事，所以眞宗曾定處分條例：『凡掠賣人口過界者首領處死，未過界者決杖黥配』。同時，並規定關於奴婢的刑律：

『按律諸奴婢有罪，其主不請官司而殺者，杖一百。無罪而殺者徒二年。……自今人家傭賃，當明設要契，主因過毆決至死者，加部曲一等。』

此亦可見宋代畜奴虐奴之風，仍是極多，雖國家功令森嚴，猶無補于事實。其時外族侵入，慘無人道之事，時有所聞。容齋隨筆曾記其狀況：

『元魏破江陵，盡以所俘士民爲奴，無問貴賤，蓋北方夷俗皆然也。自靖康之後，陷于金虜者，帝子王孫，宦官士族之家，盡沒爲奴婢，使供作務。每人一月支稗子五斗，令自舂爲米，得一斗八升，用爲餱糧。歲支麻五把，令緝爲裘。此外更無一錢一帛之入，男子不能緝者，則終歲裸體。雖時負火得煖氣，然才出外取柴，歸再坐火邊，皮肉卽脫落，不日輒死。每喜有手藝如醫人繡工之類，尋常只團坐地上，以敗席或蘆藉襯之。遇客至開筵，引能樂者使奏技，酒闌客散，各復其初，依舊環坐刺繡，任其生死，視如草芥云。』

這種亡國以後的慘痛情形，令人不忍卒讀。然此猶爲戰爭時對待俘虜的特殊情形，而當時因遼金的蹂躪，迫於饑寒而流爲奴婢的人民，更不免轉輾于活地獄中。金太祖爲要收拾人心，曾一再詔諭曰：『比以歲凶，庶民艱食，多依附豪强，因爲奴婢，及有犯法徵償莫辦折身爲奴者，或私約立限以人對贖過期爲奴者，勅有司禁民淩虐典雇良人及倍取贖直。』並規定：『諸因災傷或遭賊黨却饑荒去處良民典雇冒賣爲驅，遇恩官贖。』（見金史百官志）贖價男女十五貫文，年幼減半。詔權勢之家，毋買貧民爲奴，並許人民得自由取贖爲良。世宗時立限放良人奴，限內娶良爲妻，所生子女皆爲良，凡已贖爲良者，後與奴生男女，俱得爲良，因爲良奴本來禁止通婚的，這時定了一種變通的辦法，凡諸良人知情嫁奴者聽如故爲妻，其不知而嫁者，去住悉聽所欲。這亦可見當時奴籍的一斑。

起初，遼法有所謂『二稅戶』，（卽以良民賜諸寺院爲奴，分其稅一半輸官，一半輸寺，故名。）至是悉放爲良。輟耕錄曾記着說：

『今蒙古色目人之臧獲，男曰奴，女曰婢，總曰驅口，蓋國初平定諸國，日以俘到男女匹配爲夫婦，而所生子孫，永爲奴婢。又有紅契買到者，則其元主轉買於人立券投稅者是也。故買良爲驅者有禁。又有陪送者，則標撥隨女出嫁者是也。奴婢男女，止可互相婚嫁，例不許聘娶良家，若良家願娶其女者聽。然奴或致富，主利其財，則俟少有過犯，杖而錮之，席捲而去，名曰抄估。亦有自願納其財以求脫免奴籍，則主署執憑付之，名曰放良。刑律私宰牛馬，杖一百，毆死驅口，比常人減死一等，杖一百七，所以視奴婢與牛馬無異。按周禮：『其奴男子入於皂隸，女子入于舂藁，』說文：『奴婢皆古罪人，』夫今之奴婢，其祖父初無罪惡，而世世不可逃，亦可痛矣。』輟耕錄是元末作品，所記都是元代事，可以見金元人畜奴之風與奴籍情形。元代文告中往往有『免儒士被俘爲奴，』與『詔軍中所俘儒士聽贖爲民』等話，可見當時的讀書人，也有被俘爲奴的。元人本極賤視儒士，有九儒十丐之名，宜乎當時儒士受到這樣的凌辱。他們爲欲收拾人心，所以有這免儒爲奴的詔令，其實這些詔令，也不過是一紙空文而已。

明代怎樣呢？官宦人家，仍有奴籍，並且禁止奴隸娶良爲妻，嫁良爲夫。太祖初定中原，曾詔許諸遭亂爲人奴者復爲民，並詔諸州得贖饑民所典鬻妻妾子女，事實上仍舊有許多不幸的奴婢。日知錄中有好幾條是記着明代的奴事，並且有些豪家的奴僕，往往狐假虎戚，橫行不法：

『嚴分宜之僕永年，號曰鶴坡，張江陵之僕游守，號曰楚濱。不但招權納賄，而朝中多贈之詩文，儼然與搢紳爲賓主。名號之輕，文章之辱，至斯而甚。異日媚閹建祠，非此爲之嚆矢乎！』

『失教之家，閽寺無禮，或以主君寢食喧怒，拒客未通，江南深以爲恥。』

顧氏此說，蓋寫明代貴官奴隸的惡習，此種依勢橫行，固屬可惡，然顧氏以士君子自居，賤視奴隸，猶不免有階級觀念。

清代滿漢制度不同，滿人畜奴，甚于漢人，買賣人口，必須納稅。康熙二年曾規定『八旗買賣人口，兩家赴市納稅記冊，若係漢人，令五城司坊官驗有該管官印票，准賣永著爲例。』對於買賣人口，屢有詔諭規定，可見滿人是特許買人爲奴的，我們看雍正四年的上諭：

『歷來滿洲風俗，尊卑上下，秩序整肅，最嚴主僕之分。家主所以約束奴僕者，雖或嚴切，亦無不相安為固然。及見漢人淩蕩之俗，彼此相形，而不肯奴僕，遂生觖望，雖約束之道無加于疇昔，而向之相安者，遂覺為難堪矣，乃至一二滿洲大臣，潛染漢人之俗，亦寬縱其下，漸就淩替，此于風俗人心大有關係，不可不加整飭。夫主僕之分一定，則終身不能更易，在本身及妻子仰其衣食，賴其養生，固宜有不忍負背之心，而且世世子孫永遠服役，亦當有不敢縱肆之念。今漢人之奴隸，乃有傲惰頑梗，不遵約束，加以訶責，則輕去其主，種種敝俗，朕所洞悉。』

並且規定懲治之法：

『漢人家生奴僕，印契所買奴僕，並雍正五年以前白契所賣及投靠養育年久，或婢女招配已生子者，世世子孫永遠服役，婚配俱由家主，仍造冊報地方官存案，嗣後漢人買僕及婢女招配，併投靠之人，俱立契呈明地方官，鈐蓋印信，其奴僕誹謗家長，並雇工人罵家長等，俱有律例，應照滿洲主僕論。有背主逃匿者，照滿洲家人逃走例，雇工人限內逃匿者，照滿洲白契所買家人逃走例。其隸身門下為長隨者，有犯，亦照典當雇工人論。』

又規定買賣奴婢的價格：

『定入官人口之例，凡入官人口，年在十歲以上至六十歲者，每口作價銀十兩，六十歲以上作銀五兩，九歲以下每一歲作銀一兩，未過歲免其作價。』（乾隆二十八年定）

人的價格，如此低廉，幾不及一豬羊，亦極可憐。在滿洲人以爲嚴主僕之分，爲風化所繫，而在今日視之，實爲惡習。今則漢族重光，帝制傾覆，宜乎此種階級制度，一掃而空，不幸有些豪富之家，猶多畜婢置妾之事，雖經政府明令取締，與地方人士的設法救拔，仍不能把此種惡習完全撲滅，爲人道計，宜羣起而掃除之。

奴婢之外，尚有『傭工』『娼妓』等人，其地位與奴婢相同，在此當略及之。

傭工　就是藉勞力受人雇用的人，周禮有所謂『轉移執事的閒民』，這種閒民，就是無常職的傭工。此種轉移執事的傭工，大概是從地主社會中所產生出來的。最初不過是專門幫人耕田的農奴，後來漸漸有爲人處理家事的僮僕及執炊保育的女傭。輟耕錄說：

『今人之指傭工者曰客作，三國時已有此語，焦光飢則出爲人客作，飽食而已。』

此所謂客作，卽今之短工，爲傭工的一種。上海縣志說傭工的種類，則曰：

『窮農無田，爲人傭耕，曰長工。農月暫傭者，曰忙工。田多而人少，倩人助工而報之，曰伴工。』

方言稱傭工爲甬，曰『自關而東陳魏宋楚之間，保傭謂之甬。』所謂保傭，意思說是一種可以託以工作的人，歷來一般家無恆產，無以生活的人，往往爲人保傭，以謀衣食。歷史記載，儒生學者，亦多有充傭工爲生的。略舉如下：

『傅說賃爲赭衣者，舂于深巖以自給。』（見拾遺記）

『百里奚爲秦相，堂上樂作，所賃澣婦，自言知音，因援琴撫弦而歌，問之，乃其故妻。』（見古詩紀琴歌小序）

『陳仲子齊人也，適楚，居於陵，……楚王遣使持金欲聘爲相，其妻曰：亂世多害，恐先生不保也，遂相與逃去，爲人灌園。』（見貧士傳）

『齊緡王之遇殺，其子法章，變名姓爲莒太史敫家傭，太師敫女奇法章狀貌，以爲非恆人，憐而嘗竊衣食之。』(見史記田完世家)

『王高者，秦時人也，家徒壁立，夫婦晝則傭耕，夜則伐草燒博。』(見貧士傳)

『荆軻死，高漸離乃變名姓爲人傭保，匿作於宋子，久之作苦，聞其家堂上擊筑，彷徨不能去。』(見史記刺客列傳)

『陳勝，字涉，少時嘗與人作，輟耕之壟上，悵恨久之，曰：苟富貴，無相忘，傭者笑而應曰：若者傭耕，何富貴也？』(見史記陳涉世家)

『欒布者，梁人也，始梁王彭越爲家人時，嘗與布遊，窮困，賃傭于齊爲酒人保。數歲，彭越去之巨野中爲盜，而布爲人所略，賣爲奴于燕。』(見欒布傳)

『匡衡者，東海人也，好讀書，從博士受詩，家貧，衡傭作以給食飲。』(見漢書本傳)

『梁鴻因失火誤燒鄰家物，願以身居作以償。後又依大家皐伯通，居廡下爲人賃舂。』

(見後漢書本傳)

『班超至洛陽，家貧，常爲官傭書以供養。』(見後漢書本傳)

此外如：杜根爲宜城山中酒家保十五年，公沙穆賃舂于吳祐家(見各本傳)。徐穉子傭以自給(見貧士傳)。范丹自賃灌園(見陳留耆舊傳)。申屠蟠傭爲漆工(後漢書本傳)。庾乘爲諸生傭(同書郭太傳)。石勒嘗傭于臨水(述異記)。王僧孺傭書以養母(南史本傳)。成公輿傭于寇謙之從母家(香案牘)。王紹宗居僧坊寫書取庸自給(唐書本傳)。王琚亡命自傭於揚州富商家(唐書本傳)。韓昌黎所傳之圬者王承福，蕭穎士酷遇其僕。(摭言)梁太祖隨母傭食劉崇家。(五代史)郭進爲鉅鹿富家傭保。(宋史本傳)趙弘毅傭於巨室，晝役夜讀。(元史本傳)郭囘傭身得錢以葬母。(元史本傳)元遁巨隱作酒肆傭。(遊宦紀聞)從上述傭役自給的故事，可以見傭工亦爲社會階級中的一種。

娼妓 釋名云：『妓，女樂也，』故妓院往往稱爲曲中，伶人女曰倡，男曰優，倡優亦作娼優，亦稱女樂。其制始於何時？却不可考，據輟耕錄所云：

『今以妓為官奴，卽官婢，周禮天官酒人奚三百人，注今之侍史官婢。』

以為妓卽古之官奴，似乎起源很早的。但可以明白考證的，要算漢武帝的設營妓，漢武外史稱『漢武帝始置營妓，以待軍士之無妻室者。』這便是官妓的起頭。後漢書盧植傳記植受業于馬融，『融外戚豪家，多列女倡歌舞於前，植侍講積年，未嘗轉盼。』又魏志楊阜傳記：『曹洪置酒大會，令女倡著羅穀之衣踏鼓，一坐皆笑。楊阜厲聲責洪曰：『男女之別，國之大節，何有于廣坐之中，裸女人形體，雖桀紂之亂不甚于此。』遂奮衣辭出，洪立罷女樂，請阜還坐，肅然憚焉。』此皆見於後漢書及三國志中，可見這時候已有招妓侑酒的事。陳思王七啓中所謂『才人妙妓，遺世越俗，揚北里之流聲，紹陽阿之妙曲。』所以寫聲色之妙也。晉書謝安傳記：『安石每游賞必以妓女從』。由此至南北朝，所謂六朝金粉，傳為佳話。梁江淹著倡婦自悲賦，有曰：『曲臺歌未徙，黃壤哭已親，玉玦歸無色，羅衣會成塵，驕才能力君何怨，徒念薄命之苦辛。』因而『泣蕙草之飄落，憐佳人之埋暮。』板橋雜記中大半『狹邪之是述，豔冶之是傳，』在雅游中有一段云：

『金陵爲帝王建都之地，公侯戚畹，甲第雲連，宗室王孫，翩翩裘馬，以及烏衣子弟，湖海賓游，靡不挾彈吹簫，經過趙李，每開筵宴，則傳呼樂籍，羅綺芬芳，行酒糾觴，留髠送客，酒闌棋罷，墜珥遺簪，眞慾界之仙都，昇平之樂國也。』

在軼事中又記金陵娼妓之盛：

『金陵都會之地，南曲靡麗之都，紈茵浪子，蕭瑟詞人，往來游戲，馬如游龍，其間風月樓臺，尊罍絲管，以及孌童狎客，雜妓名優，獻媚爭妍，絡繹奔赴。……然而流連忘返，醉飽無時，卿卿雖愛卿卿，一誤豈容再誤，余之綴葺斯編，雖以傳芳，實爲垂戒。』

板橋所記，雖爲明清情形，然而金陵自南北朝以來爲娼妓會萃之地，于此可見。至唐朝時，玄宗置左右教坊以列女樂，可以說是唐朝的官妓。同時，民間亦有妓院，據開天軼事記：

『長安有平康坊，妓女所居之地，京都俠少，萃集于此，兼每年新進士以紅箋名紙，遊謁其中，時人謂此坊爲風流藪澤。』

後世遂以平康爲妓院的代名。唐孫棨北里志言：

『平康里入北門東回三曲，卽諸妓所居之處也。妓中有錚錚者，多在南曲中曲，其循牆一曲，卑屑妓所居，頗爲三曲輕斥之。』

其下則記三曲中的名妓甚詳，可以見長安當時妓院的一斑，所謂燕趙佳人，實與南朝金粉，同爲著名。實則固不止金陵燕趙而已，如清異錄所云『南海爲烟月作坊，風俗尙淫，今京師鬻色，戶將及萬計。』如墨客揮犀所云：『陝西鳳州妓女，雖不盡妖麗，然手皆纖白。』又如野客叢談所云『蘇杭名妓』等云，可知唐宋以來，妓院之設，幾於無處不有了。

元朝黃雪蓑著有青樓集，記當時聲妓，與孫氏的北里志相同。青樓亦爲妓院之名，梁劉邈詩有曰：『娼妓不勝愁，結束下青樓，』此殆以青樓稱妓院之始。至如明朝冰華梅史之燕都妓品，清朝曹大章之蓮臺仙會品，與潘之恆之金陵妓品，皆各品評當時的聲妓，妓風之盛，亦可以見一斑。

歷代名妓，在唐則有李娃，（見義妓傳）關盼盼（見全唐詩話）薛濤劉採春（俱見雲溪友議）太原妓（見全唐詩話）舞柘枝（見雲溪友議）常浩襄陽妓王福娘楊萊兒王蘇蘇顏令賓張窈窕（俱見全唐詩小傳）史鳳（見雲僊雜記）盛小叢（見雲溪友議）崔徽（見麗情集）劉國容（見開天遺事）趙鸞鸞蓮花妓徐月英（俱見全唐詩小傳）。在宋則有秦少游妓（見義妓傳）劉興祖（見貴耳集）嚴蕊（見齊東野語）周韶胡楚龍靚盼盼蘇小娟周氏譚意哥楚娘山氏（俱見宋詩選小傳）。在元則有汪憐憐汪佛妓（俱見輟耕錄）。在明則有薛素素（見甲乙剩言）楊幽妍張潤賽濤朱斗兒趙麗華薊朝霞周青霞王儒卿姜舜玉徐翩翩趙彩姬馬守眞朱無瑕孫瑤華以及崔重文梁小玉……等（俱見明詩選小傳）。此外莫如板橋雜記中的麗品珠市名妓軼事諸篇，所見名妓更多，李十娘董小苑等，不下數十人。再如清初吳三桂之於陳圓圓，侯方域之於李香君，尤爲著名一時。

妓女是以色藝傳人歡悅，實爲社會中最不幸的人，大概皆因環境的逼迫而出此的，或因罪罰充官婢，或自幼爲人拐賣，或因家貧爲父母所鬻，或因兵燹離亂而流落，乃至生張熟魏，營此賤業，其自由皆操於龜鴇之手。所謂鴇，所謂娼，說者謂娼魚為他魚所淫，鴇鳥為衆鳥所淫之故。如今在商埠都市，莫不有妓，分長三、么二、野鷄、淌白、等等級，更有變相妓女，如嚮導社、按摩院、等類，尤為不一而足。有志於改良社會的人，不可不加以注意。

婦女纏足的風俗　纏足是中國婦女裝飾的一種，在世界民族中最特別的一點，與西洋女人的束腰有相同的意味，所以在這裏特別的提起。然而纏足是在什麼時候起頭的？大約有八種說頭：

(一)始於商。古今事物考謂妲己狐精，猶未變足，以帛裹之，宮中效焉。

(二)始於春秋。漢隸釋言謂漢武梁祠畫老萊之母，曾子之妻，履頭皆銳。

(三)始於戰國。史記云：『臨淄女子彈弦縱足』。又云：『揄修袖躡利屣』。利屣者足頭尖銳之謂。

(四)始於漢。漢書地理志云：『趙女彈弦跕躧』，師古注：『躧與屣同，小屣之無跟者也』焦仲卿詩：『足下躡絲履，纖纖作蓮步。』

(五)始於晉，晉書五行志有『男子履方頭，女子履圓頭』之語，圓頭足小之形，胡震亨唐音癸籤曾詳考之。

(六)始於六朝，南史齊東昏侯爲潘貴妃鑿金爲蓮花以貼地，令妃行其上，曰此步步生蓮花。

(七)始於唐。瑯環記。謂『馬嵬老媼，拾得太眞襪以致富，其女玉飛得雀頭履一雙，長僅三寸。』明皇自蜀歸，作楊妃羅襪銘有『窄窄弓弓，手中弄初月』之語。杜牧白居易孫惟信徐用理詩，皆言其足纖小。

(八)始於五代。李後主宮嬪窅娘，纖細善舞，以帛繞脚，令纖小屈上作新月狀。由是人皆效之，以纖弓爲妙。

從這八說看來，第一至第六說似皆不足據，第七說可以作爲起源的證據。不過這時候的纒足，並不是普遍的事，僅僅在宮廷偶爾有之，韓偓詩所謂『六寸膚圓光緻緻，』杜牧詩所謂『細尺裁量減四分』，雖不必像後世所說三寸金蓮，確比普通的脚短了許多。到了後唐，窅娘纒足作新月狀，或者是一種新的創意，並不是從五代始有的，決不能因爲唐時婦女往往衣丈夫靴形，以及李白詩『隨流濯素足』，徐積詩『何暇裹雙足，』等語，便斷定五代前沒有纒足的事。

五代以後，便漸漸風行起來，起初不過是王公貴族教坊樂籍中人，用來獻媚爭寵，後來遂普及到民間。宋朝雖有纒足，還不見得普及。一方面看見孟郊蘇軾李清照等詩中，有什麼『吳姬白雪袜赤脚浣白紵，』『兩足如霜不穿履』，一類的句子，廣西人足加鞋襪遊於街衢，（嶺外代答）程鵬舉配宦家女，以所穿鞋易程一履。（輟耕錄）證明南方人往往不纒足。一方面如蘇軾菩薩蠻詠足詞，有『纖妙說應難，須從掌上看，』秦少遊也有『脚上鞋兒四寸羅』之句，楓窗小牘載宣和以後，花鞋弓履，搜金蓮方，皆自北南傳者。宋史五行志：『理宗朝宮人束脚纖直，名快上馬。』老學庵筆記：『宣和末，女子鞋底尖，以二色合成，名錯到底。』又可知南宋不但纒足之風漸漸普遍，而且從弓樣變成纖直，格外講究纖小的形式了。

元朝起自北方，本來是不纏足的，瑯環記記：『本書問於母曰：『富貴家女子，必纏足何也？』』可見當時纏足，起初尙只限於富貴人家，後來漸漸沾染華習，所以在曲詞雜劇之中，往往有『三寸金蓮』等描寫。胡應麟曾經說：『宋初婦人尙多不纏足者，至勝國而詩詞曲劇，亡不以此爲言，於今而極。』楊鐵崖曾玩弄舞女之鞋稱爲金蓮杯。明太祖馬皇后因爲不纏足，爲人民所譏。可見明朝崇拜小脚之程度，比元朝宋朝還要利害。不許纏足，乃對於賤民的禁令，『浙東丐戶，男不許讀書，女不許纏足，』就是以纏足爲貴的表顯。張獻忠陷襄陽的時候，捉男子斷其手，女子斷其足，分集如山，稱積手處爲玉臂峯，積足處爲金蓮峯，也可以知當時纏足之盛了。滿人本不纏足，初入關時，曾力禁其族人，有效漢人裹足者，重治其罪。但在漢人方面，脚小的風氣，愈來愈普遍了。我們一讀鏡花錄這部小說，雖然都是些假託之辭，其實是當時社會的寫實，記唐敖所見小戶人家的中年婦人，小小金蓮，剛剛只得三寸，林之洋在女兒國選做王妃，纏足的一段描寫，把女子所受的纏足之苦，叫男子也來嘗嘗。當時文人學士，往往以小脚做他們描摹的對象，例如方絢所作的香蓮品藻，把小脚描寫五十八條，而提出種種的名稱，要合以「肥軟柔」三條件。差不多都以小脚爲美，所以大脚要裝成小脚，有批評婦女脚大的，便非常羞恥。山西大同有晾脚會，蘇州有金蓮山歌，都足以描寫一般崇拜小脚的風氣。福建人本來不注重纏足的，朱文公治漳，厲行其所謂禮教。提倡纏足，於是也風行了，聽說長樂婦女之足是纏得最小的。

清代受歐西文明的影響，得基督教的天足運動，方始覺悟到纏足的不合人道。至於反對纏足的提倡，首先要算鏡花錄的李汝珍；太平天國洪秀全，也是很反對的。近代如梁任公林琴南等文人，曾經做了許多文章，至今日始完全得解放。

社會風氣　上古人心敦厚，風氣醇樸，相傳黃帝的時候，田者不侵畔，漁者不爭隈。堯舜的時候，不賞而民勸，不罰而民治。這些雖爲後世儒家所虛構，然考之社會進化程序，太古風氣醇厚，有可深信。周初禮制大興，風俗純美，及至東遷以後，風尙爲之一變，在春秋戰國縱橫捭闔的情形下，產在一種任俠的風氣。此種風氣造成的原因，約有數端：一由於禮制束縛的反動；二由於列國養士的影響；三由墨學盛行的結果。當時如專諸之刺王僚，程嬰之存趙孤，豫讓之刺趙襄子，聶政之刺韓傀，以及刺秦王的荊軻，博浪沙中的力士，漢初朱家郭解之流，大抵皆借交報仇，許身知己。然而俠則以武犯禁。（參史記游俠列傳）爲人主所忌，故自漢武以後，便漸漸消滅了。

兩漢風氣，前後不同，西漢重勢利，東漢重氣節。自漢武以儒術爲利祿之途，遂養成干祿趨利之風，乃至廉恥道喪，士風日敝，王莽篡漢，一般士大夫咸趨之若鶩。迨光武中興，提倡氣節，尊禮周黨嚴光，崇其不事王侯之志，又封卓茂爲褒德侯，旌其不事二姓之風，至此士大夫無不以名節相砥礪，及至末流，太學生專事標榜，致釀成黨錮之禍。魏晉雅好清談，蔑視禮教，行動流於放誕，咸以不問政事爲清高，風氣又爲之改變。唐末朱全忠殺裴樞等三十餘人，李振覺謂此輩清流，可投濁流。（見五代史）自唐代以後，士子不講氣節，當國家滅亡之際，絕少效忠死節之人，甚至有歷事五姓以爲榮的長樂老，專修降表的蜀中李昊。宋元風尙，明人葉伯巨言之最切，其言曰：

『昔者宋有天下，蓋三百餘年，其始以禮敎其民。當其盛時，閭門里巷，皆有忠厚之風，至於恥言人之過失。洎夫末年，忠臣義士，視死如歸，婦人女子，羞被汚辱，此皆敎化之效也。』

又其論元代風尙曰：

『元之有國，其本不立，犯禮義之分，壞廉恥之防。』

明代士氣優柔，雖有東林諸賢砥礪氣節，究不能挽救國運。清初，明代遺臣，咸以氣節相尙，而清代帝王一面壓與文字之獄，鉗制言論，一面却餌以利祿，開四庫館使名流入彀。一般士大夫遂在高壓及牢籠之下，喪失廉恥。甘心事敵。至晚淸西人勢力侵入，由排外而至於媚外，造成卑怯的風氣。一般人士鄙薄固有文化，日以摹仿西俗爲時塵，社會風俗，益演益壞，生活奢侈，精神萎靡，民族生命，不絕如縷，蔣總裁乃發起新生活運動，以禮義廉恥相砥礪，欲以奠民族復興的基礎，發揚固有的高尙風氣。（參王德華中國文化史略末章）

第四編　學術思想的源流

第一章　中國學術的起源

學術起源與古籍　莊子天下篇評論諸子，數數說：『古之道術有在於是者』與『古之人其有備乎』，可見學術起源之早。左傳云：『楚史倚相能讀三墳五典八索九丘』，疏云：『三墳爲伏羲神農黃帝之書，五典爲少昊顓頊高辛唐虞之書，八索爲八卦之說，九丘爲九州之志。』這些書籍，現在已無從考見。現存的三墳是僞書，不足信，祇有在易經中所留存的八卦，與尙書中所留存的堯典，禹貢所記的九州地理，或卽是墳典索丘之遺。註稱『周官外史氏掌三皇五帝之書，今三皇之書泯闕，五帝僅存二典。』此所謂二典，或卽尙書中的堯典舜典。所以要考證古代學術，只有根據易經與尙書。易經中所載的八卦，相傳爲伏羲氏所創的文字，以代結繩記事的。八卦卽天地雷風水火山澤八字，不過最初是有畫而無文的，後來經文王周公孔子等繫辭，不但成爲推究宇宙哲學的根據，更由此而演出各種學說。（近代余永梁考證古無八卦，以爲八卦爲周代出品，見中央研究院歷史語言研究所集刊。這種推測，不能據以斷定周以前無八卦。）

至於尚書，亦爲中國學術萌芽之田，其記堯舜禹湯古帝王的嘉言懿行，實爲一切政治思想與倫理學說的基礎。所記的堯舜政績，儒家認爲黃金時代。禹貢的九州地域，雖有人疑爲戰國作品，但卻是中國最早的地理志。至於洪範所陳的九疇，實是古代治國的九條憲法。

八卦包含陰陽，九疇首揭五行，由陰陽的消息，五行的生克，而推演宇宙變化的道理，在宇宙論上，實不讓於希臘初期哲學家認水火氣爲宇宙原理，與印度哲學家以爲宇宙本體乃地水火風。可見易書兩古籍，雖有許多僞纂的部分，然而如上述所云云的，不可謂非與中國學術有相當的關係。

神權思想與學術起源

古代人民，智識未開，任何思想，都帶着神權色彩。以爲古代帝王，莫不稟受天命，故說到伏羲畫卦，則謂出於河圖，夏禹洪範，則謂出於洛書，言八卦則謂「通神明之德」，言九疇則謂「天乃錫禹」。可見古人莫不尊天信鬼。而且古史中所描寫的帝王，大半都是神人，爲五帝化身，例如伏羲女媧神農等形像，有「蛇身人首」「牛首人身」等怪說，黃帝能得神助以破蚩尤，夏禹能得神助以治洪水，承認他們都是半神半人的人物。直到後代，還是這樣，湯伐夏，周伐殷，唯一的理由，莫不是順應天命，一則曰：「有夏多罪，天命殛之」，再則曰：「予惟恭行天之罰」。甚至連那個創造中國文明的周公，天嘗以大風雷霆爲之洗冤，（見尚書金縢篇）很相信一切自然變動，都是天的示戒，如日食、星隕、彗現、……等等，莫不表示天道的福善禍淫。所以歷代帝王，都十分注重對天的祭祀，以爲「天處高而聽卑」，「道之大原出於天」，故有專司祭天的祝官，與專記天行的史官。

「祝」是一種宗教的官，權柄非常之大，好像猶太的祭司，印度的婆羅門，羅馬的教皇差不多，政教的權柄，都在他們手裏。「祝」大約分爲二種：一種叫司祀之祝，一種叫司曆之祝。周禮記司祀之祝，有大祝、小祝、喪祝、甸祝、詛祝、女祝、……等官，都是掌管祭祀天神地示的事，代表人民社稷祈天福佑的。國家有什麼大事，非得他們向天神禱祝不可，以爲國家的安寧與否，全要看他們祭祀的是否虔誠。左傳記『曹劌論戰』，與『隨侯戰楚』的故事中，都有論到依據祭祀可得神佑的話。不然，神必降災，國家便要滅亡，所以葛伯不祀，湯始征之，是因爲祭祀不虔誠的緣故，便要變置其社稷，所以這種司祀的祝官，他的地位非常重要。

其次爲司曆之祝，是專管歲曆的。堯典所記的羲和二氏，就是這一類祝官。他們專門推算曆象日月星辰以授民時，同時也掌管星象占卜的事體，來斷定吉凶；那就是國語中所說的巫覡一類的人。楚語記觀射父答楚昭王『絕地天通』之問，則曰：『智能上下比義，聖能光遠宣朗，……則神明降之，在男曰覡，在女曰巫。』可見古之所謂巫覡，乃是智聖明聰的人，而且是一種官職，後世一切天文、象數、陰陽、讖緯、方技、術數、等等學說，都是根源於這種巫祝而演成的。

這種祝官，雖然是屬於宗教的，但卻是一種學術的根據，班固所記九流十家的來源，說：『墨家者流，出於清廟之守；陰陽家者流，出於羲和之官。』清廟之守與羲和之官，本是祝官一類，這可以知道祝官在學術上的地位是如何了。

尤其有關係的，要算是史官了。史官雖是掌管人事的，但是一切宗法的譜牒與國統的傳授，都由他們記載。所謂『左史記言，右史記事，言爲尚書，事爲春秋』。可見他們都執掌着學術的鎖鑰。後來各家學說，大都與史官有相當淵源，不但『道家者流，出於史官』，卽孔子因魯史而作的春秋，也與史官有關。所以江瑔的讀子卮言，說：

『百家之學，言其末流，雖並轡聯鑣，各不相謀，而溯其初起之源，則實統一。一者何？卽道家是也；道家者，上所以接史官之傳，下所以開百家之學也。』

晚近朱謙之所著古學卮言，亦以爲一切學術，都源於史官，這是以證明史官在學術上的地位。

諸子是否出於王官 班固據劉歆七略而言：

儒家者流，出於司徒之官。

道家者流，出於史官。

陰陽家者流，出於羲和之官。

法家者流，出於理官。

名家者流，出於禮官。

墨家者流，出於淸廟之守。

縱橫家者流，出於行人之官。

雜家者流，出於議官。

農家者流，出於農稷之官。

小說家者流，出於稗官。（見漢書藝文志）

自漢以來，言諸子學者，莫不奉爲定論，認諸子是出於王官的。近世胡適之獨反其說，謂諸子不出於王官，其所據的理由，即：

劉歆以前，論諸子學者，未嘗有此說。

七略所言，近乎穿鑿，舉墨家學說爲證。

藝文志所分九流，乃漢儒陋說，毫無根據。

諸子學術之興，皆本於世變所急，起於救時之弊。（見中國哲學史大綱附錄）

胡氏此說，把中國人每事必欲託古的思想，予以糾正，不能不說有相當價值。但是他的結論則曰：『若謂九流皆出於王官，則成周小吏之聖知，定遠過於孔丘墨翟……，』他以爲成周小吏決產不出孔丘墨翟那種偉大的學說，這話不能認爲是正確的邏輯。我們在這裏要問何以見得班固所舉的王官都是小吏？又何以見得小吏不能產生偉大學說？梁任公在評胡適中國哲學史大綱裏有一段說：

『著者倡『諸子不出於王官』之論，原是很有價值的創說。像劉歆班固那種無條理的九流分類，每流硬派一個官爲他所自出，自然是不對。但古代學問，爲一種世襲智識階級所專有，是歷史上當然的事實；既經歷許多年有許多聰明才智之士在裏頭，自然會隨時產生新理解，後來諸子學說，受他們影響的一定不少。胡先生曾說：『大凡一種學說，決不是劈空從天上掉下來的，』這話很對；可惜我們讀了胡先生的原著，不免覺得老子孔子是從天下掉下來的。』

柳翼謀在論近人講諸子之學者之失的一文中，也有同樣的駁議，他們都是證明古代學術，確是執掌在王官手中，古代不但是世祿世官，即學術也是世襲的，所以學術爲王官所專有，實在是一件不容否認的事。要說春秋戰國時的諸子學說，與王官絕無關係，未免近於武斷；然而硬派某家出於某官，也不免於穿鑿。折衷地說，諸子學說，不必盡出於某官某官，而『古者學在官府，非吏無所得師』，卻是事實。

第二章　先秦學術思想

先秦學術發達的原因

春秋戰國，誰也不能否認是中國學術史上的黃金時代。然而這時代的學術爲什麼會這樣發達呢？據梁任公在他所著的中國學術思想變遷之大勢裏，曾經提出了七個原因：

（一）由於蘊蓄之宏富也。

（二）由於社會之變遷也。

（三）由於思想言論之自由也。

（四）由於交通之頻繁也。

（五）由於人材之見重也。

（六）由於文字之趨簡也。

（七）由於講學之風盛也。

這七條理由，已足包括當時學術發達的原因，不過在這七條之中，比較重要的，莫如第二第三第七三條，這裏且略加說明：

我們知道周室自東遷以後，王官勢力漸衰，當時的社會，發生絕大變動。而在這變動之中，最顯著的一點，就是打破了階級的思想，從前認爲貴族所專有的權利，至此便不能繼續維持了。所以王官的學術，便因此散布到民間，民間聰明特達之士，可以自由研究學術，各樹一幟，以相標榜，於是派別日多，思想日異，而產生出先秦的諸子來。

當周室全盛的時候，學術思想每受政治力量的限制，周禮地官中所舉八刑之中，有『造言之刑，亂民之刑』，『造言者，訛言惑衆。亂民者，亂名改作，執左道以亂政』。可見當時沒有言論學說的自由。及至春秋時，王室權力，不能統制言論，正如孟子所說：『聖王不作，諸侯放恣，處士橫議，』莊子所說：『學者多得一察焉以自好』，故學者能各盡才智，發爲言論。

當時學者，如孔子墨子等人，都是聚徒講學，這種風氣，漸漸普遍，孔子有弟子三千，孟子有從者數百人，老子墨子等，莫不各有其跟隨的弟子，卽自楚之滕之許行，亦有數十人跟他。這些弟子，各把其師說繼續發揚，於是學派便日益衆多了。

所以先秦學術思想的發達，決不是一件偶然的事。

先秦學術的派別　先秦時一般聰明特達之士，各創一種學說以鳴於世，以是有至精的政論，至深的哲學，至美的文章，如火如荼，蔚爲全盛。而最早把牠分派的，要算莊子，在天下篇中把當時學派分爲六家：

（一）墨翟、禽滑釐，（二）宋鈃、尹文，（三）彭蒙、田駢、愼到，（四）關尹、老聃，（五）莊周，（六）惠施。

其次則爲荀子，在非十二子篇中亦分爲六派：

（一）它囂、魏牟，（二）陳仲、史鰌，（三）墨翟、宋鈃，（四）田駢、愼到，（五）惠施、鄧析，（六）子思、孟軻。

莊荀二子，旨在批評各家學說，初非有意於分類。若加以比較，則荀子所舉的一、二，即莊子的四、五，爲道家。荀子的三、即莊子一、二，爲墨家。荀子的四，即莊子的三，爲法家。荀子的五，即莊子的六，爲名家。荀子的六，爲儒家，莊子所未及。（荀子非十二子篇，起初只非十子，沒有子思孟軻。子思孟軻乃是他後來的學生加入的。）綜莊荀所說，連儒家在內，也只有五家，及至司馬遷追述其父六家要指，而分爲陰陽家、儒家、墨家、法家、名家、道德家、六家，較莊荀又多出一陰陽家。分派最詳的，要算漢書藝文志了，班固據劉歆之言，則有九流十家之分。（說已見前章）在這些學派之中，梁任公則以爲儒道墨三家最佔勢力，其餘都不過是一種附庸，所以把牠合成爲南北兩大派，與孔老墨三大宗。其實法家名家陰陽家，在當時亦很有相當的勢力，此後法家思想在政治方面的表見，陰陽家思想在一般社會中的影響，實在相當之大的。

甲　道家學說

老子學說與思想　老子是道家的祖師，據史記說他姓李名耳，字伯陽，孔子曾就而問禮。（見史記老莊申韓列傳）莊子中亦嘗提到孔子與老子的談話。玩這些記載中的語氣，似乎老子比孔子年長一些，但是爲了老子書中有許多戰國時的話，並且從史記中云老子有子名宗爲魏將，便引起了許多疑問，究竟老子是在孔子之前？還是在孔子之後？究竟是一個老子？還是有幾個老子？成爲近代討論的問題。這裏我們且不去管他，我們單單根據這本老子道德經，研究牠裏面所有的意義。

從道德經所見到的老子，漢志中以爲他的學說，是根源於黃帝而來的，所以把黃帝列在道家之首。老子第六章所云『谷神不死，是爲玄牝……』的話，在列子引證中有『黃帝書曰』四字，所以歷來都以黃老並稱。漢志又說他的學說是出於史官，史記曾言老子做過周守藏史，所以班固說：『歷記成敗存亡禍福古今之道，然後知秉要執本，淸虛以自守，卑弱以自持……』證明老子學說的來源。這些話是否可信？也無從證實。現在且從八十一章道德經，撮要的討論他的學說：

老子的本體觀念　老子叫宇宙本體的名爲道，同時，他又以爲道猶不是本體的眞相。宇宙本體的眞相，原來是無名可稱的，說：『道可道，非常道。』所以他又叫牠爲無，

『無，名天地之始，有，名萬物之母。』無，就是無可名的狀態，叫牠是道，是不得已的辦法，所以說：『吾不知其名，字之曰道，強名之曰大，』因此，他又叫牠爲無。無也就是自然，『道生一，一生二，二生三，三生萬物。』這是他的順敍法，說明天地萬物是由道而來，但他又用逆敍法，說：『天下萬物生於有，有生於無，』『天法道，道法自然』。這樣，我們可以知道他所說的道等於有，所說的無等於自然。總而言之：他所體認的宇宙本體，很有點像佛教所說的眞如。他以爲萬有是由於自然而來，並且又是一種循環，他說：『萬物並作，吾以觀復，夫物芸芸，各復歸其根，歸根曰靜，』『莫之命而常自然，』這很顯然的承認宇宙現象是循環不息的輪化主義，而這個輪化的主體就是自然，自然是『無爲』，輪化是『無不爲』，所以包括在『無爲而無不爲』這一個概念中。無論叫他爲道、爲無、爲自然、都是指那不可知的萬有根源，這根源是絕對的，他說：『道生一，』『天得一以淸，』『三十輻共一轂，』都可以證明他的宇宙本體論，是絕對的一元論。

老子的人生哲學

老子的人生哲學，可以用『反樸』二字來包括。全書中所記的『樸』

字，共有下列的幾條：

敦兮其若樸。（十五章）

見素抱樸，少私寡欲。（十九章）

復歸於樸，樸散則爲器。（廿八章）

樸雖小，天下莫能臣。（卅二章）

化而欲作，吾將鎮之以無名之樸；無名之樸，夫亦將無欲。（卅七章）

我無欲而民自樸。（五十七章）

未成器的木頭叫做樸，所以樸就是天眞自然的狀態，他要叫人做個天眞自然的人，沒有虛僞，沒有私欲，沒有欺詐，沒有驕傲。只有小孩才是眞正的樸，所以說：『含德之厚，比於赤子，』叫人『復歸於嬰孩。』他反對人爲的智慧，所以主張『絕聖棄智，絕巧去利。』他以爲『智慧出，有大僞，』人們各逞其智慧，造作出許多仁義禮法等道德來維持，而造出仁義禮法來的人，人反稱他爲聖人，卻不知道越是講仁義禮法，越是叫人趨利作僞，越是證明道德的破產，所以說：『大道廢，有仁義。』『失道而後德，失德而後仁，失仁而後義，失義而後禮，夫禮者，忠信之薄而亂之首。』世人所稱爲智稱爲聖的，都是『有爲』，無非是損人利己的私欲表現，所以有『聖人不仁，以百姓爲芻狗』之歎。他的道德主張，乃是『無爲』，無爲並不是放棄，乃是順其天眞自然，謙虛知足，不自矜，不自伐，去甚去泰去奢，不敢爲天下先，……等等。大家以爲像他所主張的那樣無爲返樸，豈不要吃虧麼？但是他卻發明一種道理，就是說：『天下之至柔，馳騁天下之至堅，』『後其身而身先，外其身而身存，』『旣以爲人己愈有，旣以與人己愈多。』表面上好像吃虧，好像無用，骨子裏卻有無可比擬的精神力量，能退才能進，能柔弱才能勝剛強，能無爲才能無不爲，吃虧就是便宜，要得便宜必先吃虧。這種道理，果然會發生極大弊病，像後來的法家借此以行其權術，然這卻不是老子的本意。因爲法家所用的權術，正是老子所極端反對的有爲。

老子的政治主張與理想社會

老子在政治上的主張，與他的人生哲學是一貫的，也是主張『無爲』，他說：『我無爲而民自化，我好靜而民自正。』他看一切的禮法制度，都是有爲的政治，愈是有爲，愈不能爲，所以說：『法令滋章，盜賊多有。』因爲禮法制度，是人爲的手段，用手段來愚弄百姓，百姓是不能愚弄的，終有一天要起來反抗，所以說：『民之難治，以其上之有爲。』百姓也是不怕死的，又說：『民不畏死，奈何以死懼之？』本來想用禮法制度來安定國家，結果，卻反而變成擾亂的原因，所以說：『以智治國，國之賊。』人都誤會老子是主張愚民政策的，六十五章所說：『古之善爲道者，非以明民，將以愚之』，『明民』，是說使人民知道取巧作僞的意思，『愚之』，是叫人民渾厚樸素。這可以見得他是反對愚弄百姓的。

他反對戰爭，他說：『以道佐人主者，不以兵強天下，其事好還。師之所處，荆棘生焉。大軍之後，必有凶年』，又說：『佳兵者不祥之器』，他覺得戰爭是有爲政治的結果，然而他並不根本取消戰爭，爲抵抗侵略，維持人道的緣故，不得已的時候，也可以用兵的。不過這不是主動的戰爭，而是被動的戰爭，所以他又有一段名言：

『用兵者有言，吾不敢爲主而爲客，不敢進寸而退尺，是謂行無行，攘無臂，扔無敵，執無兵。禍莫大於輕敵，輕敵幾喪吾寶。故抗兵相加，哀者勝之。』（六十九章）

他以爲戰爭的動機，卽可以決定其勝敗，戰爭雖是一件凶危的事，最好能夠免除，然而動機是在救人，而不是在奪利，爲客（被動的）不是爲主（主動的），以悲哀慈愛之心出之，不但是可以用兵，而且可以取得勝利，所以他又說過：『夫慈以戰則勝，以守則固。』這也是他『柔弱勝剛強』的道理。

老學的後繼　繼續發揮老子學說的，有楊朱列禦寇莊周等人，楊朱無專書，祇在列子中保留着一部分，列子一書，歷來都認定是後出的，內容不很可靠。只有莊子比較可靠，與老子有直接關係，故歷來都以老莊並稱。然有謂莊子之學，出於儒家，有『陰助孔子』之說，如蘇東坡陸樹芝林西仲以至於近代的章太炎，皆這樣主張。亦有說莊周卽是楊朱，蔡元培根據日本久保天隨意見而有此說。（見中國倫理學史）這些都不足以憑信的，依我們的研究，莊子的思想，完全出於老子，正像孟子之於孔子一樣。史記『其要歸於老子』

之言是可信的。今所傳的莊子，共有三十三篇，其間容有一部分不可靠的東西，（蘇東坡指出盜跖漁父讓王說劍等篇爲後人所加入）但是七篇內篇，實在可以包括了莊子的全部思想，其餘外篇、雜篇、都不過是內篇的說明，本來無關重要的。我們根據內篇中理論，考見莊子的本體觀念與人生哲學，確與老子相同，而且比老子更爲澈底。他也認定宇宙本體是個道，以虛無爲其自相，他曾說：

『有始也者，有未始有始也者，有未始有夫未始有始也者；有有也者，有無也者，有未始有無也者，有未始有夫未始有無也者。』

他所說的『始』，就是老子的『有』，所說的『未始有始』，就是老子的『無』，老子以『無』爲止境，而他卻又說『未始有夫未始有始』，換句說法，就是說：連這個『未始有始』的無也是『未始有始』的，那就可以說是『無無』了。本來老子所說的無字裏已含有『無無』的意義，不過莊子把這意思發揮得更透澈些罷了！這個『無無』的本體，是沒有時間空間的限制的，所以說：『於大不終，於小不遺』。從『無無』而產生宇宙，而宇宙是『始卒若環，莫得其倫』的輪化演變，所以說：『萬物以不同形相禪，出於機而入於機』。胡適說他『種有幾……』那一段書，等於達爾文的生物進化論。不過莊子所說一切有形的生物變化，卻是本源於無形的道，而這個道，乃是一切變化的原動力，無處不有牠的存在，所以說：『道無不在，在螻蟻，在稊稗，在瓦甓，在屎溺。』（見知北遊篇）又說：『天道運而無所積，故萬物成。』（見天道篇）他與老子同樣把這個道看得是一個不可知的東西，所以說『若有眞宰而不得其朕』，『惡識所以然？惡識所以不然？』

說到他的人生觀，可以包括於一個『忘』字上，叫牠是『忘的人生觀』。他以爲人生的價值，不在物質而在精神，物質生活與精神生活，往往是一個反比例，要求精神的快樂，必須丟棄物質的享受，所以他叫人知道有應當忘的，有不應當忘的。應當忘的是什麼？就是忘功、忘名、忘己、的三忘主義，——『神人無功，聖人無名，至人無己』（見逍遙遊篇）——前二者等於佛教的色相皆空，破法執，後者等於佛教的無我，破我執。不應當忘的是什麼？就是精神的道，他說：『純素之道，惟神是守，守而勿失，與神爲一』。

（見刻意篇）『古之治道者，以恬養知，生而無以知爲也，謂之以知養恬，知與恬交相養，而和理出其性』。（見繕性篇）這又等於佛教的明心見性。可惜世人把牠顚倒了，所以他很太息地說：『不忘其所忘，而忘其所不忘，此謂誠忘。』（見德充符篇）世人所不忘的，就是有形的物質，他要叫人知道追求物質生活，不但是自尋痛苦，也是世界紛紛擾亂的原因，所以他大聲疾呼地要人忘其所忘。但是怎能『所忘』呢？他的祕訣，是在『能忘』。什麽叫能忘？就是叫人把世上一切相對的，看成絕對的。例如人所不能忘的，就是壽夭、大小、美醜、生死、是非、……等，如能把這種分別看得齊一，那就『能忘』了！這道理在齊物論中說得最透澈。

列子本來是莊子以前的人，但是列子這本書，歷來都斷定牠是魏晉時的僞作。其間所討論的問題，大概與莊子相同，不過他的宇宙觀，提出了四種的進化程序，即所謂太易、太初、太始、太素。又提出了『一變而爲七』，與『九復變而爲一』的輪化思想，這原是根於易緯而來的學說，與莊子不同的地方。我們把牠看做六朝時代的思想學說，亦無不可。

列子書中却保留着一部分的楊朱學說，原來楊朱學說，在戰國時是很盛行的，孟子不是說過『楊朱墨翟之言盈天下』的話麽？可惜沒有傳下什麽書來，只有在列子中的兩篇——楊朱、力命——。但從這兩篇書，亦可約略窺見楊朱學說的一斑。從孟子批評他『爲我主義』以後，歷來都以爲他是自私自利的，不知道在『損一毫利天下不與也』之下，接着有『悉天下奉一身不取也』的話。他是主張『公天下之身，公天下之物』的人，怎能以『爲我』二字抹煞他的一切呢？他也是要人看輕物質生活，去求精神上的快樂，所以說：『生民之不得休息者四事：一爲壽，二爲名，三爲位，四爲貨。』能解脫這『制命在外』的束縛，便可以得到精神的快樂，所謂『肆之而已，勿壅勿閼』，才可以得到『制命在內』的自由。這是楊朱的根本精神，原與莊子沒有多大分別，所以蔡元培曾根據久保天隨的意見，說楊朱即是莊周，其實這是不可信的。

梁啓超曾把道家學說分成四派：

（一）哲理派。乃是老學的正宗派，莊子列子是屬於這派的。

（二）縱樂派。以楊朱爲代表，大概論語上所提及的長沮桀溺楚狂接輿以及晉代淸談之士，都與這派相近。

（三）神祕派。從『谷神、玄牝』等等名詞，發生丹鼎、符籙、等的迷信，像後來淮南所言神仙黃白之術，與葛洪陶弘景之類都屬之。

（四）權謀派。申商韓非之徒，借託老子『非以明民，將以愚之』的話，做他們施行權術的手段。所以史記曾把老莊申韓合爲一傳。（上參中國學術思想變遷之大勢一文）

乙　儒家學說

孔子的生平　儒家雖不始於孔子，而孔子卻集儒家之大成。關於孔子的生平，史記孔子世家，可以說是一篇最忠實的傳記，而其生年，司馬遷說他生在周靈王二十一年，（魯襄公二十二年卽西元前五五一年）死在周敬王四十一年，（魯哀公十六年卽西元前四七九年）而公羊穀梁皆云孔子生於魯襄公二十一年冬，兩說相差一年，歷來討論的人有從史記的，有從公羊的，不下百餘家，初無定論。孔子之先爲宋人，遷於魯，父名叔梁紇，娶魯顏氏女徵在，禱於尼丘，而生孔子，因名曰丘，字仲尼，姓孔氏。與南宮敬叔同適周，問禮於老子，繼適齊，齊景公欲封孔子，爲晏嬰所阻。魯定公曾以孔子爲中都宰，又由中都宰而爲司空，由司空而爲大司寇，由大司寇而攝行相事，攝政甫七日，卽誅大夫少正卯，曾佐定公會齊景公於夾谷，歸還所侵汶陽之田，魯國便興旺起來，齊人懼，謀去孔子，乃送女樂於魯，季桓子受之，三日不聽政，孔子見其政策不行，遂棄官去魯，周遊列國，都得不着行道機會，回到魯國，從事教育與著述，相傳說他曾刪詩書，訂禮樂，作春秋，贊周易，就是所謂六經，曾經孔子所手訂的。孔子死後，其弟子彙記孔子生平的言行，成爲論語。其他有關孔子的書，如孝經、家語、孔叢子、等，都不甚可靠。後來孫星衍據宋薛據所編而成孔子集語，曹廷棟又有孔子逸語，都是掇集諸書中所載孔子語而成，可以省研究者翻檢之勞。

孔子的學說與思想

孔子是一個教育家，班固所以說：『儒家者流，出於司徒之官』，他生平以六藝教人，有弟子三千，賢人七十，說了許多修德行仁的教訓。與老子有些不同，老子是一個哲學家，帶點革命的色彩，而孔子比較地保守，把堯舜文武周公列聖相承的道統，加以系統化的建設。

孔子的學說，可以包括在一個『仁』字裏，『仁』是什麼？梁任公解釋做『同情心』，就是古人所說的『相人耦』，梁漱溟說是『生活的恰好』，胡適說是『盡人道』，都有一部分的理由。但是照我的看法，仁的意義，可以分作兩部分：一是形而上方面的意義，一是生活方面的意義，前者是內在的動機，後者是外表的行爲。宋朝的理學家，都從形而上方面解釋孔子的仁，未必是孔子的眞面目；但是在孔子仁的含義裏，確有一部分是屬於形而上的範圍。他說：『回也其心三月不違仁，其餘則日月至焉而已』，這是很明顯的指着內在的動機而言；所以朱子註解說：『仁者私欲盡去而心德之全也』，『仁者無私心而合天理之謂。』可見仁的工夫，要從內心做起，所以說：『爲仁由己』，『仁遠乎哉，我欲仁，斯仁至矣。』有了這樣動機的仁，然後在行爲上所表現出來的，便是各種道德：用這動機對待父母，便是孝；用這動機對待朋友，便是信；用這動機處事便是忠，待人便是敬，一切禮義廉恥……等等善德，莫不由於這內在的動機而來，所以蔡元培曾說『仁是一切道德的綱領。』從上面的解釋上，我們可以解決一個困難的問題，因爲我們在論語裏看見孔子講這個仁道的時候，有不容易解決的矛盾，就是他一方面不輕易許人以仁，例如孟武伯問子路冉求公西華等可以算得仁麽？而孔子都說：『不知其仁也』，（見公冶長）與子張討論令尹子文陳文子的時候，都說『焉得仁』。（見公冶長）卽在他所最看重的顏回。只說他『三月不違』。可見一個人要得稱爲仁人，是非常不容易的事。但是他卻稱許伯夷叔齊爲求仁而得仁，尤其是對那個平常斥他不知禮的管仲，卻說『如其仁，如其仁。』難道伯夷叔齊管仲的道德，比顏淵子路令尹子文等還高麽？不是的，要知道前者是指內在的仁，後者卻是指一部分的行爲，因此，我們格外可以了解孔子所說的仁，是包含着這兩種的意義。

『仁』也就是孔子所說的一貫之道，意思就是說在人生各方面，都可以用這個仁的道理來貫通的。當他對曾子說『吾道一以貫之』的時候，而曾子則加以『夫子之道，忠恕而已矣』的說明，那就可以知道忠恕便是行仁的兩種方法。『己所不欲，勿施於人，』『所惡於上，毋以使下，……』就是恕，就是消極的行仁；『己欲立而立人，己欲達而達人』，『所求乎子以事父……』就是忠，就是積極的行仁。孔子對子貢，亦曾說明這端道理，子貢問『有一言而可以終身行之者乎？子曰：其恕乎！己所不欲，勿施於人。』『子曰：賜也！女以予爲多學而識之者與？……予一以貫之。』由此可知忠恕卽是一貫，一貫就是仁。

他教育門弟子的最大宗旨，就是叫他們知道怎樣去求仁，怎樣去行仁，求仁也就是求道，行仁也就是行道。求仁的方法很多：要好學，『博學而篤志，切問而近思，仁在其中矣。』要擇友，『君子以文會友，以友輔仁。』要克己，『克己復禮爲仁。』要愛人，『樊遲問仁，子曰愛人。』要安貧樂道，『君子謀道不謀食。』『君子憂道不憂貧。』怎樣行仁呢？要有勇敢，要有智識。有了勇敢，才能堅持行仁的志向，有了智識，才能分別行仁的當否，把智仁勇三達德連起來，才能做到殺身成仁、不惑不懼的志士仁人。

孔學的後繼　韓非子顯學篇說：『自孔子之死也：有子張之儒，有子思之儒，有顏氏之儒，有孟氏之儒，有漆雕氏之儒，有仲良氏之儒，有公孫氏之儒，有樂正氏之儒。』陶潛羣輔錄則說：『顏氏傳詩，爲諷諫之儒，孟氏傳書，爲疏通致遠之儒，漆雕氏傳禮，爲恭儉莊敬之儒，仲良氏傳樂，爲移風易俗之儒，樂正氏傳春秋，爲屬辭比事之儒，公孫氏傳易，爲絜靜精微之儒。』羣輔錄的話，雖經後來宋庠指爲僞纂，但卻可以證明傳授孔子學說的派別之多。不過大半都已失傳，可以考證的卻只有兩派。一是曾子子游的一派，一是子夏仲弓的一派。子游與曾子同是傳禮的，漢志記曾子十八篇，現在祇有十篇存在大戴記中；子游曾傳禮運，爲孟子大同學說所從出。荀子謂：『仲尼子游爲茲厚於後世』，可見子游的地位是很高的。子夏則所傳更多了，於易則有傳，於詩則有序，傳春秋於公羊穀梁，編定論語。（鄭玄謂論語爲仲弓子夏所編，徐防謂詩書禮樂定自孔子，發明章句始於子夏。）荀子傳經，似本於子夏之系統，其學似出仲弓，故嘗以仲尼子弓並稱。（子弓殆即仲弓）梁任公分孔子學派爲大同小康二派：

『大同一派，春秋太平世之義，傳諸子游，而孟子大昌明之。荀子非十二子篇，攻子思孟子云：以爲仲尼子游爲茲厚於世，可見子思孟子之學，實由子游以受於孔子也。小康一派，春秋據亂世升平世之義，以法治國，以禮率民，其的傳者爲荀卿。』（見中國學術思想變遷之大勢）

據此，則傳孔子之學的，有孟子與荀子兩派，孟子傳孔子大同之學，荀子傳孔子小康之學。什麼叫大同？禮運上有一段說明：

『大道之行也，天下爲公。選賢與能，講信修睦，故人不獨親其親，不獨子其子；使老有所終，壯有所用，幼有所長，矜寡孤獨廢疾者皆有所養，男有分，女有歸。貨惡其棄於地也，不必藏於己，力惡其不出於身也，不必爲己。是故謀閉而不興，盜竊亂賊而不作，故外戶而不閉，是謂大同。』

什麼叫小康？禮運篇接着一段說明：

『今大道旣隱，天下爲家。各親其親，各子其子。貨力爲己，大人世及以爲禮，城郭溝池以爲固，禮義以爲紀。以正君臣，以篤父子，以睦兄弟，以和夫婦，以設制度，以立田里，以賢勇知，以功爲己。故謀用是作，而兵由此起，禹湯文武成王周公，由此其選也。此六君子者，未有不謹於禮者也，以著其義，以考其信，著有過，刑仁講讓，示民有常，如有不由此者，在執者去，衆以爲殃，是謂小康。』

大同是天下爲公，小康是天下爲家，大同是德化政治，小康是禮法政治，這便是孟荀二派政治理論的根據。

孟子學說的來源 漢志記孟子十一篇，趙岐把性善辨、文說、孝經、爲正、四篇除去，說此四篇不與內篇相似，似非孟子本眞，故今傳孟子僅七篇。史記稱『孟子受業於子思之門人』，孟子自言『予未得爲孔子徒也，予私淑諸人也。』可見孟子之學，是淵源於孔子，傳受於子思，而孟子的思想，卻比孔子爲澈底：

孔子主張非君盡禮，孟子主張民貴君輕。

孔子言性相近，孟子言性皆善。

孔子罕言仁，孟子兼言義。

孔子罕言利，孟子絕對非利。

但是他卻以發揚孔子之學爲己任的，全書中提起孔子的地方很多，都是極其推重的話，以爲孔子是集儒家的大成，說『賢於堯舜遠矣。』

至於他同子思的關係，胡適之曾這樣說：

『那極端倫常主義的儒家，何以忽然生出一個尊崇個人的孟子？那重君權的儒家，何以忽然生出一個鼓吹民權的孟子？那儒家的極端實際的人生哲學，何以忽然生出孟子和荀子這兩派心理的人生哲學？若大學中庸這兩本書是孟子荀子以前的書，這些疑問都容易解決了。』（見中國哲學史大綱）

相傳中庸是子思的作品，大學是曾子述孔子之言的作品，可見孟子的承繼曾子子思而祖述孔子，是無庸懷疑的。而趙岐所說『孟子長師孔子之孫子思』的話，卻是不對的，孔叢子更敷衍出孟子與子思的談話，更不可信。孟子在思想上確受子思的影響，但決不能親受業於子思，因爲在年歲上計算，孟子不及親見子思，（這一層在我所著的孟子研究中有較詳的考證）所以史記說『受業於子思之門人』，較爲正確。

孟子書中提到子思的地方，有好幾處，如說：『昔者魯繆公無人乎子思之側』，旣曰『昔者』，又直呼其名曰子思，全不像弟子對老師的口氣。而且又與曾子並稱，說『曾子子思易地則皆然』，尤足證孟子不是子思的及門弟子。但是他的學識，卻有與學庸相同的地方，例如：

『天下之本在國，國之本在家，家之本在身。』與大學『身修而后家齊，家齊而后國治，國治而后天下平，』一樣。

『老吾老以及人之老，幼吾幼以及人之幼』的推恩，與大學『上老老而民興孝，上長長而民興弟，上恤孤而民不倍』的絜矩一樣。

『居下位而不獲於上，民不可得而治也』一章，與中庸第二十章『在下位』一節一樣，所差者惟數虛字而已。

『是故誠者天之道也，思誠者人之道也。』即中庸『誠者天之道也，誠之者人之道也。』

『至誠而不動者，』即中庸『故至誠無息。』

孟子學說與思想

孟子名軻，字子輿，生於周烈王四年，（西元前三七二年）死於赧王二十六年。（二八九年）幼受母教，長受業於子思之門人，學成以後，歷遊梁、齊、宋、魯、滕、諸國；因爲沒有行道機會，退而與弟子萬章公孫丑等講學。其門弟子把孟子生平言論，輯成孟子一書。茲從其書中，分析其思想於下：

（一）孟子的形而上思想。他以爲人性是絕對的善的，曾說：『仁義禮智根於心』，『惻隱之心，人皆有之；……』『惻隱之心，仁之端也；……』『人皆有不忍人之心』，『堯舜性之也』，所以『孟子道性善，言必稱堯舜』。人性既是善的，爲什麼會變成不善呢？乃是後天的習俗陷溺其心的緣故，所以說：『若夫爲不善，非才之罪也。』他與告子有過詳細的辯論，證明『人無有不善，猶水無有不下』。主張『存其心，養其性』，以保持先天的善端。把這善端擴充到人生方面，便成爲仁義禮智各種道德，把這善端擴充到政治方面，便成爲推恩的仁政。

（二）孟子的人生哲學。程子以『泰山巖巖之氣象』來稱美孟子的人格，因爲孟子是一個意志極堅強的人，他抱着『不降其志，不辱其身』的精神，不肯絲毫有所遷就。認定人之所貴者，在能守義而非利，所以他自身不肯枉尺直尋，不義而富且貴，他教學生們要做個『富貴不能淫，貧賤不能移，威武不能屈』的大丈夫。他要人先立乎其大者，修養內在的『浩然之氣』，嚴於義利之辨，義之所在，寧舍生以取之，非義之利，雖萬鍾亦當辭。窮不失義，達不離道，便是他的理想人生。

（三）孟子的政治思想。他的政治目的，是王天下，是王道，是仁政。實現仁政的方法，包括在保民、養民、教民、的諸大端。怎樣保民呢？在消極方面是『取民有制，不嗜殺人，矜恤窮民』。在積極方面，則『與民偕樂，推恩及民，施行仁義。』曾經一而再地說，『保民而王，莫之能禦也。』怎樣養民呢？不外乎制民之產，使人民能有恆產，『仰足以事父母，俯足以畜妻子，樂歲終身飽，凶年免於死亡』，蓋欲求天下太平，必先使民生富足。他以為最好的辦法，莫如恢復古代的井田制度，這制度可以使生活平等，不受富有階級的壓迫，而人民亦能因有恆產而有恆心，不致為非作歹。由此可成一個『出入相友，守望相助，疾病相扶持』的互助社會。人民既有富裕而平均的生活，然後施以人倫的教育，就是以孝弟忠信的道理教育人民，有了這種善教，可以得人民的愛戴，所謂『善教民愛之』，所謂『可使制梃以撻秦楚之堅甲利兵』，這便是善教的效果。前者的養民，是物質方面的建設，後者的教民，是精神方面的建設，處處以人民的利益為前提，把人民看成國家的根本，他嘗說：『民為貴，社稷次之，君為輕。』又說：『得天下有道，得其民；得其民有道，得其心；得其心有道，所欲與之聚之，所惡勿施爾也。』把君王的地位，降得很低，把人民的地位，抬得很高，這種民貴主義，就是君為民役，臣為君役，處處以民意爲歸，不能役的君或臣，都是失職，失職的君或臣，皆當去職，『有官守者，不得其職，則去。』『聞誅一夫，紂矣，未聞弑君也。』換句話說，就是失職的君，人民可以驅逐他，甚至討殺他。故曰：『君之視臣如土芥，則臣視君如寇讎。』這便是孟子理想的政治，也就是他所說的仁政。

荀子的學說與思想 荀子也是傳孔子學說的，不過與孟子有不同，孟子是發揮孔子的仁，荀子乃是發揮孔子的禮，孟子主性善，是道德先天論者，荀子主性惡，是道德人爲論者。他的生年不很可考，大約後於孟子五六十年。司馬遷把他與孟子合爲一傳，稱之爲荀卿，名況，又稱孫卿，趙人，曾遊學於齊，又遊秦趙，最後至楚，爲蘭陵令。其學說具見於今存的荀子，凡三十二篇。

他反對孟子的性善說，以爲人性絕對是惡的，曾說：

『人之性惡，其善者僞也。』（性惡篇）

怎樣證明性是惡的呢？他以爲人生而有欲，所以說：

『今人之性，生而有好利焉；順是，故爭奪生而辭讓亡焉。生而有疾惡焉；順是，故殘賊生而忠信亡焉。生而有耳目之欲，有好聲色焉；順是，故淫亂生而禮義文理亡焉。然則從人之性，順人之情，必出於爭奪，合於犯分亂理而歸於暴。』（見同上）

『今人之性，飢而欲飽，寒而欲煖，勞而欲休，此人之情性也。今人飢，見長而不敢先食者，將有所讓也。勞而不敢求息者，將有所代也。夫子之讓乎父，弟之讓乎兄，子之代乎父，弟之代乎兄：此二者皆反於性而悖於情者也。然而孝子之道，禮義之文理也。故順性情，則不辭讓矣，辭讓，則悖於性情矣。』（見同上）

所以他斷定『人之性惡，其善者僞也。』僞是人爲，就是用人的方法矯正固有的惡性，他用許多比喻來說明這個道理：

『枸木必將待檃栝烝矯然後直，純金必將待礱厲然後利。今人之性惡，必將待師法然後正，得禮義然後治。……故性善則去聖王息禮義矣，性惡則與聖王貴禮義矣。故檃栝之生，爲枸木也，繩墨之起，爲不直也；立君上，明禮義，爲性惡也。』（見同上）

他以爲順性則惡，逆性則善，桀紂是順性的，堯舜是逆性的，故欲矯正人性，必待人爲，人爲工具，惟有禮樂，其言曰：

『禮起於何也？曰：人生而有欲，欲而不得則不能無求，求而無度量分界則不能不爭。爭則亂，亂則窮。先王惡其亂也，故制禮義以分之，以養人之欲而給人之求。使欲必不窮乎物。物必不屈於欲，兩者相持而長，是禮之所起也。』（見禮論篇）

又曰：

『夫樂者，樂也；人情之所必不免也。故人不能無樂，樂則必發於聲音，形於動靜；而人之道，聲音動靜，性術之變盡是矣。故人不能不樂，樂則不能無形，形而不爲道，則不能無亂。先王惡其亂也，故制雅頌之聲以道之，使其聲足以樂而不流，使其文足以辨而不諰，使其曲直繁省，廉肉節奏，足以感動人之善心，使夫邪汙之氣無由得接焉。』（見樂論篇）

從這點思想推到政治上，則主張尊君隆禮。不過他所說的君，並不尋常的君，乃是有道德的聖君，因爲聖君是可以教育人民，君道實兼師道。同時，他以爲要造成完美的政治，不是靠武力，不是靠智能，惟一的方法，只有注重禮樂，禮樂可以止亂，禮樂可以節欲，故曰『禮者治之極也。』

總之：荀子是最富創造精神的，故重今而不重古，思人而不思天，尙修爲不尙性道，言禮樂不言仁義，與孟子往往相反。韓文公謂荀子大醇而小疵，但他所說的小疵，豈以孟道性善，荀言性惡，孟尊王賤霸，荀王霸並重的緣故？而王先謙則爲荀子辯護說：『遭世大亂，民胥泯棼，感激而出此也。』郝懿行亦說：『孟遵孔氏之訓，不道桓文之事，荀矯孟氏之論，欲救時世之急。』實則孟荀立言雖異，用意卻同，故錢大昕說：『孟言性善，欲人之盡性而樂於善；荀言性惡，欲人之化性而勉於善；立言雖殊，其教人以善則一也。』最爲調停之說。蘇東坡乃至斥李斯以荀學亂天下，未免近於羅織，平心而論，荀學雖近偏激，然實孔子經世之道，充其治術，亦可奏昇平之效，故郝懿行『假使六國能用其言，可無暴秦倂吞之禍』之言，非無理也。

丙　墨家學說

墨子的生平與其學說　史記說墨子名翟，姓墨，魯人，或曰宋人。然墨不是姓而是主義，像老子學派稱道，孔子學派稱儒一樣，其生卒年不甚可考，大約在孔子後四五十年之間，梁啓超胡適皆有詳細的考證。漢志云墨子七十一篇，今傳僅五十三篇，梁著墨子學案把牠分爲五類：

第一類
- 甲
  - 親士
  - 修身
  - 所染

  這三篇非墨家言，純出僞託，可不讀。
- 乙
  - 法儀
  - 七患
  - 辭過
  - 三辨

  這四篇是墨家記墨學概要，很能提綱挈領，當先讀。

第二類

- 尚賢上中下
- 尚同上中下
- 兼愛上中下
- 非攻上中下
- 節用上中
- 節葬下
- 天志上中下
- 明鬼下
- 非樂上
- 非命上中下

這十篇題目二十三篇，是墨學的大綱目，墨子書的中堅，篇中有「子墨子曰」字樣，可以證明是門弟子所記，非墨子自著。每題各有三篇，文義大同小異，蓋墨家分爲三派，各記所聞。

- 非儒下……這篇無「子墨子曰」字樣，不是記墨子之言。

第三類

- 經上下
- 經說上下
- 大取
- 小取

這六篇叫做墨辯，大半是講論理學。經上下當是墨子自著。經說上下，當是述墨子口說，但有後學增補。大取小取，是後學所著。

第四類 耕柱、貴義、公孟、魯問、公輸 這五篇是記墨子言論行事，體裁頗近論語。

第五類——備城門以下凡十一篇，是專言守禦的兵法，可緩讀。

墨子之學，本來出於儒家，淮南子稱：

『墨子學儒者之業，受孔子之術，以爲其禮煩擾而不說，厚葬靡財而貧民，久服喪生而害事，故背周道而用夏政。』

他雖學於儒家，卻有反對儒家的四點：

『儒之道足以喪天下者四政焉：儒以天爲不明，以鬼爲不神，天鬼不說，此足以喪天下。又厚葬久喪，重爲棺槨，多爲衣衾，送死若徙，三年哭泣，扶然後起，杖然後行，耳無聞，目無見，此足以喪天下。又弦歌鼓舞，習爲聲樂，此足以喪天下。又以命爲有，貧富、壽夭、治亂、安危、有極矣，不可損益也，爲上者行之，必不聽治矣，爲下者行之，必不從事矣，此足以喪天下。』（見公孟篇）

其務實際，重力行的精神，實與孔子相同，而平等博愛的主張，又與老子相似，故可以說是儒道兩家思想的調和，與孔老有鼎足之勢。戰國時候，曾受孟子莊子嚴厲的批評，孟子說：『墨氏兼愛，是無父也』，莊子說：『以自苦爲極，雖枯槁不舍也。』韓文公在原道中嘗以楊墨比佛老，痛斥其非。然而在讀墨子一文中，卻又說『孔子必用墨子，墨子必用孔子，不相用，不足爲孔墨。』近代胡適梁啓超極推重他，梁啓超所著墨子學案，分墨子學說爲兩部分，一曰愛的部分，——兼愛——一曰智的部分，——墨辯——且據以分述之：

愛的部分　上述第二類二十三篇中的主張，可以分做消極與積極的部分：非攻、節用、節葬、非樂、等，是屬於消極的部分；尙賢、尙同、非命、天志、明鬼、等，是屬於積極的部分；要皆以兼愛爲其思想的中心。墨子是主張生活平等的人，凡是消耗金錢不能裨益於實際生活的舉動，都是極端地反對的，他有過這樣的一句名言：『諸加費不加於民利者、聖王弗爲。』所以他反對攻戰，因爲攻戰是只圖少數人的利益，而耗費多數人的金錢。其反對厚葬久喪、講禮尚樂、奢侈、等等，都具同樣的理由，以爲這些都是放縱少數人的私慾，使大多數人的生活不能平等，違反了兼愛的道理。這是消極方面的意義。至於積極方面的兼愛，他先舉出一個兼愛的標準，就是天，以爲天道無私，是愛人利人的，所以人應體天之志。能體天志的便是賢人，人人能體天之志，便爲大同的世界。要創造這樣一個愛的世界，必須靠着人去努力，決不要委之於命。這便是他實現兼愛的理論。

在他的兼愛學說中，有兩句極重要的話：一句就是『兼以易別』，一句就是『兼相愛交相利』。何謂兼以易別？就是要沒有分別。他看見一般人講愛，都是有親疏有輕重的分別，例如儒家講仁，則說：『親親而仁民，仁民而愛物』，是愛有差等的。他以爲這種差等的愛，便是世界『亂之所自起』的原因，要消滅這亂的根源，惟有『視人之身若其身，視人之室若其室，視人之家若其家，視人之國若其國。』『若使天下兼相愛，國與國不相攻，家與家不相亂，盜賊無有，君臣父子皆能慈孝，若此，則天下治，故天下兼相愛則治，交相惡則亂。』（見兼愛篇）質言之：別則亂，兼則治，故必須『兼以易別』。何謂『兼相愛交相利』？就是說愛是從利上表出的，不能實際的利人，決不是眞正的愛人，故必『退覩其友，飢則食之，寒則衣之，疾病侍養之，死喪葬埋之，』（見兼愛篇）然後可以說是眞愛人。他又以父之愛子，來證明這個道理：『今有人於此，驩若愛其子，竭力單務以利之。』（見天志篇）天道亦然：『今夫天兼天下而愛之，撽遂萬物以利之，若豪之末，非天之所爲，而民得而利之，則可謂否矣。』（同上）所以他常以愛人利人並稱。質言之：愛人必須利人，利人才是愛人，所以說：『兼相愛交相利。』他的理想，很有些像基督教，具着救世的苦心：

『國家昏亂，則語之尙賢尙同；國家貧，則語之節用節葬；國家喜音沈湎，則語之非樂非命；國家淫僻無禮，則語之尊天事鬼；國家務奪侵陵，則語之兼愛非攻。』

歸納墨子的主張，可以用『人類平等，互相親愛』兩句話來包括。

智的部分　這便是第三類六篇書中所講的學理，歷來人稱牠爲墨辯，晉魯勝曾爲墨辯作註，惜已遺失，僅在晉書魯勝傳中載其敍，乃曰：

『墨子著書作辯，經以立名，惠施公孫龍祖其學，以正刑名顯於世。孟子非墨子，其辯言正詞，則與墨同。荀卿莊周等皆非毀名家而不能易其論也。……墨辯有上下經，經各有說，凡四篇，與其書衆篇連第，故獨存。今引說就經，各附其章，疑者闕之。』

這裏有兩點可以注意：一引說就經，始於魯勝，二墨辯是惠施公孫龍名學所從出。引經就說，就成爲一個論理學的完全形式，論理學在西洋稱爲『邏輯』Logic，在印度稱爲『因明』，中國則稱『名學』，後來惠施公孫龍等名學，不能不承認與墨辯有相當的關係。這裏我們略把墨辯的組織法加以說明：

(經)故，所得而後成也。

(經說)故：小故有之不必然，無之必不然；大故有之必然。若見之成見也。

(經)體，分於兼也。

(經說)體也若有端；體，若二之一，尺之端也。

(經)止，以久也。

(經說)止：無久之不止，當牛非馬，若矢過楹；有久之不止，若人過梁。

(經)必，不已也。

(經說)必：謂台執也，若弟兄。

把經與經說的條文一條一條地配搭起來，每一條便成爲一個三段論法，不過他把『結論』放在頭上，例如：『故，所得而後成也，』是論理學的『結論』，下面所說的『小故』『大故』，那便是論理學上的『前提』。故有『大故』『小故』的分別，又等於論理學上的『全稱』『特稱』，與因明學上的『有法』『法』。第二條『體分於兼也』，是說明『部份的』與『全體的』，也就是幾何學的『線』和『點』。牠的組織方法，特別與因明學更相合，因明學的『宗』，就是論理學的結論，因明學的因，就是論理學的前提，因明學卻比論理學多了一個『喻』，墨辯中也有一個『喻』，像上面所說的『若見之成見也』，就是因明學上的喻。而且三段的次序，也正相同。梁啓超所著墨經校釋，伍非百所著墨辯解故，都根據因明學的方式，把經與經說整理出一百七十八個命題，處處與因明學吻合的，這不可不說是中國學術上的一個奇蹟。小取篇說：

『夫辯者將以明是非之分，審治亂之紀，明同異之處，察名實之理，處利害，決嫌疑焉。摹略萬物之然，論求羣言之比。以名舉實，以辭抒意，以說出故。以類取，以類予。』

這段上半節是講辯論的原理，下半節是講辯論的方法。『以名舉實』三句是演繹法，『以類取』二句是歸納法。小取篇中又有七種重要的方法：即『一或，二假，三效，四辟，五侔，六援，七推。』非命篇中有三表法，『有考之者，有原之者，有用之者。』這些都是論理學上的推理方法，一方面自己求知識，一方面糾正別人的錯誤。此外尚有許多科學上研究，如形學、力學、光學、心理學、機械學、物理學……等等，（見張純一著墨學分科）可見墨子不但是個論理學家，也是一個科學家。

據呂氏春秋尊師篇云：『孔墨弟子，充滿天下，』韓非子顯學篇有『儒分爲八，墨離爲三，』淮南子謂『墨子服役者百八十人，皆可使赴火蹈刃，死不旋踵。』孫詒讓著墨子傳授考，集本書及先秦諸子所紀的僅得弟子十五人，再傳弟子三人，三傳弟子一人；治墨術而不詳其傳授系統的十三人，雜家四人，其言曰：『彼勤生赴死以赴天下之急，而姓名湮滅與草木同盡者，殆不知凡幾。』可見墨學漸漸式微了。不過他們那種『死不旋踵，以赴天下之急』的精神，就變成了抑強扶弱的游俠派，像朱家郭解一流的人物。又有那些所稱爲『別墨』的，如莊子天下篇所說：『相里勤之弟子，五侯之徒，南方之墨者，苦獲己齒鄧陵子之屬，俱誦墨經，而倍譎不同，相謂『別墨』。以堅白同異之辯相訾，以觭偶不仵之辭相應。』這一派就是上文魯勝所說的惠施公孫龍等名學家。胡適中國哲學史大綱中有『別墨』一章，說得最爲詳盡。

丁　其餘各家學說

（一）法家。　法家是由儒道墨三家末流嬗變匯合而成，講究刑名法術的一派。刑本作形，形者事物的實狀，名者所以稱此事物實狀的。名實相應則治，名實不相應則亂，故其學重在以名覈實，以名正形。法術是對仁義而言，法者吏之所以治民，術者君之所以治吏，信賞必罰，以治天下。其學說起源於管仲李悝，其後申不害商鞅韓非等人皆本其學以相諸侯，故言法者宗商君，言術者宗申子。說到管子，漢志把牠列在道家，隋志方列在法家，其書中雜有兵家縱橫家農家儒家及陰陽家言，故知為後人所採集而成。宙合一篇，可作古哲學家宇宙論看，物民形勢言道家治理，權修言致富術，立政乘馬等篇多言制度，治國地倆輕重等篇言農工商，注重先富後禮；致富莫先於農工，言禮莫要於四維。商鞅事秦孝公定變法之令，以刑名之學，使秦國富強，今傳商君書有二十四篇，史記商君列傳有『余讀商君開塞耕戰書，與其人行事相類』之言，可見其注重農業，其學說可以『一民於農戰』一語概括之。主張嚴刑峻法以一民，民既一則國可強，故其言治國之道，須注重『法、信、權』三點。申不害相韓昭侯，國治兵強，著書二篇，其學本於黃老而主刑名。莊子中又提到彭蒙田駢愼到，皆由黃老之學而主法治的。集法家大成的，莫如韓非子，他與李斯同受業於荀卿，後爲李斯所害。遺書五十五篇，主張以嚴肅的法治，整齊其民，以爲治國之道，不能用仁義道德，嘗曰：『流涕而不欲刑者仁也，然而不可不刑者法也，先王屈於法而不聽其泣，則仁之道不足以治明矣。』又曰：『與之刑者，非所以惡民而愛之本也。』其言治術，有八經，以人情而施賞罰。有南面，言君當任法以御臣，內儲外儲諸篇，皆言人君御下之術。說者往往批評其刻薄寡恩，班固亦曾說『殘害至親，傷恩薄厚。』不知此種法治精神，在政治哲學上不無相當的價值。

（二）名家。當時講究名學的，不只是惠施公孫龍的一派，卽儒法各家，亦講『正名』『名實相符』，不過儒法是應用於政治方面的，可以說是應用的名學，而惠施公孫龍等是辯證智識的一種方法論，可以說是論理的名學，等於西洋的邏輯，這裏所說的名家，就是這一派。漢志有惠子一篇今已無傳，祇有在莊子天下篇中所舉的『歷物』十事，而曰：『惠施以此爲大觀於天下而曉辯者，天下之辯者，相與樂之。』『辯者以此與惠施相應，終身無窮。桓團公孫龍辯者之徒，……』云云，可見惠施是名家中的前輩。繼之者爲公孫龍，漢志中稱公孫龍子十四篇，今存者僅六篇，第一篇敍公孫龍與孔穿的辯難，大概是後人加入的。其餘諸篇論堅白同異之辯，雖有脫漏錯誤之處，仍可藉以研究其論理的方法。其論堅白同異曰：『目視石，但見其白而不見其堅，則謂之白石；手觸石，乃知其堅而不知其白，則謂之堅石。』其論白馬，義亦相同，所謂『白馬非馬』，言白馬者重在白而不在馬，既曰白馬，則與普通之馬不同。莊子中所舉二十一條論例，可見一斑。

惠施歷物十事：

(1)至大无外，謂之大一；至小无內，謂之小一。

(2)无厚不可積也，其大千里。

(3)天與地卑，山與澤平。

(4)日方中方睨，物方生方死。

(5)大同而與小同異，此之謂小同異；萬物畢同畢異，此之謂大同異。

(6)南方有窮而無窮。
(7)今日適越而昔來。
(8)連環可解也。
(9)我知天下之中央，燕之北，越之南是也。
(10)汎愛萬物，天地一體也。

公孫龍二十一條：

(1)卵有毛。
(2)雞三足。
(3)郢有天下。
(4)犬可以爲羊。
(5)馬有卵。
(6)丁子有尾。

(7)火不熱。
(8)山出口。
(9)輪不蹍地。
(10)目不見。
(11)指不至，至不絕。
(12)龜長於蛇。
(13)矩不方，規不可以爲圓。
(14)鑿不圍枘。
(15)飛鳥之景，未嘗動也。
(16)鏃矢之疾，而有不行不止之時。
(17)狗非犬。
(18)黃馬驪牛三。

(19)白狗黑。

(20)孤駒未嘗有母。

(21)一尺之捶，日取其半，萬世不竭。

以此條文與墨經相參證，無不吻合，可見墨經實爲名家的淵源。此外有鄧析，亦爲名家，惟今傳的鄧析子二篇，大概摭拾莊子中語，爲南北朝人所僞託，不是爲據的。

（三）陰陽家。從來講諸子學的，往往不很注意到陰陽家，卻不知此派學說，不但在當時有相當的勢力，而且在學術界中有很大的影響。故司馬談六家要指論諸子長短時，把陰陽家列在各家之首，乃曰：『嘗竊觀陰陽之術，大祥而衆忌諱，使人拘而多所畏；然其序四時之大順，不可失也。』漢志亦謂：『敬順昊天，歷象日月星辰，敬授民時，此其所長也；及拘者爲之，則牽於禁忌，泥於小數，舍人事而任鬼神。』可見陰陽家之在漢朝，已變成『舍人事而任鬼神』的迷信。其實陰陽之術，本是一種天文學說，從義和氏歷象日月星辰，規定『期，三百有六日有六旬，以閏月定四時，成歲』以後，到春秋戰國時候，變成了齊鄒子的終始五德與大九洲之說，史記說：『騶衍後孟子，乃深觀陰陽消息，而作怪迂之變，終始大聖之篇，十餘萬言，其語閎大不經，必先驗小物，推而大之，至於無垠。』稱之爲『談天衍，雕龍奭』。漢志有鄒子四十九篇，鄒子終始五十六篇，鄒奭子十二篇，史記孟荀傳集解引七略說：『鄒衍之所言，五德終始，天地廣大，盡言天事，故曰談天；騶奭修衍之文，若雕鏤龍文。』可見鄒衍鄒奭是講天文地理之學的，以爲中國名曰『赤縣神州』，中國外如赤縣神州者九，有大瀛海環其外。此種說素，在科學哲學上都有相當價值，不過後來經漢儒們的解說，變成了陰陽五行的迷信，產生出所謂讖緯之學，影響於一般社會思想者很大。常乃悳以爲陰陽家有三點值得注意：一宇宙本體的注意；二對於自然科學的注意；三產生有趣味的神話。（見中國思想小史五九頁）

（四）兵家。 漢志分權謀、形勢、陰陽、技巧、等，有五十三家之多。最古兵書，相傳有太公六韜，漢志無，隋志始有，其辭俚鄙，僞託可知。其次則有司馬穰苴兵法，司馬遷曾稱之曰：『閎闊深遠，雖三代征伐，未能竟其義。』但班固卻把牠列在儒家禮類，惜今已不復見。前述墨子書第五類皆論兵事，惟不入於兵家。漢志又有吳孫子兵法八十二篇，與齊孫子八十九篇，是有兩孫子，今所傳者僅吳孫武子十三篇。吳子四十八篇，今存六篇，其論膚淺，自是僞託。孫武原爲吳王闔閭之師，論兵事極有條理。吳子卽吳起，以兵機干魏文侯，爲古之儒將，後世言兵事者多宗之。

（五）農家。 農家託始於神農，漢志有神農野老之書，說者謂今存於商書書中的農戰墾令爲神農言，呂氏春秋中的上農等篇爲野老之遺。此外如亢倉子中的農道篇，管子地員篇……等，皆爲農家言。孟子所記許行，最爲當時農家學說的代表，許行主張『均貧富齊勞逸、平物價、』頗近於今之勞農社會主義。

（六）縱橫家。 這派是以鬼谷子爲鼻祖，鬼谷本一隱士，不詳其姓氏，有謂其姓王名詡或名利。相傳有鬼谷子一卷，一名玄微子。漢志有縱橫十二家，以蘇子張子列首，蘇子張子卽蘇秦張儀，皆學於鬼谷子的，他們專尙雄辯，遊說諸侯，以口舌取卿相，乃立合從連橫之策。公孫衍蘇代等人，皆嫻行其術，多權變，善說辭，彷彿今之政客。

上述乃略舉當時最著名的幾家，倘有其他如雜家小說家……等類，大抵各倡一說，以鳴一時的，可見當時學術思想發達的一斑。

第三章　兩漢經學

從先秦到漢代　春秋戰國時如火如荼的諸子學術，何以到了漢朝，會變成儒家學術獨佔的經學？其間最重要的關係，不能不說是由於秦始皇的政治變革。秦始皇削平了六國，政治旣然統一，便不能不打算到學術思想的統一。他鑑於學術思想，往往會影響到政治方面，這時戰國策士之風未泯，學者往往各憑一家學說，非議朝政，如不加以取締，勢必危害到政治上的統一。因此，便有焚書阬儒的慘劇。大家都以爲秦始皇的焚書阬儒，乃是儒家所遭遇的最大厄運，不知事實上卻是一個反比例。因爲秦始皇所焚的書，乃是諸子百家語，只是民間的藏書，博士所掌的並沒有燒毀。且看李斯奏語：

『……今諸生不師今而學古，以非當世，惑愚黔首。丞相臣斯昧死上言：古者天下散亂，莫之能一，是以諸侯並作，語皆道古以害今，飾虛言以亂實。人善其所私學，以非上之所建立。今皇帝并有天下，別黑白而定一尊，而私學相與非法教人。聞令下，則各以其學議之：入則心非，出則巷議；夸主以爲明，異取以爲高，率羣下以造謗。如此弗禁，則主勢降於上，黨與成乎下，禁之便。臣請史官非秦紀，皆燒之。非博士官所職，天下敢有藏詩書百家語者，悉詣守尉雜燒之。有敢偶語詩書，棄市。以古非今者族。吏見知不舉者，與同罪。令下三十日不燒，黥爲城旦。所不去者醫藥卜筮種樹之書。若有欲學法令，以吏爲師。』（見史記始皇本紀）

這一般話，不但是明明白白揭出焚書阬儒的理由，完全出發於取締學術思想的龐雜，同時也可以知道古傳書籍，並不根本消滅，仍舊有博士們執掌的存在。所以夏曾佑曾這樣說：

『史記始皇本紀：非博士官所職，天下敢有藏詩書百家語者，悉詣守尉雜燒之。是所燒者，民間之書，而博士之師詩書百家自若也。故始皇時每有建設，博士常與議。漢初諸經師，亦多故秦博士，此足爲秦重博士之證。』（見夏著中國上古史）

至於所說的阬儒，是不是摧殘儒家？專與儒家爲難？且再看史記中的話：

『侯生盧生相與謀曰：「始皇爲人天性剛戾自用，起諸侯，并天下，意得欲從，以爲自古莫及己。專任獄吏，獄得親幸，博士雖七十人，特備員弗用。……貪於權勢至如此，未可爲求仙藥。」遂亡去。始皇聞亡，乃大怒曰：「吾前收天下書不中用者，盡去之，悉召文學方術士甚衆，欲以興太平。方士欲練以求奇藥，今聞韓衆去，徐市等費以巨萬計，終不得藥，徒姦利相告日聞。盧生等吾尊賜之甚厚，今乃誹謗我以重吾不德也。諸生在咸陽者，吾使人廉問，或爲訞言以亂黔首。」於是使御史悉按問諸生，諸生傳相告引，乃自除犯禁者四百六十餘人，皆阬之咸陽，使天下知之以懲。後益發，謫徙邊。』（見始皇本紀）

可見阬殺的四百多人中，不盡是儒家，各家都有。況引起此獄的導火綫，乃由於侯生盧生韓衆徐市等道家，求長生仙藥不遂之故。夏曾佑說：『三十五年阬儒之令，乃因盧生之獄所致，不然，天下儒者，其數豈止四百六十餘人哉？』（見中國上古史）質言之：秦始皇的焚書阬儒，由於大學諸生的非議朝政，而大學諸生非議朝政的原因，又是由於各家各派的意見紛歧，借題發揮，爲一網打盡計，以求學術的統一，並不要滅絕古籍，摧毀儒家。相反的，卻是助張儒學的發達。這是這麽說呢？且看他設立這許多博士，這些博士，又大多數是儒家，例如後來傳尚書的伏生，起朝儀的叔孫通，定律令的張蒼，等，都是當時的博士；卽言聽計從的李斯，亦爲儒家荀卿的弟子。他又東遊泰山，刻石記功，徵魯諸生議事。這些都是明證。不等到漢武帝『能黜百家，尊崇儒術』，秦始皇卻早成了提倡儒學的第一功臣了。起初他因要統一天下，不得不用法家的功利主義，及至天下旣定，就採用儒術以維持其皇位。因爲儒家學說宜於守成，不像道家思想的激烈、墨家思想的重平等，法家思思的趨功利，是以有這樣的措施。這與此後學術的趨勢，實有重大的關係。

漢初各家學說的暗鬭　春秋戰國時的諸子學說，經秦始皇專制政治的壓抑，便銷聲匿跡於一時，及至秦政崩潰，各派學說乃復活起來。所以當漢朝初定的時候，道家墨家陰陽家法家都有相當的活動。說到道家，在文景兩朝，旣有曹參用蓋公的清淨法佐齊，又有竇太后的抑轅固而后黃生。淮南王發揚道家學說，著成鴻烈解，司馬談敍各家學說而著六家要指，論道家則曰：『採儒墨之善，撮名法之要，……事少而功多』；先黃老而後六經，把道家列在儒家之上。而且那些縱橫家，農家，陰陽家，都是紛紛附庸於道家，也可以見得道家勢力之一斑。

其次則如墨家，在戰國時本來是很有勢力的，孟子說過『楊朱墨翟之言盈天下』，當時人又都以儒墨並稱，可見他的勢力也非常之大。不過既經秦朝的摧殘，而墨派本身，又沒有繼續以著述發揮的人，於是本來的平等博愛主義，漸漸消亡，祇保留着一部份抑強扶弱的實行精神，而流為豪俠主義；像朱家郭解一流人物，頗受一般社會所崇拜，在普通社會中也佔得了一種勢力。所以儒墨的名稱漸變為儒俠的名稱了。史記游俠列傳以儒俠並舉，亦可見當時墨家勢力的普遍了，

陰陽家本來沒有演成系統的學說，但是他影響於一般社會之中，却是非常之大。他們的思想，一方面與道家揉合，一方面又羼雜儒家的思想，便變成一種非常普遍的社會迷信，而產生出讖緯之學。從原來的哲學和科學的意味中，走入到神祕的迷信裏；這種迷信，

把秦漢的君王都征服了，成爲社會信仰的中心，他的勢力實在也非常之大。

法家的勢力，在政治方面，自秦以來，沒有中斷。漢景帝任用鼂錯更定法令，鼂錯本來是受申商刑名之學的；武帝名雖崇儒，但他所任用的人像張湯、杜周、桑宏羊、孔僅、等，都是法家。桓寬的鹽鐵論，是一本儒法兩家衝突的紀錄。漢初在政治上的建設，大概也是得法家的力量。

這些都有一部分相當的勢力，與儒家思想在暗中爭衡；及至漢武帝出來，明白地罷黜百家，尊崇儒術，儒家方才戰勝了各家而定於一尊了。

漢代尊儒的原因

尊儒的功臣，第一個要算秦始皇，前面已經說過。第二個功臣，要算漢高祖，他是一個善於謾罵的亭長出身，不懂得什麼叫學術。所以當他在馬上爭天下的時候，他那種罵儒生溺儒冠的態度，把儒家踐之脚下；及至天下大定，叔孫通既定朝儀，才知道做皇帝的尊榮，都出儒家之賜，便改變了態度，以太牢去祀孔子。他懂得中間的祕密，對於儒家便尊崇起來。第三個功臣，自然要算漢武帝了。從惠帝除挾書之禁以後，文景二帝搜求遺書，優待儒者，到武帝以衛綰田蚡爲相，興太學，置五經博士，開獻書之路，舉賢良方正，董仲舒以春秋起家，所上的天人三策，尤有很大的影響。當時王室中如河間獻王的求書民間，淮南王的優禮學者，儒術便因而大盛。

綜漢一代，儒學大家，先後踵出，前則有公孫宏，董仲舒，孔安國，劉向父子，司馬遷，揚雄等人，後則有賈逵，馬融，班彪父子，許愼，鄭玄，何休，服虔等人，皆以研究經籍，倡導儒學爲已任，於是終漢之世，儒學大興，成爲經學全盛的時代。

孔子的刪經問題　儒家既定一尊，則曾經孔子所手訂的詩書禮樂易春秋等書，便稱之爲六經；當時的經學，成爲進身的敲門磚。經學幾變爲國學，儒教幾變爲國教；於是便發生一刪經問題的討論。原來這個問題，始於史記：孔子世家中有『退而修詩書禮樂』的話，又有『追迹三代之禮，序書傳，反魯正樂，刪詩去重，序易，因史記作春秋』等語，明詩書禮樂易春秋，皆經孔子手訂。後世莫不以這六本書爲孔子所作，特別尊重牠，稱牠爲經。原來這六本書，起初並不稱經，只稱六教（見禮記經解）或稱六學，（見禮記王制）或稱六藝。首先稱經的，見於莊子天運篇，孔子謂老聃曰：『丘治詩書禮樂易春秋六經，』這個經字，未嘗含着尊崇的意味，到了漢朝，就把牠看做宗教的經典一樣，有『曾經聖人手，議論安敢到』的尊嚴。以爲古詩本來有三千餘首，古書本來有三千二百四十多篇，孔子去其重，取可施於禮義者存之。禮雖爲周公之遺，亦經孔子所訂或增補，儀禮十七篇自孔子始定。樂本合於禮，通於詩，孔子自衛反魯，然後樂正，雅頌各得其所。易有十翼，作於孔子。春秋筆削褒貶，爲世立法。這是西漢人大概相信的。東漢以後，漸生疑問，謂孔子未嘗繫易，易之經乃文王周公所作，孔子不過爲傳。謂韓宣適魯見易象與春秋，有『吾乃今知周公之德』之言，疑春秋爲周公作，而不是孔子作；杜預更謂周公所作爲舊例，孔子所修爲新例，又疑孔子並沒有刪詩書的事。周禮儀禮皆出周公，與孔子無關。綜之，謂孔子未嘗作一書，一反前漢之說，這與古今文的爭論，有連帶的關係。

今文學家以六經爲孔子所作，孔子的微言大義，皆存留其中，孔子爲萬世師表，六經爲萬世教科。而古文學家則不然，以爲孔子自言述而不作，故六經爲古代史料，半多周公之道，龔自珍所謂『仲尼未生，先有六經，仲尼既生，自明不作。』疑經之風既開，王柏作詩疑書疑，王安石以春秋爲斷爛朝報，皆足予認孔子刪訂六經的人以大打擊。其間最引起人討論的。要算詩的問題，自史記謂孔子刪古詩三千餘篇而爲三百五篇以後；班固也是說：『古有采詩之官，……孔子純取周詩，凡三百五篇，』王充亦以爲舊有數千篇，孔子刪去其重，正而存三百篇。唐陸德明曰：『孔子最先刪錄，既取周，上兼商頌，凡三百十篇。宋歐陽修謂非全刪，篇刪其章，章刪其句而已。這些大概認孔子刪過詩經的。但是反對的人也很不少，最切實的要算崔東壁江永朱竹垞那些人，他們提出幾條理由來證明孔子沒有刪詩：（一）孔子何以不刪淫詩？（二）何以僅存九國？（三）三百之名已舊，在孔子前已有；（四）孔子自己也說詩三百；（五）荀子墨子都說詩三百；這些都是很有力量的反證。因爲詩的問題，便牽連到其餘的經，而有孔子曾否刪訂六經的問題，歷時雖久而無從解決。

羣經的傳授

說者謂孔子所定謂之經，弟子所釋謂之傳，或謂之記，弟子輾轉相授謂之說。詩書禮樂易春秋，古謂之六藝或六教，漢武始定詩書禮易春秋爲五經，立五經博士。後漢復以孝經論語配成爲七經，到唐朝把春秋的三傳，與三禮合諸易詩書爲九經；後又併春秋爲一經，又加孝經論語仍爲九經；宋復於三傳三禮易詩書外加孝經論語爾雅孟子配爲十三經，至今不變。這種分類，有很多人認爲不當，因爲照經史子集的四部分類法，如詩書春秋，是屬於史的，如論語孟子；是屬於子的；但是歷來的習俗相沿，十三經的名稱，已成爲學術上的專門名詞了。

經既成爲一種專門的典籍，那末，經的傳授，也有其各別的系統，韓非子所謂儒分爲八，陶潛以爲各有所傳之經，惟八儒的傳授沒有查考，祗有子夏所傳獨多。到漢朝認傳經的系統上，有孟荀二家，趙歧謂孟子通五經，尤長於詩書；而荀卿傳經尤多，見於經典釋文敍錄的，如：

詩：（毛詩）　孫卿子傳魯人大毛公。

（魯詩）　楚元王與申公同受詩於浮邱伯，浮邱伯爲荀卿弟子。

（韓詩）外傳引荀子以說詩者，有四十四次。

春秋：（左氏傳）左邱明作傳以授曾申，由申而吳起再傳至虞卿，虞卿傳之荀卿。

（穀梁傳）瑕丘江公受穀梁春秋及詩於魯申公，申公為荀卿再傳弟子。

禮：（大戴記）立事篇載荀子修身大略之文。

（小戴記）樂記三年問鄉飲酒義篇載荀子禮論樂論之文。

易：劉向稱荀卿善為易，其略見非攻大略二篇。又有人以為荀卿為傳易的馯臂子弓之弟子。

五經之中，除尚書外，沒有一經與荀子無關的。所以梁任公稱他為傳經之儒。茲且列傳授系統表於左：

（一）孔門弟子傳授表

易：—商瞿子木—橋庇子庸—馯臂子弓—周醜子家—孫虞子乘—田何子莊

書：（漆雕開 / 孔鯉—孔伋—孔白—孔求—孔箕—孔穿—孔順—孔鮒

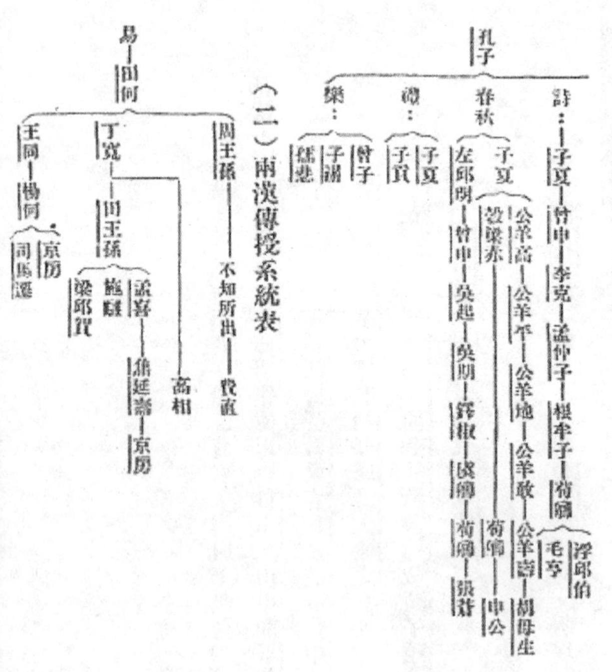
孔子
詩：—子夏—曾申—李克—孟仲子—根牟子—荀卿—浮邱伯
毛亨
春秋 子夏—公羊高—公羊平—公羊地—公羊敢—公羊壽—胡母生
穀梁赤—荀卿—申公
左邱明—曾申—吳起—吳期—鐸椒—虞卿—荀卿—張蒼
禮：子夏
子貢
樂：曾子
子游
孺悲
易—田何—周王孫—不知所出—費直
丁寬—田王孫—孟喜—焦延壽—京房
施讎
梁邱賀
高相
王同—楊何—京房
司馬遷

（二）兩漢傳授系統表

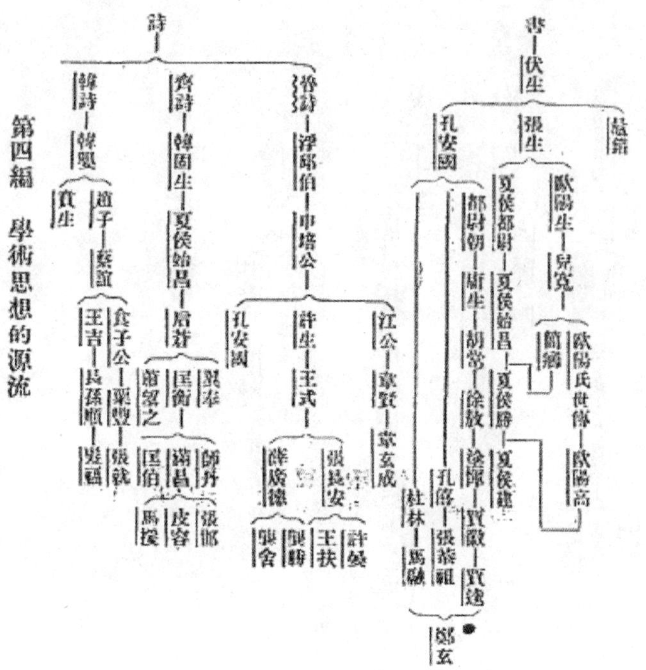
書
伏生
晁錯
張生
孔安國
歐陽生
兒寬
歐陽氏世傳
歐陽高
簡卿
夏侯都尉
夏侯始昌
夏侯勝
夏侯建
都尉朝
庸生
胡常
徐敖
塗惲
賈徽
賈逵
孔僖
張恭祖
杜林
馬融
鄭玄
詩
魯詩
浮邱伯
申培公
江公
韋賢
韋玄成
許生
王式
張長安
許晏
王扶
薛廣德
龔舍
孔安國
齊詩
轅固生
夏侯始昌
后蒼
翼奉
匡衡
師丹
滿昌
張邯
皮容
蕭望之
匡伯
馬援
韓詩
韓嬰
賁生
趙子
蔡誼
食子公
栗豐
張就
王吉
長孫順
髮福

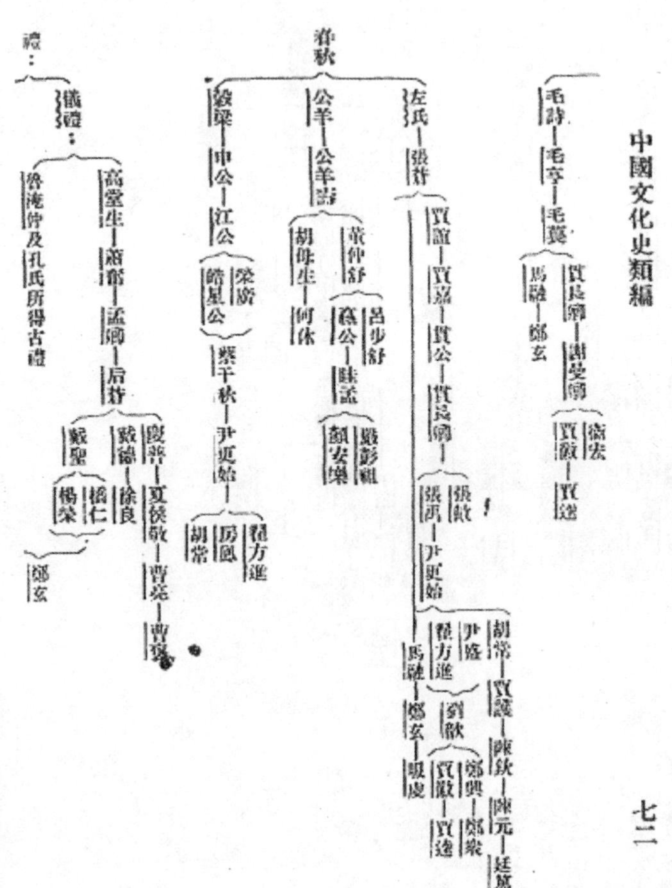
毛詩
毛亨
毛萇
貫長卿
謝曼卿
衛宏
賈徽
賈逵
馬融
鄭玄
春秋
左氏
張蒼
賈誼
賈嘉
貫公
貫長卿
張敞
張禹
尹更始
胡常
賈護
陳欽
陳元
延篤
尹咸
翟方進
劉歆
鄭興
鄭衆
賈徽
賈逵
馬融
鄭玄
服虔
公羊
公羊壽
董仲舒
胡毋生
何休
呂步舒
嬴公
眭孟
嚴彭祖
顏安樂
穀梁
申公
江公
榮廣
皓星公
蔡千秋
尹更始
翟方進
房鳳
胡常
禮：
儀禮：
高堂生
蕭奮
孟卿
后蒼
慶普
夏侯敬
曹充
曹褒
戴德
徐良
戴聖
橋仁
楊榮
鄭玄
魯淹中及孔氏所得古禮

河間獻王
　禮記—劉向—戴德、戴聖
　周官—劉歆—杜子春—馬融、鄭興—鄭衆

易的內容

易始於八卦，易繫辭說：

『古者包犧氏之王天下也：仰則觀象於天，俯則觀法於地，觀鳥獸之文與地之宜，近取諸身，遠取諸物，於是始作八卦，以通神明之德，以類萬物之情』。

這是言八卦始於伏羲，爲中國最古的文字 乾鑿度以☰爲古天字，☴爲古風字，☶爲古山字，☵爲古水字，☲爲古火字，☳爲古雷字，☱爲古澤字，☷爲古地字。爲天地間八種自然現象，由這八種現象，互相消息，產生天地間一切萬物，所以八卦的意義，包括於陰陽的消息，鄭玄故稱爲十言之教，又經後人的重卦，而爲六十四卦，（重卦始於何人？凡有四說）卦始於一畫，即所謂太極，由一而二，即所謂兩儀，由二而四，由四而八，由八而六十四，而三八四爻，所以易的變化，有數有象有理，從象數之中，推究宇宙根本原理。相傳曾經文王周公孔子的繫辭，而成爲易，周官說易有三種：曰連山，曰歸藏，曰周易，今僅存周易，說卦一篇中尚存有連山歸藏遺文，藉以推算時令，謂夏時根於連山，孔子曾有『行夏之時』的稱美。周易之名，論者不一，有謂普遍之義，有謂指周代言，從無定論。惟爲中國最古的宇宙本體研究，自有哲學上的價値。漢代研究易義的，前有施孟梁邱之學，後有京房費高之分，災異讖緯之說起，易便陷入迷信之中。

詩的內容　詩的起源甚古，鄭玄詩譜序說：

『詩之興也，諒不於上皇之世，大庭，軒轅，逮于高辛，其時有亡，載藉亦篋云焉。虞書曰：詩言志，歌永言，聲依永，律和聲；然則詩之道放於此乎』！

鄭玄疑太庭時已有詩，孔穎達亦以伊耆氏蜡詞爲詩的濫觴，都認詩的起源甚古。古有采詩之官，采取民間的歌謠，以觀風俗，故謂古詩三千餘篇，孔子去其重而刪訂爲三百五篇，皆弦歌之以求合韶武雅頌之音；孔子曰：『詩三百，一言以蔽之，曰思無邪』。是承認詩爲王者教化之迹。詩有六義，曰風，曰雅，曰頌，曰比，曰興，曰賦，風記十五國民間歌詠，有男女相悅之情，雅分大小，爲天子諸侯朝會燕享的樂歌，頌爲宗廟祭祀的讚詞，告成功於神明。風雅分正變，歷來很多討論。此三者爲詩的分類，又有賦比興三者，古人說『賦直而興微，比顯而興隱』，是爲詩的體例；然亦有不盡相合之處。不過詩爲韻文之祖，在文學上有很大的價值；描寫哀樂的情緒，天機活潑，眞情流露，使讀者得無窮的快感。大率以四言爲例，間亦偶有長短句；或用問答，或用比喻，或平舖，或對比，無不生動入神。歷來關於詩的問題，有大小序作者的爭論，有古今文意義的辯駁。漢代傳詩的有四家，西漢崇齊魯韓，東漢崇毛，今三家均亡，僅存毛詩，漢以後因註者的分別，便有鄭王之爭，互相攻擊，爲詩經學上的一大問題。

書的內容　書記古代的典謨訓誥，爲政治上史官的記錄，所謂左史記言，右史記動，言爲尚書，動爲春秋，可以說是上古的政治史。尚書緯說：『孔子得黃帝玄孫帝魁之書，迄于秦穆公，凡三千二百四十一篇』。孔子把牠删成百二十篇，叫做簡書，于是尚書百兩篇，百篇尚書序，皆由此產生。這些都是渺茫的話，很難證信的。秦火以後，百篇尚書已失，文帝始命太常使掌故鼂錯從伏生口授，得二十八篇，或謂二十九篇，以今文寫定，稱爲今文尙書。武帝時孔安國得孔壁中尙書，以考二十九篇，得多十六篇，謂之古文尙書，後來這兩種尙書，皆亡於永嘉之亂，乃有梅賾所上古文尙書及孔傳，就是現在的僞古文尙書。當時另外還有張霸的百兩篇，杜林的漆書，可見尙書問題，非常複雜，現存的古文尙書，經過了許多人的研究，自吳棫朱熹吳澄梅鷟以至閻若璩，始知其僞。以二十八篇今文爲較可靠，實則在今文中如堯典禹貢等篇，亦不免有後人僞纂的痕迹。但其間不無可取的古代史料，爲研究古代政治文化的根據。漢代傳尙書的兩派：一爲伏生，一爲孔安國，關於篇數的問題，與眞僞的問題，實爲研究尙書者的先決問題。

禮的內容　禮本來是理的意思，天地萬物，全靠這個理來維持，所謂『四時行，百物生』，『萬物並育而不相害，道並行而不相悖』，皆是這個理，換句話說，就是一種秩序，所以禮記中解釋這個禮字，說道：

『夫禮，先王以承天之道，以治人之情，……是故夫禮，必本於天，殽於地，列於鬼神，達於喪祭射御冠婚朝聘，故聖人以禮示之，天下可得而正也」。

「禮者何也？即事之治也；君子有其事，必有其治。治國而無禮，譬猶瞽之無相，倀倀乎其何之？譬如終夜有求於幽室之中，非燭何見？若無禮，則手足無所措，耳目無所加，進退揖讓無所制」。

這些解釋，都是承認禮是一種人生的規則，不可以缺乏的；所以歷來把禮看得非常重要。言禮之書，大約有三種：一爲儀禮，二爲禮記，三爲周禮。儀禮亦稱禮經，有十七篇，相傳爲周公之遺，而經過孔子的刪定；原來或不止此數，或不及此數，孔子爲之增損，太史公所說禮自孔氏也，漢書藝文志說：

「禮自孔子時而不具，至秦一壞：漢興，魯高堂生傳士禮十七篇，訖孝宣世，后倉最明，戴德戴聖慶普，皆其弟子，三家立於學官。禮古經者，出於魯淹中，及孔氏學七十篇文相似，多三十九篇，及明堂陰陽王史氏所見，多天子諸侯卿大夫之制，雖不能備，猶瘉倉等推士禮而致天下之說」。

從這一段話裏，知道有兩種禮；一爲高堂生所傳的，就叫牠今禮；一爲魯淹中所得的，就叫牠古禮或逸禮。

禮記也稱戴記，漢初，河間獻王獻上仲尼弟子及後學者所記，劉向檢得百三十篇，又得明堂陰陽記，孔子三朝記，王氏史氏記，樂記，等，合爲二百十四篇。戴德刪存八十五篇，稱爲大戴記。戴聖又刪存四十六篇，稱爲小戴記，馬融又加上月令明堂位樂記各一篇，合爲四十九篇，卽今所有的禮記，其實二戴曾否刪禮？亦頗有許多討論。

周禮亦稱爲周官，據漢書所說，也是得於河間獻王，「獻王開獻書之路，有李氏上周官五篇，失冬官一篇，購以千金不得，取考工記補之。」劉歆校理，始得著錄，稱爲周官經，信爲周公致太平之書。

儀禮十七篇，記錄冠昏喪祭朝聘鄉射之禮，今文學家認爲完全無缺。禮記爲七十子後學者所記，各述所聞，大小戴相合之數，適符漢志百三十一篇，故有認刪禮之事爲不足信。記既爲後學者發揮禮經之作，不得列之爲經，此亦爲禮經爭論中的問題。周禮本爲周代官制，爲古文學家所重，而今文學家則斥爲西漢末出現的僞書。

春秋的內容　春秋爲史官筆記，起源亦古，如夏殷春秋，魯春秋，周春秋，宋春秋，燕春秋，在孔子之前，已有春秋之名了，可見各國皆有其春秋，故孟子說：『晉之乘，楚之檮杌，魯之春秋，一也。』史記謂孔子因魯史以作春秋，記自魯隱公元年起至哀公十四年止，凡十二公，二百四十二年大事，爲編年史的濫觴。孟子至比以禹抑洪水、周公兼夷狄驅猛獸之功。後學者爲之作傳，左氏公羊穀梁三傳之外，又有鄒夾二傳，其書已失。今存三傳之中，分爲兩派：一爲公穀，是今文派，一爲左氏，是古文派。公穀盛於西漢，重在析義，多爲問答體。左氏盛於東漢，重在敍述，多爲記事體。兩派互相非難，自劉歆請立左傳於學官之後，便引起爭論，二鄭二賈，皆爲左氏多所發揮，賈逵作左氏長於公穀者四十條。李育有難左氏四十一事，羊弼何休鄭玄皆有論列，後來如颱籍鍾繇等各有所祖。

其餘各經　（一）論語，本來是一本孔子的言行錄，孔子求道行道之主張於此可見。有魯論語，齊論語，古論語的分別。魯論語二十篇，即今之論語。齊論語多問王知道二篇，章句亦較多。古論語出孔壁中，有兩子張，故爲二十一篇，篇次亦與齊魯不同。張禹受魯論語於夏侯建，又從庸生受齊論，擇善而從，稱爲張侯論，包咸周氏爲之章句。鄭玄徧考各家爲之註解，何晏復爲集註。後來註疏的人甚多，宋以後乃盛行朱註。

（二）孝經，亦有古今文的分別，今本鄭註，傳之者爲晉之荀昶。古本出於劉炫，多閨門章四百餘字，又衍出三章，共爲二十二章，唐開元取今本御註，宋朱熹有孝經刊誤，清姚際恆定爲僞書，然在漢時，孝經已有傳授，呂覽嘗引其語，姚說或不盡然。孝經緯稱孔子說：『吾志在春秋，行在孝經，』六藝論謂『孔子以六藝題目不同，指意殊別，恐道離散，後世莫知根源，故作孝經以總會之』。這些話原不可深信，第漢人的重視孝經，原亦未能否認。不過這本書的著作問題，很不一致，有謂孔子爲曾子陳孝道而作，門人記之。言孝爲天之經地之義人之行，爲倫理的根本。

（三）孟子，漢志稱有十一篇，而外書四篇，趙歧謂爲不類，把牠除去，歷來稱爲孟子功臣。漢時趙歧爲之註，有邵武士人託名孫奭爲之疏。宋朱熹集註，爲最著名。其倡導民貴主義，主張施行仁政。較諸孔子思想進步爲多。又保存古代經說甚多，如記堯舜禪讓，合於書大傳，可攷證堯典一篇中一部分的事實。

（四）爾雅，爲最早訓詁之書，相傳爲周公所著，或言仲尼所增，或言子夏所益，或言叔孫通所補，或言沛郡梁文所考，皆無可考證。後人每多增改。爾，近也，雅，義也，爲訓釋字義之書，彷彿今之詞典。

今古文的爭執　今古文的爭端，並不是單在文字方面，從文字上牽連到意義，所以爭執的範圍，非常之大。尚書就是在這爭執中的導火線，以伏勝所傳的爲今文，以孔安國所得的爲古文，篇幅既不同，傳授亦各異，於是有狡猾之徒，乘機作僞，問題乃愈演而愈複雜。從尚書的爭論便牽涉到詩禮春秋等經，亦莫不有今古之別。

原來今古之爭，是起始於劉歆，他要求立古文尚書毛詩左氏春秋逸禮等於學官，與今文十四博士對抗，一方面攻擊今文經的殘缺，一方面宣傳古文經的可信。以古文尚書較多伏生尚書十六篇，又校歐陽夏侯尚書，知今文酒誥召誥均有脫簡。以古文易校施孟梁邱易，知今文脫去无咎悔亡。以逸禮較多儀禮三十九篇，以左氏春秋爲孔子所口授，較孔子弟子所傳授的公穀爲信而有徵。他曾移書於太常博士，證明古文經的如何可靠，於是引起了博士們的反動。龔勝師丹公孫祿等，甚至請治劉歆亂經之罪，他們攻擊古文是僞託的。後來韓歆又奏請立費氏易左氏春秋博士，今文博士數數廷爭，其爭點漸側重到春秋上了。東漢時代，古文學者漸多，像賈逵奏左氏長於公穀，及古文尚書同異，毛詩同異，幷作周官解故，從比較的研究上爲古文吐氣。雖有李育作難左氏，羊弼作公羊墨守，何休作公羊解詁，欲挫左氏以伸公羊，但終不敵當時鄭衆杜林賈逵馬融鄭玄等聲名之盛，東漢以後，今古文之爭，一變而爲鄭王之爭，宋朝以後又變爲漢宋學之爭，直至清朝漢學家反宋結果，今古文之爭乃復活起來。今文家的著作甚多，康有爲的新學僞經攷，把一切古文經，都斷定爲劉歆僞造，是今文家的殿軍而最有力量的作品，關於古今文的分別，周予同曾有一表，錄之如下（見經今古文學）

	今文學	古文學
(1)	崇奉孔子。	崇奉周公。
(2)	尊孔子爲受命之素王。	尊孔子爲先師。
(3)	視孔子爲哲學家，政治家，教育家。	視孔子爲史學家。
(4)	以孔子爲託古改制。	以孔子爲信而好古，述而不作。
(5)	以六經爲孔子作。	以六經爲古代史料。
(6)	以春秋公羊傳爲主。	以周禮爲主。
(7)	爲經學派。	爲史學派。
(8)	經的傳授多可攷。	經的傳授不大可考。
(9)	西漢皆立於學官。	西漢多行於民間。
(10)	盛行於西漢。	盛行於東漢。
(11)	斥古文經傳爲劉歆僞造之作。	斥今文經傳爲秦火殘缺之餘。
(12)	今存儀禮，公羊，穀梁，及小戴禮記，大戴禮記，韓詩外傳。	今存毛詩周禮左傳。
(13)	信緯書，以孔子微言大義存其間者。	斥緯書爲誣妄。

前後漢經學的派別

第一是師法與家法的分別：前漢所分的則為師法，後漢所分的則為家法。譬如講易：在前漢所分的有施孟梁邱，則為師法，而後漢在施派下復分張禹與彭宣，在孟派下復分翟牧與白光，在梁邱派下復分衡咸與鄧彭祖士孫張等，則為家法。書經學家也是這樣：初有歐陽與夏侯之分，繼則歐陽派又分出平當與陳翁生，夏侯派又分出張無故秦恭與假倉等來，推之於詩於禮於春秋，莫不如是。對於師法家非常重視，以為一師之說，雖一字也不敢違背，但是實際上當時分師分家既如是之多，又莫不求異於師說，例如易本楊何，卽不應再有施孟梁邱之分，施孟梁邱同出於田王孫，學如相同，何必分立？如其不同，則不免背師說。既然施孟梁邱分立為三家，使其弟子各守師說，卽不應又分施之張彭，孟之翟白，梁邱之鄧衡士孫，其違背師說可知。此種矛盾情形，固不能自圓其說。統觀各經傳統，門戶家派，愈分愈多，可見師法家法之說，亦至不可以定論的。

第二是治經風氣的不同，前漢經學家，大概專研一經，能兼通他經的很不多，例如：申公的通詩與春秋，韓嬰的通詩與易，孟卿的通禮與春秋，夏侯始昌的通五經，在前漢是難得的。到後漢則大槪一人兼通數經，例如：尹敏既習歐陽尙書，又通毛詩及穀梁左氏春秋；何休精研六經，許愼稱爲五經無雙，蔡元講五經同異，鄭興賈逵等莫不兼通五經，尤其是馬融鄭玄王肅等人，他們都並注五經，且融通古今文而混合起來。

第三是著作情形的不同。前漢注重義理，著作極少；後漢注重訓詁，著作很多，前漢惟京房易，董子春秋繁露，韓嬰詩內外傳，后蒼禮曲臺記，伏生尙書大傳，及二戴的禮記，等等。後漢則周防有尙書雜記四十萬言；景鸞有易說，詩解，禮略，月令章句等等。何休既作公羊解詁，又訓註孝經論語等等。許愼作五經異義說文解字。賈逵集古今文尙書同異齊魯韓詩與毛詩同異，及周官解故左氏解詁國語解詁等。馬融作三傳同異，註孝經論語詩易三禮尙書等類，又注列女傳老子淮南子等書。此外鄭玄王肅等皆莫不有數百萬言的著作。

此是以見前後漢在經學上的風尙不同了。大別之可得梁任公所舉出的四類：一爲口說家，二爲經世家，三爲災異家，四爲訓詁家。且節錄之如下：

『（一）口說家。專務抱殘守缺，傳與其人，家法謹嚴，發明頗少。如田何丁寬伏生歐陽中公轅固生胡母生江翁高堂生等其人也。（二）經世家。衍經術在言政治，所謂以禹貢治水，以洪範察變，以春秋折獄，以三百五篇當諫書，如賈誼董仲舒龔勝蕭望之匡衡劉向等其人也。（三）災異家。牽合附會，自惑惑人，如書則有洪範五行，禮則有明堂陰陽，易則有京房之象數災異，詩則有翼奉之五際六情，至於春秋又益甚焉，馴至讖緯之學，支離誕妄，不可窮詰。（四）訓詁家。自莽歆以後，提倡校勘詁釋之學，逮東都之末，則賈馬許鄭，益覃心於箋注，以破碎繁難相夸尚，於是學風又一變』。

讖緯學的發生及影響

四庫提要說：『儒者多稱讖緯，其實讖自讖，緯自緯，非一類也，讖者，詭爲隱語，預決吉凶：……緯者，經之支流，衍及旁義』。可知讖緯本來是兩種不同的東西，起源很古的。史記所謂秦讖於是出矣，以及『三戶祖龍』之語，都是一種預言。緯就是緯書，託言孔子所撰，隋志謂『孔子既敘六經，以明天人之道，知後世不能稽同其意，故別立緯及讖，以遺來世」。此說之不足信，無待明辨；不過西京之初，確有緯書，其引語之見於史記及京房易太玄經等處者甚多。荀悅謂起於中興之前，似非無據。不過以前是分開的兩種東西，到了哀平時方把牠合成一個名詞，新莽光武最爲相信，以是東漢經學家，都取其語來釋經，鄭玄何休宋均爲之注釋，賈逵以此論左氏，曹褒以此定漢禮作樂，甚至以七緯爲內學，以五經爲外學，而造成漢代的迷信，影響於後世者極大。

原來這種學說的造成，其原因亦非常複雜，大概是古代巫覡之遺。最大的成分，不外陰陽五行之說。陰陽本於易，五行本於書，後來所謂術數者流，把牠來合起來，成爲一種神秘的東西。劉歆乃有特列的術數略，包含天文，歷譜，五行，蓍龜，雜占，形法的六門，不但與讖緯說相表裏，也可以說造成讖緯的重要原因。這種迷信，不獨影響於一般社會，簡直支配了中國數千年的思想，無論在政治方面，倫理方面，皆充滿着這神秘的色彩。歷史上大書特書的日食星隕，以及鬼神的禍福，正是觸目皆是。漢代的讖緯，不過是一個特別的名稱，而這種思想却已早存在；雖經宋武帝隋煬帝禁絕後，這種思想，還是非常普遍。在漢朝所以成爲一種學說，乃是因爲當時多數經學家把他特別發揮一番的緣故。雖也有像孔安國毛公王璜等非議於前，桓譚張衡荀悅等反對於後，究竟敵不過多數學者的提倡。這實在是漢學上的汙點，也是中國社會不進步的病根。

第四章　六朝老佛學

老佛學說發皇的原因

老佛二家，旨趣本來有些相同，他們都帶點消極厭世的色彩。佛教是從東漢傳進來的，老子也在漢末給道士們戴上宗教的冠冕，便成爲性質相類的兩種宗教，在教義上組織上都是互相摹倣，所以馬端臨在文獻通考裏說：

『二氏固互相倣傚：仁義禮法者，聖賢之說也；老氏以爲不足爲而主於清淨。清淨無爲者，老氏之說也；佛氏以爲不足爲而主於寂滅。』

他又引朱文公所說：

『佛家偸得老子好處，後來道家只偸得佛家不好處。理致之見於經典者，釋氏爲優，道家欲效之，則祇見其瞉淺無味；祈禱之見於科教者，道家爲優，釋氏強欲效之，則祇見其荒誕不切矣。』（見文獻通考經籍考五十二）

這一種論斷，是否正確？姑且不問，不過老佛二家的旨趣相同，歷來都是這樣承認的，從魏晉以來所主張的三教同源，以及韓文公「不入於老，則入於佛」的議論，已早把老佛並列起來了。但現在我們暫且不從價值上評判他們的優劣，且先研究到兩種學說爲什麽在這時候特別的發皇起來？至少我們看見有二種大原因：

（一）是時局的紛亂。從漢末以至於晉初，比較戰國的時局尤覺得紛亂。在政治方面，宦官與外戚，迭相弄權，一方面得勢，一方面便遭慘殺，漢末的黨錮之禍，晉初的八王之亂，朝爲顯宦，暮遭夷族。在社會方面，自黃巾之亂以後，三國紛爭，五胡殘殺，幾無安寧之時。到處盡成刀俎，性命直同草菅。所以一般人的心理，祇求苟全性命於亂世，以逍遙放達爲避禍之計，而歡迎這無爲出世的老佛。

（二）是經學的反動。漢代講求經學，末流至於破碎支離，發生厭倦，班固曾有幾句切中時弊的話：

『後世經術既已乖離，學者又不思多聞闕疑之義，而務碎義逃難，便辭巧說，破壞形體，說五字之文，至於二三萬言，後進彌以馳逐，故幼童而守一藝，白首而後能言，安其所習，毀所不見，終以自蔽，此學者之大患也。』」

他又以爲一經說至百餘萬言，大師衆至千餘人，都是導以利祿之故。研究經術的結果既如此，宜爲一般人所厭棄，本喜新厭故的心理，歡迎老佛學說。

加以一般學者的提倡，如王弼何晏等倡導於前，鳩摩羅什等發揮於後，也是一種重要的原因。

老佛思想的比較

上面已經說過老佛的旨趣很相同，現在且從思想上略略加以比較：

(一)無我。佛教以無我爲修道的入門，老子所說：「貴大患若身，吾所以有大患者，爲吾有身，及吾無身，吾有何患」？正與佛家所說：『諸苦所因，貪欲爲本，首在破我執』一樣的意義。

(二)無名。老子在宇宙本體論上，以爲宇宙的根本原因，是一個無可名而名的道；他叫牠是無。所以說：『無、名天地之始，』既然是無，就不能有所名，道是勉強叫的名稱；正如佛家叫牠『眞如』一樣的意義。眞如是什麼？大乘起信論裏的定義這樣說：『眞如自性，非有相，非無相，非非有相，非非無相，非有無俱相』，與老子所解釋的道字實在是一樣的。宇宙的本體既是這樣的一個東西，所以要體認這個本體，老子主張要無欲，說『常無欲以觀其妙』佛氏主張『一塵不染的妙觀察智』，在認識方面也是相同的。

（三）無爲·老子在人生哲學方面，主張無爲，但是無爲並不是放棄，乃是不可勉強，所以他在『無爲』之下接上『無不爲』三字，表明無爲是順乎自然，好像嬰孩一樣的天眞未鑿，所以說『復歸於嬰孩』。正與佛家主張的清靜寂滅，無餘湼槃一樣。所謂湼槃，就是棄絕一切人爲的私欲，恢復到本來的天性，也像嬰孩一樣的一塵不染。注重破除法我二執，與老子絕聖棄智的意義又很相同。

假使要照樣比較起來，正是有很多的話可說，德淸所著的老莊影響論，他在比較上說得格外明白。從這種比較的結果，見得這兩種思想，有一個共同的趨勢，就是認現世是一個罪惡痛苦的世界，主張無爲自然，求個人精神上的慰安，要在這痛苦世界中，別造一個快樂的精神理想世界，所以在這時候，恰恰迎合一般社會厭亂的心理。

老佛學說的影響

老佛思想影響到中國的一般社會，實在非常之大，尤其在魏晉六朝的時代。最顯然的，我們可以提出兩點：

（一）影響於一般的人生觀。從王弼何晏倡導老莊之學以後，當時的學者，羣焉嚮慕，所謂四聰八達，所謂竹林七賢，都是愛慕老莊，鄙棄儒術，以清談爲高尚，視功名如敝屣。在漢末晉初之間，一般學者，都趨向到這條路上，都覺得人生是偶然的，祇有痛苦而無快樂，所以要避去一切的束縛，要求絕對的個人自由。有的拚命去喝酒，有的流連着山水；聚合幾個同志，專談些玄理抽象的問題。結果，便有兩種很顯然的惡影響：一使當時的人生觀都變消極的悲觀頹廢態度；一使當時人的思想都走入到玄學的範圍。現在我們從實利方面來觀察，自然很不滿意於這種的學風，但是從學術思想的本身講，却也不能否定牠在哲學上的價值。

（二）影響到一般的宗教觀念。中國人對於宗教的態度，向來是非常宏量的！無論老佛思想本來有相同的地方，就是不很相同的儒佛，或儒老，也可以互相融通的。漢代尊儒的結果，把儒家擠入到宗教的地位，與老佛並列起來，成爲儒釋道三教。孫興公首倡儒佛一致之說，以爲『周孔卽佛，佛卽周孔，周孔救弊，佛教明本』。因爲那時大都伸佛抑儒，興公此論，有些爲儒家鳴不平的意味。顧景怡是唱佛道一致論的，所著夷夏論，竭力拉攏佛道，所謂『道卽佛，佛卽道，在名則反，在實則合』，這種說法，可說是當時極普遍的論調。張思光是主張三教一致的，他與周彥倫討論釋道，所謂『百聖同投，本末無二』，亦直承認萬教一致的。他臨終左手執孝經老子，右手執小品法華；與周彥倫所著的三宗論，同抱三教同源的主張，後來文中子他雖是一個儒家，也承認仲尼老莊釋迦地位的平等。從此以後，三教同源的思想，在中國的社會思想上非常普遍，這也是一種很顯著的影響。

一般思想的傾向　當時的士大夫，受時代的影響，大都沉溺於淸談，有很顯著的兩種表現：一爲頹廢的思想，一爲放達的思想。所謂頹廢的思想，我們可以拿楊朱做代表，列子中有楊朱力命兩篇，可以作爲硏究楊朱的材料。列子這本書，大概認爲是這時候的出品，是一種頹廢思想的表現。頹廢思想本身的好壞，現在我們不加討論，但是魏晉以來這種思想的普遍，却是不能否認的。研究這種思想的成分，一方面固由於時局的不安定，使一般人感受着人生的痛苦，一方面也受老佛學說的影響，認人生爲無常，主張及時行樂，順性而游。也可以叫爲縱樂主義。放達與頹廢有些不同，頹廢是任自然主義，放達是樂自然主義。像當時的阮籍，劉伶，畢卓，王澄，王衍，樂廣，陶潛……那些人，都是這一派。從阮籍的大人先生傳，可以看出這種思想，是主張放任不羈，玩弄禮法。所以大都賤黜六經，以守法爲迂闊，載酒遨遊，逍遙山水；甚至裸臥通衢。盜酒被執。陶淵明的歸去來辭五柳先生傳，也是表現出這種樂自然的態度，後來像李太白白樂天……等詩人，都帶着這種傾向。

同時我們再看一看南北朝思想的情形。西晉以後，五胡亂華，分爲南北朝。在南方則宋齊梁陳。在北方則由後魏而分爲東西魏，南朝對峙，約歷二百年之久，南朝承晉代遺風，鄙棄儒術，主張放任，清談之風，猶未盡息。流連道佛，不問世務。齊梁諸帝，大崇佛法，靡靡之風，抑又加甚。北方起自蒙驪，民風強悍，雖亦崇信佛法，卻拒絕老莊的浮誕，反而尊崇儒術，像劉淵父子的好學經史，劉曜苻堅的廣興學校，後魏孝文的精通文藝，儒術因而大興。南北風氣，截然不同，惟對於佛教，南北皆極信仰。

儒學的消沉　漢末以來，學者都厭棄儒學，以研精老易爲一時風氣，所以當時儒學，不若漢代的隆盛，其崇高地位，已爲老佛奪去。京師雖仍設太學國子學等，對於儒術，已沒有特別的貢獻，祇不過因襲漢代的研究成績，略加整理而已。永嘉以前，尙能承漢代崇經餘風，立王弼易，孔安國尙書，鄭玄毛詩周官禮記論語孝經，服虔杜預左傳……等於學官。永嘉以後，時局愈陷於紛亂，研究經學者乃寥若晨星；南北爭點，無非崇鄭崇王，絕無新的發明。南朝宋設玄史文儒四館，儒在玄後，梁雖立五經博士，儒學終不敵玄學之盛。惟北朝則一意摹倣中國文明，自魏道武設太學五經博士以後，繼之者有獻文的建鄉學，孝文的修國子學四門學，造明堂辟雍以獎勵經術，儒學反較南方爲盛。綜計當時所有明經之士，在南朝惟齊之王儉，梁之皇侃，以及何嚴崔伏等數人而已。而北朝則魏有徐遵明，其弟子如盧景裕崔瑾李周仁徐鉉等，皆甚著名。李鉉熊安生爲齊博士，劉鉉劉焯爲北周大家，人才之多，反較勝於南朝。

老學末流的分派 自王弼注老子，郭向注莊子，張湛注列子以後，老學遂復興起來。那些方士派人，把漢代的張道陵魏伯陽，晉代的葛洪，以及後來的寇謙之陶弘景等方士神仙說牽在一起，便生出宗教的道教來。硬拉老子做他們的教主，剽竊些粗淺的宗教儀式，演成了種種迷信，所以漢以來的道家，實在不是老子的本來面目。馬端臨在文獻通考裏說得很詳細：

「道家之術，雜而多端，先儒論之備矣。蓋清淨一說也，煉養一說也，服食又一說也，符籙又一說也，經典科教又一說也。黃帝老子列禦寇莊周之書，所言者清淨無爲而已，而略及煉養之事，服食以下所不道也。至赤松子魏伯陽之徒，則言煉養而不言清淨；盧生李少君欒大之徒，言服食而不言煉養；張道陵寇謙之之徒，則言符籙而俱不言煉養服食；至杜光庭而下以及近世黃冠師之徒，則專言經典科教；所謂符籙者，特其教中之一事，於是不惟清淨無爲之說，略不能知其旨趣，雖所謂煉養服食之書，亦未嘗過而問焉矣；然俱欲冒以老氏爲之宗主而行其教」。

馬氏把當時的道教，分爲五派，以爲皆冒以老子之名，愈遠而愈失其眞，愈後而愈見其淺薄，所以接着又說：

「蓋嘗卽是數說者而詳其是非：如清淨無爲之言，曹相國李文靖師其意而不擾，則足以致治；何晏王衍樂其誕而自肆，則足以致亂；蓋得失相半者也。煉養之說，歐陽文忠公嘗删正黃庭，朱文公嘗稱參同契，二公大儒，攘斥異端，不遺餘力，獨不以其說爲非，山林獨善之士，以此養生全年，固未嘗得罪於名教也。至於經典科教之說，盡鄙淺之言，庸黃冠以此逐食，常欲與釋氏抗衡，而其說較釋氏不能三之一，爲世患蠹，未爲甚鉅也。獨服食符籙二家，其說本邪僻謬悠，而惑之者罹禍不淺，欒大李少君于吉張津之徒，以此殺其身，柳泌趙歸眞之徒，以此禍人而卒自嬰其戮，張角孫恩李用之徒，遂以此敗人天下國家」。

這是從價值上加以評判，十分確當。梁任公亦曾根據其說。分當時道家派爲四種：一曰玄理派，二曰丹鼎派，三曰符籙派，四曰占驗派。其意義與馬氏大旨相同：其曰玄理，卽馬氏所謂清淨無爲；其曰丹鼎，卽馬氏所謂服食，惟多一占驗而不及經典科教。所謂占驗，乃是陰陽家儒家道家的混合物。似不專屬諸道家。

佛教的產生　佛教產於印度，教主釋迦牟尼，大約生於西元前五百六十年左右，（釋迦生年，說至紛歧，最近呂澂所著印度佛教史略，推測釋迦死年，約在西元前四八六年，依此上溯，則當生於五六五年。）略先於中國孔子。幼名悉達，是中印度迦毗羅衞國王淨飯的兒子，他的母親叫摩耶。從小很聰明，富於思想，對於固有的婆羅門經典，有過精深的研究。也有超衆的武藝。他旣生長在王宮裏面，五欲之樂，無不具備，十六歲就娶了耶輸陀羅爲妻，生一個兒子名叫羅睺羅。但是他對於人生問題，有很大的懷疑：看見禽獸的相食，想到物類的殘忍；看見農夫的耕種，想到人生的勞苦；看見王族僧族的權威，想到階級的不平，無論看見什麼，都要仔細思想一下。後來覺得人有生老病死的痛苦，很不容易解決，便起了遁世的志願；果然在十九歲那一年，拋棄了太子的榮華與家庭的享樂，獨自到雪山去苦修，深思了十二年，方才覺悟。他覺得人都有『無上正覺』，可惜給私欲迷住了，所以有許多痛苦，要解除這些痛苦，只要離開妄執，卽能發顯眞智而得快樂。所以他便四出說法，示人以『轉迷啓悟，離苦得樂』的方法。這樣說法傳道，共歷四十九年，後來的佛弟子，把牠分爲五個時期：一爲華嚴時期，二爲阿含時期，三爲方等時期，四爲般若時期，五爲涅槃時期。到七十九歲便死了，他的弟子，就把他生平所講過的話，追述出來，就是現在所有的佛經。當時弟子中有所謂十大弟子，稱爲佛門十哲，他們召集了五百餘人，開會於王舍城中，佛教叫做結集，這樣的結集，曾經有過三次，規定了所謂『經律論』三藏，爲後世佛教的根據。後來在印度經過許多人的提倡，像印度的阿育王，他非常的熱心，曾經派了許多人到四方傳教，有人以爲這時候已經傳道到中國。還有像馬鳴龍樹那些人是發達佛教的中堅分子。當中國漢明帝的時候，佛教正式傳入中國，有攝摩騰竺法蘭帶了些經典來，就建立白馬寺，開始翻譯佛經。從此名僧們來自西方的踵趾相接，大都注意於翻譯事業；而中國也有和尚到西方去留學，求得佛典，從事翻譯。第一個到西方去留學的，要算漢末的朱士行。關於這兩點，梁任公有過兩篇文章：一篇叫佛典的翻譯，一篇叫千五百年前的留學生，說得很詳細，我們可以參考。

佛教的教義和著作

佛教的教義，好像很複雜，不容易懂得；其實是很簡單的。全部意義，包括在『轉迷啓悟，離苦得樂』的二句話裏。所以牠的經典，無非要說明什麼叫做迷，什麼叫做悟，怎樣解決人的迷？怎樣啓發人的悟？怎樣可以脫離痛苦？怎樣可以得着快樂？……等等的問題。牠以爲不明白宇宙的眞理，叫做迷，明白宇宙的眞理，叫做悟。爲什麼人不能明白宇宙的眞理？因爲有種種的煩惱和世智把本來智慧錮蔽了，好像有一片浮雲把太陽光遮蔽一樣，所以這種煩惱和世智，就叫做無明之雲。人人有光明的智慧，就是人人有如來的佛性，這個佛性，也就是宇宙的本體，叫做眞如，眞如是不生不滅的實在，一切生滅變化宇宙現象，都跟着這個實在而來的。好像波之于水，波浪有起伏，水却是常在，波起于水，離水即沒有波。所以人生好像渡過這個世界的生死海，達到不生不滅的涅槃境界。在生死海中過渡的時候，有許多恐怖憂慮的痛苦，或者竟迷失了方向，沈淪在這個海裏。佛好像給人以指南針，也好像是一隻船，要普渡衆生達到彼岸，這都是從人的心理上做起，所以他的方法，注重在要發揮人的眞覺，叫人心都證得眞如，便可以成佛。他要人皈依三寶，要人解脫二執，要人修六波羅蜜，要人淸淨守戒，無非要人用種種修行的法門，破除一切本心上的障礙，超脫痛苦的現世界，達到快樂的淨土，所以牠那千頭萬緒的說法，歸根落葉，不過如此。

發揮這種意義的著作，多得不可勝數，我們從中國方面看，所譯出的經典論藏，以及歷代名僧的創作，也是不勝枚舉，簡單地說起來，從東漢到中唐七百年間，據開元釋教錄所記：有譯人一七八，譯經二二七八部七〇四六卷，法寶勘同總錄所記：總括至元以前有譯人一九六。這種統計，雖不完全，但亦可見其大概。東漢時代的譯人，要以安淸與支讖二人爲最著，安譯有三四部，支譯有十四部，（見三藏集記）同時尙有其他繙譯的人，如支謙竺叔蘭支讖梁接等。到東晉南北朝的時候，作家更多了，第一要算道安，討論翻譯的義例。他的弟子慧遠曾設般若臺譯場於廬山。譯品最多的，當然要算鳩摩羅什，他在長安逍遙園譯場中主任譯務，襄理的人很多，生平統共譯出經論有九十四部四百二十五卷之多。其時在譯務上的人才，最著名的如前後兩耶舍竺佛念覺賢曇無讖眞諦等人。至唐朝要以玄奘爲最，他遊學於印度十六年，帶來五百多夾的梵經，用十九年工夫，譯出了一千三百三十卷。除譯梵爲漢外，又曾譯漢爲梵。有弟子三千之多，窺基是弘傳法相的有力分子，也曾譯了百多卷的經論。同時，最有名的作家如日照般若實义難陀義淨菩提流志不空等人，各有許多譯著。最後如天息災，他在譯務上定了許多規矩，好像前期的道安一樣。宋朝以後，便沒有什麽可說了，總之：佛教能在中國發揚，著作實是一個重要原因，因爲有這麽許多著作，所以引起一般社會的信仰，牠的思想，也影響到中國學術非常之大。

佛教的宗派

佛教的派別很多，我們所能夠知道的，在中國有十三宗派，即：俱舍宗、成實宗、律宗、法相宗、三論宗、華嚴宗、天台宗、眞言宗、淨土宗、禪宗、以及涅槃、地論、攝論等宗。現在且略述各宗派的內容：

俱舍宗有新舊的不同，根據眞諦三藏所譯俱舍論的，叫做舊俱舍宗，後來玄奘重譯俱舍論，便稱爲新宗。俱舍論是世親根據阿含經的意義而作的，也叫做對法藏，注重四諦因果的道理，所謂四諦，就是苦集滅道。用這種因果的道理，解釋三世十二因緣，並且解釋到宇宙萬有生滅變異的狀態，分成爲七十五法，一部分是屬於有爲的，一部分是屬於無爲的，從有爲法分析研究宇宙的現象，在哲學上是屬於現象論，因爲他原是主張一切有的。

成實宗注重一切空，訶黎跋摩覺得有部的主張不對，所以著成實論主張一切空。鳩摩羅什把牠譯爲漢文，就成立這個宗派。成實論裏所發揮的道理，就是人空與法空，用人空觀來破除煩惱障，用法空觀來破除所知障，結果，便可以得到羅漢果。要修成羅漢，先從五趣地起頭，一步一步上去，經過二十七位，八十一品，方才能斷滅三界思惑而爲羅漢。牠也用八十四法來推測宇宙的實在，不過牠的結論，一切是個空。

律宗是專門講戒律的，最初優婆離所集的戒律，名叫八十誦律，後來更分出四分律、僧祇律等等，在中國首先譯出的，則爲僧祇戒本，等到四分律傳入，便正式成立這宗派，是從智首起頭的。後來又分出南山、東塔、相部、等不同派別來。講到戒律，在佛教中看爲一件非常重要的事，也就是所謂制教；修行的入手，先要從制教起頭而後及於化教。原來佛教分爲戒、定、慧、三學，戒學屬於制教，定慧屬於化教。因爲戒行清淨，定慧自生，所以戒行是入道的第一步工夫。一切戒律，都包括於止持、作持、二門，所謂止持，就是諸惡莫作，作持，就是衆善奉行。綜合起來，有比丘戒，比丘尼戒，優婆塞戒，優婆夷戒。無非是一種遏欲的方法。

法相宗是根據解深密經瑜伽論成唯識論的教義。玄奘從戒賢那裏學得因明唯識，帶回中國，他的弟子窺基把牠發揚起來，成立這個宗派。這個宗派所注重的，是『三界唯心，萬法唯識』的兩句話。以爲宇宙的本體，就是心，心外沒有別的法，一切世界的現象，都不過是心的影，叫做識，萬有都由識所變。分識爲八種：眼、耳、鼻、舌、身謂之前五識，第六叫意識，第七叫末那，第八叫阿賴耶。照心理學說法：前五識則爲感覺作用；第六識乃是思考作用；第七識是思考的根，能分別善惡，可以說是理知；第八識的意思就是藏，以爲世界一切萬有的種子，都藏在其中，好像說到人的本能。從這八識推到一切現象，便分出了百法，與俱舍的方法差不多，不過在百法之中，以心王爲主要，心王之中，又以阿賴耶爲根本。歸納到『種子生現行，現行熏種子』的兩句話裏。

三論宗是以龍樹的中觀論十二門論，與提婆的百論爲根據，中國從鳩摩羅什創始，後來經嘉祥闡發其義，於是成立。其旨在破邪顯正，百論破世間出世間之邪，中觀論破大小乘之迷，十二門論破大乘之妄執。邪執旣破，正義自顯。破邪之法，須從二諦八不入手，所謂二諦，卽眞諦與俗諦，俗諦是說森羅萬象種種的差別，眞諦是說森羅萬象一切皆空，所以俗諦是有，眞諦是空，但是說有說空，皆非宇宙眞相。宇宙眞相，乃是八不中道，卽不生、不滅、不去、不來、不一、不異、不斷、不常。中道旣立，有空自破，這便是破邪顯正的道理。

天台宗爲天台大師智顗所創，以法華經爲本，以龍樹的大智度論爲輔。分教相與觀心二門：依五時八教的道理，開啓智解，叫做教相；用這種智解返求諸心，叫做觀心。又用空、假、中、三諦說明宇宙眞相，以爲宇宙的本體是空，現象是假，妙用是中，證明天地萬物都無自性。不明這個道理，便是惑，卽所謂見思惑，塵沙惑，無明惑。欲破除此三惑，須明白『一心三觀法』，因爲一心三觀法，可以破三惑而顯三智，由此證得涅槃正果。

華嚴宗本於釋迦第一時說教之華嚴經，在印度則創於馬鳴龍樹，在中國則傳自杜順，繼杜順之後，有智儼賢首淸涼宗密，稱爲華嚴五大師。其教以『圓融無礙』爲宗旨。謂世界原有四種分別：一爲事法界，是說物各有分別，好像水與火的不同，水之中又有冰與湯之不同。二爲理法界，是說物雖有別，法性平等，猶冰湯的同屬於水。三爲事理無礙法界，是說萬法卽理，理卽萬法，事與理原是相通的。四爲事事無礙法界，是說不但事與理無礙，卽事與事亦同出於一個源頭，就是萬象同屬一個法性所表現。從種種差別之中求得無差別的本性，這個本性，叫做『一眞法界』，卽所謂一眞法界統四法界，這是華嚴宗的大旨。

眞言宗與他宗不同，天台華嚴都以理爲本，眞言宗却以事爲本。他宗以眞如爲宇宙本體，本宗却以六大爲本體。六大：地、水、火、風、空、識。教祖曰大日如來，謂從龍樹得其經於鐵塔中，傳給龍智，後來由他的弟子善無畏不空傳入中國，也叫做密宗。從中國傳到日本，日本最興盛。他們以爲佛有三身，卽法身、報身、化身，各宗所說的法，都是報身化身佛以語言表顯的，所以叫顯教。惟眞言宗乃法身佛所表現的眞理，不藉言說，所以叫密教。宇宙眞相，『無顯非密，無密非顯』，所以分出胎藏與金剛二界。在六大之中，前五者屬胎藏界，後一者屬金剛界，意思就是宇宙一切現象，都包藏於常住不壞的實在中，可以說現象卽實在，實在卽現象，是牠的宇宙論。能體悟此理，便可以發現固有的智慧，卽身成佛了。

禪宗也與普通佛教有些不同，稱爲教外別傳。達摩是中國禪宗的初祖，後來分出許多派別來，以禪定爲修行的唯一法門，注重坐禪參禪的兩種工夫，一方面調身，一方面調心。調身的方法，就是選擇淨室，節制飲食，五體的姿勢，呼吸的長短，皆有一定的規則。調心的方法，就是要超越一切的思想，使無善惡迷悟生死的觀念，達到安住不動的境界。

這種工夫到了純粹的時候，不起智情意的作用，一切雜念，都能斷絕；恢復本來面目。所以他們以為成佛之道，不待外求，只要從心裏做起，把一切障礙都除盡，在外就是文字語言障，在內是思想障，障礙既除，心地自然光明，便成佛了。

淨土宗的目的與禪宗相同，而方法上却相反。禪宗稱為難行門，非上根聰明人，決不能做到。淨土只要一心念佛，便能開悟，雖愚夫愚婦也可以成佛，所以叫易行門。主張只用念佛的方法，宣揚阿彌陀佛的名號，即能往生淨土；不重理論，只重實行。阿彌陀的意思，就是無量壽佛。阿彌陀佛是西方極樂世界的教主，他有接引衆生到淨土去的力量，念佛的人，只要有這種信仰，便會得着外來的力量，使他成佛。念佛的方法雖有種種不同，但最概括的意義，就是『攝萬念為一念，化染念為淨念』，在心理學上是很有牠的價值的。晉慧遠結白蓮社於廬山，就是中國淨土宗的起頭，善導也是一個最有力量提倡的人。直到現在，還是佛教中最普遍的法門。

此外有地論宗，已經歸併在華嚴宗；攝論宗已經歸併在法相宗；涅槃宗已經歸併在天台宗了。所以普遍說起來，祇有上面的十宗，其實這十宗中也只有禪宗淨土宗律宗法相宗幾個宗派，在現在佛教中活動了。

梁任公有一個佛教宗派表，我們把牠寫在這裏：

宗名	開祖	印度遠祖	初起時	中盛時	後衰時
成實宗	鳩摩羅什	訶黎拔摩	晉安帝時	六朝間	中唐以後
三論宗	嘉祥	龍樹提婆	同上	同上	同上
涅槃宗	曇無讖		同上	宋齊	陳以後歸天台
律宗	南山		梁武帝時	唐太宗時	元以後
地論宗	光統	世親	同上	梁陳間	唐以後歸華嚴
淨土宗	善導	馬鳴龍樹世親	同上	唐宋明時	明末以後
禪宗	達摩	馬鳴龍樹提婆世親	同上	同上	同上
俱舍宗	眞諦	世親	陳文帝時	中唐	晚唐以後

攝論宗	同上	無著世親	同上	陳隋間	唐以後歸法相
天台宗	智者		陳隋間	隋唐間	晚唐以後
華嚴宗	杜順	馬鳴 龍樹 堅慧	陳	唐則天後	同上
法相宗	慈恩	無著世親	唐太宗時	中唐	同上
眞言宗	不空	龍樹龍智	唐玄宗時	同上	同上

信佛與反佛　（一）帝王的信佛。漢明帝求佛天竺，迎西僧建白馬寺，可爲帝王中信佛的第一人。同時，其弟楚王英信佛尤虔，史稱其尙浮屠之仁慈。漢桓帝建祠宮中，吳大帝歡迎康僧，這是漢代信佛的帝王。到了晉朝，後趙石勒父子敬禮佛圖澄，建佛寺至八百九十餘所，秦苻堅迎取道安，曰：『朕以十萬師取襄陽，所得僅一人半，安公一人，習鑿齒半人』，其重視至此。又遣呂光率兵迎鳩摩羅什於龜茲，羅什在當時，備受後涼後秦的優禮，居之逍遙園中。南北朝中，幾無一帝不信佛，如宋文帝迎求那跋摩於天竺，任惠琳

爲相，並設戒壇，授僧尼戒律。孝武帝優容曇標，齊高帝聽經僧遠。信佛最篤的，要算梁武帝，迎禮三大法師於宮中，又親受戒律，自註大品般若經，迎達摩於廣州，迎眞諦於南海，三臨同泰寺，死猶荷荷。此後陳宣帝崇信智顗，聽經太極，此皆南朝諸帝之信佛者。餘如北涼沮渠蒙遜之迎曇無讖，後魏宣武帝之親講維摩，國內廟宇多至萬二千所，僧侶有二百萬人，西域沙門有三千多，北朝佛教之盛可知。

唐太宗建造十寺，親著三藏聖教序，高宗敬禮玄奘，名太子曰佛光王，武后禮佛尤甚。此後僧徒之來自西域者日衆，無不受帝王之歡迎，惟武宗曾一度反佛。五代帝王亦多信佛。宋太祖雕刻藏經，太宗建太平興國寺，設譯經院，徽宗雖信道教，而亦不排斥佛教，此後帝王中之信佛者，實屬不勝枚舉，元代的信奉喇嘛，明清的保護佛寺，都是帝王信佛的表現。佛教在中國能這樣興盛，這也是一個最大的原因。

（二）學者的信佛。漢代有牟子所著的理惑論，是擁護佛教最初的言論。同時，如張蓮孟福聶氏父子助譯佛經，皆最先信佛的學者。晉朝學者，大都老佛並信。習鑿齒爲苻堅所重，參加白蓮社念佛的人中，尤多學者。蓮社十八高賢傳中，有劉程之周續之雷次宗等參與其間。主張三教同源的人，尤爲顯著。唐宋學者，如李翺的討論復性，柳子原的不直韓愈，於佛教皆有相當信仰。宋代理學家中，雖不少闢佛的言論，而他們的思想上不能否認所受的影響。此外如歷來所稱爲居士的一派人，尤屬多不勝舉。

（三）帝王與學者的反佛。在佛教的歷史上，有所謂『三武一宗』之厄，第一爲後魏太武帝的坑殺僧尼，第二爲北周武帝的廢毀佛寺，第三爲唐武宗廢棄各教，第四爲後周世宗的銷滅佛像，皆爲最顯著的反佛者。

至於學者中之反佛，以梁范縝的神滅論爲最先，厥後唐代的傅弈韓愈，宋代的歐陽修，皆有反佛的言論，理學家程張朱諸子中，皆攻擊佛教。除范縝從教義方面否認靈魂之存在，予佛教以根本打擊外，餘皆不中要害，於佛教無多影響。當時與范縝辯論的，有蕭琛曹思文等六十餘人，可見信佛者恐慌的一斑。傅韓立論，純從政治經濟方面出發，以佛法爲夷教，僧徒爲坐食分子，廟宇爲淫祀迷信，但是爲佛教辯護者，認爲非常膚淺，如契嵩的非韓論，能使歐陽修李泰伯等傾心佩服。卽柳子厚蘇子由等亦以爲韓愈僅罪其跡而不知道。歐陽修雖曾著本論謂『佛法爲中國患』，後亦自覺其說之非是。宋代理學家的排佛，雖較深於唐人，仍不免有坐禪床而斥佛理之譏。我們知道宋以後佛教的衰替，本不是因帝王學者反佛之故。乃佛教自身沒有繼續發展的力量，祇留得普通社會中的迷信而已。

第五章　宋明理學

理學產生的背景　理學是儒學的別一名稱，亦稱爲道學，宋書有道學傳，把牠別立一派，實則儒與道原無何種分別，周禮所謂『儒以道得民』，道學之名乃由是產生。漢稱經學，唐稱儒學，宋稱道學或理學，本來是出於一個源頭，不過宋儒注重義理，與漢儒注重訓詁，有不同耳。

理學始於仁宗的時候，開此氣運的，不能不說孫復胡瑗石介三人。所以宋元學案，以安定泰山居首，全祖望亦說：『宋世學術之盛，安定泰山爲之先河』。黃百家的話，更爲允當：『宋興八十年，安定泰山徂徠三先生，始以師道明正學，繼而濂洛興矣』。可知完成理學的系統的，雖算是周濂溪，而三先生倡導躬行實踐，實開理學先河。現在我們先應當知道理學產生的原因，最顯著的，不外三點：

（一）漢唐經學的反動，自漢以來，所謂儒家學問，不過是討論些經的問題，在經的問題上，又往往注重到訓詁的方面。在宋儒看來，這些不過是皮毛的研究，所以從義理上去用工夫，一反漢唐經學的面目，在學理方面，注重微言大義，在倫理方面，注重躬行實踐。

（二）受佛學的影響。佛教自漢代輸入以後，經六朝及唐代的發揮，四五百年間，已與中國固有的思想相融和。宋代儒家，又往往研究佛學，表面上雖反對佛教，實際上已受佛教的影響，梁任公說理學是『儒表佛裏』，是很不錯的。

（三）時代變亂的結果。唐末藩鎮跋扈，又經五代的大亂，斯時人心浮薄，禮法蕩然，宋代統一，欲矯其弊，於是提倡儒術，偃武修文，宋儒乃以繼承孔子道統自任，遂有這種理學的產生。

理學與佛學的關係 理學是宋代特產的一種哲學，富含佛教思想，任何人都不能否認的。從六朝以來，有一部分儒家，頗以儒佛並重，有『三教同源』的主張。唐朝李翺，所著的復性書，實是易經中庸老莊和佛義調和的結晶，也成了宋代理學家理論的先河。後來如周濂溪以下的理學家，大概都逃不出他的範圍。但是李翱的思想，從那裏來的呢？有人說他曾問道于鵝湖的大義和尚，並時與藥山惟嚴等相往還，證明他的思想是與佛教有關係的。

說到宋代的理學家，當然要以周濂溪爲開山祖師，他的無極而太極的主張，一部分與老子的無名有名相同，一部分却與佛說相類。所以在道家方面說：由陳搏傳天先圖於种放，歷穆修而傳於周子及邵子，以爲周子的太極圖說，乃根據道家的先天圖。黃晦木太極圖辨也是這樣說法。而佛教方面，說周子太極圖，乃得之於僧壽涯，也有說得之於常聰。郡齋讀書志也是這樣說法。我們固不能斷定他的太極圖究竟從那裏來的，不過他所主張的『寂然不動者誠』，『無欲故誠』，與佛教所體認寂滅的眞如確有些相類。

其次我們看一看張橫渠，他雖批評到楞嚴經，對於佛教卻有過深邃的研究。但是他以太虛與氣爲宇宙本體，稱其名曰太和，與佛教『世間諸相雜和成一體者爲和合性』的意義，有什麽兩樣？他的名著西銘，正與平等慈悲的佛理相通。

傳周子學派的二程，出入釋老幾十年，大程的識仁，雖說發揮孔子的意義，其實也與佛典相類。他所說：『天人本無二』，與華嚴『心佛衆生三平等』相同。他所主張的『義方敬直成仁』的順序，彷佛佛教的戒定慧三學。小程嘗贊禪家的好處，『只是一個不動心』。他主張用『靜坐』爲修道方法，與佛家的禪有什麼分別？不過把一個禪字換一個靜字而已。

朱子評佛，遠不及張程諸子的透澈，他以爲佛學出於楊朱，眞是盲目之談。但他自己却主張窮理盡性與致敬……等學說，也有一些禪家的氣味。

最顯著的，則爲陸王之學，他們所主張的心卽理，程朱派人都罵他們是禪。陽明所謂『人人心中有良知』，正是禪家所謂『人皆有佛性』。

總之：宋元明理學，不下數百家，假使我們一讀他們的學案，覺得他們的理論中，處處充滿着佛教思想，是無可諱言的。

濂溪的太極圖說　理學家的學說，從地理上之關係，分爲濂學、洛學、關學、百源學，閩學。從學理上之關係，分爲程朱派與陸王派。

現在我們當首先敍述濂學，濂學是周元公之學，元公名敦頤，爲宋代理學開山之祖，因居濂溪，故簡稱濂學。他著有通書及太極圖說，宋元學案首列通書，次及太極圖說，黃百家以爲太極圖說乃雜釋老，故序次在後。但朱子曾謂『濂溪之學，莫備於太極一圖，通書之言，皆發此圖之蘊』。其看重太極圖說，甚至說：『宓犧作易，自一畫以下，文王演易，自乾以下，未嘗言太極也；而孔子言之。孔子贊易，自太極以下，未嘗言無極也；而周子言之。先聖後聖，豈不同條而共貫哉』！又說：『無極二字，眞得千古以來不傳之祕』。但是太極圖說，確是周子的宇宙哲學；其言曰：

『無極而太極，太極動而生陽，動極而靜，靜而生陰，靜極復動，一動一靜，互爲其根，分陰分陽，兩儀立焉。陽變陰合而生水火木金土，五氣順佈，四時行焉。五行一陰陽也，陰陽一太極也，太極本無極也。五行之生也，各一其性，無極之眞，二五之精。妙合而凝，乾道成男，坤道成女，二氣交感，化生萬物；萬物生生而變化無窮焉。惟人也得其秀而最靈。形既生矣，神發知矣，五性感動而善惡分，萬事出矣；聖人定之以仁義中正而主靜，立人極焉。故聖人以天地合其德，日月合其明，四時合其序，鬼神合其吉凶；君子修之吉，小人悖之凶。故曰：『立天之道曰陰與陽，立地之道曰柔與剛，立人之道曰仁與義』又曰：『原始反終』，故知死生之說。大哉易也！斯其至矣。」

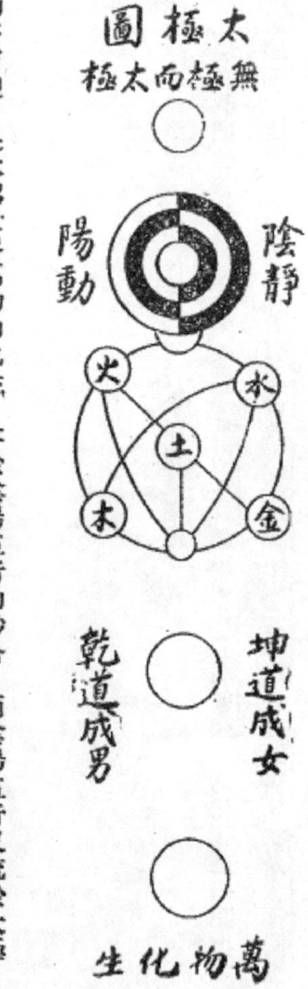

他的宇宙觀，是承認世界萬物的化生，本於陰陽五行的妙合，而陰陽五行又統於太極，太

極之先又有無極，是說有形之世界，本於無形的本體。這個無形的本體，與老子所說的道相同，人本由這道而生，所以主張主靜以立人極。

通書也叫易通，全書四十章，好像是太極圖說的解釋，再三說到陰陽五行變化的道理。其學說以易中庸爲主，歸本到一個誠字，所以說：『誠者聖之本』，『誠，五常之本，百行之原也』。什麼叫做誠？他說：『寂然不動者，誠也』，可知誠就是太極圖說中的靜。所以須靜，欲有以感通天地，識其未兆，故又接着說：『感而遂通者，神也，動而未形有無之間者，幾也；誠精故明，神應故妙，幾微故幽，誠神幾，曰聖人』。

二程學說與理學派別　二程之學，統稱爲洛學，因爲他們是洛陽人。大程名顥，稱明道先生，小程名頤，稱伊川先生，都是濂溪的門人。但是在學說上的主張，却有些不同：明道主張發揮內心的仁，以簡易直捷爲爲學工夫，是近於直覺派；伊川主張學習接物的敬，以窮理致知爲爲學工夫，是近於經驗派。這便成了後來理學上分出程朱陸王兩派的根源。

明道曾著有識仁篇定性書，識仁就是他的根本主張，嘗曰：『學者須先識仁。仁者，渾然與物同體。義禮智信，皆仁也，識得此理，以誠敬存之而已』。他所說的仁，就是顏回三月不違的仁，不是從外面得來的，是我心所固有。也就是孟子所說的反身而誠，所以他像濂溪一樣主張用誠的工夫。中庸說：『誠者，天之道也，誠之者，人之道也』，所謂誠之，就是誠其心之仁，所以說仁與物渾然同體。他的定性書，也是同樣的主張，他以爲性無分內外，內外兩忘纔能定，所以說：『所謂定者，動亦定，靜亦定，無將迎，無內外』。可見他的主張，是注重在內省工夫。

伊川與乃兄不同，以主敬爲他學說的中心，嘗曰：『君子之遇事，無巨細，一於敬而已』。又曰：『聖人修己以敬，以安百姓。篤恭而天下平。唯上下一於恭敬，則天地自位，萬物自育』。他的主敬，與濂溪的主靜，明道的識仁，有些不同，但也並不把內省的工夫完全拋棄，他說：『學者須是將敬以直內。涵養此意，直內爲本』。所謂直內，就是心有主，就是主於敬，他在窮理致知上，也是這樣主張，窮理就是格物致知；但是格物致知，並不是專屬諸事物，所以說：『今人欲致知，須要格物。物不必事物，自一身之中，至萬物之理，但理會得多次，自然豁然有覺處』。他的結論：就是『涵養須用敬，進學在致知』二句話。

張子西銘與本體論

張子名載，字子厚，世稱橫渠先生，因講學關中，故稱關學。年少時喜談兵，嘗謁范文正公，授中庸一編曰：『名教可樂，何事於兵』？遂翻然有志於學，求諸釋老者有年，因無所得，復反求之六經。嘗講易京邸，坐擁皐比，見二程與語道學，自以爲不及，即撤去講壇，冥心苦索，求『變化氣質』之道。其學以易爲宗，以中庸爲的，以禮爲體，以孔孟爲極。曾著有東銘、西銘、正蒙、理窟、易說等，最有價值的爲西銘正蒙，西銘原名訂頑，伊川曾說：『訂頑之言，極純無雜，秦漢以來，學者所未到；意極完備，乃仁之體也，以天地萬物爲一體，是求仁之學』。西銘之文曰：

『乾稱父，坤稱母，予茲藐焉乃混然中處。故天地之塞，吾其體；天地之帥，吾其性；民吾同胞，物吾與也。大君者，吾父母宗子；其大臣，宗子之家相也。尊高年，所以長其長，慈孤弱，所以幼其幼，聖，其合德，賢，其秀也。凡天下疲癃殘疾，惸獨鰥寡，皆吾兄弟之顛連而無告者也。於時保之，子之翼也；樂且不憂，純乎孝者也。違曰悖德，害仁曰賊，濟惡者不才，其踐形惟肖者也。知化則善述其事，窮神則善繼其志，不愧屋漏爲無忝，存心養性爲匪懈。惡旨酒，崇伯子之顧養；育英才，潁封人之錫類；不弛勞而底豫，舜其功也；無所逃而待烹，申生其恭也；體其受而歸全者參乎！勇於從而順令者伯奇也。富貴福澤，將厚吾之生也；貧賤憂戚，庸玉汝於成也；存，吾順事，沒，吾寧也』。

這一段博大精深的道理，把天下一家的思想盡情表現，楊龜山曾疑其近於墨子的兼愛，不知『西銘明理一而分殊；墨氏則二本而無分』，經伊川的答辯，足以使龜山心服。其言人本天地，與明道仁者渾然與物同體，同爲物我一體的主張。橫渠曾經說：『心大則百物皆通，心小則百物皆病，是以吾心爲本』。正蒙十七篇，上則天道，下則人事，明則品類，幽則鬼神，大則經訓，小則物名，無不闡述。所言不出陰陽變化的道理，陰陽雖二，究屆於一，分之則爲陰陽，合之則曰太和。所謂太和。似卽周子的所謂太極，大之爲天地，小之爲人心，天地之間，只是二氣的感應，二氣之中，有無形之理以融和，故曰：『易一物而三才，陰陽氣也，而謂之天；剛柔質也，而謂之地；仁義德也，而謂之人』。人於天地，本爲一而三，卽理一而分殊也。

邵子的象數與司馬光

邵子名雍，字堯夫，稱爲康節先生，因居於蘇門山百源之上，故名爲百源學。當時合之周程張稱爲理學五子，而康節獨以圖數學著名，與諸子不同。故有人以其專講圖數，擯出於理學之列，以爲異端；實則其學亦自有其精到之處，明道曾說：『欲學堯夫，須是二十年工夫』，龜山謂『堯夫見得天地萬物進退消長之理』。希臘哲學家中不乏從數理推究宇宙本體，故堯夫之學，亦有哲學上的價值。他所著的：有先天圖、皇極經世、觀物篇、漁樵問對等。其先天圖有四種：一八卦次序圖、二八卦方位圖、三六十四卦次序圖、四六十四卦方位圖。因欲與文王後天之卦有所分別，故曰先天，朱子把牠列在易本義之首。文王八卦方位，離南坎北震東兌西巽東南乾西北坤西南艮東北，而邵子所演方位，則乾南坤北離東坎西震東北兌東南巽西南艮西北，自震至乾爲順，自坤至巽爲逆，即所謂『數往者順，知來者逆』。又以一分爲二，二分爲四，四分爲八，即本於太極生兩儀，兩儀生四象，四象生八卦之理，推演爲元會運世，用以代歲月日辰之名。

元＝一……………………歲

會＝一二（元之十二倍）……月

運＝三六〇（會之三十倍）……日

世＝四三二〇（運之十二倍）……辰

其理與司馬溫公的潛虛相同。溫公本不是純粹的理學家，但他所著的潛虛，也是以數理推算宇宙的哲學。不過他與堯夫不同的地方，即溫公之數基於五，堯夫則以四爲基數。潛虛之體，五十有五，而基之於五行；五行又各分二：水有原有委，火有熒有焱，木有本有末，金有丱有刃，土有基有冢。原一委六熒二焱七本三末八丱四刃九基五冢十；一二三四五爲生數，六七八九十爲成數。一六居北，二七居南，三八居東，四九居西，五十居中，稱之爲氣圖：

氣圖

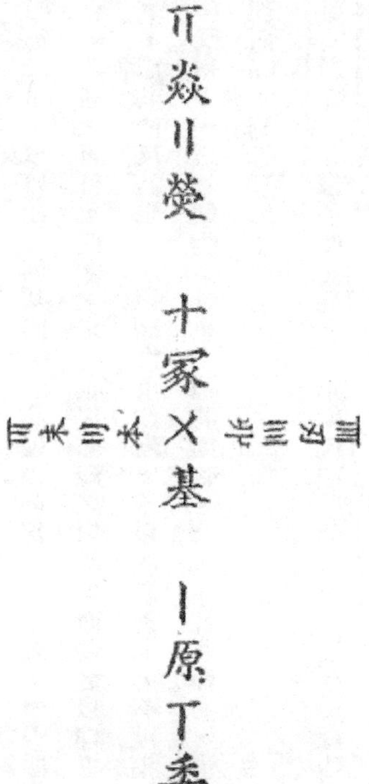

亓焱刂熒　十家乂基　丨原丁委

此種學說，原不是簡短的幾句話能夠說得明白，不過不能否認他們的相當價值。再說到邵子觀物篇的意見，他解釋陰陽動靜，與濂溪太極圖說相類，不過太極圖說於陰陽之下，接以五行，而邵子不言五而言四，以爲天有四象，日月星辰；地有四體，水火土石，推此以言寒暑晝夜，雨風露雷，走飛草木，耳目口鼻，歲月日辰，他以爲四的數目，爲天地一切現象的表現，所以說：『一舉眼便成四片，其法四之外又有四焉』。四之數統於一，一爲本體，四爲表相，以目觀物則爲四，以心觀物則爲一。他說：『夫所以謂之觀物者，非以目觀之也。非觀之以目，而觀之以心也；非觀之以心，而觀之以理也。聖人之所以能一萬物之情者，謂其能反觀也；所以謂之反觀者，不以我觀物也，不以我觀物者，以物觀物之謂也。』又曰：『以物觀物，性也；以我觀物，情也。性公而明，情偏而闇』。這可見邵子從數理而歸本到性理的主張。

朱子學說與其影響

朱子卽文公熹，集宋代理學的大成。因生於福建尤溪，故稱閩學。從學於延平李侗，其父韋齋，曾與李延平同學於羅從彥，羅爲楊時弟子，楊又爲伊川弟子，可知朱學直接傳自小程的系統，多稱之爲程朱學派。朱子早年，曾泛濫老佛，及從延平，始變爲學之方。著作極多，四庫書目列其所著書凡二十九種，倘有通鑑綱目未列入。四書集註，尤爲一生精力所萃，八百年來，學者皆守其說而不敢變。生平詩文及語類，後人把牠編次爲全集百卷，語錄百四十卷，實爲歷來著述最富的學者。

他在哲學上，直接發揮周程二子的學理，認理氣爲宇宙的本體，嘗說：

『天地之間，有理有氣，理也者；形而上之道也。生物之本也。氣也者，形而下之器也；生物之具也。是以人物之生，必稟此理，然後有形』。

區別理氣爲兩種東西，多認之爲理氣二元論者；其實其所謂氣乃附於理，理又藏於氣，二物渾淪，不可分開，故又曰；

『理氣本無先後之可言，然必欲推其所從來，則須說先有是理；然理又非別爲一物，卽存乎是氣之中，無是氣則是理亦無掛搭處』。

他的意思，是以理當太極，氣當陰陽，形質當五行，言氣言質，理卽在其中，所以又說：

『太極非是別爲一物，卽陰陽而在陰陽，卽五行而在五行，卽萬物而在萬物，只是一個理而已。』

『太極只是天地萬物之理，在天地言，則天地中有太極，在萬物言，卽萬物中各有太極。……人人有一太極，物物有一太極，合而言之，萬物統體一太極也，分而言之，一物各具一太極』。

很明白地承認本體爲太極，還是絕對的一元論，把周子的無極而太極，程子的理一分殊，皆闡發無遺了。

從理氣的關係，分別人性爲二，一爲天命之性，一爲氣質之性，他說：

『天地間只是一個道理，性便是理，人之所以有善有不善，只緣氣質之稟，各有清濁』。

『孟子言性善，是極本窮原之性；孔子言性相近，是氣質之性』。

前者是性，後者是情，但他又在情性之上，統之以心，故曰：『情以理言，性乃發用處，心則管攝性情者也』。這是把從春秋以來所討論未決的問題，明白地加以分析。

他的爲學工夫，包括在『居敬窮理』的二端。所謂居敬，即是程子所說的涵養須用敬。所謂窮理，即是程子所說的進學在致知。以爲求聖之道，不外此二語，所以以涵養致知爲第一義，涵養是德性的工夫，致知是知識的工夫，好像車之兩輪，缺一不可。湯言：

『敬以直內，義以方外』，論語曰：『博文約禮』，中庸言：『尊德性，道問學』，孟子言：『養氣集義』，歷來都是這樣地承認。當時有人疑伊川祇言涵養致知，而不言克己，是其缺點，而朱子乃謂之解釋曰：

『致知，敬，克己，此三事以一家譬之：敬是守門戶之人，克己則是拒盜，致知却是去推察自家與外來底事。伊川不言克己，蓋敬勝百邪，便自有克，猶善守門戶，則與拒盜便是一等事，不消更言別有拒盜底。……故敬則無己可克，乃敬之效』。

可見他們所主張的居敬，便包括克己的工夫在內。他尤注重在致知方面，學問之道，在乎致知，致知之法，在乎窮理，知於理有未窮，故其知有不盡也；但是窮理致知的目的，還是爲着涵養德性，是由外而內的工夫，與陸象山不同的地方，就是在此。

象山與朱子的異點

象山就是陸九淵，因爲他晚年講學於象山，自號爲象山翁，所以後來的人稱爲象山學派。他有五個哥哥，都是有名的學問家。他的學問，出於謝上蔡王信伯，也是淵源于伊川，不過他從小讀伊川的書，就很不歡喜，曾經說：『伊川之言，奚與孔子孟子不類？』他有創造的思想，不肯人云亦云，嘗說：『不可隨人脚跟，學人言語』。三四歲的時候，就問他的父親，天地究竟是什麽？後來他就思想這個問題，想了許久，到後來纔覺悟到『宇宙內事，乃己分內事；己分內事，乃宇宙內事』就發明『宇宙卽吾心，吾心卽宇宙』的道理，也就是所謂『心卽理』的學說。凡屬人類，皆同具此心此理，所以以直指本心爲教。以爲爲學之道，必先把心收拾得住，然後可以讀書，否則讀書愈多，爲害愈大。他說：

『學者須是打叠田地淨潔，田地不淨潔，若讀書，則是假寇兵資盜糧』。

這幾句話很有一點道理，可見他並不叫人不要讀書，乃是要人先立乎其大者，所以後來人罵陸王派『束書不觀，游談無根』，實在是很不澈底的。程朱派人罵他直指人心是禪，這也是片面的。因爲孔子孟子何嘗不討論過心的問題？所以後來方東樹說，『一說到心便是禪，難道可以叫人人做比干，把心剜去』？不過他的修養方法，發揮內在的直覺，比較與佛教思想更接近，那也是無可否認的。

他與朱子的見解不同，所以曾經互相辯論，在鵝湖寺開過辯論會，到底不能解決。其實純理經驗兩派的主張，在世界哲學界中，從來也沒有方法解決的。現在且把朱陸兩派不同之點，略述如下：

朱陸異點；朱重學問思辨，陸尚簡易直捷；朱學在即物窮理，陸學言心即理；朱學重經驗，陸學重直覺；朱學重歸納，陸學重演繹。這是兩派不同的大概。

陽明知行合一的主張　南宋以後，朱學盛而陸學微，歷元而明，始有王陽明出而紹述象山之學。曾經說：

『晦翁與象山爲學，若有不同，要皆不失爲聖人之徒。今晦庵之學，既已章明於天下，而象山獨蒙無實之誣，莫有爲之一洗』。

所以他竭力表章陸學，認簡易直捷工夫，爲直接孟子之統。曾作朱子晚年定論，以爲朱子自認其早年學說之非。他的一生經歷，很有許多可歌可泣的地方，學問的成就，也是由此。綜他的學說，大旨不外三點：

（一）心卽理說。這是本於象山的學說，而有更精密的發揮。嘗曰：

『析心與理爲二，而精一之學亡；世儒之支離，外索刑名器數之末，以求明其所謂物理者；而不知吾心卽理，初無假於外也』。

『物理不外於吾心，外吾心而求物理，無物理矣；遺物理而求吾心，吾心又何物耶』？

以爲天理具於人心之中，所以學者應當存天理去人欲。

（二）知行合一說。原來知行合一之說，並不是創始於陽明，不過經陽明的發揮，成爲一種獨立的學說。程伊川曾經說過這樣的話：『未有知之而不能行者，謂知之而未能行，是知之未至也』，所以有人說陽明知行合一之說是根源於伊川的。但是陽明在知行上的觀點，是站在『心卽理』的學理之上，而且他所講到的知行範圍，乃是從事實上立論，而不及於玄冥的境界。所以他說：

『凡謂之行者，只是着實去做這件事，若着實做學問思辨工夫，則學問思辨，亦便是行矣。學是學做這件事，問是問做這件事，思辨是思辨做這件事，則行亦便是學問思辨矣』。

歷來人都以爲學問思辨是知的工夫，等到知的工夫做到了，然後去篤行，把學問思辨與篤行分做兩截工夫；陽明在這裏很明白地告訴我們，學問思辨不是單屬知的範圍，也是行，證明知行是一件事，所以又說：

『知是行的主意，行是知的工夫，知是行之始，行是知之成；若會得時，只說一箇知，已自有行在；只說一箇行，已自有知在』。

他爲什麼要這樣說法？有他的最大用意，我們看他所說：

『今人學問，只因知行分作兩件，故有一念發動，雖是不善，然却未曾行，便不去禁止。我今說箇知行合一，正要人曉得一念發動處，便是行了；發動處有不善，就將這不善的念克倒了，須要澈根澈底，不使那一念不善，潛伏在胸中』。

這幾句話說得最明白，好像他所說的行，便是內心的克制，所以他接着就有『致良知』的主張。

(三)致良知說。良知是先天的善性，是人人所同具的，爲了後天的私慾，把牠錮蔽了，正像浮雲遮蓋着太陽，把浮雲撤去，良知自然發現。他以爲良知的本相是虛靈明覺，也就是佛教所說的恢復本來面目，所以注意在『致』的工夫上。『自然而致之者聖人也，勉然而致之者賢人也，自蔽自昧而不肯致之者愚不肖也』。所以致良知便是學聖的第一步。

理學的後繼者　說到理學家的後繼者，試一讀宋元明清的四朝學案，與理學宗傳，覺得人數非常之多，有舉不勝舉之嘆。現在我姑舉幾個重要人物，以明其系統。先從程門說起：

楊時字中立，初學於程顥，後復學於程頤，爲程學正宗，稱爲龜山先生。朱熹張栻等學，都是從他傳授下來的。當他初讀西銘，疑其近於兼愛，後聞理一分殊的道理，便豁然明悟。欲學聖人，須先從致知格物，研究六經入手。他說：

『學者以致知格物爲先，知未至，雖欲擇善而固執之，未必當於道也』。

『六經者，聖人之微言，道之所存也。而欲求聖賢之所以爲聖賢者，舍六經於何求之』？

謝良佐字顯道，亦學於二程，是上蔡人，故稱爲上蔡先生。以仁爲心的本體，曾說：

『人心者，與天地一般』。

『物物皆有理，窮理則知天之所爲，知天之所爲，則與天爲一。窮理之至，自然不免而中，不思而得，從容中道』。

他的思想，近於大程，與龜山不同。所以以窮理持敬，發揮內在的仁爲究竟。所以他又說：

『近道莫若靜，……敬者，是常惺惺而法心齋』。

游酢字定夫，與龜山初謁伊川時，正值伊川瞑坐，侍立不去，等到伊川知道，天已將晚，及出門，雪深三尺，後人傳爲美談。其學說與龜山相仿，曾著有易說中庸義論孟雜解等書，學者稱爲廌山先生。

呂大臨字與叔，初學於橫渠，後學於二程，明道把識仁的道理告訴他，很能默識心契，所以他的學說與上蔡很相同。他曾著了好些書，如詩說大學說中庸說等。

上面四個人，稱爲程門四傑。又有胡五峯李延平張南軒等，都是後起之秀，朱子之學所從出的。朱子集程學的大成，爲南宋理學家的傑出。其及門弟子中，也有不少知名之士：西山蔡季通，是朱門領袖，稱爲牧堂老人。從朱子游最久，精通天文地理樂律歷數兵陣之學，教人乃以性命天道爲先。其子九峯，亦師事朱子，朱子晚年以數理傳之。又有閩縣黃勉齋，能得師傳，有體有用；朱子以其女妻之。北溪陳安卿亦深得朱學，融會性理。

象山之門，雖不若朱子之盛，然亦有不少踐履篤實的人，像甬上四先生，最爲著名。所謂甬上四先生：即楊簡、舒璘、袁燮、沈煥；四人中以楊簡所傳爲最廣，楊字敬中，曾任富陽主薄，象山過富陽的時候，問答有契，便定師弟之禮。嘗問象山，何謂本心？象山答以聽訟斷定是非，都出於本心，便悟其理，乃倡『宇宙不外我心，宇宙現象變化，不外我心之變化』之說。嘗曰：

『天地者，我之天地，變化者，我之變化，非他物也。吾未見天地人之有三也，三者形也，一者性也』。

這與象山『宇宙內事，即已分內事』一樣的意思。曾討論孟子求放心與大學正心的話，說：『心本不邪安用正？心本不放安用求』？這好像禪宗六祖『菩提本無樹』的見解相仿。

在朱陸兩派以外的，尚有所謂第三派，就是永嘉那一班人，如呂東萊陳同甫葉水心等，他們都主張學以致用，於學術思想，絕不偏袒朱陸。其他尚有魏了翁眞西山等，雖是私淑朱子，但亦尚調和。另外如歐陽修王安石蘇東坡等等的文學家和政治家，他們在性理方面，也都有過一種意見，不過並不偏袒朱陸，捲入爭論的漩渦。

宋朝以後，到了元朝，有吳草廬、金仁山、王會之、許白雲等；大概是折衷朱學的。金王等稱爲金華派，金華派傳到明初，有宋濂方正學繼起，方滅族以後，也就式微了！即陸學亦散漫不能成派。永樂以後，學者自爲研究，超乎朱陸之外。各有所建樹。薛敬軒，吳康齋，於理學頗有心得，立明代學術的基礎。薛學少流傳，吳主苦學力行，很爲人所推重，他有三個弟子，就是胡居仁、婁諒、陳獻章。婁的著作，都燒燬無傳，陽明乃是他的弟子。陳就是白沙先生，是明代學者中首屈一指的人，生平不喜著書，游放山水之間，自以爲是濂溪嫡傳，湛若水是他的弟子。這些人與陽明的學說，都有很密切的關係。陽明出來，中興陸學，他在學術上的地位，好像宋朝的朱熹一樣。他有很多的弟子，最得意的，要算徐愛，可惜早死了；其次則爲錢德洪王畿等人，於陽明的心理之學，各有所主張。錢以爲心體固無善惡，而心意動時卽有善惡；王則以爲一切都是無善無惡；他們雖都根於陽明的四句教，而意見却有些不同。另外有一個王艮，他本是燒銀的灶丁，起初見陽明的時候，他很不滿意，以爲陽明不足以做他的老師，後來纔佩服了，他的學問與程明道陳白沙相近，還有一班江西弟子，要算鄒守益歐陽德聶豹羅洪先爲最。羅本不是陽明的及門弟子，心裏很想從陽明，而陽明已死了，但是他的學問，却比其他弟子爲高。到得晚明，講陽明學的人很多，但是他們都不拘守師教，放浪形骸，以爲『酒色財氣，不礙菩薩路，』一般拘謹的學者都斥爲道德的墮落。明末高攀龍顧憲成等講學東林，也是講求宋學的，欲以禮法移風易俗，比較陽明弟子恪守規矩，所以不滿於陽明派人的行為。清朝顧亭林起來，反對王學的原因，也是為此。

以上就是宋元明理學上的大概，在中國學術上是有相當價值的。詳細的情形，可以讀宋元明學案。

理學在哲學界的地位 在中國學術史上，只有三個時代，可以說是有哲學的意味：第一就是先秦的諸子，第二就是六朝的老佛，第三要算是宋明的理學了。在這三個時代中，最有系統有目的的研究，與世界哲學家所討論的有相等的價值，宋明理學比較的更可注意。

我們綜合起宋明理學的意義，看見他們所討論的，不外兩個問題：一是本體論的研究，一是倫理修養的主張；前者是宇宙哲學，後者是人生哲學。

宇宙哲學所要研究的對象，就是什麼是宇宙的根本原因？這個原因，是純物質的抑是精神的，或者心物平行的？是一元的抑是二元的，或者是多元與無元的？宋明理學家對於這一點的研究，也對準了這些問題。且看周濂溪提出了無極的宇宙觀，認宇宙最初狀況，是一個不可知，從這個不可知的狀態中，發生出陰陽融合的太極，陰陽融合，便有金木水火土五行的物質產生，是無異於老子的『天下萬物生於有，有生於無』。有是物質，無是精神，也可以說有形的物質，產生於無形的精神，他的本體觀念，都包括在太極圖說之中，是一元論的純正哲學。

明道也是一元論的宇宙觀，以乾元一氣爲宇宙的根本，所謂乾元一氣，等於周子所說的太極，包含陰陽兩種元素，嘗曰『獨陰不成，獨陽不生，萬物莫不有對，一陰一陽，一善一惡，陽長則陰消，善增則惡減』。所謂陽長陰消，本於易理一陰一陽之爲道，道的標準是中，過與不及，偏而不正，都不是道，所以明道的宇宙論，與周子沒有多少分別。

伊川則分宇宙爲兩種元素，就是理與氣，他說：『陰陽氣也，氣是形而下者，道是形而上者，則是理也。有理則有氣，有氣則有理』。又說：『一陰一陽之爲道，道非陰陽也，所以一陰一陽者道也』。他認氣爲二物，所以說：『天地之化，旣是二物，動必不齊，譬如兩扇磨打……從此參差萬物，巧歷不能窮也』。這可見伊川與明道在宇宙觀上很不相同。

横渠是以氣爲宇宙原因，是一元論者。他與周子的太極，明道的元氣，伊川的理氣，有些不同。他叫道氣爲太和，他以爲太和以虛空爲體，包涵浮沈升降動靜相感之性；『其來也幾微易簡，其究也廣大堅固；散而可象爲氣，清而不可象爲神，不如野馬絪緼，不足爲之太和』。

邵子的先天學，亦爲純正哲學的一種，他所說的先天，以心法爲根基，說道：『先天之學，心也，後天之學，迹也，出入有無生死者，道也』。他所說的道，就是中，所以又說：『天地之本，其起於中乎！是以乾坤交變而不離乎中，人居天地之中，心居人之中，故君子貴中也』。

此外如朱子的理氣二元，雖源於伊川，但他以氣屬於理，似有一元論的傾向。陸子的心卽理，則是絕對的一元論，所謂『塞天地一理耳』，可以包括他的本體論。陽明是祖述象山的，極注重於精一，所說『析心與理爲二，而精一之學亡』。也是一元論。

歷來元明的理學家，對於宇宙的觀念，大都是一元論者，卽伊川朱子的討論理氣，似乎也承認是出於一個源頭。而且大都傾向於唯心論，雖然討論到陰陽、五行、氣、等等物質方面，却莫不承認在有形的物質之先，另有無形的精神爲之統制，所以大多數還是唯心的哲學。

理學家的修養方法　理學在學術上最大的意義，是在倫理方面，無論那一派人，都有他們的修養方法，就是如何養成人生的道德。我們承認理學的價值，也就在這一點上，現在我們來分別地看一看：

周子的倫理主義，具見於通書，以爲學聖之道，首在存誠。存誠之說，初見於中庸，繼見於孟子，中庸有『自誠明，自明誠』的兩種方法，自誠明，便是尊德性的意義，自明誠，便是道問學的意義。後來理學家的兩派分別，就是一則根據於自誠而明，一則根據於自明而誠。總之：莫不注重一誠字。孟子主張『反身而誠』與中庸所謂『誠者，天之道也，誠之者，人之道也』同一觀念。這種主張，不獨成了周子的倫理本源，也是成了多數理學家的根基。如何存誠？他主張一以主靜，一以窒欲，所謂『無欲則靜，能靜則誠』，注重發揮內在的先天善性，與曾子的三省愼獨相同。

明道主張識仁，所以他的倫理學說，乃以仁道爲歸。他承認人皆有稟於天的善性，擴充這個善性，便是仁，把這種仁的居心，運用到各方面去，自然成爲一個君子，注重在內心的體驗。伊川則不然，注重在爲學致知，是屬於經驗方面。不過他們都主張主敬，與周子的主靜差不多。樂天知命，尋孔顏樂處，是二程在修養上的根本精神。

張橫渠在倫理上的價値，可以從西銘東銘兩篇中看出，有人說西銘是講天道，東銘是講人道，但是這兩篇東西，却是綜合古來聖賢的嘉言，示道德的標準，民胞物與，是他的胸懷，變化氣質，是他的工夫，與天地合德，是他修養的目的。

朱子在倫理上的主張，與伊川大略相同，一方面要人努力爲學，格物致知，一方面要人居敬，收斂身心。這就是所謂程朱派道問學的主張，以爲聖人乃是由學而成的，士希賢、賢希聖，先求聖賢遺言於書中，修身之法，自灑掃應對始，從經驗方面一步一步上去，方才可以達到完全。

陸象山的主張就不同了。他以爲欲學聖人，是以心爲主的，所以先要心地弄光明了，那末，自然而然會在行爲上完全。他以朱子的主張爲逐末，以爲學問之道，不在外而在內，不在古人之文字而在其精神，所以他曾問朱子說『堯舜曾讀何書？』從書本所得的，不過一點淺薄的知識，從心地裏做起，方是聖賢的道德，這就是陸王派尊德性的主張，結果，就有人駡他們束書不觀，游談無根。

王陽明的主張，與陸象山相同，不過他的知行合一，確可以加增人實行的力量，糾正那些專門坐而言不能起而行的毛病。因爲尊心的結果，往往容易陷到放棄和自利的境地，知行合一的主張，就可以矯正其弊。

綜合當時理學家的兩派主張，其目的都是要人向善，勉爲聖賢，在方法上有由內而外與由外而內的不同，但也各有他們的理由，我們很難爲左右袒的。不過我認爲經驗派比較地更有價值，合於現在所謂的科學精神。所以總結起來，可以說尊心派是近於玄學，重學派是近於科學。

第六章　清代考據學

考據學產生的原因

考據學是清代學術的中心，亦叫做考證學，或者叫樸學。是專以反對宋明理學爲其消極的職志，而以恢復漢學爲其積極的提倡。梁任公的清代學術概論，說得最有系統，現在且節取他的意見，簡單地說明。

推究這種學說產生的原因，大旨不外下列四點：

（一）宋明理學的反動。宋明理學末流的流弊，不獨陸王派人，大率『束書不觀，游談無根』，卽程朱派亦都墮入玄學範圍，有支離空疏之弊。陸稼書乃至以亡明之罪歸之。梁任公有言：『清代思潮果何物耶？簡單言之：則對於宋明理學之一大反動，而以復古爲職志者也』。

（二）明末離亂的影響。第一是東林黨禍的慘劇，明末宦者魏忠賢亂政，一時正直之士，皆所不容；顧憲成高攀龍等講學東林書院，非議朝政，乃稱之爲東林黨人，陷入罪網，誅斥殆盡。崇禎時魏閹伏誅，東林復盛，而魏黨餘孽，還是百般搆陷，清初猶復如此，一時士夫，都不敢預聞政事。讀侯方域致阮大鋮書，可見一班。清陳鼎曾仿元祐黨人之列，著東林列傳，收羅至百八十餘人。第二是張獻忠李自成等的騷擾，戰禍連綿，人民不得安寧，清代入關，亂事告止，始有餘暇研究學術，乃至以明末禍亂，歸咎到學術思想上去，謀端正學術的趨向，而以經世爲歸。

（三）學術思想的變更。鑒於晚明學術的空疏，乃相率研究古籍，要從空疏返到實在。既提倡研究古籍，對於古代的典章制度，訓詁名物，都要求其眞實。愈求愈進，如剝春筍，愈剝則愈近裏，這種研究，便是所謂考證學了。

（四）滿清壓迫的結果。清代以異族入主中國，竭力消滅中國民族思想，於是很嚴厲的取締文字，大興文字之獄，前後有十餘次之多。於是一般學者，著書立說，力避時政範圍，不敢躬蹈危險。國家功令，又以此爲獎勵，乃羣趨於考古之一途。其初又有不少氣節之士，痛明祚淪亡，恥爲異族所用，乃專集心力以治學問，從書本中求苟安的生活，這也可以影響當時的學風。

有了這幾種原因，便有所謂考據學的產生了。

漢宋學的對壘

清代學術上劈頭第一個問題，就是漢學與宋學之爭。什麼是漢學宋學？皮錫瑞經學歷史上說：

『治經必宗漢學，而漢學亦有辨：前漢今文說，專明大義微言；後漢雜古文，多詳章句訓詁。章句訓詁不能盡饜學者之心，於是宋儒起而言義理，此漢宋之經學所以分也』。

這是說從漢學變到宋學的淵源，但是到了清朝，却又要從宋學反到漢學。於是把研究理學的人，統稱之爲宋學家；研究考證的人，統稱之爲漢學家。在江藩所著的漢學師承記裏，把漢學家同宋學家分得很清楚，對於首先揭櫫反宋復漢的顧炎武，及著明儒學案的黃黎洲，尙且把他們列在附錄之中，可見他分得非常嚴格了。究竟反宋復漢的開山祖師，却不能不算是顧炎武，他首先揭起『經學卽理學』的旗幟，說『舍經學以言理學，而邪說以起』

。最初，是向王學下攻擊，後來便進一步不問爲陸王爲程朱，都具一網打盡的決心。果然，理學的氣餒，漸漸銷沈，而漢學的旗幟，乃飛揚起來。

清初在漢宋學壁壘中，屬理學家的：則李顒李紱等爲純粹的陸王派；陸世儀張履祥張伯行陸隴其等爲純粹的程朱派；孫奇逢魏象樞湯斌等爲調和派；倘有羅有高汪縉彭紹升等爲深於佛學的理學家。屬漢學家的：則顧炎武張爾岐胡渭閻若璩惠棟莊存與戴震王念孫汪中龔自珍魏源等，爲純粹漢學家；黃宗羲王夫之萬斯同江永陳祖范姚鼐崔述等，爲調和的漢學家。厥後雖倘有許多參加的人，大都不過搖旗吶喊而已，在漢學家勢力極囂張的時候，乃有一爲宋學辯護的方東樹。他所著漢學商兌一書，力辯訓詁考證的破碎，程朱學問的不可誣。可見漢宋學的互相攻擊，互相標榜，爲清代學術上一大公案。茲且綜合兩方的攻擊：

漢學家攻擊宋學：

（一）以宋儒擅改古書。皮錫瑞經學歷史說：『宋人不信注疏，馴至疑經；疑經不已，遂至改經删經，移易經文以就己說』。又說：『於大學移其文而補其傳，孝經分經傳，又删經文。……若王柏作書疑，將尙書任意增删，詩疑删鄭衛風，雅頌亦任意改易，可謂無忌憚矣』。四庫提要亦斥王柏擅改經文。對於俞廷椿復古編，吳澄禮記纂言，斥爲顛倒割裂，深惡疾痛；如戴東原顏習齋李恕谷等，莫不大施攻擊。讀孟子則取趙注，讀大學則用古本。

（二）以宋儒雜道墮禪。毛西河說宋人所講道學，乃道家之學，嘗曰：『道學本道家學，兩漢始之，歷代因之，至華山而大張之；而宋人則又死心塌地以依歸之，其爲非聖學，斷斷如也』。黃震謂宋人借假『人心惟危』十六字爲發揮禪學的依據。顧亭林謂禪學以理爲障，而獨直指其心，曰『不立文字，獨傳心印』，錢大昕謂『晉人尙淸談，宋賢喜頓悟』、惠定宇說：『南宋俗儒，空談道學』，這些都是痛斥宋學爲禪，非儒家之眞。

（三）以宋儒空談性命。戴東原說：『以理爲學，以道爲統，以朱爲宗，探之茫茫，索之冥冥』，黃宗羲說：『明人講學，襲語錄之糟粕，不以六經爲根柢，束書不讀』。焦里堂說：『宋儒言性言理，如風如影』。戴東原甚至說宋人以理殺人。這些都是說宋人尙空談不能實踐，所以非常痛恨。

（四）以宋儒不懂小學。漢學家以爲硏究古籍，不從小學入手，乃是舍本逐末。戴東原說：『訓詁明則古經明，古經明而我心同然之義理，乃因之以明』。錢大昕也說：『讀書以通經爲本，通經以識字爲先』，又說：『訓詁者，義理所從出，訓詁之外，別有義理，非吾儒之學也』。這是說宋人不懂訓詁，所以認宋人所發揮的義理，是狂禪，是異端。

宋學家的還攻，首重自衞：方東樹漢學商兌序中嘗曰：『吾嘗譬之經者，良苗也，漢儒者，農夫之勤菑畬者也；耕而耘之，以殖其禾稼。宋儒者，穫而舂之，蒸而食之，以資其性命，養其軀體，益其精神也』。他並不抹煞漢儒的功勞，不過對於漢學家所攻擊的四點中，有一部分的解答：（一）對於墮禪說的辯護。『漢學諸人之罪程朱，以言心言理墮禪，不過竊取門面題以成獄，誣之而已，非眞有見禪之爲害也』。『不考其實而第以其言及於心言及於理，卽指爲禪，是必舉經之言性言心言理等句而盡删之，俾天下之人，皆作此干，剗其心而去之，然後乃免於禪』。且更言理學與禪之不同。（二）對於不懂小學的辯護。以爲宋人非不知訓詁，只是不把訓詁認爲經學，若然說義理存於訓詁之中，則西京學者所發揮的義理，從那裏來的呢？而且訓詁上往往有不同的意見，漢學家釋經解字，又多傅會穿鑿，不但得不到義理，且有許多錯誤。何義門說：『通訓詁而不辨義理，漢儒之說詩，皆高子也』。以爲舍義理而言訓詁，不免於買櫝還珠，是非顛倒。

總之：漢學家斥宋學爲狂禪，爲空談，宋學家斥漢學爲逐末，爲支離，互相非難，各執己是，爲清代學術界上的第一幕。

今文學的復興：自東漢末鄭玄王肅混淆今古文以後，所立於學官的經籍，大都是古文經，今文學湮沒了一千五百多年，及至清代始發生復古運動。初則攻宋而復漢，繼則攻東漢而復西漢，前者就是漢宋學之爭，後者就是今古文之爭。梁任公謂清代學術，以復古爲解放，就是指着這種趨勢而言。漢代今古文之爭，是出發於尚書，而清代今文學復興，乃發出於公羊。當時在十三經中，祇有何休的公羊解詁是今文家言，所以那些提倡今文學者，都注意於公羊一書。莊存與著春秋正辭，雖不是純粹的今文家言，但他不注重訓詁名物，而注重微言大義，却是有規復西漢的趨勢。他的弟子劉逢祿，著公羊釋例等書，最有力量，卽古文家章太炎亦加推許。他們是常州人，所以稱爲常州學派。與惠棟等的吳派，戴震等的皖派不同。後來雖不是常州人，也多信從其說，如浙江的龔自珍邵懿辰戴望，湖南的魏源等，都是這一派的健者。魏源著詩古微以攻毛詩，著書古微以攻馬鄭，邵懿辰著禮經通論以攻逸禮，龔戴皆治公羊。此外如馮登府迮鶴壽陳壽祺陳喬樅於詩書皆有著作，爲今文家聲援。厥後皮錫瑞的五經通論，王闓運的羣經注解，康有爲的新學僞經考，皆爲今文家有力的著作。其中尤以康有爲集今文學的大成，斷定一切古文經皆爲劉歆所僞造，並著孔子改制考，以爲六經皆孔子所作，目的在託古改制，堯舜是孔子的理想人物。梁任公是他的弟子，亦自以爲今文學的宣傳者。崔適有春秋復始史記探原之作，是以爲康有爲張目。最近如胡適顧頡剛皆受今文家影響，對於古籍，多所懷疑。古文學家方面，很少有系統的著作，章學誠文史通義，以六經皆史，爲古文家的主張，最近如章太炎所著國故論衡檢論等，其間駁斥魏源的不識字，邵懿辰的倒植，可爲古文家最後的著作。

近代每多傾向於今文家說，以爲其勇於疑古，頗具科學精神，古文家已稍式微了。

考據學者的代表人物

清代學術人材之盛，實爲歷朝所未有；張之洞書目答問，列經學家二百〇二人，史學家九十人，理學家二十六人。唐鑑學案小識，列理學家經學家二百五十七人。江藩漢學師承記，列漢學家宋學家九十五人。這些都限於他們門戶的意見，收羅尚不完全，然已可以見得當時人才之盛了。在這些人才之中，欲選擇若干頭等的人物，作當時學術界的代表，至非易事。汪中六儒頌，舉顧炎武，胡渭，梅文鼎，閻若璩，惠棟，戴震六人。其子喜孫跋漢學師承記，則云：『國朝漢學昌明，超軼前古，閻百詩駁僞孔，梅定九定曆算，胡朏明辨易圖，惠定宇述漢學，戴東原集諸儒大成。……至若經史詞章金石之學，……則顧寧人導之於前，錢曉徵及先君子繼之於後，可謂千古一時也』他們所認爲代表的人物，不外乎這幾個人，現在我們且依時代的先後，略述數人於左：

顧炎武的反理學

顧炎武字寧人，又曰亭林，自署曰蔣山傭，江蘇崐山人，生於明萬曆四十一年，以屢試不第，退居山中，講求經學，明亡，常謀舉兵恢復不成，母王氏對炎武說：『我雖婦人，然受國恩矣，設有大故必死』，不食而卒，臨終戒後人不事二姓。炎武秉其遺教，絕意仕進，康熙屢徵之，曰：『刀繩具在，勿速我死』。時尚書徐乾學，乃炎武之甥，屢召不赴。生平著作甚多，如：天下郡國利病書、肇域志、左傳杜解補正、九經誤字、五經異同、石經考、二十一史年表、等，於音韻金石之學，尤爲特長，有音學五書，金石文字記等。一生爲學精萃，盡在三十六卷日知錄中。嘗排斥晚明理學，首先反對王學，繼復攻擊理學，說道：『古今安得別有所謂理學者，經學卽理學』。唐鑑謂：『亭林之學，以明體達用經世濟人爲主』。其爲學精神，實足開清代考據學的先河，梁任公稱之爲黎明運動者。於清代學術建設方面，有三種要素：（一）創造的精神。嘗曰：『自少讀書，有所得輒記之；其有不合，時復改定，或古人先我而有者，則遂削之』，是以蹈襲古人爲恥。（二）搜羅證據。論一事必舉證據，嘗曰：『每一事必詳其始末，參以佐證，而後筆之於書』。（三）適合實用。其學以實用主義爲目的，嘗引孔子之言曰：『載諸空言，不如見諸行事，……愚不揣有見於此，凡文之不關於六經之旨當世之務者，一切不爲』。這種精神，卽近世所說的科學精神，炎武所以堪稱爲清學開山之祖。

黃宗羲的斥君權

黃宗羲字太冲，號南雷，稱爲黎洲先生，餘姚人。父尊素爲魏閹所害，嘗袖鐵錐入京訟冤，雖魏閹已死，手錐閹黨許顯純李實等；時人稱爲孝子。初，其父嘗令讀史曰：『學者不可不通史事』，故宗羲學識，以史學爲最長，所著明儒學案六十二卷，實爲中國有學術史的第一本，今存百卷宋元學案，爲全祖望所補成。又有明史案，宋史叢目補遺，以及其他關於史學作品十餘種，眞可稱爲清代史學家。曾受業於劉宗周，講求心性之學，中年以後，方稍改變，斥『明人講學，襲語錄糟粕，不以六經爲根柢，束書而從事於游談，更滋流弊，故學者必窮經；然拘執經術，不適於用，欲免迂儒，必兼讀史』。其注重『學而致用』的精神，於此可見。最有膽略的作品，要算明夷待訪錄一書，其原君一篇，在專制政治之下，痛斥君權，其思想實足影響於近代政體的改革。當明社旣屋之時，嘗思舉義兵以圖恢復，乞援日本，事卒不成，乃注力著述，絕意仕進，順治以屢召不至，嘆爲得人之難。其弟宗炎宗會，儒林中有三黃之目。其弟子萬斯同獨力成明史稿，全祖望章學誠於史學皆有成就，都受他的影響。生平著作，不下五十餘種。

王夫之的反明學

王夫之字而農，號薑齋，明崇禎舉人。張獻忠陷衡州，欲招夫之往，走匿南嶽，賊執其父爲質，夫之乃引刀自剌其肢體，舁往易父，父子俱得脫，隱居衡陽石船山，因稱爲船山先生。生平學無不窺，不守一家之言，嘗力攻王學，曰：『姚江之學，橫拈聖言之近似者，摘一句一字以爲要妙，竄入其禪宗，尤爲無忌憚之至』。而於程朱之學，獨多推崇，尤神契於張子西銘正蒙之說，謂『天理在人欲之中，無人欲則天理亦無從發現』。這種見解，爲宋元以來的理學家所未見到，劉獻廷嘗贊許他說：『天地元氣，聖賢學脈，僅此一線』。譚嗣同亦曰：『五百年來學者，眞通天人之故者，船山一人而已』。窮居四十餘年，不求聞達，生平所著書，計有三百餘卷，最著名者如周易內外傳，周易大象解，周易稗疏及考異，詩經稗疏及考異，書經稗疏及引義，春秋稗疏，四書稗疏及考異，禮記章句……等類，又有讀通鑑論及宋論，多有獨創見解，張子正蒙注，老子衍，莊子解，皆爲覃精之作。又通訓詁名物象數，明釋老之學，說者謂其胸中之蘊蓄富而腕下之樞機密也。有兄曰石匱，亦明經學。

胡渭的辨易圖

胡渭字朏明，一字東樵，浙之德清人。年十二而孤，母沈氏，攜之避寇山谷間，雖遭顛沛，猶手不釋卷。徐乾學修統一志於洞庭山，延之爲編輯，因得博觀天下郡國書，學乃大進。尤精地理之學，習尚書，於禹貢地名，匡正古注不少，繪圖四十七，水道山脈，條分縷析，既成禹貢錐指二十卷外，又討論疏治黃河，時人嘆爲卓論。又著易圖明辨十卷，辨宋以來河圖洛書，乃出自道士，與易義無關，把易與圖分爲兩截，以易還諸羲文周孔，以圖還諸陳邵諸子，不獨宋代理學，借託儒家面目的伎倆，給他揭破，即宋以前許多以陰陽五行讖緯災異之說解經，亦爲之掃除，梁任公所以稱之爲思想上一大革命家。又作洪範正論五卷，亦辯論洛書與洪範之關係，而證宋儒的謬誤。又作大學翼真七卷，言格物致知之義，釋在邦畿章內，本無缺文，無待於補，亦爲攻擊程朱改移大學的一點。

閻若璩的攻尚書　閻若璩字百詩，先世居太原，後遷淮安。生而口吃，性甚鈍，六歲入學，讀書千遍不能背，年十五，始開悟，聰穎與前大異，補縣學弟子。年二十讀尚書，卽疑其僞，沈潛二十餘年，乃盡得其癥結，著古文尚書疏證八卷，列一百二十八條，指出其說之矛盾，使千餘年來疑案乃大明，其結論則謂：『然後知晚出之書，不古不今，非伏非孔，別爲一家之學者也』。於是東晉晚出之古文尚書及孔安國尚書傳，乃斷定爲僞書，證據確鑿，無可翻案；毛奇齡著古文尚書寃詞，欲翻閻說，自比於抑洪水驅猛獸，卒無效果。這可以知道他的立說穩固，不易動搖也。又著朱子尚書古文疑以申朱說，一生精力盡在於尚書的研究。然亦精研地理，曾參與徐乾學修志局，於山川形勢州郡沿革，瞭若指掌。嘗著四書釋地六卷，考證孟子生卒年月。生平於論人學問，多否少可，所服膺的錢受之黃太冲顧寧人三人，也各加以批評，論受之說：『此老春秋不足作準』，又指摘待訪錄日知錄，成日知錄補正一卷，有人說他曾受業於顧炎武，當仁不讓，亦是多也。潛邱劄記六卷，爲其一生讀書心得，與日知錄有相等的價值。總其爲學精神，事必求其根抵，言必求其依據，旁參互證，鑒別極精，每從字裏行間，發現其特別的意義，一義未晰，反覆窮思，飢不食，渴不飲，必得其解而後已。這卽是今所謂的科學精神，徐乾學謂：『書非經閻先生，則訛謬百出』，相國李天馥亦曰：『詩文不經閻勘定，未可輕以示人』。這可以見得他的爲學精神了。

顏李學的重力行

顏元字渾然，號習齋，博野人。明末，父戍遼東，沒於關外，元家貧，百計覓骨歸葬，世稱孝子。其學主於勵實行，濟實用，終身刻苦，介然自成一家。對於舊思想的解放，最爲澈底，以爲學問之道，不能向書本上或講堂上去求，當在日日行事中去求，所以說：『人之認讀書爲學者，固非孔子之學，以讀書之學解書，並非孔子之書』。又說：『養生莫善於習勤，夙興夜寐，振起精神，尋事去做』。『生存一日，當爲生民辦事一日』。爲做事故求學問，做事卽是學問，舍做事外別無學問，提倡實踐，很像墨子的主張。著存性存學存治存人四篇，力矯理學家空談之弊，尤不滿朱子的注四書，嘗曰：『必破一分程朱，始入一分孔孟』。其弟子有李塨王源：李塨字剛主，號恕谷，蠡縣人，其學亦以實用爲主，解釋經義，多與宋儒立異，所著書有易詩書春秋四書傳注，大學辨業，聖經學規，小學稽業，習齋年譜，恕谷後集等，大抵本於顏氏，故人多以顏李並稱。王源字崑繩，一字或菴，大興人。學禮甚篤，嘗客游四方，亦以踐履爲學，著有評春秋三傳，易傳，或菴文集。近世徐世昌有顏李學，認此派學說之是以矯末俗，惜乎其道太苦，流傳不廣。

惠戴江崔……等諸大家　元和惠棟，字定宇，父士奇，深明經學，棟受家學，愈宏其業。其學以博聞強識爲入門，以尊古守家法爲究竟，凡古必眞，凡漢皆好。尤精易學，其治易，於鄭玄的爻辰，虞翻的納甲，荀諝的升降，京房的飛伏等說，一一爲之疏解，汪中稱爲千餘年不傳之絕學。所著易漢學，周易述，明堂大道錄，九經古義，古文尚書考等十餘種，錢大昕稱爲趙岐馬融不能及。

休寧戴震，字東原，受學於江永，十歲受大學章句至右經一章，問其塾師曰：「此何以知爲孔子之言而曾子述之？又何以知爲曾子之意而門人記之」？師曰：「此先儒朱子所注云爾』。又問『朱子何時人』？師曰：『南宋』，又問孔子曾子何時人』？曰：『東周』。又問『東周去宋幾何時』？曰：『幾二千年』。又問『然則朱子何以知其然』？師無以應！戴氏童年已具有此頭腦，所以能成建設的工作，曾經說：『學者當不以人自蔽，亦不以己自蔽，不爲一時之名，亦不期後世之名，有名之見，其弊二；非掊擊前人以自表暴，卽依傍昔賢以附驥尾』。又曰：『知十而皆非眞，不若知一之爲眞知也』。此種求知的精神，爲學問而學問，何等可貴。說者謂惠博而戴精，允稱定評。尤精小學曆數水地等學，著書凡數十種，孟子字義疏證，最爲精審。

婺源江永字愼修，精於禮，所著書八十種，大都關於三禮，禮經綱目八十八卷，最爲具備。又有關於音韻曆算等作，金榜戴震，皆其弟子，桐城方苞，荊溪吳紱，嘗以禮經質疑，而嘆服焉。

蕭山毛奇齡字大可，稱西河先生，明亡，薙髮隱山中，康熙時纂修明史。辨正圖書，排斥異學，梁任公稱爲衝鋒陷陣之猛將。惟全祖望著蕭山毛氏糾繆十卷以痛詆之。工駢體，著書約五十種，亦不失爲一大家。

戴門之後，名家甚多，如金壇段玉裁，高郵王念孫父子，皆最著名。段著說文解字註，六書音韻表；念孫著讀書雜誌，廣雅疏證；引之著經義述聞，經傳釋詞；皆爲精審專門之作。

鄞縣全祖望字謝山，學無不通，有氣節，不與俗伍。修宋元學案，補成百卷。又著地理書十餘種。

江都汪中字容甫，曾參畢沅兩湖幕府，校四庫全書，治漢學，服膺顧胡惠戴諸先輩。文尙六朝，著書十數種，以述學內外篇爲最著。

大名崔述字東壁，治經學，攷據如漢儒，辨析如宋儒，著書三十餘種，考信錄爲生平最盡精力之作。

儀徵阮元字芸臺，設學海堂於廣東，設詁經精舍於浙江，校刊十三經注疏，有揅經室集。

仁和龔自珍字定庵，爲今文學健將，通公羊春秋，又長地理，爲文沈博奥衍，自成一家。邵陽魏源字默深，與之同調，時人稱爲龔魏。

德清俞樾字蔭甫，治經法高郵王氏，正句讀，審字義，最爲精確，爲一時樸學之宗。有春在堂五百卷。

湘鄉曾國藩字滌笙，爲人公忠誠樸，雖軍事匆促之中，不廢學問，以爲爲學之道，義理考據詞章三者當並重，其古文詞爲一代所仰。

南海康有爲字長素，著新學僞經考，以爲凡古文皆出劉歆僞造，使學者對於一切古籍，皆從新估定其價値，實開近世疑古之先河。又著孔子改制考大同書等。

瀏陽譚嗣同著仁學，將科學哲學宗教冶爲一爐，而更使適於人生之用，排斥尊古觀念，嘗曰：『古而可好，則何必爲今之人哉』！仁學下篇，多講政治，其論國家起源與民治主義，實爲主張民主政治的先鋒。

新會梁啓超，爲中國刊行雜誌的倡導者，曾創辦時務報新民叢報，以極平易的文字，宣傳新思想。在清代學術概論中，大半敍述他自己，自認爲鼓吹革命的先覺。今存飮冰室全集，裨益於靑年學生不少。

餘姚章炳麟，精治小學，亦大倡種族革命論，所著有國故論衡，齊物論釋，今有輯爲章氏叢書。惟其論國學，往往偏於古文家言。

淸代學者，尙有許多可述的人，如張爾岐，沈彤，王鳴盛，錢大昕，王蘭泉，洪亮吉，任大椿，凌廷堪，江甘泉，孫貽讓，王國維……等等，眞是舉不勝舉，上來所舉，不過一二代表人物，掛漏自是不免。其餘如梅定九等之於科學，劉繼莊等之於音韻，吳梅村方望溪等之於文學，馬驌畢沅等之於史學，皆爲傑出者也。

開疑古的風氣　自漢武帝表章六經以後，對於經文，不敢稍涉疑議。雖有今古文的辯難，祇囿於意見上的批駁，却不敢公然在六經的本身上加以否認。所以如僞古文尙書，流傳至千餘年之久，而國家開科取士，猶奉爲神聖不可疑議的經典。有之：如宋朱熹，元吳澄，明梅鷟等雖有懷疑的話，然猶不敢斷定。到了淸朝，閻若璩搜各種證據，毅然地肯定爲僞書，同時，在清代學者中，有不少對於尚書眞僞的討論，究不若閻氏的證據確鑿，可成定讞。後來魏默深著書古微，不但否認東晉晚出的尚書，連東漢馬鄭等注，也不是孔安國的眞相。這不獨把千餘年來的懸案，如快刀之斷亂絲，更是開了清代學者對於一切古籍從新估定價值的門。從此以後，無論是經是子，都敢勇敢地討論。最顯著的，如姚際恆的古今僞書考，審定了九十一種可疑的古籍，內中屬於經部的，有十九種，史部的十三種，子部的三十八種，眞書中雜以僞書的二十一種。可算辨僞書籍的要著。雖宋朝已有高似孫的子略，明朝宋濂的諸子辨，胡應麟的四部正僞，都不及古今僞書考那樣的充分。其次如崔東壁的考信錄，也富有懷疑的精神，在考信錄中分了上古考信錄，唐虞考信錄，夏商考信錄，豐鎬考信錄，洙泗考信錄，以及孟子事實錄，讀風偶識，古文尚書辨僞，等篇，都有很多新穎的考證，可惜他還是戴着尊孔的招牌，不能徹底；不過那種考信的精神，却也值得我們欽佩。比較徹底的，當然要算康南海的新學僞經考，他雖根源於廖平之說，却更搜集了多少證據，肯定一切古文經，都是劉歆所僞作，大約有五點理由；(一)西漢經學，並無所謂古文者，凡古文皆劉歆僞作。（二）秦焚書，並未厄及六經，漢十四博士所傳，皆孔門足本，並無殘缺。（三）孔子時所用字，卽秦漢間篆書，卽以文論，亦絕無今古之目。（四）劉歆欲彌縫其作僞之迹，故校中秘書時，於一切古書多所羼亂。（五）劉歆所以作僞經之故，因欲佐莽篡漢，先謀湮亂孔子之微言大義。這是他所具的大概理由，其間未免有狃於今文家的偏見，但却是予一切古文經以大打擊，因爲其時的經，如毛詩，如周官，如左傳，如尙書，皆爲古文，於是使一般人對於經的本身都懷疑起來。直到現在，疑古之風，一天擴大一天，如最近錢玄同胡適之顧頡剛等都受了這種影響，不但對於古文經不能信任，連普通今文經中的問題，也有好些給他們推翻。懷疑是學術界上的好現象，清代學術的成績，給我們最大的影響的，就在這一點上。能使幾千年來思想上的束縛，一齊解放，而鼓勵起自由研究的精神，正是梁任公所許爲中國文藝復興的時代。

清代學者治學的方法

胡適之曾經做過這樣的一篇文章，他以爲中國舊有的學術中，只有清代的樸學，是有科學的精神。梁任公也是這樣佩服清代的學者，承認他們的治學方法，有科學上的價值。我們可以從幾方面來看一看：

（一）從考訂古書方面來看，淸代學者對於古書的眞僞問題，很大膽地研究，找出證據來證明，什麽書是全僞的，什麽書是一部分僞的，他們在這方面的成績，上文已略略說過。但是所謂考訂，範圍很大，不單是研究整本書的眞僞，更是要從本書中的文字和意義上研究他的錯誤，這就是所謂校讎。淸代學者在校讎方面的成績，實在可以驚人。我們知道古書流傳既久，或因時局紛亂，殘缺顚倒，或因傳寫訛誤，後人以誤傳誤，甚至不可卒讀，幾等廢紙。而淸儒博徵善本，多方校訂，才把破碎不全，訛誤百出的廢籍，整理完全。如阮元十三經註疏校勘記，根據許多古本，一字一義，莫不斟酌周詳，這是一種很大的工作。其次如畢沅所校的大戴記，墨子，山海經，呂氏春秋等書，也是在校勘方面的一位大家。其他如汪中盧文弨謝墉孫星衍戴震孫詒讓俞樾……等人，都有他們專門校勘的書，或者互易其上下文句，或者更正其句讀，或者疏證其意義，或者訂正其文字，前此難讀難解的古書，經過這樣的整理以後，便容易了解了。淸代學者大多數有他們讀書的筆記，這種筆記中，又有大部分關於校訂的材料，好像王念孫的讀書雜誌，陳蘭泉的東塾讀書記，俞曲園的古書疑義舉例等等，不下數十種，可見當時讀書的人，大多數都做這門工夫。

（二）從小學方面看來，當時漢學家所注意的，就是文字學上的研究。從音韻上去研究，從義例上去研究，成績也很可觀。顧炎武是第一個音韻學家，其所著的音論古音表，開清代研究音韻之門。厥後江永戴震……等人，皆有著作，最著名的有段玉裁的六書音韻表，及晚近章太炎的國故論衡中音韻諸篇。用意在考證古音，及其變化的原因，以追求古書中應讀的聲音。在義例方面，則有訓詁學，金石學，訓詁的作品，如段玉裁的說文注，王筠的說文釋例……等，不下數十種，把古書中的一字一義，詳加審核，金石的作品，如顧炎武的金石文字記，王昶的金石萃編，……等，也不下幾十種。有研究碑碣彝器的文字款識，以與古書相印證。也是清代學術上最大貢獻的一點，

（三）從搜羅方面看來，清儒對於搜集佚書確亦非常努力。我們從各史藝文志中知道佚失的古籍，非常之多，即現存的，亦散漫無從稽考。乾隆所收纂的四庫全書雖多採自永

樂大典，實是空前的一大工作。於是搜求遺書，成爲當時學術界普遍的習慣，所以凡關於古籍的片語殘篇，莫不搜求著錄。馬國翰玉函山房輯佚書，搜羅至數百種之多，也是一極大的工作。有求諸藏書家的，有得諸民間的，有掘諸地下的，這於考證學上有很大的幫助。

綜之：清代學者的治學，純用科學的歸納方法，從客觀的問題中，檢取其重要的部分，然後搜集各項材料，作比較的研究，發表自己研究的心得。再從各方面求得證據，以證明其說的是否成立。這種求眞的精神，值得我們欽佩的。

第七章　新學

教士與西學的輸入

從艾儒略所著大西利先生行蹟看來，見得在一五八〇年的時候，意大利教士利瑪竇到中國宣傳天主教的工作上，歸納出四點來：（一）介紹科學，（二）翻譯書籍，(三)結交名士，(四)贊揚儒教。在學術上發生極大的影響的，就是前兩條，用翻譯來介紹西洋科學。此後又有不少天主教士，以翻譯同傳教雙管齊下，在韓霖等所輯的聖教信證附錄中，所列舉的八十九個教士，都有翻譯的著作遺留下來。最著名的有利瑪竇所譯的幾何原本，乾坤體義……等十五種，龍華民所譯的地震解……等八種，龐迪我所譯的七克……等七種，高一志所譯的勵學古言……等十五種，熊三拔所譯的泰西水法……等三種，陽瑪諾所譯的經世全書……等八種，畢方濟的睡答，畫答，艾儒略的西學凡，幾何要法，鄧玉函的測天約說，湯若望的渾天儀說，古今交食考，羅雅各的比例規解，利類思的超性學，南懷仁的永年曆法，坤輿全圖，等類，大都是關於天文曆算與地的作品。還有傳汎濟的名理探，爲西洋論理學輸入之始，鄧玉函的研究中國本草，爲中國植物學研究之始，陽瑪諾的設學淮陽，爲中國創設學校之始。可見當時西教士介紹西學的努力了。當時在譯務上有過貢獻的華人，却不能不推徐光啓李之藻……等。他們都是幫助利瑪竇等譯著的，爲首期翻譯界上的名人。那時中國並不知道什麽叫科學，看見萬國輿圖，天文儀器，自鳴鐘，以及天文曆算等書籍，都詫爲新奇。在明末清初之交，遂成了中西學術溝通的起頭。並且當時如羅如望陽瑪諾湯若望羅雅各爲明末王室鑄造大礮，湯若望南懷仁又爲清初王室治曆與造礮，所著成的新製靈台儀象志，坤輿全圖，爲教士們努力於天算輿地的總成績。西洋學術思想，影響到中國學術界，是無可否認的。

西學輸入的時期　從明末至今，所輸入的西洋學術，約可分爲三個時期：明末至道光爲第一時期，鴉片戰爭至光緒爲第二時期，光緒以後爲第三時期。第一時期所介紹的學術，約有四種：（一）天文曆算之學。利瑪竇所譯的幾何原本，爲西洋算學的最初譯本，其時教士們都努力於天文算學的介紹，崇禎乃欲廢棄大統曆，而改用時憲曆，順治用湯若望掌欽天監，康熙又用南懷仁任欽天監正，雖經楊光先等力加排斥，究以大統曆的推算不精，仍用以西法推算的時憲書，以至於淸末。（二）爲輿地測繪之學。中國自古雖曾有地圓之說，究竟是模糊影響，元明與西域交通，亦不能確知地爲球形，自利瑪竇攜來萬國全圖，方知世界有五洲之大，地球懸於天空之中。所著乾坤體義，解釋甚詳。厥後艾儒略著職方外紀，前冠萬國全圖，後附四海總說。康熙命教士們分赴各省測量地形，越十年方由白進等繪成總圖，即所謂皇輿全覽圖，中國始有正確的地圖。（三）爲農田水利之學。徐光啓撰農政全書，總括農家諸書；繼之者爲熊三拔所著的泰西水法，附器具圖說。此二書在四庫書目中皆有說明。（四）爲重學，亦即力學，說明能以小力運轉大器。鄧玉函首著奇器圖說，同時，王徵亦撰諸器圖說，皆繪圖以明物理。其時關於此類科學書籍，不下一百多種，要以天文彙函，新法算書等爲最著名，四庫書目中皆可考見一二。

第二期所介紹的：（一）爲時務書，注重在世界大勢，求了解世界各國的形勢及風土人情。萬國公報時務新論等，皆由教士們所主持。足見當時大都以研究時務爲重要。（二）

爲製造書。中國此時與外國接觸日多，見於各國機器的奇巧，於是在上海設立江南製造局，福建設立船政局。又從事於此類書藉的譯著，設同文館於京師，印刷譯籍。上海製造局亦設翻譯館，翻譯各種格致之書，西人如傅蘭雅林樂知金楷理等口授，得華人華蘅芳徐雪村等筆錄，梁啓超西學書目表中，第一卷即舉科學書凡十三類，皆當時所稱爲格致之書。計有三百五十三種八百九十三本，可見當時介紹西學的努力了。

此後便入於第三期，前兩期皆爲西人所主持，而第三期便出了許多中國人，能自己譯著。最著者爲嚴復林紓等人，也譯著了許多書藉，嚴復開始翻譯西洋近世思想的書，林紓開始翻譯西洋近世文學的書。嚴復的翻譯，曾得吳汝綸的獎勵和幫助，他所翻譯的：如赫胥黎天演論，斯密亞丹原富，穆勒名學，斯賓塞爾羣學肄言，孟德斯鳩法意，甄克思社會通銓等，以信達雅三者做他的標準。所以胡適之在五十年來之中國文學中說：『他對於譯書的用心與鄭重，眞可佩服，眞可做我們的模範』。中國始知西洋的哲學，論理學，法政學，等等。林紓他雖不知英文，然靠人口授，所譯甚多，他以桐城文學的根柢，動手翻譯歐洲的小說，從他初譯的茶花女遺事起，直到晚年，譯了一百三十幾種，現在有輯爲畏廬小說集。他介紹了西洋許多有名的作品，如；莎士比亞 Shakespeor 地孚 De'foe 史委夫特 Swift 狄更司 —Diokens 易卜生 Ibsen 托爾斯泰—Tolstoy ……等等，引起了一般人的文學趣味；從此翻譯東西洋小說的人，也就一天多一天。其次則爲馬君武蘇曼殊譯西洋的詩歌，他們本來有詩歌的天才，馬譯拜倫的哀希臘，眞與創作無二，蘇也有拜倫詩選，而且把許多中國古詩譯爲英文，編成文學因緣，英漢三昧集兩册子。

總之：此三時期的翻譯，我們可概括的說：一爲天算時期，二爲格致時期，三爲哲學而及於文學時期。

道光以後的趨勢 在道光以前，雖有教士們譯著格致書籍，還不能引起中國人的注意；等到鴉片戰爭失敗，訂定南京條約，門戶洞開，西洋思想，隨商人教士的足跡而來，纔覺悟到中國物質文明的落後。此後外交上著著失敗，甲午之役，庚子之役，都足予中國以猛烈的刺激，乃造成一極端歡迎西學的趨勢。初以爲中國學術，祇缺乏軍事，於是設立製造局，練北洋水師，從事於軍事的訓練。繼復知中國教育制度的不良，於是變八股，廢科舉，仿西洋學校制度，培植人才。所以除教會曾努力創辦男女學校外，國家亦以興辦學校爲教育方針。又感到中國物質建設之需要，於是學校課程中，加增格致，算學等門類。這是第一種以『中學爲體西學爲用』的趨勢。庚子以後，國勢愈落，於是從注重格致的思想，漸走到政治改革的路上去。有康梁等維新運動，乃收戊戌政變的結果；有孫黃等鼓吹排滿，乃演成前仆後繼的國民革命。識時務者，知非力圖根本改革，不足以自強，於是有派遣東西洋留學生，九年預備立憲，等等事實，不但影響到政治方面，也是影響到學術方面。在教會方面，則有耶穌教的輸入，努力於『辦學校，譯書報』兩項工作，要之，無非宣傳平等自由的思想。至今尚存留着的廣學會，就是那時候的中心機關，林樂知花之安李提摩太，都是主持這工作的有力分子，所出版的萬國公報，實爲清代學術轉變的導線，而後所謂時務報蘇報新民叢報等等，都予中國思想革命與政治革命以大影響。當時戊戌維新運動的人，他們都是採用西洋格致之學，想要從政治上文藝上圖謀革新。其主要人物，莫如康有爲譚嗣同梁啓超……等，尤其是譚梁等特創了一種新文體，從八股桐城中解放出來。譚著仁學，言人所不敢言，梁著時務論，現存飲冰室集中的猶不少。他在日本所辦清議報新民叢報，於國內思想界影響極大，後來的庸言大中華，都是他對於時務政論的有力宣傳。同時章士釗的獨立週報甲寅雜誌，具有批評的態度，有人稱他爲邏輯文學。於是從時務論走到政論上去。而黃遠庸，李大釗，高一涵，陳獨秀，胡適之，張東蓀……那些人，繼續着在學術討論之外，都注意到政治的批評。當時的日報週刊，莫不以政治批評爲中心。到底因着這種學術思想的介紹，發生了極大的影響，在民族革命政治革命文學革命上，成了最初的原動力。所謂『文字收功日，神州革命潮』，這便是六十年來西學醞釀而成的結果。

白話文運動 政體既由專制而變共和，言論思想亦由束縛而得解放，北大所發行的新青年雜誌，做了新文化運動的先鋒。新青年所揭櫫的宗旨，就是要從舊思想上加以根本的破壞，抱着打孔家店的態度，對於倫理，學術，思想……各方面。都有一種激烈的主張。文學革命，也是這些主張中的一種，從胡適之首先發表文學改良芻議，及建設的文學革命論，以『國語的文學，文學的國語』，謀新文學的建設。他在消極方面，以『八不主義』爲推翻舊文學的口號，所謂八不主義，歸納爲四條意義，就是：一，要有話說，方纔說話；二，有什麼話，說什麼話，話這麼說，就這麼說；三，要說我自己的話，別說別人的話；四，是什麼時代的人，說什麼時代的話。這就是要把作文同說話合一起來，因爲從前以作文爲文人的專業，與說話隔離得很遠。所以就分出文言文白話文兩種，說文言文是貴族的，是死的，是鬼話；白話文是平民的，是活的，是人話，當時表同情於白話文，而投身到文學革命旗幟下的，非常踴躍，不獨所謂北大派人，有陳獨秀錢玄同蔡元培等繼續發表了他們的意見，又有羅家倫傅斯年等編輯一種叫新潮，在文學方面的主張，完全做了新青年的響應，在思想方面却更見得激烈。同時，便很迅速地影響到全國，產生出同樣的刊物，如什麼解放與改造，每週評論，建設，學燈，覺悟，……等等，都是用白話文發表他們的著作。不久，也就慢慢的普遍起來，雖有少數爲文言文死守壁壘的人，如林琴南所致北大校長的信，痛斥白話文的俗陋，當時也很有一囘小小的辯論，究竟挽不囘時代的潮流，不到五六年，白話文已成極普遍的文學了。坊間所搜集的國語文類選，白話論文集之類，也是很多，採取胡適羅家倫高一涵戴季陶陳獨秀張東蓀周作人……那些人的作品，作爲白話文的模範；同時他們對於幾本白話的舊小說，如水滸，紅樓夢，儒林外史之類，竭力提倡，做考證，做索隱，做了許多考據的工夫，也是告訴我們這幾本書是白話文唯一的模範。

從文的方面的改革，進而至於詩體的解放，胡適的談新詩，恭維周作人的小河，康白情的窗外，兪平伯的春水船，沈尹默的人力車夫……等等作品，說他們這些作品，決不是五七言的律絕所能做得出來。他自己也做了許多白話詩，刊成一本嘗試集。破除了從前舊時的格律，不用韻，不調平仄，不限定字數，的確是從律絕的桎梏中得大解放。因此，從前因格律的關係，發表不出來的情意，現在却可以隨便寫出來。自然，使許多人感得方便，東一首愛呀！西一首好了！多得不可勝數；結果，把一句一行寫着的便可以叫牠詩，一句一句連着寫下去的便可以叫做文，詩與文的分別好像就是這一點。

現在的文和詩，雖然還沒有一種具體的標準，但是這種解放，却是值得注意的。

文學革命與學術影響

從文學革命所獲得的最大效果，第一是使學術適合於實用，覺得以前那些濫調的古文辭，專門在什麼起承轉合，抑揚頓挫上用工夫，與實際的人生，隔離得很遠，尤其與普通的民衆漠不相關。所以周作人做了一篇文章叫人的文學，他說「太陽底下，何嘗有新的東西？」只有人與非人的分別，從前的文學，與人的生活不相干，什麼色情狂的淫書，迷信的鬼神書，神仙妖怪書，奴隸強盜書，才子佳人書，黑幕書，都是破壞人性，是非人的道德，非人的文學。文學本來是求適應人生實際的需要的，所以應當提倡人的文學。這是第一種很大的影響。

第二是整理的研究，對於一切舊有的文獻，拿出來整理，運用科學的方法，從新估定牠的價值。像梁啓超的研究墨子，胡適之發表的中國哲學史大綱，都是先例，於是整理國故，用科學方法整理國故，成了唯一的口號，便有許多書籍和文章，繼續地產生。要從一大堆的亂書裏，分別出政治，哲學，倫理，宗教，以及其他各科學，一樣一樣地加以整理。並且要分別出牠的精華與骸骨，眞實與僞託。這的確是在文學革命旗幟之下所發生的最大影響。

第三是學術的世界化。從前讀中國書，是關起了大門從故紙堆中弄那些之乎者也的文章，程朱陸王的學派，仁義道德的綱常倫理，別的都沒有注意。從文學革命的旗幟揭示以後，覺得學術是有世界性的，無論談什麼問題，什麼主義，都與世界學術發生關係。比方談政治，便入於政治學的範圍，決不是那一套湯武革命，易代更姓的老話頭了。比方談宗教，便牽涉到宗教學，有一神無神超神泛神的東西連帶而來，決不是那祀天拜祖，陰陽五行的一回事了。諸如此類，無論什麼學問，都與世界發生關係，這也是一種很大的影響。

第四種可以說是求眞的精神。求眞就是科學的精神，對於數千年來所有的書籍，用懷疑的態度去研究，要找出眞實的憑據來，所以『拿證據來』四字，便是當時的口號，『爲什麼』便是當時的態度。這種精神，我們不能不說是新靑年一派人所給予我們的影響，從這種影響，便有考古疑古的趨向。關於考古疑古的成績，自然很多，幾冊古史辨，或者可爲一部分的表顯。

五四以後的趨勢　五四是中國思想轉變的樞紐，好像西洋的文藝復興。五四以前，雖已有什麽維新運動，新文化運動，醞釀了多年；及至五四，方始起了根本的變化，從封建勢力之下完全解放出來。主張個人的自覺，全國思想界有一個大結合，開始做起社會的運動來，表面上雖僅僅對於政治主張而發動，實際上却是全部思想劇變的表現。結果，對於舊制度舊社會舊思想，加以澈底的反抗，所以從思想方面看，首先要打倒傳統的禮教，打倒偶像的孔子，從男女的桎梏中，一切的階級中，圖絕對的個人自由。於是，全國思想界便呈現了一種活潑潑的生氣，發表了許多自由思想的文藝作品。本着科學的精神，大無畏地批評。杜威和羅素却給予了不少的影響。從大體看來，在學術上有二點很顯著的現象：

第一是考古學的進展，用歷史學的根據，對於一切古史，都加以根本的考察。梁啓超的中國歷史研究法，提出新史學的研究方法，顧頡剛的古史辨，以爲古史是層纍地造成的。這些都是歷史學的革新家，成了當時青年思想的導師。進一步從書本的研究，到地下的掘發，『求史料於地層下』，可以說是史學革新的一句新口號。從清末在河南發現了龜甲獸骨上的文字以後，經劉鶚羅振玉明義士王國維……等研究，著成許多考證的書籍，除鐵雲藏龜，殷墟書契前後編，殷虛卜辭，戩壽堂所藏殷虛文字……之外，如羅振玉的商貞卜文字考，殷虛書契考釋，殷虛書契待問編，商承祚的殷虛文字類編，王國維亦有考釋及殷周制度論，以及最近郭沫若的甲骨文研究等等，從文字的研究而及到歷史的制度，便使舊時的歷史觀念根本地發生了變化，眞實的史料，有賴於地下的證明，却遠勝於書本的記載萬倍，是以學術界咸注意於此種的工作，中央研究院歷史語言研究所繼續獲得許多材料，在考古學方面更有非常的進展。

第二在文藝方面的進展。五四以後，所謂國語的文學已經確立了，無論什麼文藝作品，無疑地用白話來描寫。詩歌呀！戲劇呀！小說呀！都有一種劇烈的改變，把以前的舊格律，舊觀念，掃除得乾乾淨淨。講到這一方面的解放，他的醞釀，也非一朝一夕的事情，在詩詞上不能不遠溯到譚嗣同夏曾佑梁啓超那一般人所主張的『詩界革命』，而飲冰室詩話中，又曾推黃公度爲獨闢境界的大家。黃公度主張的『我手寫我口，古豈能拘牽』，可以說詩界革命的第一聲。不獨譚梁等受其影響，就是後來胡適之陳獨秀錢玄同周作人以及做白話詩的人，都跟着這一句話跑。王國維在詞曲方面，可算是近代的傑出，所作人間詞話，以及宋元戲曲史，爲近代有價値的作品。尤其是刧灰夢傳奇，新羅馬傳奇……等作品，發揮一肚皮的憤慨，也足以影響於一般的思想。在小說方面，魯迅著中國小說史略，敍述得很明白，從李寶嘉著官場現形記起，以及於吳沃堯的九命奇寃，二十年目睹的怪現狀，洪都百鍊生的老殘遊記，向愷元的留東外史，李涵秋的廣陵潮，吳稚暉的上下古今談，都是近代的有名作品。梁啓超論小說與羣治之關係，實爲小說革命的新口號，把一切才子佳人，誨淫誨盜的小說，加以根本打擊。於是小說便趨向到新的路上，新小說的出身，乃日見其多了。

科學與玄學之戰　五四以後，在中國學術界上，發生過一次很有價値的筆戰，就是民國十二年『科學與玄學』的討論，也叫做人生觀論戰。亞東圖書館把兩方面的論文，收集起來，成了一本科學與人生觀的書，比較別的書坊所收集的完全。原來兩方面論戰的文章，大概發表在北京的努力週報，清華週刊，晨報副刊，上海的時事新報學燈，太平洋雜誌，等報上。這裏面大概分出三方面的意見：（一）以爲人生觀是超科學的，（二）以爲人生觀是受科學支配的（三）以爲人生觀有一部分可以用科學來支配，一部分是超科學的。

第一種可以說是唯心的人生觀，屬於這一派的，有張君勱，林宰平……那些人，張君勱首先提出人生觀是主觀的，是直覺的，是綜合的，是自由意志的，是單一性的，是科學所不能爲的。他的結論，就是說：『人生觀問題之解決，決非科學所能爲力』。他這一篇在清華學校的演說，發表以後，便激起了丁在君的反對，接着就發表一篇文章叫玄學與科學，罵張君勱是玄學鬼，他是主張人生完全是科學的，引用胡適的話做他的結論，『把科學方法應用到人生問題上去』。這就是上面所說的第二派，這一派也可以叫做唯物的人生觀，屬於這一派的，人數比前一派多，像胡適之，吳稚暉，任叔永，陳獨秀……都是。他們絕對地承認『科學的人生觀』。以爲凡是心理的內容，眞的概念推論，無一不是科學的材料，而受科學的支配的。還有第三派人，就是梁啓超范壽康那些人，以爲『人生問題，有大部分是可以而且必要用科學方法來解決的；却有一小部分，或者還是最重要的部分是超科學的』。意思就是屬於理智的方面，絕對要用科學方法來解決，屬於情感方面，絕對的超科學。

陳獨秀，胡適之，均做了一篇序文，他們都以爲梁啓超很聰明，根據他所著的歐游心影錄，以爲他是反對科學萬能，所以也算他是提倡精神生活的，與張君勱併在一起，是一膠的人。胡適之特別佩服吳稚暉的一篇『一個新信仰的宇宙觀及人生觀』，說道：『這樣的討論，才是切題的，具體的討論，才是正眞的開火』。吳稚暉那篇文章，的確說得很乾脆而有趣味，他的宇宙觀，提出『漆黑一團』四個字，他的人生觀，提出：（一）淸風明月的喫飯人生觀，（二）神工鬼斧的生小孩人生觀，（三）覆天載地的招呼朋友人生觀。他以爲人是什麼？不過是三斤二兩腦髓，五千〇四十八根腦經，輪到宇宙大劇場的第億垓八京六兆五萬七千幕，正在那裏出臺唱演的動物。這是一種純物質的機械主義的人生觀，人生是不是這麽一回事？也是値得討論的。

梁啓超的歐游心影，把歐洲大戰的責任，歸罪於科學，與丁在君把牠歸罪於玄學，都有同樣主觀的偏見。但是這一次戰爭，究竟誰勝誰負？陳獨秀說得好：『一班攻擊張君勱梁啓超的人們，表面上好像是得着勝利，其實並未攻破敵人的大本營，……我以爲不但不曾得着勝利，而且幾乎是卸甲丢盔的大敗戰』。他以爲兩方面都拿不出眞實的證據，不過是一場混戰，而且在世界學術上已經是非常落後了。但是平心而論，這一次論戰，不能不說是中國學術界上的好現象，是一種思想解放的表現。

第八章　文學

文學的定義

中國文學定義，大約可分爲二種：

一爲廣義的，如論語上所說：『文學子游子夏，』是包括着文章與博學二義，凡關書本上的學科，如歷史，禮樂，典章制度，莫不包括在內。正像章太炎先生所說：『文學者，以有文字著於竹帛，故謂之文，論其法式，謂之文學，』（見國故論衡文學總略）其範圍非常廣大。史記儒林傳所說的『自此以來，則公卿大夫士吏，斌斌多文學之士矣，』這時的公卿大夫，大都誦習經書，故凡懂得經書中一藝的，皆可以稱爲文學之士。

一爲狹義的，如文選所說：『事出乎沉思，義歸乎翰藻，』（見昭明文選序）是專指描寫人生，發攄情感之作，凡具有懿美的色彩，鏗鏘的聲調者皆是。如辭賦，詩歌，戲曲，以及小說等類。』

前者稱之爲雜文學，後者稱之爲純文學，或者稱之爲硬性的與柔性的，古人亦有把牠分爲文與筆，——有韻者爲文，無韻者爲筆——英國文學家德昆賽 De Quincey 以爲『文學之分有二：一屬於知，一屬於情。』即一以理知爲主，一以情感爲主。以理知主的，是雜文學的性質，以情感爲主的，是純文學的性質，此其意可謂不謀而合。總之：無論是廣義的或狹義的，都是『表情達意』的工具，情表得好，意達得切，都是文學。

文學的起源 文學起源，莫先於詩歌，在未有文學之先，已經發生。宋黃實夫有言：『有天地有萬物而詩之理已具：雷之動，風之偃，萬物之鼓舞，皆有詩之理而未著者也；嬰孩之喜笑，童子之謳吟，皆有詩之情而未動者也；桴以蕢，鼓以土，籥以葦，皆有詩之用而未文者也；康衢順則之謠，元首股肱之歌，詩之義已備矣。』（見詩解）是言詩歌起源之早。原來詩歌樂三者是出於一源的，所以虞書中說：『詩言志，歌永言，聲依永，律和聲，』故言詩歌，必及於樂。相傳虞舜與皋陶的唱和，以及伊耆蜡辭，卿雲，南風，擊壤，康衢，……等歌，（見尚書）又有所謂葛天氏投足以歌八闋。（見呂氏春秋）女媧氏的占繇，（見御覽引歸藏）隋書樂志謂伏羲有網罟之歌，孝經鈎命訣謂伏羲有立基扶來之歌，神農有下謀扶持之樂，黃帝有雲門咸池之樂，其他如網歌十曲，金人銘……等等，皆爲最早的樂歌。總之：人是感情的動物，過有悲歡離合之情，發而爲咨嗟詠歎之辭，便成爲詩歌，上述種種，雖未必可信，然孔子曾稱美韶武，則古詩歌的遺傳，亦非全屬子虛的。不過居今日而可以爲討論的資料的，則惟有一古詩歌總集——詩經。

詩經　詩經是周代的詩歌總集，也是最早的文學作品，其內容分南、風、雅、頌、四類，皆爲當時的樂歌，除雅爲朝廷樂歌，頌爲宗教樂歌外，其餘所謂十五國風，都是民間的歌謠，由國家採集而來的。古有採詩之官，所謂『每歲孟春，適人以木鐸徇於路，採詩以獻太師。』（見書）『命太師陳詩以觀民風，』（見禮記）漢書藝文志亦說：『古有採詩之官，王者所以觀風俗，知得失，自考正也。』換句話說：雅頌是廟堂文學，南風是民間文學。鄭振鐸有這樣的分類：

（詩經詩人的創作：（雅居多）如正月、十月、節南山、嵩高、蒸民、等。民間歌謠：（風居多）戀歌（靜女，將仲子，中谷，等）結婚歌（關雎，桃夭，鵲巢，

詩經

等）輓歌及賀歌（蓼莪、螽斯、麟之趾、等）農歌（七月、甫田、大田、行葦、既醉、等）其他。

貴族樂歌：（頌居多）宗廟樂歌（下武、文王、等）頌神樂歌及禱歌（思文、雲漢、訪落、等）宴會歌（庭燎、鹿鳴、伐木、等）田獵歌（車攻、吉日、等）戰事歌（常武、等）其他。

總之：全部三百五篇，不外乎抒情、敘事、頌贊、三類，風之中多爲抒情詩，雅之中多爲敘事詩，頌之中多爲頌贊詩。其句法大都是四言的，但間亦有少數的長短句，自二言至九言不等：二言如『祈父』等，三言如『苕之華』等，五言如『誰謂雀無角』等，六言如『我姑酌彼金罍』等，七言如『尙之以瓊華乎而』等，八言如『八月蟋蟀入我床下』等，九言如『泂酌彼行潦挹彼注茲』等。伐檀一詩中有五言六言七言八言句。句無論長短，都是十分自然，而有極順口的音調的，故詩經便成爲韻文之祖，其用韻的方法，有一句一韻的，有隔句用韻的，有前後換韻的，有叶韻的，也有全篇不用韻的，（周頌清廟等）其變化至無一定。清王士禛從文學立場上而贊美之曰：

『詩三百篇，眞如化工之肖物：如燕燕之傷別；籊籊竹竿之思歸；蒹葭蒼蒼之懷人；小戎之典制；碩人次章寫美人之姚冶；七月寫閭閻之致，遠歸之情，遂爲唐人六朝之祖。』（見漁洋詩話）

梁任公在中國韻文裏頭所表現的感情中說『含蓄蘊藉的表情法，以三百篇爲絕唱。』又說：『詩經中這類表情法，眞是無體不備，小雅十九皆是。』『關雎樂而不淫，哀而不傷，』（論語孔子語）又曰：『詩三百，一言以蔽之，曰思無邪，』後世道學家斥爲淫奔之詩，不可謂非盲目的批評，而昧於文學上的價值。

詩本爲樂歌，史記說：『詩三百篇，孔子皆絃歌之，以求合韶武雅頌之音。』（見孔子世家）孔子亦曾自言『吾自衛反魯，然後樂正，雅頌各得其所。』春秋記吳季札觀樂，不但在文學上欣賞其美妙，且從音義上得知其政教的盛衰。當他聽到樂工所『歌周南召南，曰：美哉！始基之矣；爲之歌邶鄘衛，曰：美哉淵乎！憂而不困者也：爲之歌王，曰：

美哉！思而不懼，其周之東乎！爲之歌鄭，曰：美哉！其細已甚，民不堪也，爲之歌齊，曰：美哉！泱泱乎！大風也哉！爲之歌豳，曰：美哉蕩乎！樂而不淫，其周公之東乎！爲之歌秦，曰：此之謂夏聲，夫能夏則大，大之至也；爲之歌魏，曰：美哉渢渢乎！大而婉，險而易行，以德輔此，則明主也；爲之歌唐，曰：思深哉！其有陶唐氏之遺民乎！歌陳，曰：國無主，其能久乎！歌小雅，曰：思而不貳，怨而不言，其周德之衰乎！歌大雅，曰：廣哉熙熙乎！曲而有直體，其文王之德乎！歌頌，曰：至矣哉！直而不倨，曲而不屈，邇而不逼，遠而不攜，遷而不淫，復而不厭，哀而不愁，樂而不荒，用而不匱，廣而不宣，施而不費，取而不貪，處而不底，行而不流，五聲和，八風平，節有度，守有序，盛德之所同也。』（參見左傳襄公二十九年）這幾乎把全部詩經一一加以評論，雖不是從文學觀點出發，而文學價值，亦於此可見。

至於其寫社會的生活，如伐檀中所表現貧富階級，七月中所表現的農民情況。其他如寫軍人出征的痛苦，以及家人的懷念，如汝墳、草蟲等類。寫軍事的聲勢與軍中的生活，如伯兮、車攻、出車、簡兮等類。都是何等深刻而眞摯。

楚辭　楚辭始于離騷，爲南方文學的代表，作者有屈原、宋玉、景差等人，宋黃伯思嘗曰：『屈宋之文，皆書楚語、作楚聲、紀楚地、名楚物，故謂之楚辭。』（見翼騷）四庫提要說：『屈宋諸賦，定名楚辭，自劉向始也。』是承認楚辭之名爲劉向所定，在劉向以前則稱之爲離騷傳，或離騷經章句。王逸始爲楚辭章句，裒集屈宋等作品，如離騷，九歌、天問、九章、遠遊、卜居、漁父等文外，又附入漢人擬騷的作品，——非楚人的作品——如賈誼的惜誓、淮南小山的招隱士、東方朔的七諫、嚴忌的哀時命、王褒的九懷、劉向的九歎，以及他自己所作的九思，統稱爲楚辭，由此所謂楚辭也者，乃是摹倣楚人的一種文學，而變成文體的名稱了。

楚辭既爲楚人的文學，在屈原以前，本來已經有了，論語中所記楚狂接輿的鳳兮歌，（莊子所記略同）孺子所歌的滄浪之水，都是楚辭的一種。卽楚辭中的九歌，乃楚國舊有的祭祀樂章，或者是經過屈原的潤色；又都是屈原以前的作品。若從詩經來說，雖然沒有楚風，但却有二南與陳風，二南本爲楚地；據鄭玄詩譜說：『周召者，禹貢雍州岐山之陽地名，』鄭樵亦說：『周爲河洛，召爲雍岐，河洛之南瀕江，雍岐之南瀕漢，江漢之間，二南之地，爲作詩之始。』（見通志）陳卽今河南，亦入楚版圖。故就地理上言之，江漢汝墳，都是楚地，卽從風俗上觀之，則宛丘東門之枌中的舞蹈，正是南方的巫風，故有認二南等詩，爲楚辭的淵源。而且所謂『南』，本是南方的樂舞名稱，決不是什麼『王化自北而南』的意思，不然，何以不稱爲周風、召風，而稱爲周南、召南呢？小雅鼓鐘篇云：『以雅以南』，毛傳謂『南爲南夷之樂』。中原之樂曰雅，南方之樂曰南，可見『南』是一種樂舞之名，故蘇轍以及程大昌等，皆以南與風雅頌分列爲四體，近人梁啓超胡適等直認之爲楚風。林艾軒謂『二南爲詩之萌芽，楚人得之，一變而爲離騷。』楚辭之淵源於詩經，是可信的。不過就詩經與楚辭形體上的比較：

詩經	楚辭
多用短句疊字	多用長句駢語

多反復詠嘆	多傷感直陳
近於寫實	近於玄想
多敍人事	多寫神話
多爲平民歌謠	多爲貴族韻文

雖有種種不同，然却不能否認牠有源流關係。所以與其說詩經與楚辭爲平列的南北文學雙星，不如說是文學的演進，從實生活的描寫而進到理想的美的描寫爲適當。如果從純文學的立場來研究牠的內容，至少可以得到如下的幾點感想：

（一）富於神祕的玄妙思想。這不可謂非南方文學的特色，不獨在楚辭所見到的天問、遠遊、招魂、九歌等篇，充溢着飄渺浪漫的神話，與北方文學三百篇的實際生活描寫不同。就是從老莊的散文中也見到同樣意味的象徵描寫。

（二）滿含着悲憤而感傷的情緒。借用許多香草善鳥……等物來比喻寄託，發洩滿腔的牢騷，讀「長太息以掩涕兮，哀民生之多艱」一類的句子，對於國家的愁思悲苦，正足以表出南方人多愁善感的性格，含蓄不露，情意纏綿，是文學中的上乘。

（三）有眞摯而動人的情感。屈原既遭放逐，憂愁幽思而作離騷，其一字一句，無不是眞情的流露。其他如宋玉的作品，亦都是石罅裏奔迸出來的水泉，決不是無病的呻吟。

（四）材料的豐富，句調的婉轉。有神話傳說及歷史的故實，以及所舉動物植物的名稱，眞可以說是盡其收羅；而那種哀惋曲折的詞調，或呵天而問，或悲憤而嘆，音節廣曼，淋漓盡緻，其間所用『兮』『些』『只』等助字，正足以烘託出濃厚的感情，與迴盪的情調。

總之：楚辭在文藝上的價值，眞可以說是空前絕後的第一等文字。歷來評論的人很多，司馬遷稱之曰：『國風好色而不淫，小雅怨誹而不亂，若離騷者可謂兼之矣。』（見屈原列傳）劉勰稱之曰：『敍情怨則鬱伊而易感，述離居則愴怏而難懷，論山水則循聲而得貌，言節候則披文而見時。所謂金相玉質，百世無匹者也。』（見文心雕龍辨騷）至如清蔣驥有言：

『楚辭之悲壯處，似高漸離擊筑，荊軻和歌於市，相樂已而相泣，旁若無人。楚辭之悽惋處，似窮旅相思，當西風夜雨之際，哀蛩叫濕，殘燈照愁。楚辭之豔麗處，似美人走馬，玉鞭珠勒，按錦繡，佩琳瑯，時春風唱一曲楊白華。楚辭之幽奇處，似入山徑無人，但聞猩啼蛇嘯，木魅山鬼，習人語，學人拜。楚辭之仙韻處，似王子晉騎白鶴，駐緱山最高峯，吹玉簫，作鳳鳴，揮手謝時人，人皆可望不可到。』（見山帶閣楚辭註）

這一段在文藝上的評贊，可以算得最清切了。

辭賦　賦是一種有韻的散文，直接由詩經與楚辭變化而成。詩有六義，其一曰賦，『賦者敷陳其事而直言之者也。』班固兩都賦序中說：『賦者，古詩之流也。』陸機文賦中說：『詩緣情而綺靡，賦體物而瀏亮。』文心雕龍詮賦篇說：『賦，鋪也，鋪采摛文，體物寫志也。』總此數說，可以知道賦爲古詩之流，是不歌而誦，敷陳其事的一種文章。揚雄把賦分爲兩種：一爲詩人之賦，是麗以則的；一爲辭人之賦，是麗以淫的。以爲詩人之賦，導源於荀子，辭人之賦，導源於宋玉。前者爲詩的支流，旨在以諷以諫，維繫世道人心，故云『麗以則。』後者爲楚辭的支流，以超現實材料，虛構描寫，故云『麗以淫』。

漢志稱孫卿賦十篇，而今本荀子中，僅有禮賦、知賦、雲賦、蠶賦、箴賦、五篇，故有以成相一篇分成五章以足其數，亦有以佹詩爲賦的。而荀卿賦中多係說理之辭，體物工妙，趣味盎然，與楚辭發抒情感的作風不同。

宋玉作品，在楚辭中九辯、招魂以外，見之於文選的，有風賦、高唐賦、神女賦、登徒子好色賦，見之於古文苑的，有笛賦、大言賦、小言賦、諷賦、釣賦、舞賦等。其間雖有若干爲後人所僞託，然其作風純出騷體，確爲漢賦的先河。

漢賦亦稱古賦，漢代本爲賦的黃金時代，雖源於楚辭，實已失楚辭自然情致，專以鋪張雕飾爲貴，供人主及一般人們作消遣的東西。其所以發達的原因，乃由於漢武帝的愛好楚辭獎勵賦家之故，其時的作家，首推司馬相如，所作上林子虛等賦，窮百日之力，盡其鋪張，以博得武帝的歡心。西京雜記說他的作賦，『合綦組以成文，列綿繡而爲質，一經一緯，一宮一商』，以形容他的勞心組織，實足以開漢代風氣。在他以前，雖曾有陸賈、賈誼、枚乘、鼂錯等作家，然總不及他影響的大。同時如東方朔、嚴忌、嚴助、劉安、吾丘壽王、司馬遷、朱買臣、枚皋……等人，各有多量的作品，皆不脫其堆砌誇張的窠臼。其後則有劉向、王褒、揚雄、崔駰、馮衍、各有著名的作品。而東漢時班固的兩都賦，張衡的兩京及東都賦，以及馬融的笛賦，禰衡的鸚鵡賦，王粲的登樓賦，都是當時傑作。三國時大詩人曹植，亦以洛神賦膾炙人口。此外如王逸、王延壽、傅毅、李尤、蔡邕、等人、莫不能賦。

降及六朝，崇尚俳偶，故其時所作之賦，稱爲駢賦。松友述賦篇云：「左陸以下，漸趨整鍊，齊梁而降，益事妍華，古賦一變而爲駢賦」。（見國粹學報）魏晉之間，阮籍的首陽山等賦，嵇康的長笛賦，向秀的感笛賦，陸機的歎遊與文賦，潘岳的秋興、懷舊、寡婦等賦，以及使洛陽紙貴的左思三都賦，與郭璞陶潛等作品，猶仿漢人風氣，不失爲恢閎壯麗，情意纏綿之作。及至南北朝時，如鮑照的蕪城、謝惠連的雪賦、謝莊的月賦、江淹的根賦別賦、以及庾信的哀江南等，漸重排偶，近於雕琢，然亦不乏秀逸清新，情深辭美，其餘則幾於自鄶以下，有如張融、徐陵、沈約、任昉、邱遲、蕭衍父子等人，則專尙辭調而漸失情意了！

至於唐代，承六朝駢儷之習，受沈約聲病之拘，不獨詩之尙律，賦亦稱爲律賦。松友又說：「自唐迄宋，以賦造士，創爲律賦，課以四聲之切，幅以八韻之凡，銖量寸度，與帖括同科。」(見同上)專以諧平仄，精對偶爲工，而情感與氣韻，皆不注意，賦的作家雖不若前此之盛，而此種風氣，大都在詩與文上表見。唐末有杜牧的阿房宮賦出，遂以散文爲賦，既以屏六朝駢偶之風，且以開宋人散賦之端。宋人所作的賦，如歐陽修的秋聲賦，蘇軾的前後赤壁賦，已不復有排律的形式，完全以散文行之，而以說理爲重。其餘如王安石、汪藻、洪邁、孫覿、等人，雖善爲駢體文字，然亦注重文字的內質，不爲辭采聲調所束縛。此後歷元而明而清，皆繼宋人遺風而無所改更。

詩歌的演變　由楚辭而演變的辭賦，既如上述，且申說由詩經演變的系統。詩經以四言爲體，漢魏的詩，猶多仿效，如韋孟的諷諫，曹操的短歌行，陶潛的停雲歸鳥諸篇等，一讀古詩源，見當時以四言爲詩的，猶屬不一而足。不過四言詩嫌不足以盡意，乃有五七言詩代之而興，相傳五言詩的創作，是始於蘇李的河梁酬答，七言詩的創作，則爲漢武帝的柏梁聯句，其實這數詩的眞僞，却不可定，故言五言詩的最早者，莫如古詩十九首，說者謂此中有枚乘傅毅之作，然亦無確證。漢武以李延年爲協律都尉，立樂府，創新聲，作郊祀歌十九章，並證以『北方有佳人』之歌，謂五言詩的始於西漢，或有可信。漢書說：『武帝時，中山李延年善歌，爲變新聲，是時上方興天地諸祠，欲造樂，令司馬相如等作詩誦；延年輒承意絃歌，所造詩謂之新聲曲。』（見佞幸傳）由於這種趨勢，便有所謂樂府詩的產生，在這種樂府詩中，有五言七言的造句，故謂五七言詩肇始於樂府，亦無不可。且先略述樂府的情形：

樂府　樂府本是一種官，據漢書禮樂志云是武帝所立，武帝愛好新聲，自己也曾作秋風辭，又命李延年作郊祀歌，協以律呂，被諸管絃，從此以後，樂府詩便發達起來。近人陸侃如論到樂府，分爲三類：

（一）貴族的樂府：郊廟歌，燕射歌，舞曲。

（二）外國的樂府：鼓吹曲，橫吹曲。

（三）民間的樂府：相和歌，清商曲，雜曲。

郊廟歌用來祭祀祖先及神明的，如高祖時的宗廟樂、昭容樂、禮容樂、房中祠樂；武帝時的郊祀歌等。燕射歌爲宴饗賓客的樂歌，有燕饗樂、大射樂、食舉樂、三種。舞曲爲宮庭中供奉御用的玩藝，分雅舞、雜舞、散舞、三種。皆爲貴族特製的樂曲。

鼓吹曲、橫吹曲、都是從西域輸入的外國樂，有簫笳者爲鼓吹，有鼓角者爲橫吹。鼓吹是朝會宴饗之樂，亦稱爲短簫鐃歌，現存有鐃歌二十曲。橫吹是軍中行部所用，亦稱爲騎吹曲，起初由張騫通西域時傳摩訶兜勒一曲，後亡，李延年依以造新聲二十八解，今皆亡，只存隴頭一曲。

至於相和歌、清商曲、雜曲，都是民間採集來的樂府。所謂相和歌，是用絲竹相和而歌的，現存有薤露、蒿里、陌上桑、箜篌引、等。所謂清商曲，包括平調、清調、瑟調、等曲。平調以宮爲主，清調以商爲主，瑟調以角爲主，是以音樂來分別的。平調中今存有長歌行、猛虎行、君子行；清調中今存有豫章行、董逃行、相逢行；瑟調中今存有豔歌行等。此外孤兒行、善哉行、婦病行、飲馬行、上留田行、等，也都是重要的作品。雜曲是指未列上類的樂府，如辛延年的羽林郎，宋子侯的董嬌饒，繁欽的定情詩等，均爲佳作。這些樂府古辭，可以說是漢魏六朝時代的純文藝作品，與古詩的區別，則爲：

樂府可歌，古詩祇可誦。

樂府多長短句，古詩多五七言。

樂府篇義有定範，古詩則任意所之。

這是唐人以前的舊例，及至唐人所作的新樂府，意不必守定範，辭不必合管絃，與普通古詩，已無多少分別了。漢樂府中最著名的，如陌上桑的述秦羅敷事，羽林郎的述馮子都事，以及孔雀東南飛的述焦仲卿與劉蘭芝愛情不自由，都栩栩如生，雅俗共賞。北朝樂府中的木蘭辭以及企喻歌、隴頭歌、折楊柳歌、勑勒歌等，南朝樂府如子夜歌、碧玉歌、華山畿等，皆描寫情愛，與北方悲歌慷慨不同。宋郭茂倩的樂府詩集徵引浩博，實爲研究樂府詩的總集。

魏晉南北朝詩 樂府與古詩，本來沒有淸楚的分野，在古樂府中已有許多五七言的詞句，不過後來便漸漸地變成很整齊五七言古詩罷了。這一轉變，不能不說是與曹氏父子與建安諸人有相當關係，曹操雖然是一位大政治家，但却是一個文學家，他在戎馬倉皇中，還不失『橫槊賦詩』的雅興，他所作的苦寒行，氣勢何等雄厚，風調何等悲壯。可惜他的作品流傳得很少。他的兒子曹丕，文學素養亦甚高，他那燕歌行『秋風蕭瑟天氣涼，草木搖落露爲霜』等作風，不可謂非便娟婉約的名著。特別是要算陳思王曹植，他實在當得起一代大詩人的名稱，流傳下來的詩，比較地多，他那『明月照高樓』的七哀詩，情感既眞摯，修詞又美妙，博得歷來的好評，劉勰贊他『思捷而才俊，詩麗而表逸』，鍾嶸且譽爲『骨氣奇高，辭采華茂』，綜他的詩，組織工嚴，聲調鏗鏘，人工已造其極，眞無愧於才高八斗之譽。文心雕龍對於他們父子三人，曾有這樣的話：

『魏武以相王之尊，雅愛詩章；文帝以副君之重，妙善辭賦；陳思以公子之豪，下筆琳瑯；並體貌英逸，故俊才雲蒸。』（見時序篇）

繼之者有建安七子，鍾嶸曾謂：『陳思爲建安之傑，公幹仲宣爲輔』。（見詩品）此七子之名，據陳壽三國志，爲曹植、王粲、陳琳、徐幹、阮瑀、應瑒、劉楨，與典論所云不同。王粲卽仲宣，所作詩可以比陳思，七哀最爲代表作，沈歸愚舉之爲杜工部三別之祖。劉楨卽公幹，鍾嶸謂『陳思以下，楨稱獨步。』所作公讌詩，自然清新。其他諸人皆不無可取。

至於盛傳的『古詩十九首』與『孔雀東南飛』，關於作者問題，時間問題，歷來討論的人很多，但與建安詩人不無關係，不過無從肯定而已。建安七子之後，又有正始文學家的竹林七賢，與建安作風卻完全異樣，以嵇康的幽憤詩與阮籍的詠懷詩最爲著名，都帶點頹唐氣息，嚴滄浪則謂阮作有建安風骨。降及太康，則有盛傳的所謂三張、二陸、兩潘、一左、八人，其中要以張協陸機潘岳左思爲較著。鍾嶸列張協於上品，劉勰稱陸機『思能入巧，』潘岳的悼亡，悱惻溫雅，左思的詠史，可比阮籍詠懷。在諸人中，左思尤爲傑出，故沈歸愚謂『爲一代作手，豈潘陸輩所能比埒？』嚴滄浪亦說：『晉人舍陶淵明阮嗣宗外，惟左太沖高出一時。』在西晉詩壇上，可與他們比列的，如張華傅玄等人，亦有佳構。然而足與左思爭衡的，則有東晉的劉琨與郭璞，劉之贈盧諶詩，郭之遊仙詩，渾雄壯麗，出於嗣宗，故王漁洋稱左劉郭爲晉代三詩傑。然而實際上列晉代詩壇的首席者，誰都承認是田園詩人陶淵明。其詩的冲淡閒適，純任自然，絕無刻劃雕飾的痕迹。他那種高潔的志行，眞摯的情感，他的生活，簡直是一首優美的詩。他的詩幾無一篇不佳，而那歸田園居、飲酒、移居，等篇，尤爲代表。唐宋詩人的學他的，『王右丞得其清腴，孟山人得其清閒，儲太祝得其眞樸，韋蘇州得其冲和，柳柳州得其峻潔。』（沈德潛唐詩別裁語）可見唐宋受他影響之大了。

同時，在元嘉詩人中，則有謝靈運、顏延之、鮑照爲最著名。謝集山水派詩的大成，惟不及陶詩的自然；顏詩文僻藻麗，與謝齊名，比謝尤雕琢，故鮑照曾這樣批評：『謝詩如初出芙蓉，自然可愛；顏詩如鋪錦列繡，雕繪滿眼。』至於鮑詩則俊逸奔放，一掃前人浮靡之習，爲陶潛以後的第一人。

降及永明，注重格律，世稱爲永明體，其創始人爲沈約，創四聲八病之說，爲古體詩變成近體詩的過渡。至當時所稱爲竟陵八友中，要以謝朓的風格爲最高，李白極推重之，如曰：『蓬萊文章建安骨，中間小謝又清發』，『清發』二字，可謂謝詩的最好批評。

梁武帝父子，——昭明太子、簡文帝、湘東王、皆爲能文之士，簡文帝好作豔詩，徐摛與子徐陵，庾肩吾與子庾信，皆以豔麗見稱，稱之爲宮體詩。徐陵曾編玉台新詠，選錄梁以前詩，大唐新語謂『梁簡文好作豔詩，境內化之，乃令徐陵爲玉臺集以大其體。』何遜陰鏗亦以工麗纖整見長，陳後主亦以豔詩見稱，其玉樹後庭花樂府，尤爲著名。後來隋煬帝曾仿效之，影響到唐代的作風。

〔唐詩〕 唐是詩學上的黃金時代，從量的方面看，淸康熙時所輯的全唐詩，收錄的有二千二百餘家，有四萬八千九百多首詩。從唐到清，經過六七百年之久，當有許多遺失的，然而這數目已足超出其他各時代，使人驚駭了。從質的方面看，不但七古詩至是大成，更創出絕律的近體詩，詩的形式，至唐而確定，詩的體制，至唐而大備。其作家作品的地位與價值，李杜韓白爲一代冠冕的固不必說，卽其他不勝計數的詩人，亦莫不各有其精神面目，開闢領域，後世詩人，雖力求出新，終脫不了唐人範圍。

研究唐詩的人，往往把牠劃分四個時期，——初、盛、中、晚——自唐初至開元，稱爲初唐；自開元至大歷，稱爲盛唐；自大歷至太和，稱爲中唐；太和以後，稱爲晚唐。其實這種劃分，不能說是絕對的，嚴滄浪詩話中說：「盛唐人詩亦有一二濫觴晚唐者，晚唐人詩亦有一二可入盛唐者，」所以不能過於拘泥。近人胡適特別注意到安史之亂，爲唐詩轉變的一大關鍵。（見白話文學史）玆姑就習慣上所分的四時期略加敍述：

（一）初唐時期。唐初詩人，多生於陳隋之際，承襲六朝風氣，所以王、楊、盧、駱、猶沿南朝綺麗餘習。及至陳子昂出，對於六朝文學發生反動，所作感遇詩三十八首，一洗晉宋以來的華靡積習，回復正始風骨，唐書本傳說：『唐興，文章承徐庾餘風，天下祖尙，子昂始變雅正。』同時，有張九齡與子昂同其作風，這二人實爲開天詩人的先驅。但這猶爲唐詩消極方面的建設，至於在積極方面完成唐代律詩的重要人物，不能不推到宋之問沈佺期二人，據新唐書說：『漢建安後迄江左，詩律屢變，至沈約庾信，以音韻相婉附，屬對精密。及宋之問沈佺期，又加靡麗，回忌聲病，約句準篇，如錦繡成文，學者宗之，號爲沈宋。』滄浪詩話中說：『風雅頌一變而爲離騷；再變而爲西漢五言；三變而爲歌行雜體；四變而爲沈宋律詩。』沈宋律詩，實爲由古體詩變到近體詩的一大轉捩。

到開元天寶間，實爲唐詩的全盛時代，——盛唐——最先有王維孟浩然一派的歌詠自然，與高適岑參一派的歌詠戰爭，蘇東坡說王維『詩中有畫，畫中有詩，』而他的詩畫中都帶些禪家氣味，故有詩佛之稱。他那『空山不見人』，『獨坐幽篁裏』等詩，何等幽深淡遠，他是學陶潛的，而他的心境，却比陶潛爲寥曠。後乎此者，則有稱『詩仙』的李白，與之相仿，而孟浩然、裴迪、祖詠、苑咸、丘爲等人，與皎然、靈一、寒山、拾得、等詩僧，作風又同，高岑與王昌齡、王翰、王之渙、李頎等，描寫戰爭及邊塞生活，稱之爲邊塞詩人。這一派的詩，對於民族自衛的戰爭，寫得非常的豪壯和深刻。他們的最大貢獻，厥爲絕詩的完成，王維的五絕與王昌齡的七絕，能用少數的字，——二十字，二十八字——表出意味深長的意緒，這可以說是唐詩中最高的藝術。

這時候最偉大的詩人，誰都承認是李白杜甫，他們二人的派别雖不同，而他們在唐詩界的貢獻，却是空前絕後的。歷來對他們二人的比較與評贊，不知有多少：論其性情，李是浪漫的，杜是忠實的；論其作風，李則縹渺空靈，杜則沈鬱悲憫。李多作古詩和絕句，有豐富的想像，杜多寫人生的苦痛，親身的經歷，是一種『詩史』。李是一個浪漫詩人，杜是一個寫實詩人；李詩高遠，杜詩眞實；故後人稱李爲『詩仙』，稱杜爲『詩聖。』他二人在詩界中的地位，李之境界極高，獨立不羣，未易學步，杜之範圍極廣，體無不備，能罩宋人各派，所以李則結古詩之局，是承前的，杜則開後來風氣，是啓後的。詩之有李杜，正如學術之有孔老，李如老，杜如孔，孔不及老之高，老亦不及孔之大。詩的藝術，已被他二人發展到極高峯，此後無有能出其上了。

大歷以後，——中唐——雖繼續有不少詩人，然螢光爝火，都不足與日月爭光，例如大歷十才子，雖不失淸雅和平，工穩整鍊，終不及開天詩人的波瀾壯闊，聲情並茂。其時學杜最似的，則有韓愈與白居易二人，一得杜的奇險，一得杜的平易。因爲韓本想另闢蹊境，一反平順圓熟的做法，以求奇崛險絕，所以他的作品，奇情壯采，語不猶人，這正是他的特色。白則善寫社會情形，辭意淺顯，婦孺能解，他以爲詩應爲事而作，不應爲文而作，他的新樂府，明白地顯露出社會的黑暗面，用諷諭的形式，求達到『上以補察時政，下以洩導人情』的意旨。說者謂其過於淺顯，缺乏含蓄蘊藉，是他的短處。與白同派的元稹，作風相同，志趣相同，故稱元白體。與韓愈同時的孟郊李賀賈島等人，恰恰與元白體相反，他們務求奇險削刻，每句都要千鎚百鍊苦吟而成。與元白齊名的，則有劉禹錫、李益，他們的七言絕句，可以媲美王昌齡與李白。此外如韋應物、儲光羲、柳宗元、錢起、劉長卿、張籍、王建、等人，都各有其特長。

太和以後，——晚唐——這時期的詩，又復回到唐以前綺麗的一條路上去，他們只注意於聲調對偶，一天天趨向於浮薄卑靡，大歷以後，律詩的數量日多，古體詩的數量日少，至此幾乎全是律詩，很難得可讀的古體詩了。其間比較傑出的，有李商隱、溫庭筠、等人，李詩精密豔麗，可爲晚唐詩人中的領袖，用一種晦澀的象徵法寫出，像謎語一樣。溫詩含意隱晦，與李一樣，詞藻固美，靈性却更薄了。同時有杜牧，在豔麗中有豪邁之氣，其七絕最富神韻，與李商隱的七絕喜用議論，作風雖不同，而皆稱爲佳品。此外如段成式與李溫同稱三十六體，作風相同。從此以後，便覺卑弱、淺薄、愈趨而愈下了，惟有司空圖，韓偓、等人，稍有可觀。司空圖著詩品二十四則，當世傳之，與人論詩，嘗曰：『近而不浮，遠而不盡，然後可以言韻外之致。』蘇東坡稱其詩文高雅，王士禎稱其爲唐末第一。韓偓爲人有氣節，不肯依附朱全忠，其晚節實爲唐末完人，故詩多慷慨激昂之作。香奩集香豔細膩，爲後世豔詩之祖，相傳爲韓偓所作，據宋朝類苑所云實爲和凝所借託。

唐以後的詩

詩在唐朝，已達到最高峯，五代兩宋，遂有詞學起而代之。就詩言，宋人很想從陳陳相因的疇範中，別開清新生硬的途徑。其初西崑派猶沿李商隱餘習，極意於典麗藻飾，及歐陽修起，文旣效法韓愈的革新，詩亦欲學韓愈，以革新自命，使晚唐濃豔的作風，變到深遠閒淡，他所作七言古詩，雄深雅健，爲唐以後的第一人，廬山高、明妃曲，最爲他得意之作。嘗與梅堯臣蘇舜欽相唱和，開宋代風氣。後起者有蘇軾、黃庭堅、陸游、三大家：蘇詩出入於李、杜、韓、而自成其豪邁爽朗一派。黃詩，爲江西派鼻祖，其作風力求創新，一字一句，必欲不落窠臼，故陷於生硬晦僻之病，蘇軾嘗加以批評說：『魯直詩文，如蝤蛑江瑤柱，格韻高絕，盤餐盡廢，然不可多食，多食則發風動氣，』眞是不刊之論。其時王安石亦能詩，惟以議論爲詩。

陸游實爲南宋產量最多的大詩人，不但有圓潤敷腴的筆緻，且富有熱烈悲壯的民族思想，他生在國家受異族侵凌的時候，具着『丈夫不虛生世間，本意滅虜收河山』之志，想恢復中原土地，可以說是中國第一個愛國詩人。梁啓超曾詠之曰：『詩界千年靡靡風，兵魂銷盡國魂空，集中什九從軍樂，亙古男兒一放翁。』辜負胸中十萬兵，百無聊賴以詩鳴；

誰憐愛國千行淚？說到胡塵意不平。』（見劍南詩稿放翁集）這是確評。其古體詩尤見沈雄，有老杜遺風。此種富有民族意識的詩，在宋末更多，他們遭受着亡國之痛，或殺身成仁，或隱居不仕，發爲淒厲哀怨之詞，如文天祥、謝翱、謝枋得、鄭思肖、……等人，字裏行間，充滿着愛國熱忱，這些民族詩人，實比歐蘇等爲有意義。

至於宋代詩人中之有地位的，也是不少，像陳師道的簡嚴，楊萬里的奇鮹，范成大的清新，姜白石的雋旁，都爲歷來所稱許的。

宋詩雖不若唐代之盛，而對於詩的評論，却如雨後春筍般地產生許多詩話，從唐司空圖詩品泛論風格以後，歐陽修繼緒有六一詩話之作，其後如司馬光有續詩話，劉邠有中山詩話，陳師道有后山詩話，最著名的有嚴羽的滄浪詩話，論詩以妙悟爲上乘，尤見精闢。總宋一代，著詩話的不下數十家。此後詩人，大都有詩話，如漁洋詩話，隨園詩話……等不勝枚舉。清吳景旭編歷代詩話八十卷，至明末爲止，以衆說互相鉤貫，論其得失，可謂集詩話的大成。

元代著名詩人，則有虞集、楊載、范梈、揭傒斯等人。到明代多摹擬唐人作風，最著名的人物，要算高啓，有人評他的詩雋而清麗，不假雕飾，和他同類的，有楊基、張羽、徐賁，稱爲吳中四傑。閩中十才子如林鴻、陳亮、等，皆主摹仿唐調。在永樂成化間，國家承平，詩尚雍容，而有楊士奇等領導的『臺閣體』出現，至李東陽力矯臺閣之弊，於是有李夢陽、何景明、等前七子，注重格調，高唱復古，其後有李攀龍、王世貞、等後七子出，復古的氣燄更高。在復古運動極高潮流中，有唐寅、祝允明，楊愼，等浪漫作風，他們大都是放浪詩酒，以爽快流麗爲貴。公安派竟陵派也是反對復古，而主『性靈』的。

清人作品，大都出入唐宋，比之明詩，更趨寫實。最初有江左三大家，卽錢謙益、吳偉業、龔鼎孳，可以說是清代詩壇上的領袖。厥後王士禛所創神韻派，袁枚所創性靈派，各主壇坫者數十年。朱彝尊厲鶚的浙派，却又別樹一幟，朱詩與王士禛稱爲南北兩大宗。清末主張『我手寫我口』的革新詩人，要以黃公度爲首，他能不避方言俗諧，梁啓超稱他能鎔新理想以入舊風格，其精神不無影響於胡適等白話詩的提倡。

胡適是新體詩——白話詩——嘗試的第一人，打破五七言的格律與平仄，把他所寫的詩印成一本嘗試集，便引出了許多新詩的作家，像周作人、沈默尹、劉復、康白情、俞平伯等人，他們的作品，還脫不了舊詩的氣息，往往音節響亮，富有含蓄。及至郭沫若所寫出的女神等詩，氣象高邁，更覺豪放，此後如汪靜之的蕙的風等，見得天真爛漫，謝冰心的繁星等，見得清瑩渾厚，徐志摩則運用西詩形式，趨向於整齊而藻飾，繼之者如梁實秋、朱湘、等人，皆取歐化。從此作家輩出，作風不同，已奠定新詩的基礎了！

詞 詞是由詩變成的，故稱詩餘，但其不同處：詩句多整齊，詞則長短句；詞須按譜填字，不若古詩自由；詞多偏於抒情寫景，比詩的範圍窄。詞的起源，或謂始於李白的憶秦娥，菩薩蠻，然經後人的考查，菩薩蠻之調，乃始於唐宣宗大中時，（見杜陽雜編）約後於李白一百年，決非李白所作，憶秦娥尤不可信。惟白居易的望江南，可為詞的濫觴，及溫庭筠出，乃以詞名家，時宣宗愛唱菩薩蠻詞，丞相令狐綯乞其代製以進。故趙崇祚所輯花間集，錄溫詞有六十六首之多，以菩薩蠻為著。花間集中所錄作家共有十八人，僅溫庭筠皇甫松爲唐人，其餘都是五代人。五代詞大家，以南唐後主李煜與馮延己韋莊爲最著。後主的父親璟，本工詞，與其臣馮延已以詞句互爲嬉謔，嘗曰：『吹縐一池春水，干卿底事？』延已答曰：『未若陛下「小樓吹徹玉笙寒。」』可見當時君臣們的風雅。後主的天才旣高，又經着亡國之痛，故他的前期作品豔麗無比，而後期作品則哀傷萬分。如今讀到他『流水落花春去也，天上人間！』『問君能有幾多愁，恰似一江春水向東流！』等句，眞是悽涼豔麗到了極點。

宋詞　詞在唐末五代，可以說是起源時代，到了宋朝，方始達到全盛。宋人詞的傳於今者，據明清人所輯錄的，有一百三十家之多。綜宋一代，大概可分爲兩大派別：一爲豪放派，一爲婉約派。前者可以蘇軾辛棄疾爲代表，後者則有晏殊，歐陽修、柳永、周邦彥、以及姜夔、吳文英、周密、張炎、等人。也有稱蘇等爲北派，稱歐等爲南派，北派則情詞慷慨：感激豪宕，南派則詞采綿麗，聲情婉轉。普通以南派爲正宗，北派爲變體，其實兩派各有其得失，南派自晏殊開始，著有珠玉詞，其子晏幾道著有小山詞，他們都是效法南唐二主與馮延已的，情致纏綿，不傷忠厚，開宋詞的先路。以政治家文學家著名的歐陽修，亦喜爲豔詞，所著有六一居士詞。有人以爲歐陽公爲一代儒宗，怎能有鄙褻之語廁其中與花間相溷？當不是自己做的。其實北宋還不是道學時代，作豔詞並不犯禁，當時名臣大儒若范仲淹、司馬光、都有同樣的作品，何必爲歐陽公異呢？然晏歐等猶承五代遺習，所作都是小令，及至柳永出來，方始變成長調，慢詞，柳永是一個放浪潦倒的音樂家，常常流連於坊曲之間，取俚俗的語言，描寫閨閣之情，香豔纏綿，盛傳一時，據葉夢得說：『凡有井水飲處，即能歌柳詞。』然却與蘇東坡大異，蘇詞則縱橫豪放，昔人謂：『柳詞只好十七八女郎，按執紅牙拍，歌楊柳岸曉風殘月，蘇詞以豪放稱雄，須關東大漢，執鐵綽板，唱大江東去，』這是對蘇柳的一般定評；所以四庫提要中說：『詞至柳氏而一變，至蘇氏而又一變。』其實蘇詞並不盡如「大江東去」的那種作品，例如他那「冰肌玉骨，自清涼無汗……」（洞仙歌詞）「花褪殘紅靑杏小……」（蝶戀花詞）何嘗不纏綿綺靡，像柳詞差不多？所以周濟說：「人賞東坡粗豪，吾賞東坡留秀，留秀是東坡佳處，粗豪則病也。」（味雋齋詞）他的弟子秦觀，作風很像柳永，他那膾炙人口的滿庭芳，亦以婉約娟秀見長，東坡曾稱贊他說：『山抹微雲秦學士，露華倒影柳屯田。』集北宋詞的大成的，乃推周邦彥，他是學賀梅子的作風，（賀鑄以作青玉案詞中有「梅子黃時雨」之句，故人皆以梅子呼之。）造詣却在賀之上。歷來詞人，精通音律的不必工於詞，工於詞的未必精音律，賀與周皆精通音律，所作詞無不豔麗細密，尤其是周，他能自作曲調，曾任徽宗時大晟樂府的樂正，與晁端禮万俟雅言等討論古音古調，爲三犯四犯之曲，而爲新聲；王國維在清眞先生遺事中說：「曼聲促節，繁會相宣，清濁抑揚，轆轤交往，兩宋之間，一人而已，」這是從音樂方面加以贊歎的話，但在文學價値上，也是情旨深厚，風格婉麗，很難有人與他相比的。北宋詞人中女作家李清照，她的才學並不在周下，漱玉詞亦以婉約見勝，尤爲清新奇俊，她那『莫道不消魂，簾捲西風，人比黃花瘦』等句，人都歎爲絕唱。她評論北宋詞人，都致不滿，說晏歐蘇等爲句讀不葺之詩，不協音律，說柳雖協音律而詞語塵下，對於其他各家，亦多微辭，可見她自視的不凡了，王灼碧雞漫志中說她『作長短句，能曲折盡人意，輕巧尖新，姿態百出，閭巷荒淫之語，肆意落筆，自古縉紳之家，能文婦女，未有如此無顧藉也，』這話裏好像帶一點批評，然這正是她的好處。

靖康之難，國家遭受到巨恥大辱，一般愛國的文人，便借着他們的筆，發洩其心中的民族思想，改變了前此悱惻纏綿的作風，而爲慷慨悲歌的新調，於是南宋一代的文藝，充滿着民族意識，在詞的方面，如張元幹寄李綱送胡那衡的兩首賀新郎，都是壯懷激烈的歌詞，特別是岳飛的滿江紅，他那『待從頭收拾舊山河』的志願，尤爲後人所崇敬。又如陸游的作品，多充滿『故都九廟臣敢忘？』『老矣猶思萬里行』的愛國精神，其他作者大都具有悲壯熱烈的情緒。而在詞壇上居於領袖地位的，那就要算辛棄疾了，他以參贊軍務而發爲詞章，『多撫時感事之作，磊落英多，絕不作妮子態，』豪放如蘇東坡。劉克莊贊他：『大聲鏜鞳，小聲鏗鍧，橫絕六合，掃空萬古，』一般人因他好用典故，有『掉書袋』的批評，不過他的才力雄大，能夠駕馭他的材料，後來那些學他的人如劉過劉克莊等，往往滿紙典故，一離典故，便不復成詞，並且以叫囂爲豪放，不免流於粗率。

繼辛之後的名家，有深通音律的姜夔，能自造新調，他的詞，氣體清剛，辭句凝鍊，與辛氏比較，高雅有餘，眞摯則不及，在南宋一代中，亦足以冠冕萃倫了！史達祖、高觀國、蔣捷等，都是學姜而成爲一派的。稱爲二窗的吳文英與周密，一以鍛鍊勝，一以精妙勝，至若張炎的語多蒼涼，王沂孫的語多哀痛，大抵都意境平凡，皆不能超辛姜而上之，詞漸趨於沒落，不得不變而爲曲了！

宋以後的詞

金元明清雖有不少詞人，究不若宋代之盛，金時的代表作家，可以吳激、元好問爲代表。吳爲米芾之壻，工詩能書，亦工於詞，奉宋命至金，爲金所留，故所作多蒼涼懷國之句。元以一詩人而兼爲詞家，亦遭亡國之痛，往往寄託於詞，元代多作曲家，而詞人如薩都剌、張翥、所作詞，婉麗風流，足以追蹤前人。他如仇遠，趙孟頫等，亦有佳構。明初詞家有高啓、楊基、張綖……等人，然要以陳子龍爲最，清麗宛轉，實爲一代大宗。不過詞學自宋以後，不能不說有衰落的趨勢，及至清初，始呈復興之象，吳偉業爲清初第一流詩人，而善於詞曲，溫柔宛轉，一如其詩。綜淸一代，可以居詞人首席的，要算那作飲水詞側帽詞的納蘭性德，他是一個滿洲人，年少多才，善書能詩，尤工於詞，所作詞多清新，哀婉動人，可以說是宋以後的第一大名家。而可以與他並肩的，則有一錢塘女子吳藻，她所作的花影簾詞，悲壯激昂，沒有女兒態，與納蘭同稱爲清代詞人。此外如陳維崧的豪放，朱彝尊的清婉，合刻朱陳村詞，爲詞壇佳話。與朱相類的有厲鶚，詞以冷峭見長。又如張惠言昆弟的宗蘇辛，沈鬱疏快，以及周濟、譚獻、王鵬運、等，都是比較著名的詞人。

元戲曲 代表元代的文藝作品，則爲曲，曲本由詞的演化而成，故名詞餘，也是『散曲』和『戲曲』混合的總稱。『散曲』分『小令』與『套數』，戲曲又分『雜劇』與『傳奇』：『小令』則一曲單行，與宋詞同；『套數』則以同宮調諸曲合成一套；『雜劇』則以四套成一劇本而插以科白，不足又增一楔子；『傳奇』則演故事爲長劇，乃至有數十套者；這是由曲演成爲劇的軌跡，故普通合稱之爲戲曲。

戲劇源於古代宗教上的『巫舞』，春秋時有優孟，飾衣冠以感楚王，然此猶不過『歌舞以事神」，滑稽以取笑而已，算不得是正式的演劇。正式演劇，蓋始於唐朝，大概分四種：一曰『代面』，相傳北齊蘭陵王長恭，常戴面具以出戰，後人效之以演劇；二曰『撥頭』，披素衣，一若遭喪事狀；三曰『踏搖娘』，據說北齊蘇郎中常醉毆其妻，其妻輒搖擺其身而悲歌，唐時女優多效法之；四曰『參軍劇』，一人綠衣執笏號參軍，一人鶉衣髽髻號蒼鶻，作種種滑稽狀；這些已具有戲劇的雛形，而唐玄宗設左右教坊，置梨園弟子三百人，可以說是戲劇的起頭。宋太宗徽宗，都是雅好音樂的，設立了大晟樂府，於是乎文學、音樂、戲劇、三者合一起來，用音樂伴着歌舞，成為『轉踏』『大曲』等雜劇。據趙令時侯鯖錄中記他自己曾作商調蝶戀花詞十首，詠元稹會真記事，這是可以唱的鼓詞，也是西廂劇本之祖。陸游詩有『斜陽古柳趙家莊，負鼓盲翁正作場，死後是非誰管得，滿村聽唱蔡中郎』，可見這時已有把琵琶記蔡伯喈故事編成鼓詞了。宋代『雜劇』，都已失傳，單從武林舊事中可以考見有二百八十餘本之多。金代雜劇，稱為院本，名目之見於輟耕錄中，有六百九十種，惟流傳至今的絃索西廂，有唱辭，有科白，不若鼓詞的單有唱辭了，這是元以前戲劇演進的情形，到了元代，曲家輩出，和以胡樂，作者又多爲北人，故稱北曲，與南曲不同，王世貞藝苑卮言中論南北之異點，有曰：

『北字多而調促，南字少而調緩；北則辭情多而聲情少，南則辭情少而聲情多；北力在絃，南力在板；北宜和歌，南宜獨奏；北氣易粗，南氣易弱。……大抵北主勁切雄麗，南主清峭柔遠。』

其組織亦不同，北曲每劇四齣，南曲則無限制，北曲倚絃而歌，南曲則倚管而歌。元曲之體例有三：（1）每齣皆用一宮一韻，第一齣多用仙呂點絳脣，後則無定。（2）一人獨唱，爲本齣中的主角，非正末，即正旦，其他雜色，只有白而無曲，故稱爲賓白。（3）一篇劇文，由科、白、曲、三者合成。

元劇的作家甚多，最著名的，普通稱爲『元曲四大家』的關、鄭、馬、白。關即關漢卿，是金末解元，嘗官太醫院尹，所着曲本有六十三種之多，今存僅十四種，以拜月亭、單刀會、竇娥冤、續西廂、爲最著名。鄭即鄭光祖，所著有十九種，今存四種，以㑳梅香、倩女離魂、王粲登樓諸劇爲最有名。馬卽馬致遠，著曲凡十四種，今存六種，以漢宮秋、青衫淚爲其代表作。白卽白樸，著曲有十四種，今僅存梧桐雨與牆頭馬上兩種。與這四人齊名的，則有王實甫，他改董解元西廂詞爲西廂記，擴充爲十六齣，在我國戲劇文學上有偉大的貢獻。此外有如吳昌齡的西遊記，喬吉的金錢記等，以及李壽卿的伍員吹簫、倘仲賢的柳毅傳書、武漢臣的老生兒、鄭廷玉的楚昭公，石君寶的曲江池、王仲文的救孝子、楊顯之的瀟湘雨、高文秀的誶范叔，……等等，皆爲有名的雜劇。

上皆爲北曲作家，至於南曲作家，要以高明的琵琶記爲冠，高明，字則誠，前人多以爲是高拭，據溫州府志，始知確爲高明，祝允明曾說：

『南戲出於宣和之後，南渡之際，謂之溫州雜劇。予見舊牒，其時有趙閎夫榜禁，頗述名目，如趙貞女蔡二郎等亦不甚多。』（見猥談）

趙貞女蔡二郎卽是琵琶記故事，他是溫州人，當是在溫州所常演的戲劇，是高明根據了宋人的鼓詞所改編而成的，其詞曲描寫之工，與北曲中的西廂記媲美。曲本起於北方，普通稱雜劇爲北曲，只因北曲文辭粗疏，又四聲缺一，故南人另作新曲，名爲傳奇，亦稱南曲，文辭比較雅緻，唱辭亦不限於一宮調，不限於折數，不限於獨唱，南曲遂取北曲的地位而代之了！

元以後戲曲 元曲的好處，在於文辭的通俗，而爲平民化的文學，但從元以後，曲文講究優美，漸趨於貴族化，長篇傳奇，次第產生，明初的大傳奇，荊、劉、拜、殺、爲最受人稱頌的名著。荊即荊釵記，爲甯獻王朱權所著，具名爲丹邱子；劉即記五代後漢主劉知遠故事，亦稱爲白兔記，不知作者姓名；拜即拜月亭，亦稱幽閨記，相傳爲元朝施惠所作，但亦有謂爲沈惠；殺即殺狗記，爲徐畛所著。這時期中的南戲，有邱璿的五倫全備綱常記，邵文明的香囊記，姚茂良的精忠記，（敍岳飛被害事）沈采的千金記，（敍韓信項王事）王九思的杜甫遊春，到嘉靖年間，梁辰魚完成魏良輔的崑曲，所著的浣紗記，爲南曲中一大變化，平仄諧協，成爲吳江派戲曲，都是極負盛名的著作。此後雜劇方面有徐渭的四聲猿，打破了元劇四折的體例，曲律說它『是天地間一種奇絕文字』；傳奇方面有湯顯祖的玉茗堂四夢，——還魂、邯鄲、南柯、紫釵——文字晶瑩，縱橫如意，相傳有婁江女子俞二娘，因讀還魂記，斷腸而死，揚州女子金鳳鈿讀還魂成癖，臨死囑以該書殉葬，還魂記一稱牡丹亭，記杜麗娘與柳夢梅情死事，其感人之深如此。說者批評他不協聲律，其實正是他的好處，不受音律的拘束，所以王驥德曲律說：『臨川湯若士婉麗妖冶，語動刺骨，獨字句平仄，多逸三尺，然其妙處，往往非人工力所及』。追蹤他的作風的有吳炳阮大鋮等，吳炳所作粲花別墅五種——綠牡丹、畫中人、療妬羹、西園記、情郵記——療妬羹一劇，脫胎於還魂，音律却比較工整；阮大鋮所著燕子箋，吳梅說他是深得玉茗之神』。（中國戲曲概論）李玉所作『一人永占』——一棒雪、人獸關、永團圓、占花魁、——可與吳炳比肩。（此段參朱維之中國文藝思潮史略）此外明代名曲家甚多，如王世貞所作的藝苑卮言，實爲當時文學批評的標準，朱有燉著有誠齋樂府，與朱權並列；鄭若庸玉玦記、沈璟義俠記、陸采明珠記、汪廷訥廣陵月獅吼記、徐復祚一文錢江黎記、康海中山狼、與楊愼黃方儒來集之屠隆梅鼎祚……等，皆爲明代的著名劇作家。

清代劇作家，除吳偉業著有秣陵春、尤侗著有鈞天樂黑白衛等外，最著名的要算是李漁的十種曲——風箏誤、蜃中樓、凰求鳳、意中緣、比目魚、玉搔頭、愼鸞交、巧團圓、奈何天、憐香伴——都是滑稽的喜劇，他嘗購小妾習戲，自己編劇，自己導演，成一個私人劇團，而遨遊各地，所以他那種作品，都是自己實驗過的，情文都很美妙。稍後，却有『南洪北孔』的兩大悲劇作家：洪昇的長生殿，以長恨歌及傳爲根據而編成，全劇有五十折，音律諧協，詞采富豔，劇既成，演唱無虛日，時適國喪，故爲言官所劾，乃得編管山西之罰，並牽連趙執信等皆削職，當時有人爲詩云：『可憐一曲長生殿，斷送功名到白頭』！然而他這戲劇却因此而更增其聲價了！孔尚任著桃花扇四十二折，敍秦淮名妓李香君與侯方域故事，李已許身於侯，而權臣馬士英欲以香君贈給某權貴，香君以扇拒使者，仆地傷額，血濺扇上，楊文聰就其血迹繪成桃花一枝，寄贈方域，後二人皆出家爲僧尼，劇情文詞，哀豔動人，與長生殿同爲當時名著。

乾隆時，蔣士銓著有紅雪樓九種曲——香祖樓、空谷香、桂林霜、一片石、第二碑、臨川夢、雪中人、冬青樹、四絃秋——曲麗婉雅，作風如湯顯祖。桂馥仿徐渭作後四聲猿，黃燮淸的倚晴樓七種曲，金農的自度曲，陳烺的玉獅堂傳奇，舒位的瓶水齋修簫譜，唐英的古柏堂傳奇，張堅的玉燕堂四種曲，……等，均爲當時名作。淸末，皮黃戲盛行，乃奪崑腔的地位，不過皮黃唱詞，盡出伶人之手，大都鄙劣，近雖有文人爲之潤飾編著，有文學價值的，還是極少。歐化輸入，乃有歌劇話劇產生，融合中外文學，改良舊劇，編著歌曲，又呈一新氣象了。自易卜生戲劇介紹到中國後，新劇運動受到極大的影響，在這運動中最努力的人，像鄭正秋、汪優遊、歐陽予倩、洪深、以及田漢等人，有改編西劇的，也有自己創造的，同時，並成立了許多劇社，新劇便漸漸在社會中佔着優越的地位了！

小說　我國小說，起源甚早，漢書藝文志記有小說十五家，一千三百八十篇，言『小說家者流，出於稗官，街談巷語，道聽塗說者之所造』，稗官所記謂之稗史，漢書註云：『王者欲知閭巷風俗，故立稗官使稱說之』。十五家中，有虞初周說九百四十三篇，張衡西京賦云『小說九百，本自虞初，』是承認虞初爲小說家的鼻祖。先秦諸子中有寓言如愚公移山，齊人乞食東郭之類，亦可算爲小說。相傳最古的小說如山海經穆天子傳，作者及著作時間均不可考，或爲後人所僞託，而如今所收集在漢魏叢書中的，除穆天子傳外，則有神異經、海內十洲記、漢武故事、漢武內傳、列國洞冥記、飛燕外傳、雜事祕辛、吳越春秋、越絕書等，其間雖有託名爲漢人的著作，實爲後人所撰，且諸書內容，一爲宮闈瑣屑，一爲仙神怪誕，不能算爲眞正的小說。到了六朝，受着佛教的影響，在神仙說外，又有許多因果靈異的作品，例如：張華博物志、干寶搜神記、陶潛後記、（爲後人僞託）荀氏靈鬼志、王嘉拾遺記、任昉述異記、東陽無疑齊諧記、（已佚）吳均續齊諧記、劉敬叔異苑、……等，不外乎道教的神仙說與佛教的因果說。魯迅在中國小說史略第五篇中說：

『魏晉以來，漸譯釋典，如晉人荀氏作靈鬼志，記道人入籠子中事，尙云來自外國，至吳均記，乃改爲中國之書生。』

可見當時取佛經材料編成小說，來宣傳因果報應的道理，已極普遍，如王琰冥祥記、侯白旌異記、劉義慶幽明錄、顏之推還寃志……等，都是宣揚佛法之作，與漢人異趣。至於如裴啓的語林、劉義慶的世說新語、……等，是記漢晉以來的瑣事雋言，又與志怪因果之作不同。

唐朝是筆記小說完成的時期，不但構造較前曲折，且範圍亦漸廣大，此後的雜劇傳奇，大都取材於此種小說，總其類別，可分爲豔情、豪俠、神怪、別傳、等類，玆略舉其著名傑作，分列如下：

（一）豔情類：有蔣防的霍小玉傳、白行簡的李娃傳、許堯佐的章台柳傳、元稹的會眞記、于鄴的揚州夢、房千里的揚倡傳……等。

（二）豪俠類：有段成式的劍俠傳、張說的虬髯客傳、楊巨源的紅綫傳、薛調的劉無雙傳、裴鉶傳奇中的聶隱娘、柳珵的上清傳……等。

（三）神怪類：有李公佐的南柯記、李泌的枕中記、張鷟的遊仙窟、陳元祐的離魂記、王度的古鏡記、……等。

（四）別傳類：有韓偓的海山記迷樓記、郭湜的高力士傳、曹鄴的梅妃傳、陳鴻的長恨歌傳、闕名的李衛公別傳……等。

此外如李朝威的柳毅傳、沈下賢的湘中怨、裴鉶傳奇中的裴航與崔煒傳……等，則爲豔情而兼神怪的作品。韓愈的毛穎傳、柳宗元的郭槖駝傳與捕蛇者說……等，則又爲詼諧的作品。

上列諸小說中，成爲後來劇曲藍本的，如會眞記之後，便有董解元的西廂搊彈詞、王實甫的西廂、關漢卿的續西廂；梅妃傳，長恨歌傳，又爲白仁甫的梧桐雨、屠隆的彩毫記、吳世美的驚鴻記、洪昇的長生殿的根據；由此可見唐人小說影響於後世文學的一斑。

小說到了宋朝，情形乃大大地改觀，既由文言變爲白話，又由短篇筆記變爲長篇章回，開小說的新紀元。因爲當時盛行說書，——一種說話，一種平話——就是所謂諢詞小說，把這些說話寫成爲書，便成爲宋人獨創的小說，郎瑛七修類稿中這樣說：

『小說起宋仁宗時，國家閒暇，日欲進一奇怪之事以娛之，故小說得勝頭迴之後，即去話說趙宋某年』。

此種日進的奇事，就是當時的平話，平話流傳至今的，則有宣和遺事，前半敍徽宗時的全盛，後半敍二帝被擄的情形，共載二百七十餘事；五代史平話，敍五代的事體，每卷先有一詩，後入正文；三藏取經詩話，亦每章有詩，故稱爲詩話；京本通俗小說殘本，只剩零碎的幾篇，——碾玉觀音、菩薩蠻、西山一窟鬼、拗相公、馮玉梅團圓……等，正像後世今古奇觀一樣，每篇講一件事。宋人平話，本來有四種，就是：小說、談經、講史、商謎、宋以後只存小說與講史兩種，元人講史的作品，有如武王伐紂書、樂毅圖齊七國春秋後集、秦併六國、呂后斬韓信前漢書續集、三國志、等，都稱平話。小說中要以忠義水滸傳與三國志通俗演義二書爲最著名。

水滸傳相傳爲施耐菴或羅貫中所作，他們是師弟，或者是施的初稿而由羅完成的。他們是元末明初的人，這部書大概在明初出現的。中間描寫梁山泊宋江等三十六人聚義故事，根據癸辛雜誌與宣和遺事等書，演成一百另八個好漢，其描寫各個人的品性，都弈弈如生，金人瑞曾經說：「天下之文章，無出水滸右者」。這本書是中國長篇章回小說的第一部，歷來有百回本、百二十回本、七十回本的不同，百回本最初出現於嘉靖時武定侯郭勳家中，在宋江等招安之後，有征遼、征方臘、等事，署名爲天都外臣所作，那個天都外臣，恐怕就是作序文的汪太函。後又發見『新鐫李氏藏本忠義水滸全書』一百二十回本，中間又加入征田虎、王慶一段，或者是在卷首作小引的楚人楊定見所改作。但最後所流傳的七十回本，沒有招安以後的事，大概是淸人金人瑞所删定的。實在的，七十回以後的文筆，遠不如七十回以前，尤其是四十回以前，更見得生動美妙，實在是第一部描寫草莽英雄最佳小說。後來產生許多續作，像後水滸（一名征四寇）陳忱所作的後水滸傳，俞萬春所作的蕩寇志，都不及牠。

三國志演義，相傳也是羅貫中所作，大部分根據陳壽的三國志與裴松之的註，參加了許多宋元時民間所流傳的三國故事，演成了這樣一本偉大的歷史小說。當然的，這中間有許多與正史不相符合的傳說，然而在文藝上的價值，也是很大，牠的文字，非常通俗，並且有許多描寫，例如三顧茅廬、赤壁構兵、敗走麥城、六出祁山、等等，都有濃厚的趣味，所以幾於婦孺皆知。據考證今日所通行的一百二十回本，乃是經過淸人毛宗崗所改定的。不過因爲拘於歷史事實，總不能任意構造，故不及水滸傳那樣生動，但是與其他歷史小說比較，如：開闢演義、西周演義、東周列國志、隋唐演義、五代演義、北宋志傳、南宋志傳等書，雖都是模倣三國志演義的作品，在文筆上究竟不及牠。

上述二書，合之明代的西遊記、與金瓶梅，稱之四大奇書。西遊記共一百回，爲吳承恩所作，與長春眞人邱處機所作的不同。其內容乃敍述唐三藏孫行者等西遊印度取經，遇着八十一件神怪故事，極盡其詭異能事，雖根據唐三藏取經詩話與吳昌齡唐三藏西天取經雜劇等材料，但作者憑着他的幻想，構成這詼諧有趣的神怪小說，頗受一般社會所歡迎。此後有西遊補，篇幅雖短，然構思甚奇，亦爲明代小說中傑品。金瓶梅也有一百回，相傳爲王世貞所作，傳說其父爲嚴嵩所害，故著此書，以毒液漬書角，獻於嚴世蕃，世蕃以指沾唾翻書，因中毒而死；或又說毒死的乃是唐順之，以唐曾譖王父於嵩的緣故。這些傳說，原無確實證據，不足憑信，不過這書內容。確是爲諷刺當世豪族而作。取水滸中潘金蓮與西門慶一段材料，敷衍成書，描寫豪族家庭中的腐敗嫉妒，非常生動，惟其所敍淫夫蕩婦的行徑，過於細密，故稱爲淫書，爲法律所禁。就文字講，純緻暢達，實是一部寫實的社會小說，而有文學上的價值。此後有續金瓶梅、玉嬌李、隔簾花影等書，都是些淫褻因果之說，不及金瓶梅遠甚。

此外有封神演義一書，長亦一百回，敍周武王伐紂，雜以許多仙佛鬬法的神奇怪誕等事，亦爲神怪小說之一，然其文字，遠不如西遊記的佳美。

又有今古奇觀一書，署名爲抱甕老人所編，共有四十篇短篇小說，是從三言——喻世明言、警世通言、醒世恆言——及二種拍案驚奇等書中所選出來的精美作品。像『杜十娘怒沈百寶箱』，『賣油郎獨占花魁女』，『蔣興哥重會珍珠衫』，『喬太守亂點鴛鴦譜』等等，都是情節離奇，趣味濃厚的文章；後來所有的今古奇聞、續今古奇聞，都遠不能及。

又有好逑傳、玉嬌梨、平山冷燕三書，都講才子佳人的豔情故事，本是次等的作品，然竟有人把牠譯成德法文，流行於歐洲文學界中，也是一椿奇事。

到了清代，小說的產量與作風，都比前代進步，最負盛名的言情小說，要算紅樓夢。也稱爲石頭記、或金玉緣，情僧錄、風月寶鑑、金陵十二釵、等，爲曹雪芹所著，曹的祖與父都做過江寧織造，很有些貲財，但後來家道中落，乃至貧困落魄，而寫成這本不朽的偉著；有人說是暗射明珠的家事，寶玉卽指明珠之子納蘭性德，也有人說是淸世祖與董鄂妃的故事，有許多捕風捉影的索隱話；其實是作者自寫其生平的經過，他明明在第一回中說出作書的原因，說：『自欲將已往所賴天恩祖德，錦衣紈袴之時，飫甘饜肥之日，背父兄教育之恩，負師友規訓之德，以致今日一技無成，半生潦倒之罪，編述一集，以告天下人。』這不是很明顯的自述嗎？若不是自己親身經歷的事，怎能寫得這樣親切呢？這書有八十回本與一百二十回本兩種，前者爲曹氏所作未完之稿，後者相傳爲高鶚所續。書中敍一三角戀愛的悲劇，以賈寶玉爲主角，林黛玉與薛寶釵情場搏鬬，結果林敗而薛勝，寶玉受騙，黛玉情死，最後則寶玉遁跡空門，全劇告終。其間陪襯人物，有男子二百三十五人，女子二百十三人，錯綜變化，各盡其妙，描寫細密，刻畫入微，同是賈府子弟，各人的僻性不同，同是大觀園中姊妹，各人的風格有異，大之如國家政典，小之如家庭瑣屑，以及琴棋詩畫，江湖技術，無不精通，眞可以說得未曾有的奇書。其所揭示於我們的，不獨見得舊家庭中的腐敗，尤其是表出權勢盛衰的因果關係，叫一般人知所警戒，也可以說是一部勸世的小說。此後有許多續作，像後紅樓夢，紅樓後夢，續紅樓夢，紅樓復夢，紅樓夢補，紅樓補夢，紅樓重夢，紅樓再夢，紅樓幻夢，增補紅樓，鬼紅樓，紅樓夢影，……等，不但作者才力不逮，描寫拙劣，並且結以賈林復合，落才子佳人成名團圓的舊套，遠不及曹著的美妙。

紅樓夢以後，言情小說就風行起來，像花月痕，燕山外史等，都是寫些才子佳人的悲歡離合。甚至有許多專寫妓女生活，像品花寶鑑，青樓夢，海上花列傳，以及九尾龜，靑樓寶鑑，海上繁華夢，等等，從言情而入於猥褻，變成爲社會小說的性質了！

至於專寫社會的黑暗面，而帶一些諷刺的小說，最著名的則有像儒林外史，鏡花緣，官場現形記，二十年目睹之怪現狀，老殘遊記，孽海花，等書。儒林外史是吳敬梓所作，全書五十五回，爲諷刺小說中的第一等作品，其描寫當時一般假名士及制藝家的醜態，尖刻詼諧，駡盡儒林敗類。鏡花緣是李汝珍所作，全書有一百回，專門討論婦女問題，也可以說是提倡女子革命的作品，中間所敍君子邦，女人國，開女子科舉等等，不獨使人讀了發噱，簡直是要把傳統的男女地位倒置過來，爲女子們一吐不平之氣。官場現形記是李寶嘉所作，共六十回，把當時官場的腐敗情形，說得非常淋漓。二十年目覩之怪現狀是吳沃堯所作，共一百八回，歷記二十年中的所見所聞。老殘遊記是劉鶚所作，共二十章，用遊記體裁，寫出各地的見聞，及攻擊當時的官吏。孽海花是曾樸所作，僅二十回，亦寫清末政治社會的腐敗情形。

此外有借小說來發表自己學問的，即夏敬渠所作的野叟曝言，全書有一百五十四回，其內容則正如他在凡例中所說：「敍事、說理、談經、論史、教孝、勸忠、運籌、決策、藝之兵詩醫算，情之喜怒哀樂，講道學，闢邪說，……」等等，幾乎無所不包，不過在藝術上沒有多大的價値。

在水滸傳盛行以後，便有許多俠義小說產生，像兒女英雄傳，三俠五義，小五義，七劍十三俠，施公案等類：兒女英雄傳亦名金玉緣，又名日下新書，亦名正法眼藏五十三參，故原書有五十三回，今僅存四十回，爲文康所作，內容寫一俠女何玉鳳爲父報仇，純用北京話寫成。三俠五義亦名忠烈義俠傳，又稱大五義，作者爲石玉崑，有一百二十四回，內容敍述宋眞宗時包拯誕生及斷案等事，並有所謂三俠——展昭、歐陽春、丁兆蘭兄弟——五義——盧方、韓彰、徐慶、蔣平、白玉堂——等武俠行爲，俞樾把牠改成爲七俠五義。後來又有所謂小五義，續小五義等出現，也稱爲石玉崑原著。到了淸末，這一類小說產生很多，像英雄大八義、小八義，七劍十三俠之類，不勝枚擧。施公案係仿包公案而作，亦稱爲百斷奇觀。又有彭公案、劉公案、乾隆巡幸江南記，都是寫賢明官府私行察訪，與俠客暗中幫助等事。

另有一種用韻文做成的彈詞小說，中間有唱詞有說白，這種作品，起源原是很早的，清朝最著名的像珍珠塔、玉蜻蜓、再生緣、天雨花、珍珠鳳、果報錄、三笑姻緣，……等等，都風行民間。

清代又盛行一種短篇筆記小說，最著名的則如蒲松齡的聊齋志異，袁枚的子不語，紀昀的閱微草堂筆記、等，皆見稱於世。後來此類作品更多，仿聊齋的有遯窟讕言、淞隱漫錄、夜雨秋燈錄……等，仿閱微草堂的有三異筆談……等，以及其他如觚賸、諧譯、與種種隨筆、偶筆、筆記、等類，多至數十百種，坊間曾印有筆記小說大觀與說庫等書，可見一斑。

從新文學運動中計算成績，那要說『小說』佔到首席，貢獻最大的作家，誰都承認是魯迅，他所著的吶喊徬徨兩册子，實在是開創新小說的先鋒，他那種對社會的觀察與描寫，在新文藝界中是無出其右的。同時，有郁達夫專寫青年的煩悶，張資平專寫多角的戀愛，都能吸引了一般青年的愛好，他們的作品，便風靡一時了！此外，如葉紹鈞的細膩，沈雁冰的美麗，舒慶春的風趣，沈從文的清新，各有各的風格。著名的作家與作品，眞如雨後春筍，舉不勝舉，如同王統照、許欽文、高長虹、……等的工細，章衣萍、葉靈鳳、倪貽德，……等的刺激，蔣光慈，錢杏邨，……等的提倡普羅文學，許地山、郭沫若、曾孟樸、胡也頻、……等的別具風格，都是極負盛名的。另有一班女作家，如冰心、廬隱、沅君、丁玲、陳衡哲、凌淑華、等人，各有佳妙的作品，在新文藝運動中都佔重要地位的。

歷代文體 欲言中國文體，至少可以劃分六個時期：（一）周秦時期，（二）漢魏時期，（三）六朝時期，（四）唐宋時期，（五）明清時期，以及（六）近代。

（一）周秦文體，可以經子兩種作品做代表，經之中，有韻文與散文的分別，韻文如詩經與尚書中的謨誥，易經中的文言，爲後世一切韻文的根據，特別是詩經，在中國文學上的地位，是無與比倫的，前文已說過，這裏可不必贅述。其他如禮如春秋及書易中的別部分，都是後世一切散文的根據，禮中所記述的典志，春秋與書的記事記言，易中所闡明的義理，不獨是文章茂美，尤開歷代文體的先河。說到子，最著名的如道家的老莊，儒家的論孟，以及墨子，韓非……等書，都有他獨特的文學價值。簡單地說來，老子是一種詩體的說理文，用極簡括的文字，闡述一己的哲學思想；尤其是莊子，金聖嘆把牠列爲才子書，全書中所用的寓言譬喻，眞是絕妙無倫，他那種浪漫飄逸的寫出，正像他的人生一樣，無怪歷來從文學上崇拜他的人，多得不可勝數，宋濂說他『汪洋淩厲，若乘日月，騎風雲，未有易及者』，（見諸子辨）眞是說盡了他的思想與文才。可惜有許多人不贊成他的思想，連他的文學也受着詆毀，眞是因噎而廢食呀！論孟二書，歷來多把牠列入經的範圍，但從性質上講，也不過是一種子，與老莊等發表個人的見解沒有兩樣。當然的，牠從漢代崇儒的結果，便成爲人人必讀的書，牠的文學影響也特別的大了！平心而論，論語的簡潔渾厚，孟子縱橫排奡，的確是說理與辯論的極好模範。南方之有老莊。北方之有孔孟，不但在學術思想上分成兩大系統，即在文學上亦成爲兩個支流，一以神韻瀟灑爲主，演成漢魏的辭賦與六朝的駢麗，一以樸素謹嚴爲主，演成爲唐宋的古文，實是顯而易見的事。至於墨子的淺顯，韓非的奇峭，以及管子的勁拔，荀子的富瞻，公孫龍子的博辯，縱橫家的豪放，……等等，早爲一般文學家所承認。

（二）漢魏文體，雖根源於先秦的作風，然却有很顯著的轉變，大家都知道辭賦是漢朝的文學代表，辭賦的來源是楚辭，所以漢文的體例，大都是組織整齊，字句鍾鍊；不獨辭賦如此，卽普通散文，亦大概四字爲句。以嚴肅整齊爲尙。這種風氣的造成，不能不說是由於政治勢力的推移，從秦始皇統一政治以後，進一步要謀求文字思想的統一，於是在先秦時代的那種自由而活潑的創造精神，一一加以摧毁。漢朝繼續下去，也有同樣的趨勢，在思想方面，則以尊崇儒術爲其鵠的，文學也是被籠罩在儒家經術之下，前此所具有自由抒情的文學總集——詩經，也被視爲倫理教科書，文學便成爲獵取功名的工具，而貴族化起來。所以一般文人學士只知以富麗典雅，歌頌昇平的古典文學，來博取帝王的歡心，遂產生了以此爲目的的辭賦，因漢武帝的雅好楚辭，乃有司馬相如等鋪張揚厲的作品。造成一代風氣。總漢一代的作品與作家，辭賦當然佔去了大部分，而其餘所有的奏議文經術文史記文，亦莫不推本於辭賦，而以典雅整齊出之。試一讀當時名著如賈山至言、董仲舒賢良對策、李陵答蘇武書、以及王褒聖主得賢臣頌……等等，莫不夾雜許多排偶的對句，特別到了漢末的建安時代，無論是書牘，是政論，其形式更趨於工整，很少有例外的，這風氣漸漸變成了六朝的駢儷體。

（三）六朝文體，實受漢代辭賦的影響，造句遣詞，莫不講求整齊，且進一步注重對仗的工巧，聲調的和諧，而成爲這時唯美主義的駢體文。但推究這種文體的造成，與當時的思想不無關係，因爲思想的流於頹廢厭世，遂破了儒教的樊籬，不再爲功名爲禮教所拘束，而專門注意到文字的美化。開此風氣的，不能不推本於建安時代的三曹，李諤在上論文體輕薄書中有曰：

『魏之三祖，更尚文詞，忽人君之大道，好雕蟲之小藝，下之從上，有同影響，競騁文華，遂成風俗。江左齊梁，其弊彌甚，遺理存異，尋虛逐微，競一韻之奇，爭一字之巧，連篇累牘，不出月露之形，積案盈箱，唯是風雲之狀。』

我們試一讀三曹之文，見其辭藻綺麗，句多排偶，即曹子建洛神賦，已可以見得一斑，其曰：

『翩若驚鴻，婉若遊龍，榮曜秋菊，華茂春松，髣髴兮若輕雲之蔽月，飄颻兮若流風之回雪。』

其句調何等整齊，對仗何等精工，影響所及，有如陸機的演連珠，都是駢四儷六，繼之而起的，莫不揚其波而逐其流，自潘、左、顏、謝、以至於任、沈、庾、徐、……等人，不獨是注重工整華麗，更進一步講究音調鏗鏘，受佛教梵音的影響，乃有四聲八病之論興，無論是詩是文，皆以聲律對偶爲第一義，正如南齊書陸厥傳中所云：

『永明末，盛爲文章，吳興沈約、陳郡謝朓、琅琊王融，以氣類相推轂，汝南周顒，善識音韻，約等文皆用宮商，以平上去入爲四聲，以此制韻，不可增減。』

可見一般文章作家，每多注意於聲律，使古詩變爲律詩，駢文變爲四六，專在形式上做工夫，文乃愈趨而愈下了！不過有一點是値得注意的，卽在這時候有許多批評文學的作品，從曹丕的典論論文起頭，繼之者有曹植與楊德祖書、應瑒文論、陸機文賦、摯虞文章流別集、李充翰林論、葛洪抱朴子鈞世尙博詞義喻蔽諸篇、范曄與諸甥姪書、謝靈運擬魏太子鄴中集詩序、沈約宋書謝靈運傳論、蕭子顯南齊書文學傳論、顏之推家訓文章篇等，尤其是鍾嶸的詩品、劉勰的文心雕龍，爲文學批評的專集，詩品凡三卷，所品古今五言詩，共百有三人，論其優劣，分上中下三品；文心雕龍凡十卷五十篇，前半論文章的體製，後半論文章的工拙；但也是用很美麗的駢偶文做的。在這三百多年間的文學，不可謂非純粹美文學的發展期，不以載道，不以致用，不陷於淺薄的功利主義，而朝着藝術至上主義的路進展，這在文學史上本是値得大書特書的，（胡寰翠語）不過至於末流，只知形式上的美觀，不顧內在的實質，文風乃日趨於卑靡，等於蠟製的美人。

（四）唐宋文體，是漢魏六朝文的解放，當得起這解放運動的先驅的，大家都歸功於『文起八代之衰』之韓文公，其實在韓愈以前，已早有過幾個革新運動的人，像初唐時的陳子昂，除了所做表序之類，還脫不了六朝的習氣，書疏之類的文章，却是樸茂的散文，其次如元結、獨孤及、梁肅等人，已經把駢體變成爲散體了；不過到了韓愈，這運動方始成熟，他究竟不失爲散文史上的第一名家。他的文章，上以追孟莊荀韓諸子，下以啓宋代歐蘇等作風，他自己說『非三代兩漢之書不敢觀，非聖人之志不敢存，』要打倒六朝的綺麗駢偶，復興三代兩漢之文，對三代兩漢是一種復古，對六朝却是一種創新。其目的是要提倡文章合於實用，不再是少數人的裝飾品，並且要藉文章來宣揚孔孟之道，曾以繼承道統自任，所以他的文章，不但是淺顯得近於白話，同時他又抱定了『文以載道』的意旨。在思想上果然不無可議，但在文章上沒有一個人不表示佩服的，從來稱贊他的文章的人，不知有多少，他的弟子李翺皇甫湜曾說：『其所為文，未嘗效前人之言，而固與之並。』『閎文意語天出，業孔子孟軻而侈其文，焯焯烈烈，為唐之章』。的確，他的文章，成了一種新風格的唐代文學。

羽翼韓愈的文學運動的，當然要推柳宗元，他的散文，也是發揚先秦的聲采，曾自述其文章的來源，說：

『本之書以求其質，本之詩以求其恆，本之禮以求其宜，本之春秋以求其斷，本之易以求其動，此吾所以取道之源也。參之穀梁以厲其氣，參之孟荀以暢其文，參之莊老

以肆其端，參之國語以博其趣，參之離騷以致其幽，參之太史以著其潔，此吾之所以旁推交通而以爲之文也。』（答韋中立書）

是明言其所爲文，直接得之於六經諸子，而擺脫六朝靡麗的惡習，與韓愈有相同的態度，韓愈在進學解裏有：

『上規姚姒，渾渾無涯，周誥殷盤，佶屈聱牙。春秋謹嚴，左氏浮誇，易奇而法，詩正而葩，下逮莊騷，太史所錄，子雲相如，同工異曲。』

等話，也是同樣說明他自己文字的來源，所以韓柳二人，實在是唐代散文運動中的雙美。不過韓文得力於經，說者稱其貫通六經，閎深奧衍，故長於議論；柳文得力於史，韓愈謂其文雄深雅健，似司馬子長，故長於敘述。我們讀他的永州八記，描寫何等細緻，筆法何等峻潔，眞可以說是記敘文的上乘。

韓柳既開創了唐代的文運，打倒六朝的綺豔排偶文學，使唐以後的文章趨勢，走到樸素平實的路上，其在散文史上劃時代的功勞，實在不容泯滅，然而響應這運動的後起之秀，也有他們可貴的貢獻，例如韓的弟子李翱皇甫湜孫樵等人，文筆是學他們的老師的，而在學識方面，却是靑出於藍，比老師更見高明。此外如歐陽詹、李漢、李觀等人，皆沿襲韓柳風格，給後來學者以很大影響。但是到了晚唐，駢偶文學，仍舊復活起來，李商隱、溫庭筠、段式成一派的所謂三十六體，成爲最流行的文章。直到宋代歐陽修起來，以『提倡韓文』相號召，而開始宋代的散文運動，但歐陽修自己，却說『本朝古文，自仲淹始』，（見郡齋讀書志）范仲淹也說：

『五代文體薄弱，皇朝柳仲塗起而麾之，洎楊大年專事藻飾，謂古道不適於用，廢而弗學。久之，師魯與穆伯長力爲古文，歐陽永叔從而振之，由是天下之文，一變而古』。（見尹師魯集序）

這都承認柳開爲宋代散文的開山者，穆修尹洙繼之，他們都在歐陽修之前，不過他們的才力與名譽，不夠號召，並且也敵不過當時楊億等的駢文勢力，所以沒有什麼成功，及至宋眞宗明令禁止浮豔文章，又有一代文宗的歐陽修出來登高一呼，王安石、曾鞏、三蘇、等起而響應，方始立定了散文基礎，駢文的勢力便日漸衰落了！這一班人，連韓柳在內，普通稱爲唐宋八大家，都是致力於實用的文學的，但他們的作風，却有些不同，歐陽修雖是學韓的，却把韓的陽剛性變成陰柔性，所以他的妙處，就在於風神。曾鞏則質實厚重，雍容大雅；王安石則得韓愈陽剛之氣，筆力雄峻；三蘇中的東坡，縱橫卓犖，器識雄偉；各有各的個性表現。不過他們的目的是相同的，就是要繼承韓柳等的主張，用平易樸素的文字，來發揚孔孟的道德，所以朱熹曾經這樣說：

『歐公文章及三蘇文好處，只是平易說道理，初不曾使差異底字，換却那尋常底字。』（見語類）

其實平易說道理，不單是歐蘇如此，也是韓柳以來散文運動的總目標，特別是宋朝，受了佛教翻譯的影響，不獨文字務求淺顯，更是攙雜了許多俚言俗語，而有語錄一類的白話文。南宋朱熹等理學家，差不多都有他們的語錄，尤其是朱熹，他的散文，無論說理敍事，更趨向於明晰淺顯。他如陳亮、呂祖謙、葉適……等人，風格雖有不同，要皆有同一的趨向。至於宋末的一班民族文作家，更是辭意縱橫，不拘常格，也可以說是散文運動的健將。

（五）明清文體，大致是直接發揚唐宋，當明代開國之初，有宋濂、劉基、王禕、方孝孺、等人，受開國時蓬勃之氣所感發，宗主韓愈，頗近於陽剛風調。成祖以後，漸入於承平時期，楊寓、楊榮、楊溥、以內閣大臣的地位，效法歐陽修，造成和平典雅的風格，即後人所稱的『臺閣體』。臺閣體的好處，是從容閒暇，但到後來却變成了膚廓空虛，所以有李夢陽等所謂前七子出來主張『文必秦漢』，以壓倒恬淡平易的唐宋文，但過分著意於雕飾，而忽略了情意的表現。於是到了嘉靖時，又有王愼中、唐順之、茅坤、歸有光等先後起來提倡唐宋文，以資反抗，其間成績最好的，要算歸有光，他用平易的文字，寫家庭社會的瑣事，神態生動，黃宗羲稱之爲『明文第一』。不過復古派的氣燄猶未盡熄，有李攀龍等所謂後七子起而復張其燄，接下去又產生了許多人，有所謂前五子、後五子、廣五子、續五子、末五子、爲復古運動吶喊，從此這兩派的對峙，約有五十年之久，及至所稱爲公安派的袁宗道三兄弟，竟陵派的鍾惺譚元春等出來，同立在一條戰線上，與復古派對抗，他們主張屛絕摹擬，抒寫自我，比王唐茅歸尤趨平易。從此兩派爭持，繼續不斷，宗前後七子的，有張溥所主持的復社，陳子龍所主持的幾社；宗歸唐的，有艾南英所主持的豫章社，以至於明末。

清代文章，可分兩個系統：一爲駢文，一爲散文。這兩個系統，原是中國文章史上的兩大分野，魏晉南北朝是駢文全盛時代，自唐至宋，上溯秦漢，是散文發達時代，所以總起來說，一部文章史，便是散文與駢文的對抗，在散文陣營中，又有宗唐宋與宗秦漢的對抗，這在前面已大略的可以見到。到了清代，這兩系統的分別發展，更見得清楚。

清代駢文作家，先有陳其年、吳綺、章藻功、等人，他們提倡天寶以前的駢偶文章，汪婉曾這樣稱贊陳其年的文章說：『自開寶以來，七百年無此等作矣。』一般人都以能作駢文爲矜貴，於是駢文又興盛起來了！不過清代的駢文，不像以前那樣只重辭藻格律，而注重到內容上的思想與情感，像孔廣森論駢文作法，則說：『文以達意明事爲主，當闢闔縱橫，一與散文同。』當時的駢文家、如胡天游、洪亮吉、邵齊燾、以至汪中阮元……等人，都是認定『沈思翰藻』的駢文，方有文學價值，其間尤以汪中爲最傑出，王念孫在述學序稱贊他說：『其爲文，則合漢魏晉宋作者，而鑄成一家之言，淵雅醇茂，無意摹仿而神與之合。』繼其後的則有劉開、梅曾亮、董基誠、董祐誠、方履籛、傅桐、周壽昌、趙銘、王闓運、李慈銘、等十大家，不過他們的作品，才力薄弱，終不及汪中的豐富。

說到散文，在清初以侯朝宗魏禧汪婉爲最著，特別是汪氏，上接唐歸，下啓桐城，其影響實在很大。乾嘉之時，直接承襲公安派的，要以鄭燮、章學誠、袁枚、最可注意，他們都是反對摹仿的，鄭喜倣白話式文章，章曾提出『清眞』二字爲作文標準，袁論詩文，主張自寫『靈性』。桐城派起來，大倡『義法』，以糾其肆慢。其創始人方苞解釋義法二字，則說：

『義卽易之所謂言有物也，法卽易之所謂言有序也；義以爲經，而法緯之，然後爲成體之文』。（見書史記貨殖傳後）

繼方之後有劉大櫆，繼劉之後有姚鼐，始完成這一派的作風，姚鼐在他所編的古文辭類纂上說：

『所以爲文者八：曰神、理、氣、味、格、律、聲、色。神理氣味者，文之精也，格律聲色者，文之粗也；然苟舍其粗，則精者亦胡以寓焉？』

他的弟子中有管同、梅曾亮、方東樹、等，各以所學於他的義法傳授門人，於是桐城古文，便盛行起來。同時，有張惠言惲敬一派的所謂『陽湖派』，於桐城義法之外，主張縱橫矯厲；更有龔自珍魏源等注重矯健活潑以之抗衡，都不是奪其地位。特別有曾國藩的湘鄉派起來加以發揚，獲得了一枝生力軍，不但壓倒了曾經盛行的駢文，更是獨霸當時文壇，直至清代的末年。

（六）近代文體，自光緒末葉起頭進入了一個革新時期，當桐城文體盛行的時候，便有康有爲、譚嗣同、梁啓超、起來做了新文學的開路先鋒，他們不受桐城的拘束，縱橫恣肆，任意所至，特別是梁氏，以明白爲第一義，不守一派一系的戒律，說來莫不痛快淋漓，開創一種新風氣，他初期所作的文章，雖然是文言，也很近於白話，所以不待胡適等出來提倡文學革命，舊文學的基礎，已經發生了動搖。當胡適發表文學改良芻議（新靑年雜誌）主張八不主義以後，陳獨秀便有比較激烈的文學革命論，提出文學革命的三大主義：（一）推倒雕琢的阿諛的貴族文學，建設平易的抒情的國民文學；（二）推倒陳腐的鋪張的古典文學，建設新鮮的立誠的寫實文學；（三）推倒迂晦的艱澀的山林文學，建設明瞭的通俗的社會文學。接着胡適又發表一篇建設的文學革命論，說明建設的宗旨，就是『國語的文學，文學的國語』二語。同時，在北大的教授和學生中，有如錢玄同、劉復、周作人、沈尹默、傅斯年、羅家倫那些人起而響應，恰巧『五四運動』發生，使文學革命的勢力，跟着影響到全國。雖有林琴南嚴復胡先驌章士釗等人，爲舊文學保持壁壘，攻擊白話文，但是潮流所趨，也無能爲力。從此，無論詩歌、小說、戲劇、散文，都用白話，在散文作品中，以小品文的影響最大，而小品文的作者中，最著名的如周作人、兪平伯、朱自淸、葉紹鈞……等，都是淸淡深厚，開新風氣。特別是魯迅，長於罵人的藝術，尤受人歡迎，此外如徐志摩、謝冰心、蘇雪林、許地山、鄭振鐸、徐蔚南……等人，他們的作風雖不同，而給予白話文運動的影響，實在有很大的力量。

第九章　史學

史的定義及其起源　說文解釋「史」字云：『史，記事者也，從又，（卽手字）持中；中，正也。』梁啓超曾下一定義：『史者何？記述人類社會賡續活動之體相，校其總成績，求得其因果關係，以爲現代一般人活動之資鑑者也。』（見中國歷史研究法）這說法比較從前劉知幾所說的『達道義，彰法式，通古今，著功勳，表賢能，敍沿革，明罪惡，旌怪異，』（見史通）更爲切實。史原是一種的官，如玉篇所云：『史，掌書之官也，』周禮：『八職，六曰史，掌官書以贊治。』後來便把史官所記的書籍，也叫牠爲『史』。

相傳最古的三墳、五典、八索、九邱，就是史官所記錄的史書。左史記言，右史記事，言爲尙書，事爲春秋，尙書春秋，便爲今存的最古史書，但尙未以史稱其書之名。最早稱書爲史的，要算司馬遷所著的史記，史記之名，是不是原來司馬遷所自定？現在不得而知，因爲我們看漢書藝文志中只稱太史公書，並且把世本、戰國策、史記、一類的書，都列在六藝略春秋門中，可見在漢朝還沒有把『史』的一門獨立起來。

史的分類

史書成爲獨立科目，要算晉荀勖的書籍分類起頭，他所分的甲乙丙丁四部，列史爲丙部，後來書籍分類雖有不同，而認史爲獨立一科，相沿不變。梁阮孝緒七錄，以紀傳錄爲一門，分成十二類，便是史部中又分類的起頭。此後如隋書經籍志、唐書經籍志、新唐書藝文志以至於宋史明史中的藝文志，都沿其例，雖內容不同，而史部範圍的日見推廣可知。及清乾隆時，四庫全書告成，紀昀等編纂總目提要，分史部爲十五類。其總敘中說：

『古來著錄，於正史之外，兼收博采，列目分編，其必有故矣。今總括羣書，分十五類：首曰正史，大綱也；次曰編年，曰紀事本末，曰別史，曰雜史，曰詔令奏議，曰傳記，曰史鈔，曰載記，皆參考紀傳者也；曰時令，曰地理，曰職官，曰政書，曰目錄，皆參考諸志者也；曰史評，參考論贊者也。舊有譜牒一門，然自唐以後，譜學殆絕，玉牒既不頒於外，家乘亦不上於官，徒存虛目，故從刪焉。』

正史類　著錄史記、漢書、後漢書、三國志、等二十四部，每書後又附有注釋、補表、補遺、辨誤、糾繆等書，共爲三十八部，又有存目七部。

編年類　著錄竹書紀年、漢紀、資治通鑑、等三十八部，又有存目三十七部。

紀事本末類　著錄通鑑紀事本末、蜀鑑、左傳紀事本末、滇考、等二十二部，又有存目四部。

別史類　著錄逸周書、東觀漢記、通志、路史、等二十部，又有存目三十六部。

雜史類　著錄國語、戰國策、燕翼詒謀錄、汝南遺事、等二十二部，又有存目一七九部。

詔令奏議類　分詔令之屬與奏議之屬兩門：前者著錄有唐大詔令集、兩漢詔令、等十二部，存目六部；後者著錄有包孝肅奏議、盡言集、名臣經濟錄、等二十九部，存目九十部。

傳記類　分聖賢之屬、名人之屬、總錄、雜錄、別錄、五門：聖賢之屬中著錄有孔子編年、東家雜記、二部，存目三十二部；名人之屬中著錄有晏子春秋、杜工部年譜、等十三部，存目一〇五部；總錄中著錄有古列女傳、高士傳、卓異記、等三十六部，存目二〇九部；雜錄中著錄有吳船錄、入蜀記、等九部，存目五十八部；別錄中祇有存目六部。

史鈔類　著錄祇有兩漢博聞、通鑑總類、南北史識小錄、三部，另有存目四十部。

載記類　著錄有吳越春秋、越絕書、華陽國志、等二十一部，另有存目二十一部，又附錄二部。

時令類　著錄歲時廣記、月令輯要、兩部，另有存目十一部。

地理類　分十門：1.宮殿疏之屬，著錄有三輔黃圖、禁扁、二部，存目三部；2.總志之屬，著錄有元和郡縣志、太平寰宇記、等七部，存目十七部；3.都會郡縣之屬，著錄有乾道臨安志、齊乘、滇略、及各省通志等四十七部，存目一〇八部；4.河渠之屬，著錄有水經注、河防通議、等二十三部，存目五十二部；5.邊防之屬，著錄有籌海圖編、鄭開陽雜著、二部，存目十七部；6.山川之屬，著錄有南嶽小錄、赤松山志、等七部，存目九十七部；7.古蹟之屬，著錄有洛陽伽藍記、長安志、等十四部，存目三十七部；8.雜記之屬，著錄有南方草木狀、荆楚歲時記、等二十八部，存目四十二部；9.遊記之屬，著錄有遊城南記、徐霞客遊記、等三部，存目二十一部；10.外紀之屬，著錄有佛國記、大唐西域記、等十七部，存目三十四部。

職官類　分官制之屬與官箴之屬兩門：前者著錄有唐六典、翰林志、等十五部，存目四十二部；後者著錄有州縣提綱、官箴、等六部，存目八部。

政書類　分六門：1.通制之屬，著錄有通典、唐會要、文獻通考、等十九部，存目七部；2.典禮之屬，著錄有漢官舊儀、大唐開元禮、謚法、等二十四部，存目四十八部；3.邦計之屬，著錄有救荒活命書、荒政叢書、等六部，存目四十五部；4.軍政之屬，著錄有歷代兵制、馬政紀、等四部，存目二部；5.法令之屬，著錄有唐律疏義、大清律例、二部，存目五部；6.考工之屬，著錄有營造法式、武英殿聚珍版程式二部，存目六部。

目錄類　分經籍之屬與金石之屬兩門：前者著錄有崇文總目、郡齋讀書志、等十一部，存目十四部；後者著錄有集古錄、金石錄、金石文字記、等三十六部，存目二十二部。

史評類　著錄有史通、史糾、御批通鑑綱目、等二十二部，另有存目九十二部。

總上十五類，合爲二一二六部，這是目錄學家所據以分類的大概。若從史學家的分類言之，最先則有唐朝劉知幾所分的六家：

一曰『尚書家，其先出於太古，至孔子刪爲百篇；書之所主，本於號令，所以宣王道之正義，發話言於臣下，故其所載，皆典謨訓誥誓命之文。又有周書者，與尚書相類；……至晉孔衍乃刪漢魏諸史，取其美詞典言，足爲龜鏡者，定爲篇第，纂成一家，由是有漢尚書後漢尚書魏尚書，凡爲二十六卷。至隋王劭，又錄開皇仁壽時事，編而次之，以類相從，各爲其目，勒成隋書八十卷，尋其義例，皆準尚書』。

二曰『春秋家，其先出於三代，案汲冢瑣語，記太丁時事，目爲夏殷春秋。國語云：『晉羊舌肸習於春秋，悼公使傳其太子。』左傳昭二年，晉韓獻子來聘，見魯春秋曰：『周禮盡在魯矣。』斯則春秋之目，事匪一家，至於隱沒無聞者不可勝載，故墨子曰：

『吾見百國春秋，』蓋皆指此也。逮仲尼之修春秋也，乃觀周禮之舊法，遵魯史之遺文，爲不刊之言，著將來之法；以事繫日，以日繫月，……晏子、虞卿、呂氏、陸賈，其書篇第，本無年月，而亦謂之春秋。至太史公著史記，始以天子爲本紀，考其宗旨，如法春秋。自是爲國史者，皆用斯法』。

三曰『左傳家，其先出於左丘明，孔子既著春秋，而丘明受經作傳，……逮孔子既沒，經傳不作，於斯文籍，唯有戰國策及太史公書而已；至晉樂資，乃追采二史，撰爲春秋後傳。漢代史書，以遷固爲主，而紀傳互出，表志相重，於文爲煩，頗難周覽。至孝獻時始命荀悅撮其書爲編年體，依左傳著漢紀三十篇。至於高齊，如張璠、孫盛、干寶、徐賈、裴子野、吳均、何之元、王劭等，其所著書，或謂之春秋，或謂之紀，或謂之略，或謂之典，或謂之志，雖名各異，大抵皆依左傳以爲的準焉。』

四曰『國語家，其先亦出於左丘明，既爲春秋內傳，又稽其逸文，纂其別說，分周、魯、齊、晉、鄭、楚、吳、越、八國事，別爲春秋外傳國語，合爲二十一篇。賈逵王肅虞翻韋曜之徒，並申以注釋，治其章句。漢代劉向，以戰國游士爲之策謀，而著戰國策，其篇有東西二周、秦、齊、燕、楚、三晉、宋、衛、中山，合十二國，分爲三十三卷。此後孔衍之春秋後語，司馬彪之九州春秋，亦近代國語也。』

五曰『史記家，其先出於司馬遷，乃鳩集國史，採訪家人，上起黃帝，下窮漢武，紀傳以統君臣，書表以譜年爵，合百三十篇，因魯史舊名，目之曰史記。迄乎東京著書，猶稱漢記，至梁武帝，又勅其羣臣，撰成通史六百二十卷，皆以史記爲本。元魏濟陰王暉業，又著科錄二百七十卷，其編次多依放通史。唐李延壽抄撮近代諸史，合一百八十卷，號曰南北史。』

六曰『漢書家，其先出於班固，馬遷撰史記，班彪因之，演成後紀，子固乃斷自高祖，盡於王莽，爲十二紀、十志、八表、七十列傳，勒成一史，目爲漢書。自東漢以後，作者相仍，皆襲其名號，無所變革，唯東觀曰記，三國曰志，然稱謂雖別，而體制皆同。』

（上節錄史通六家篇）

劉氏又說：『尙書等四家，其體久廢，所可祖述者，唯左氏及漢書二家而已。』左氏爲編年史，漢書爲紀傳史，故劉氏雖分六家，實則歸納爲編年紀傳二體而已。左氏本春秋而詳其事，故春秋爲編年史之祖，漢書倣史記而割其時，故史記爲紀傳史之源。貫二史之長而別爲一體的，則有紀事本末，專記文物制度的，則有政書，故梁啓超在中國歷史研究法裏，論過去的中國史學界時，把紀傳、編年、紀事本末、政書、四種詳加闡述，並附以史評，最爲簡要而合理，下文依此敍述：

（甲） 紀傳史

紀傳體與正史 正史這個名稱，始見於隋書經籍志，說道：『世有著述，皆擬班馬，以爲正史，作者尤廣，一代之史，至數十家。』以班馬的紀傳體爲正史，把編年體的春秋，列之爲古史。至劉知幾則把紀傳與編年兩體並稱爲正史，唐志又割編年體於正史之外，宋以後都是依此分類。歷代學者對於這種分類，往往加以批評，如：晁公武說：『編年紀傳各有所長，未易以優劣論，而人皆以紀傳便於披閱，獨行於世，號爲正史，不亦異乎？』

(見郡齋讀書志史部敍)章學誠說：『編年之書出於春秋，本正史也；乃班馬之學盛，而史志著錄，皆不以編年爲正史。紀傳編年，古人未有軒輊；自唐以後，皆沿唐志之稱，於義實爲未安。』(見史考釋例)此皆認以編年不列正史爲不當。而四庫書目則說：『司馬遷改編年爲紀傳，荀悅又改紀傳爲編年，劉知幾深通史法，而史通分敍六家，統歸二體，則編年紀傳，均正史也。其不列爲正史者，以班馬舊裁，歷朝繼作，編年一體，則或有或無，不能使時代相續，故姑置焉，無他義也。』(見史部總敍)其說明編年不列正史的理由，是在於『不能使時代相續』之故，並沒有別的意義。實際上，紀傳體既有紀傳以詳人事，復有表志以誌典章，(無表志之史本不完全)又以馬班之作爲後世所宗，即司馬光所編的資治通鑑，雖當編年體的典型作品，然其所採的史料，亦多本諸歷代正史，故以紀傳體爲正史，不得斥爲不當也。

正史總目 在唐朝以前，最通行的紀傳史，則有史記、漢書、後漢書、三國志、四史，厥後逐漸增加，唐代初年，以三國志、晉書、宋書、南齊書、梁書、陳書、魏書、北齊書、周書、隋書爲十史。唐代中葉，復加史記、漢書、後漢書爲十三史。到了宋朝，補入南史、北史、新唐書、新五代史爲十七史。元代則加宋史爲十八史。明代又加遼史、金史、元史爲二十一史。清代加入明史爲二十二史，後又加劉昫的舊唐書、薛居正的舊五代史，合爲二十四史。在四庫書中稱之爲正史類，且曰：『正史體尊，義與經配，非懸諸令典，莫敢私增，所由與稗官野記異也』。最近又以柯紹忞新元史列入，而有二十五史之目。

正史雖同爲紀傳體，然亦有不同處，史記爲『通史』體裁，漢書以下皆爲『斷代史』體裁。史記分本紀、世家、表、書、列傳；帝王稱紀，人士稱傳，各正史皆沿此例。惟世家則僅五代史有之，晉書則改稱爲載記，遼史則改稱爲外紀，他史中均無此目。表則僅漢書晉書新唐書宋遼金元明諸史中有之，五代史記則改稱年譜，他史中均沒有。史記之書，他史稱志，僅三國志南北史沒有，他史中都有，惟五代史在志之外另立考。史記先本紀，次表、次書、次世家、次列傳，漢書以下多同；惟五代史世家、晉書載記，附於書末，宋遼金元諸史因之。新唐書表後於志，魏書五代史志後於傳。史記論斷標『太史公曰』，而漢書則稱贊，三國志則稱評，後漢書則稱論，並繫以四言之贊，宋書、南齊書、梁書、陳書、魏書、北周書、晉書、隋書、舊唐書、等皆標以『史臣曰。』（參趙翼廿二史劄記王鳴盛十七史商榷）

史記 史記的作者是司馬遷，我們讀了太史公自序以後，知道他所以作史記的原因：

第一是因爲要繼承他父親司馬談未完的工作，他在自序裏說：

『……見父於河洛之閒，太史公執遷手而泣曰：「余先周之太史也，余死，汝必爲太史；爲太史，無忘吾所欲論著矣。」遷俯首流涕曰：「小子不敏，請悉論先人所次舊聞，弗敢闕。」』

第二是因欲白朋友李陵之寃而遭着終身抱恨的腐刑。自序中又說：

『……而太史公遭李陵之禍，幽於縲紲。乃喟然而歎曰：「是余之罪也夫！是余之罪也夫！身毀不用矣。」退而深維曰：「夫詩書隱約者，欲遂其志之思也。」』

有此二因，故其書多憤慨之辭，而成千古以來的巨著。其書的內容，則據其自述：

『略推三代，錄秦漢，上記軒轅，下至於茲，著十二本紀，既科條之矣，並時異世，年差不明，作十表。禮樂損益，律數改易，兵權山川鬼神天人之際，承敝通變，作八書。二十八宿環北辰，三十輻共一轂，運行無窮，輔拂股肱之臣配焉。忠信行道，以奉主上，作三十世家。扶義俶儻，不令己失時，立功名於天下，作七十列傳。凡百三十篇，五十二萬六千五百字。』

本紀所以敍帝王，世家所以敍侯國，而書中列項羽於本紀，列孔子陳涉於世家，說者謂其自亂其例，然不知其別有用意，正足以表其隻見也。相傳其中十篇——景帝本紀、武帝本紀、禮書、樂書、律書、漢興以來將相年表、日者列傳、三王世家、龜策列傳，傅靳列傳——有錄無書，褚少孫爲之補入。而劉知幾則以爲十篇有缺佚而非全亡，褚少孫不過加以補綴。注者甚多，今傳僅裴駰的集解，司馬貞的索隱，張守節的正義而已。

漢書 漢書的作者是班固，也是繼承他父親班彪的著作，其體例大部份仿效史記，而其所作紀傳，多限於西漢人物，故爲「斷代史」的第一部。所列十二本紀、八年表、十志、七十列傳、合爲一百卷，起於漢高祖而終於王莽，計二百三十九年大事，盡納於八十萬言之中。相傳其書尚未完成，因竇憲征匈奴兵敗之故，被累入獄，乃至庾死，其書亦頗散亂。章帝下詔令其妹班昭就東觀中校輯而續成之。其中有八表及天文志幾篇，皆出班昭之手。其書記述，與史記互有得失，唐劉知幾曾加以評騭，（見史通史記諸漢史篇）宋倪思又撰班馬異同。鄭樵議史記謂博雅不足，詆漢書謂專事剽竊。（見通志總敍）惟章學誠則有平情之論，說：『遷書體圓用神，多得尚書之遺，班氏體方用智，多得官禮之意。』（見文史通義書教下）而班固曾譏司馬遷，謂其『論大道則先黃老而後六經，序游俠則退處士而進姦雄，述貨殖則崇勢利而羞貧賤。』傅玄又議班固：『論國體則飾主闕而折忠臣，敍世教則貴取容而賤直節，述時務則譏辭章而略事實。』班固惜遷罹李陵之禍，范曄嗤固遭竇氏之獄。互相批評，明人昧己，有如此者。注本亦甚多，今存顏師古注，王先謙補註，最爲通行。

後漢書　後漢書乃南北朝時宋范曄所著。據隋書經籍志云：其前著後漢史的人，有劉珍等的東觀記、謝承後漢書、薛瑩後漢書，司馬彪續漢書、華嶠後漢書、謝沈後漢書、張瑩後漢南紀、袁崧後漢書、等幾家，曄乃刪取衆書而成十帝紀，八十列傳，十志未成而伏誅，梁劉昭乃取司馬彪續漢書之文以補之，合爲百卷。劉昭並爲之註，唐章懷太子李賢又作註，乃大行。其書本於史記，體同漢書，惟無年表。說者謂其『詞釆壯麗，持論平允，』范氏亦嘗自矜其論贊，而劉知幾郤以爲『附贊卷末，篇目相雜，斷絕失次。』又譏其闕入王喬左慈麇君槃瓠諸事，詭越迂誕，朱紫不別。顧炎武趙翼等亦嘗摘其疏漏處多條。（見日知錄卷廿六，廿二史劄記卷四）

三國志　三國志乃晉陳壽所作。據隋書經籍志所著錄，則有王沈魏書，韋昭吳書，環濟吳紀。史通云：『先是魏時京兆魚豢，私撰魏略，其後孫盛撰魏氏春秋，王隱撰蜀記，張勃撰吳錄。』陳壽則綜合而成三國志六十五卷，——魏志三十卷，分四紀二十六列傳；蜀志僅十五列傳；吳志僅二十列傳；沒有表志——以魏爲正統，故惟魏有紀。及至習鑿齒作漢晉春秋，始以正統予蜀，此後帝魏帝蜀，頗不一致。劉知幾謂其『曲陳曹美，虛說劉非，』趙翼謂其『書法爲魏迴護，開後史曲筆之端』。並有謂其以私憾毀諸葛亮父子，不爲丁儀丁廙立傳，爲其缺點。然趙翼仍稱其『剪裁斟酌，亦自有矜愼不苟者。晉書中亦稱其『善敍事，有良史才。』到宋文帝嫌其書太簡略，命國子博士裴松之爲之註。裴註對於本書，多所補充，引書至五十餘種，材料豐富，超過原書有幾倍之多。綜其大旨，約有六端：1.引諸家之論以辨是非，2.參諸書之說以核訛異，3.傳所有之事詳其委曲，4.傳所無之事補其闕佚，5.傳所有之人詳其生平，6.傳所無之人附以同類。（語見四庫書目提要）實開註釋界的先例。

上列四書，謂之四史，爲紀傳史中的冠冕。

晉書　晉書乃唐房喬等所撰，史通謂『貞觀中有詔以前後晉史有十八家，制作雖多，未能盡善，乃敕史官更加纂錄，採正典與雜說數十餘部，兼引僞史十六國書。』據隋書經籍志著錄，先是有晉王隱虞預朱鳳、宋謝靈運、齊臧榮緒蕭子雲諸家晉書，宋何法盛晉中興書、梁蕭子顯晉史草、及鄭忠沈約庾銑諸家、唐太宗以諸史皆未盡善，乃詔房延齡褚遂良許敬宗等再加撰次。他們便據臧榮緒書加以增損，預其事者有二十一人之多，敬播等考其類例，李淳風于志寧等為志，顏師古孔穎達等為紀傳，太宗自為宣武紀及陸機王羲之傳論，故原本總題御撰。修史出於衆手，實從晉書起頭。共一百三十卷，——帝紀十，志二十，列傳七十，載記三十。又記五胡十六國事，獨缺前涼西涼。但以其採取沈約謬誣之說，並採語林世說等詭異謬妄的話，所以劉知幾會於採撰書事及晉諸史等篇中譏議之。又批評他的論贊多用麗辭駢體。而趙翼則謂：『其紀傳敘事皆爽潔老勁，迥非魏宋二書可比；而諸僭偽載記，尤簡而不漏，詳而不蕪，視十六國春秋不可同日語。』（見廿二史劄記卷七）四庫提要則謂：『其所褒貶，略實行而獎浮華，所採擇忽正典而取小說，特以十八家之書並亡，攷晉史者舍此無由，故歷代存之不廢。』他的體例，較前史少年表而多載記一門，今通行本附有唐何超晉義。

南朝諸史　南朝諸史，有宋書、齊書、梁書、陳書、之分：宋書乃梁沈約所撰，有本紀十、志三十、列傳六十、合爲一百卷。他的材料，大都採取徐爰舊作，惟徐書起於晉義熙而至宋武帝末爲止，永光以後十餘年事，都是沈約所補。據梁書沈約傳，則知有裴，想已遺佚了。裴子野删其書而成宋略二十卷，沈約自已也歎爲不如，所以言宋史的，都以裴略爲上，沈書次之。齊書乃梁蕭子顯所撰，原書本六十卷，今存五十九卷，帝紀八、志十一，列傳四十。據隋志則另有劉陟沈約二家齊紀，惟蕭書則詔付祕閣，因此獨傳。趙翼曾稱其比宋書簡淨。梁書乃唐貞觀時姚思廉奉詔與魏徵同撰。共爲五十六卷，分帝紀六、列傳五十。據隋志云：有梁謝吳梁書，陳許亨梁史，又江淹嘗作十志，姚察嘗作帝紀，然皆未成。顧野王傅縡所撰武文二帝紀，後陸瓊續撰諸篇，姚察加以删改亦未竟。唐太宗始命姚察之子思廉，憑其舊稿，加以新錄，而成此書。先是亦曾有沈約周興嗣鮑行謝炅等撰錄，惟多已佚亡。陳書亦爲姚思廉所作，共三十六卷，分本紀六、列傳三十。在姚書以前，曾有顧野王傅縡陸瓊等均作過陳書，姚察就諸書加以删改，思廉繼之以成此書，故在梁陳二書之後，均題有『陳吏部尚書姚察』字樣。四庫提要稱『梁書持論平允，陳書列傳體例秩然，雖小有牴牾失檢處，然頗具史法也。』趙翼亦稱其書『行文自出鑪錘，直欲遠追班馬，一洗六朝蕪冗之習。』（見廿二史劄記卷九）

北朝諸史 北朝諸史、有魏書、齊書、周書、之分：魏書爲北齊魏收奉敕撰，原書有一百三十卷，今本爲宋劉恕范祖禹等所校定，爲一百十四卷，——本紀十二、志十、列傳九十二——在魏收以前，魏史官崔浩鄧淵高允等曾作編年書，其後隋魏澹作魏書，唐又有張太素書，但都不傳，今世稱魏史者，猶以收書爲主，劉知幾在史通中數數加以批評，如曰：『收諂齊氏，於魏室多不平，既黨北朝，又厚誣江左，性憎勝己，喜念舊惡，……由是世薄其書，號爲穢史。』（見正史篇）趙翼亦謂其『趨附避諱，是非不公。』而四庫提要則說：『互考諸書，證其所著，亦未甚遠於是非，』見解又自不同。北齊書乃唐李百藥奉詔根據其父李德林舊稿而成。共五十卷，本紀八、列傳四十二，大致仿效范曄後漢書體例，卷後各繫論贊。北宋以後，日見散佚，後人乃取北史以補其亡，已不是李書之舊了。四庫提要曾謂其『文章萎苶，節目叢脞，固由於史材史學不及古人，要亦時爲之也。』周書乃唐令狐德棻所撰。先是隋有牛宏曾撰周紀十八篇，唐貞觀初乃敕令狐德棻與岑文本共加修緝，而成周書五十卷，本紀八、列傳四十二，亦因遺佚，經後人據北史而加以補足。劉知幾則謂其：『文而不實，雅而無檢，眞跡甚寡，客氣尤繁。』

隋書　隋書亦爲唐初官修書，魏徵等奉敕所撰。共八十五卷，本紀五，列傳五十，爲顏師古孔穎達所修述；志三十卷，爲長孫無忌與于志寧、李淳風、韋安仁、李延壽、令狐德棻所同修；其天文、律曆、五行等志，則爲李淳風所獨作。許敬宗、敬播、褚遂良、皆參與其事，可見參修是書的人很多。其文章嚴淨簡鍊，十志尤爲人所推重。四庫提要則謂：『惟經籍志編次無法，述經學源流，每多舛謬，……在十志中爲最下，然漢以後藝文，藉以考見源流，辨別眞僞，不當以小疵爲病也。』其實經籍一志，在目錄學上具有無上的權威。

南史與北史　南北二史，均爲唐李延壽所撰。延壽父名大師，嘗謂宋齊周隋南北分隔，南謂北爲索虜，北謂南爲島夷，欲改正擬吳越春秋編年，未就而卒。延壽曾預修晉隋書，因究悉舊事，乃依司馬遷體，總敍八代，北起魏至隋，南起宋至隋，著成二史。南史共八十卷，分本紀十、列傳七十；北史共一百卷，分本紀十二、列傳八十八。南史先成，曾就正於令狐德棻，司馬光稱其書刪煩補闕，爲近世佳史。北史則用力獨深，敍事詳密，首尾典贍，尤稱佳作。趙翼嘗合八書與二史參覈其同異得失，知南史刪宋書最多，於齊書則有增，於梁書則有增有刪，於陳書則無甚增刪；北史於周書則補文苑傳，於齊書則補列女傳，又於魏齊周三書多所改訂，隋則全用隋書，略爲刪節。其剪裁綴緝，允稱上乘。

唐書　唐書有新舊兩種：舊唐書乃五代後晉劉昫張昭遠等所撰，共二百卷，分帝紀二十、志三十、列傳一百五十。自宋歐陽修等另撰新唐書，故稱爲舊唐書。新唐書乃北宋歐陽修宋祁等所撰，共二百二十五卷，分帝紀十、志五十、表十五、列傳一百五十。先是在劉昫以前，曾有姚思廉長孫無忌于志寧令狐德棻許敬忠牛鳳等先後撰著，劉知幾與朱敬則徐堅吳兢亦曾奉詔更撰，韋述于休烈令狐峘續有增輯，迨劉著出，此等書皆廢。劉著在長慶以前，藍本舊史，簡而有法，長慶以後，旁搜野記，繁略不均。宋仁宗以其淺陋，命歐陽修另作，歷十七年之久而成。論者謂其事增於前，文省於舊。新書既成，舊書乃廢，及清乾隆以兩書並列於二十四史中，皆稱爲正史。劉安世則謂『事增文省，正新書之失。』吳縝更指摘瑕疵，成新唐書糾繆一書。趙翼謂『宋景文於列傳之功，實費數十年心力，歐公本紀則不免草率從事。』

五代史　五代史亦有新舊兩種：舊五代史乃北宋薛居正等所撰，共一百五十卷，分本紀六十一、志十二、列傳七十七。參與其事的，則有盧多遜、扈蒙、張澹、李昉、劉兼、李穆、李九齡等人。新五代史乃北宋歐陽修所私撰，修死後，方詔取刻印，共七十四卷，分本紀十二、家人傳八、梁臣傳三、唐臣傳五、晉漢周臣傳各一、死節死事一行傳各一、唐六臣傳一、義兒伶官宦官傳各一、雜傳十九、司天考二、職方考一、世家十、又十國年譜一、四夷錄三。其體例與他史不同。金章宗詔用歐史，薛史乃廢，清乾隆復從永樂大典中搜輯薛史遺文，並列於二十四史中。薛史文筆遠不及歐，然見聞較近，事實詳確；歐史書法謹嚴，而事實多疎。四庫提要則謂：『薛史如左氏之紀事，本末賅具而斷制多疎；歐史如公穀發例，褒貶分明而傳聞多謬。兩家之並立，當如三傳之俱存。』

宋遼金三史 宋遼金三史，皆爲元朝脫脫——亦稱托克托——所撰。宋史四百九十六卷，分本紀四十七、志一百六十二、表三十二、列傳、世家二百五十五。實際執筆的是歐陽圭齊、虞集、揭傒斯、等人，爲諸史中篇幅最多之作。記北宋事較詳，南宋較略，明柯維騏宋史新編、沈世泊宋史就正編，都是辨其謬誤的。趙翼又摘其中迴護、附會、錯謬、遺漏、排次失當等多條。遼史一百十六卷，分本紀三十、志三十一、表八、列傳四十六、國語解一。遼制書禁甚嚴，國人著述如流傳鄰境，罪至死，故一經亡國，便澌滅無遺。僅據耶律儼陳大任二家書，潦草成篇，實多疎略。清厲鶚乃採摭羣書，成遼史拾遺一書，以補其闕。金史共一百三十五卷，分本紀十九、志三十九、表四、列傳七十三、末附金國語解一卷，乃清乾隆時所補。此書取材，乃根據元好問壬辰雜編、劉祁歸潛志、及張柔王鶚等著作，條例完整，爲三史中最善之本。然趙翼亦曾摘其疎漏、失當、等多條。（見廿二史劄記卷二十三四）

元史　元史乃明初宋濂王禕等據元代十三朝實錄以修成，全書共二百十卷，分本紀四十七、志五十三、表六、列傳九十七。書成不及一年，缺順帝一朝，復命歐陽佑等往北平採集遺事，重開史局，六閱月而告成。書出後，紕繆甚多，朱彝尊謂其『急於成書，故前後複出，舉其一人兩傳者條列於篇，爲倉猝失檢之病。』徐一夔致王禕書云：『元起朔漠，本無文字，開國後，不置日曆，不置起居注，獨中書置時政科，遣一文學椽掌之，以事付史館。及易一朝，則國史據以修實錄，其於史實固疎』。然元史大概亦尚完整，諸志亦詳贍，惟表志分合頗失宜，列傳多以人名譯音字異而複。（見日知錄與廿二史劄記）太祖更命解縉修正舛錯，竟未成功。及近人柯紹忞所著新元史，一一加以糾正，更博稽衆書，於地理史實力求翔實，較完美於舊史，近人以之併入二十四史而成爲二十五史，世界書局曾合印之。

明史　明史爲清張廷玉等所撰，全書共三百三十六卷，分本紀二十四、志七十五、表十三、列傳二百二十、又附目錄四卷。先是康熙時，葉方藹、張玉書爲總裁，玉書任志書、陳廷敬任本紀、王鴻緒任列傳、分別撰著，雍正時，復命張廷玉總其事，直至乾隆初始完成，歷時有六十年之久，體例完整，宜爲史家所稱。然諸作者因鑑於前此莊廷鑨明史稿案的文字獄，記載不無曲諱，故亦不能稱之爲信史。

清史稿　民國成立，袁世凱時設館以纂清史，用趙爾巽爲館長，甫經出版，以其間有不少紕謬，據故宮博物院呈行政院請查禁文中，指出其反革命，藐視先烈，不奉民國正朔，稱揚遺老、疏忽、舛錯、等十九條，遂由國民政府明令禁止。

正史的補充與得失　廿四史既非成於一人一時，故體例不能一致，志表二類，或有或無，稱書稱考，尤不一律，後人就其所缺，爲之補作，如：宋錢文子補漢兵志五卷，熊方補後漢書年表十卷，清錢大昭後漢書補表八卷；侯康補後漢藝文志，三國藝文志各四卷；洪齮孫補三國職官表三卷，梁疆域志四卷；洪亮吉補三國疆域志二卷，東晉疆域志四卷，十六國疆域志十六卷；錢儀吉補晉兵志一卷；丁國鈞補晉書藝文志；郝懿行補宋書刑法志，食貨志各一卷；周嘉猷補南北史表六卷；倪璠補遼金元三史藝文志；錢大昕補元史氏族

表三卷，元史藝文志四卷。諸書或刊入史學叢書，或列於作者全集，可以併入正史之中。

廿四史中，除史記爲通史外，餘皆爲斷代史，劉知幾嘗稱之曰：『史記唯論於漢始，如漢書者究西都之首末，窮劉氏之廢興，包舉一代，撰成一書，言皆精練，事甚該密，故學者尋討，易爲其功，自爾迄今，無改斯道。』（見史通六家）而鄭樵卻力詆其失，嘗曰：『失會通之旨，無相因之義，一帝數紀，一人數傳，前王不列於後，後事不接於前，各誣其敵，各黨其國，傷風敗義，莫大乎此。』（參通志總序）近人梁啓超則曰：『史記以社會全體爲史的中樞，故不失爲國民的歷史；漢書以下，則以帝室爲史的中樞，自是而史乃變爲帝王家譜矣。夫史之狀，如流水然，抽刀斷之，不可得斷。今之治史者，強分爲古代、中世、近世，猶苦不能得正當標準，而況可以一朝代之興亡爲之劃分耶？』（見中國歷史研究法第二章）此亦是不滿於斷代史的話。要知班固生於司馬遷之後，其著漢書，正所以續史記，使後之作者沿其例以相續，正班固的偉大貢獻，何能責其不當斷代耶？

（乙）　編年史

編年與紀傳的分別　編年爲最古的史體，以時爲中心，與紀傳以人爲中心不同，明焦竑嘗說：『編年者，以事繫年，詳一國之治體，蓋本左氏；紀傳者，以人繫事，詳一人之事迹，蓋本史遷。』（見焦氏筆乘）編年稱爲古史，紀傳稱爲正史，劉知幾以爲編年紀傳，皆爲正史，因欲與紀傳易於分別之故，仍稱爲編年。據傳編年史的最古者，爲竹書紀年，原有十三篇，晉人得之於汲冢，記自夏禹以來的史事，所有史實，往往與儒家舊說不同，如云：『夏啓殺伯益，太甲殺伊尹，夏的年祚，較殷爲長，等等，頗足駭人聽聞，歷來學者多引證其語，然往往與今本不符，且註文多勦取宋書符瑞志，故知今本爲宋以後人所改竄，已失去其眞相了，清朱右曾別輯汲冢紀年存眞二卷，王國維因而更成古本竹書紀年輯校一卷，稍復其本來面目。

現存比較可靠的最古編年史，要算春秋了。春秋是孔子據魯史而作的，劉知幾說：『儒者之說春秋也，以事繫日，以日繫月，言春以包夏，舉秋以兼冬，年有四時，故錯舉以爲所記之名也。』梁啓超謂：『孔子所修春秋，體裁似悉依魯史官之舊，吾儕以今代史眼讀之，不能不大詫異：第一：其文句簡短，達於極點，每條最長者不過四十餘字，最短者乃僅一字。第二：一條紀一事，不相聯屬，絕類村店所用之流水帳簿。第三：所記僅各國宮廷事，或宮廷間相互之關係，而於社會情形一無所及。第四：天災地變等現象，本非歷史事項者，反一一注意詳記。』（見中國歷史研究法第二章）但後世以為孔子之作春秋，乃包含微言大義，故認之為經而非史。

春秋為帳簿式的舊編年體，而內容豐富較有組織的新編年體，前人以為起於左傳，然左傳又為今古文家所討論的焦點，成為一未易解決的問題。梁啓超又謂：『論此體鼻祖，與其謂祖左氏，毋寧謂祖陸賈之楚漢春秋，惜賈書今佚，其真面目如何？不得確知也。』故以為荀悅所著漢紀三十卷，為新編年體的第一部。漢紀之作，原依左傳體例，其自述云：『列其年月，比其時事，撮要舉凡，存其大體。』詞約事詳，論辨多美，歷代皆重其書。荀悅之後，則有張璠袁宏之後漢紀，孫盛之魏春秋，習鑿齒之漢晉春秋，干寶徐廣之晉紀，裴子野之宋略，吳均之齊春秋，何之元之梁典……等。皆仿漢紀成法，而為編年體中的斷代史。

資治通鑑 編年史中，要以資治通鑑爲最著，司馬光奉詔作此書，歷十九年之久而始成，其採用的參考書，雜史多至三百二十二種，殘稿在洛陽盈兩屋。助其事者，皆爲當時通儒，前後漢屬劉攽，三國南北朝屬劉恕，唐五代屬范祖禹，司馬光爲之刪削以總其成。上起戰國，以續左傳，下迄五代。計千三百六十二年間大事，按年紀載，一氣銜接，成二百九十四卷大著。他的門人劉安世撰音義十卷，今已佚，元胡三省匯合衆注，爲作音注，並且把司馬光自著的資治通鑑考異三十卷，散入各本文之下。原來司馬光因爲所採錄於各書的材料，難免互有異同，因而加以參校，以明其去取之意。而作成此考異一書，另本刻行，至此遂合爲一本了。胡氏又以司馬康及史炤所著通鑑釋文多所譌謬，恐貽誤後學，別作通鑑釋文辨誤十二卷以附於本書之後。到了清朝，又有陳景雲撰著胡注舉正十卷，以正胡氏音注謬誤之處六十三條。相傳司馬光當時因爲原書卷帙太繁，曾著通鑑舉要歷八十卷，與通鑑節文六十卷，以便讀者，然今已不傳。又有通鑑釋例一卷，以明撰著時所定凡例。另著稽古錄二十卷，上溯伏羲，下至英宗，卽芟除通鑑繁亂，約爲此編，尤便於初學的檢閱。同時，劉恕因助司馬光撰著之便，別作通鑑外紀十卷，原來他本有意著一通鑑後紀，乃因病垂沒，口授其子義仲以成此書，改名爲外紀，計包義以來紀一卷，夏商紀一卷，周紀八卷，又目錄五卷，全仿司馬光通鑑目錄三十卷之例。司馬光曾爲之作序。劉義仲又曾著通鑑問疑一卷，所載皆三國至南北朝事，凡所辨論，皆極精核。又有胡宏撰著皇王大紀八十卷，上起盤古，下迄周末，前二卷皆粗存名號事蹟，帝堯以後始用皇極經世編年，博採經傳而附以論斷，更多荒渺傳說。

續通鑑 續司馬光通鑑的，首有李燾的續資治通鑑長編五百二十卷，他因踵司馬光通鑑之例，乃採北宋一祖八宗事蹟，薈粹討論以作此書。繼之者有劉時舉的續宋編年資治通鑑十五卷，所舉自南宋高宗起至寧宗嘉定十七年止。沈樞又作通鑑總類二十卷，取通鑑事蹟，仿册府元龜例，分二百七十一門，各以事標題，採司馬光議論附之。同時在南宋有朱熹因司馬光通鑑加以竄改，參以春秋義法，手定凡例，囑門人們撰成通鑑綱目五十九卷，竊自比於孔子之作春秋，然實不及司馬光之作。王應麟著通鑑答問五卷，乃根據朱子綱目而作。又著通鑑地理通釋十四卷。元何中著通鑑綱目測海三卷，所以糾通鑑綱目書法之同異。金履祥以劉恕通鑑外紀失之好奇，乃作資治通鑑前編十八卷，舉要三卷，以矯其失，上起唐堯，下止春秋，本經史諸子，表年繫事，以接通鑑之前。明人陳桱著通鑑續編二十四卷，首述盤古至高辛以補金履祥前編之遺，次採契丹在唐及五代時事以續司馬光通鑑。南軒又著通鑑綱目前編二十五卷，把金陳二著合併刪削，共爲一編，起自伏羲，終於周威烈王，然究瑣不足取。許誥亦撰有通鑑綱目前編三卷，以司馬光通鑑朱子綱目皆不直接春秋，乃補中間所闕七十餘年事。至於薛應旂所作宋元資治通鑑一百五十七卷，當時有人譏他孤陋寡聞，降及清代，徐乾學著資治通鑑後編一百八十四卷，他因爲明人所續通鑑，有年月參差，事蹟脫落之處，乃與萬斯同閻若璩胡渭等排比正史，參考諸書，以作此編，起自宋太祖以至元順帝爲止。康熙御著有通鑑綱目五十九卷，通鑑綱目前編一卷，外紀一卷，舉要三卷，續編二十七卷。大抵黹正羣言，折衷歸一。乾隆著通鑑輯覽一百十六卷，附明唐桂二王本末三卷，以正李東陽通鑑纂要，又有通鑑綱目三編四十卷，其義例一本輯覽。最完備的要算畢沅所作的續資治通鑑三百二十卷，是直接繼續司馬光通鑑，足與司馬光後先媲美，爲通鑑中兩部最有價值的作品。

（丙）　紀事本末史

紀事本末體　紀事本末體與紀傳體編年體不同，紀傳體以人爲經，編年體以時爲經，而紀事本末卻以事爲經。其創始者乃爲宋之袁樞，他本不有意於著作，不過爲欲省翻檢之勞，把資治通鑑摘鈔一下，區別門目，以類排纂，每事各詳起訖，自爲標題，每篇各編年月，自爲首尾，不意書成卻成了一種新體。善哉梁啓超之言曰：

『善鈔書者可以成創作，荀悅漢紀而後，又見之於宋袁樞之通鑑紀事本末。編年體以年爲經，以事爲緯，使讀者能瞭然於史蹟之時際的關係，此其所長也。然史蹟固有連續性，一事或亙數年或亙百數十年。編年體之紀述，無論若何巧妙，其本質總不能離帳簿式。讀本年所紀之事，其原因在若干年前者，或已忘其來歷；其結果在若干年後者，苦不能得其究竟。非直翻檢爲勞，抑亦寡味矣。樞鈔通鑑，以事爲起訖；千六百餘年之書，約之爲二百三十有九事，其始亦不過感翻檢之苦痛，爲自己研究此書謀一方便耳。及其既成，則於斯界別闢一蹊徑焉。』（見中國歷史研究法第二章）

章學誠亦曰：

『本末之爲體，因事命篇，不爲常格，非深知古今大體，天下經綸，不能網羅隱括，無遺無濫。文省於紀傳，事豁於編年，決斷去取，體圓用神。在袁氏初無此意，且其學亦未足語此，但即其成法，沈思冥索，加以神明變化，則古史之原，隱然可見。』（見文史通義書教篇）

可見袁氏本以鈔通鑑爲職志，所述亦不容出於通鑑之外，反比紀傳編年爲優，不若紀傳的一事複見數篇，編年的一事隔越數卷，使前後始末，能一目了然，故此後相沿踵作，不乏其人。

紀事本末史的繼作　稍後於袁樞的，則有章冲的春秋左傳事類始末五卷，乃以左傳所裁事蹟排比年月，各以類從，使節目相承，首尾完具，與通鑑紀事本末體例相同。

楊仲良亦繼而作皇宋通鑑長編紀事本末，是根據李燾續資治通鑑而改編的，北宋百七十年政制沿革，粲然具備。

此後仿效通鑑紀事本末而先後作成的，則有宋史紀事本末，元史紀事本末，明史紀事本末、左傳紀事本末、三藩紀事本末、西夏紀事本末、遼史紀事本末、金史紀事本末、合之袁著，稱爲九種紀事本末。

宋史元史紀事本末兩種，皆爲明人陳邦瞻所作，起初有馮琦欲照通鑑紀事本末體例，論次宋代事迹，分類排纂，以續袁著，未成而沒。邦瞻乃依其舊稿，加以增訂而成宋史紀事本末，故其書本於馮琦者十之三，出於邦瞻者十之七，從太祖代周起，至文謝之死爲止，凡分一百九目，爲二十六卷，其間兼及遼金事，可以說是宋遼金三史紀事。至於元史紀事本末四卷，分目二十七條，僅根據元史及商輅續綱目二書，故不及宋史紀事本末之賅博。又元明間事，皆以爲宜入明國史，於徐達破大都順帝駐應昌諸事，皆略而不書，故多漏略。

明史紀事本末乃清人谷應泰所著，共八十卷，每卷爲一目。每篇後各附論斷，仿晉書體，行以駢偶。其編著時，明史尙未刊出，故取材多從野史。先是張岱著有石匱藏書，專輯明代遺事，谷氏乃以五百金購得其稿，據以撰成此書，故其書取材，與一般僅限於正史者不同。

左傳紀事本末乃清人高士奇所撰，共五十三卷，因章冲左傳事類始末而廣之，章冲以十二公爲記，而此書則分國爲記，編法不同，且定編書之例五條：一曰補逸、二曰考異、三曰辨誤、四曰考證、五曰發明，可見其編著的精審。

三藩紀事本末四卷，乃清人楊陸榮所撰。首記福王、唐王、桂王始末，次記順治平浙閩粵諸事。四庫云其『搜羅未廣，頗有疏漏；又間有傳聞異詞者，僅據其耳目所及，未一一詳核也。』

西夏紀事本末三十六卷，爲張鑑所著，遼史紀事本末四十卷，金史紀事本末五十二卷，，皆爲李有棠所著，仿袁著而作的。

紀事體別種　四庫著錄及存目二十六部中，不稱紀事本末之名，而列入紀事本末一類的，有十八種，其間佔有極高位置的，要算馬驌的繹史一百六十卷，是書從開闢起至秦末爲止，首列世系圖年表，次則分太古十卷、三代二十卷、春秋七十卷、戰國五十卷、外錄十卷。每事各立標題，仿照紀事本末之意。其事跡皆引古籍，先後排比，相類的事，隨文附注，異同譌舛，疏通辨證，故不同於袁樞的排纂年月，鎔鑄成篇。外錄十卷，與紀傳史中的表志相類。其性質與通鑑前編等相近，而精博實高出通鑑前編之上。

（丁）政書

政書的範圍　政書本是周禮六典之遺，所謂政，就是禮，不過後世禮與政分而爲二，故在禮經之外，別有政書。在史記稱爲書，所以記國家體制，漢書以下，皆稱之爲志，無論稱書稱志，多仿效禮經而來。至隋志中分列職官、儀注、刑法、舊事、諸門，合併爲政書一類。不過紀傳史中的書志，只記一代的典章，是斷代的；而政書則總歷代文物制度，詳其因果沿革，網羅前代。梁啓超嘗言史志之失曰：『苟不追敍前代，則源委不明；追敍太多，則繁複取厭。況各史非皆有志，有志之史，其篇目亦互有出入。過所闕遺，見斯滯矣。於是有統括史志之必要，其卓然成一創作以應作此要求者，則唐杜佑之通典也。』（見中國歷史研究法第二章）

通典　通典二百卷，爲杜佑創作，其統括各史的書志，取歷代文物制度而貫串之，可謂中國最早的文化史。在杜佑以前，已有劉知幾之子秩作過政典三十五卷，秩本家學淵源，其書當有可觀，惜已失傳，惟據四庫云：『仿照周官體制，摭拾百家舊籍，而分類排比之。』爲杜佑所作之藍本而推廣之，分食貨、選舉、職官、禮、樂、兵刑、州郡、邊防八門，每門復分子目，其分門的次序，據其自序說：

『所纂通典，實采羣言，徵諸人事，將施有政。夫理道之先，在乎行教化，教化之本，在乎足衣食，……行教化在乎設官職，設官職在乎審官才，審官才在乎精選舉；制禮以端其俗，立樂以和其心，故職官設然後與禮樂焉，教化隳然後用刑罰焉，列州郡俾分領焉，詧邊防遏戎狄焉。』

是可見其撰著之宗旨，在於施政，故乾隆重刊御序中亦曰：

『鄭樵主考訂，故旁及細微，馬端臨意在精詳，故間出論斷，此書則佑自言徵於人事，將施有政，故簡而有要，核而不文，觀其分門起例，由食貨以訖邊防，先養而後教，先禮而後刑，設官以治民，安內以馭外，本末次第，具有條理。』

李翰爲之序曰：『始終歷代沿革廢置，及當時羣士論議得失，靡不條載，附之於事，如人支脈散綴於體。』

四庫提要中又說：

『上溯唐虞，下及天寶，博取五經羣史，及漢魏六朝人文集奏疏之有裨得失者，每事以類相從，歷代沿革，悉爲記載；詳而不煩，簡而有要，皆爲有用之實學，非徒資記問者可比。』

由上說可知其在文獻上的價值，然而其疏漏之處，或不能免，故又有鄭樵之通志，馬端臨之通考出焉。

通志 通志二百卷，雖亦總歷代之文物，詳敍其始末與沿革，然其體制，卻與通典不同。蓋鄭樵不滿於班固以下的斷代史，乃欲直續司馬遷之史記而爲通史，故其稱司馬遷曰：

『司馬氏世司典籍，工於制作，故能上稽仲尼之意，會詩書左傳國語世本戰國策楚漢春秋之言，通黃帝堯舜至於秦漢之世，勒成一書。……使百代而下，史官不能易其法，學者不能舍其書，六經之後，唯有此作。』（通志自序）

一面旣言史記的價值，一面又言班固以後的不能繼其志。至梁武帝始慨然命吳均制作通史有六百二十卷之多，上自太初，下終齊室，可惜書未成而卒，隋楊素又奏令陸從典續史記訖於隋，亦未成書而免官。樵遂慨然以繼作爲己任。成自太昊至隋恭帝帝紀十八卷，后妃傳二卷，年譜四卷，略五十一卷，列傳一百二十五卷。其紀傳等作，大抵『删錄諸史，因仍舊目，稍有移掇，爲例不純，年譜仿史記諸表之例，或繁或漏，亦復多歧。』（四庫提要語）亦有人謂其『終向司馬遷圈中討生活，松柏之下，其草不植。』（梁啓超語）惟章學誠則嘗贊揚之曰：

『鄭氏通志，卓識名理，獨見別裁，古人不能任其先聲，後代不能出其規範，雖事實無殊舊錄，而諸子之高，寓於史裁。』（見文史通義釋通篇）

全書精萃，在二十略，而作者自己所最得意的，也是在此，故嘗言曰：

『今臣總天下之大學術而條其綱目，名之曰略，凡二十略，百代之憲章，學者之能事，盡於此矣。其五略，漢唐諸儒所得而聞，其十五略，漢唐諸儒所不得而聞也。』（見自序）

二十略之目，則爲氏族、六書、七音、天文、地理、都邑、謚、器服、樂、藝文、校讎、圖譜、金石、災祥、草木昆蟲，此十五略，其曰：『出臣胸臆，不涉漢唐諸儒議論。』禮、職官、選舉、刑法、食貨、五略、其曰：『雖本前人之典，亦非諸史之文也。』實在的，其中氏族、六書，七音、都邑、草木昆蟲、五略，爲舊史書志中所沒有的，不可謂非鄭樵的創作。故凡讀通志的人，都注意於他的略，而認為全書的價值，即在於此。

文獻通考　通考為元人馬端臨所著，共三百四十八卷，分為二十四門，繼杜佑通典而作，其自言曰：

『杜書綱領宏大，考訂該洽。……是以忘其固陋，輒加考評，旁搜遠紹，門分彙別：曰田賦、曰錢幣、曰戶口、曰職役、曰征榷、曰市糴、曰土貢、曰國用、曰選舉、曰學校、曰職官、曰郊社、曰宗廟、曰王禮、曰樂、曰兵、曰刑、曰輿地、曰四裔，俱倣通典之成規。自天寶以前，則增益其事迹之所未備，離析其門類之所未詳。自天寶以後，至宋嘉定之末，則續而成之。曰經籍、曰帝系、曰封建、曰象緯、曰物異、則通典元未有論述，而採摭諸書以成之者也。』（見自序）

在馬書未出之前，曾有宋白與魏了翁繼杜佑而作通典，據馬序中說：

『唐杜岐公始作通典，肇自上古以至唐之天寶，凡歷代因革之故，粲然可考。其後宋白嘗續其書至周顯德；魏了翁又作國朝通典。然宋之書成而傳習者少，魏書屬稿而未成書。』

馬氏因而續成之，不曰通典而曰通考，且在通考上冠以『文獻』二字，據他自己的解釋，則曰：

『凡敍事則本之經史，而參之以歷代會要以及百家傳記之書信而有徵者從之，乖異傳疑者不錄，所謂文也。凡論事則先取當時臣僚之奏疏，次及近代諸儒之評儒，以至名流之燕談，稗官之記錄，凡一話一言可以訂典故之得失，證史傳之是非者，則採而錄之，所謂獻也。』（見同上）

根據此語，亦可以知其材料的來源，但以其取材之廣，門類之多，故難免有取此失彼之病，章學誠乃至評其『無別識，無通裁。』雖不若通典的剪裁鎔鑄，然而詳贍實爲過之，非通志之所能及。

續三通　上三書皆通稱爲三通，清乾隆命撰續通典一百四十四卷，起自唐肅宗至德元年，至明崇禎末年。及皇朝通典一百卷，體例悉依杜佑通典原書，而略有更改：如錢幣附於食貨，馬政附於軍禮，兵制附於刑法，食貨中的榷酤算緡，禮典中的封禪，則一律删去。兵典首登八旗，地理分省臚列，與原書不同。同時，又敕撰續通志五百二十七卷，亦止於明末，亦依鄭樵原著，惟於列傳，則略有增訂。及皇朝通志二百卷，二十略與原書同，紀傳年譜則省而不作。二十略中以原本繁而汰去的，有都邑略、諡略、金石略；以原本疏而增補的，有天文略、地理略；有原本宂瑣而删併的，有藝文略、校讎略、圖譜略；有原本未備而增入的，有六書略、七音略、草木昆蟲略。至於文獻通考的續作，則有兩種：一爲明王圻所作二百五十四卷，其內容與馬氏原書略異，因欲於通考之外，兼摭通志之長，故清乾隆以其『體例雜糅，』命羣臣重撰二百五十二卷，悉依馬氏二十四門之舊，惟略有增減，如：『錢幣考之截鈔銀，象緯考之詳推步，物異考不言徵應，經籍考不錄佚亡。大抵事蹟先徵正史而參以說部雜編，議論博取文集而佐以史評語錄，實非王圻舊本所可及。』（四庫提要語）王書遂廢。同時，又敕撰皇朝文獻通考二百六十六卷，增羣廟羣祀二門而爲二十六目，又田賦中增八旗田制，錢幣增銀色銀直及回部普兒，戶口增八旗壯丁，土貢增外藩，封建增蒙古王公；市糴中删均輸和買和糴，選舉删童子科，兵制删車戰，皆以當時制度的有無而加以增減的。不過此通考至乾隆五十年爲止，故在民國初年又有續清通考（舊稱皇朝，至此皆改稱清，）之作，其書自乾隆五十一年起至宣統三年止，爲劉錦藻所纂，又增外交、郵傳、實業、憲政四門，合爲三十門。前有乙卯（民國四年）陸潤庠序文。故舊以三通、續三通、清三通爲九通的，至是則變爲十通了。

其他政書　十通之外，如王溥所著的唐會要、五代會要，是依據司馬光稽古錄以述唐及五代的法度典章。徐天麟所著的西漢會要、東漢會要，仿唐會要之體，取漢書所載制度典章而加以編述。繼之而作的，則有明會典、清會典之類。至於敍述職官的，則有如唐六典、麟臺故事、翰苑羣書，詞林典故、國子監志、……等類。敍述邦計的，則有如救荒活民書、錢通、捕蝗考、荒政叢書、……等類。敍述典禮的，則有如漢官舊儀、大唐開元禮、謚法、明集禮、大清通禮、……等類。敍述軍政的，則有如歷代兵制、馬政紀、八旗通志、……等類。敍述法令的，則有如唐律疏義、大清律例……等類。敍述考工的，則有如營造法式，武英殿聚珍版程式、……等類。凡此皆爲考證歷代治亂興革的根據，所以政書在歷史上，實佔重要的地位。

（戊）史評

史評的分類　史評爲目錄學者所著錄，四庫總序有曰：

『春秋筆削，議而不辯，其後三傳異詞，史記自爲序贊，以著本旨，而先黃老後六經，退處士進姦雄，班固復異議焉；此史論所以繁也。其中考辨史體，如劉知幾倪思諸書，非博覽精思，不能成帙，故作者差稀。至於品騭舊聞，抨彈往迹，則纔繙史略，即可成文，此是彼非，互滋簧鼓，故其書動至汗牛。又文士立言，務求相勝，或至鑿空生義，僻謬不清。……』

由此可知評史之作，有兩種焉，其一則爲考辨史體，其一則爲品騭舊聞。前者爲評論史書的，後者爲評論史蹟的，梁啓超故曰：

『批評史蹟者，對於歷史上所生之事項而加以評論，蓋左傳史記已發其端，後此各正史及通鑑皆因之。亦有泐爲專篇者，如賈誼過秦論，陸機辨亡論之類是也。宋明以後，益尚浮議；於是有史論專書，如呂祖謙之東萊博議，張溥之歷代史論等。其末流只以供帖括勦說之資，於史學無益焉。其較有價值者，爲王夫之之讀通鑑論宋論。……批評史書者，質言之，其所評即爲歷史研究法之一部分，而史學所賴以建設也。』（見中國歷史研究法第二章）

批評史蹟之作，本非難事，歷來作者，多至不可勝數，惟批評史書，爲史學家之事，實不易爲，作者甚少。梁啓超又曰：

『自有史學以來，二千年間，得三人焉：在唐則劉知幾，其學說在史通；在宋則鄭樵，其學說在通志總序及藝文略、校讎略、圖譜略；在清則章學誠，其學說在文史通義。』（見同上）

至於近代，則梁啓超的中國史歷研究法、顧頡剛的古史辨何炳松的通史新義，不但可以列入史學家之林，且亦有改革史學的新貢獻。至於如王鳴盛十七史商榷，錢大昕二十二史考異，趙翼二十二史劄記，皆爲有見解的史評書。

史通　史通爲唐劉知幾所著，共二十卷，分內篇與外篇各十卷：內篇論史家體例，辨別是非；外篇述史籍源流，評論得失；可爲批評史書的第一種。其著作的動機，當官祕書監時，與蕭至忠、宗楚客等爭論史事發憤而作。自述他作書的宗旨，有曰：

『史通之爲書也，蓋傷當時載筆之士，其義不純；思欲辨其指歸，殫其體統。其書雖以史爲主，而餘波所及，上窮王道，下掞人倫。……蓋談經者惡聞服杜之嗤，論史者憎言馬班之失；而此書多譏往哲，善述前非，獲罪於時，固其宜矣。』（見自敍）

劉氏在史學上識力銳敏，議論精審，可以說是前無古人，爲歷來學者所欽佩。紀昀稱其『自信太勇，立言好盡，其抉摘精當之處，足使龍門失步，蘭臺變色，』不得謂之過譽。他對於作史的八點主張：1.史貴直書；2.應用當代方言；3.敍事尚簡；4.可以無表；5.天文藝文可以不志；6.篇幅不必命題；7.文人不宜作史；8.煩省不必拘泥。此種見解，頗與現代新史學家主張相近。其後關於訓釋史通的著作，據四庫存目中有：明李維楨的史通評釋，王維儉的史通訓故，陸深的史通會要，等，而清浦起龍的史通通釋二十卷，爲諸註釋中的最善本。紀昀把原書刪去了一部分，成史通削繁，其實所削去的，卻有幾篇很重要的東西，如疑古一篇，正是劉氏對古史材料的嚴正批評，爲今新史學家的根據。

通志　通志一書，前已略及，惟在評史一方面，確有卓越的見解，他雖欽佩司馬遷之史記，然亦有微辭，謂其博雅不足，引劉知幾『多聚舊記，時插雜言，』以批評之。至對斷代史的批評，卻更利害，尤其於班固，更不留情，甚至說其『全無學術，專事剽竊，』竟譬之以『遷之於固，如龍之於豬。』他自述其作二十略，則曰：『臣之二十略，皆臣自有所得，不用舊史之文，』以爲班固只抄史記，故痛惡之如此。但是他所作的通志，後世亦有加以批評的，章學誠謂其『有史識而未有史學，例有餘而質不足以副。』不過他的義例，確也値得稱許，故章學誠又說：『其精要在乎義例。』

文史通義　文史通義乃章學誠所著，分內外二篇：內篇五卷，通論文史，於古今學術淵源，輒能條別而得其宗旨；外篇三卷，多州志序例書儀，極精覈；末附校讎通義三卷。

對於史學，多所創見，其自序作書之由，蓋對於劉鄭有所不滿，且頗自負，言與劉鄭不同，嘗曰：

「鄭樵有史識而未有史學，曾鞏具史學而不具史法，劉知幾得史法而不得史意，此予文史通義所爲作也。」「拙撰文史通義，中間議論開闢，實有不得已而發揮，爲千古史學開其榛蕪。然恐驚世駭俗，爲不知己者詬厲。」

「吾於史學，自信發凡起例，多爲後世開山，而人乃擬吾於劉知幾；不知劉言史法，吾言史意，劉議館局纂修，吾議一家著述。」

其主張以爲六經皆史，史外無文，故稱其書曰文史通義。梁啓超有言：

「章氏生劉鄭之後，較其短長以自出機杼，自更易爲功。而彼於學術大原，實自有一種融會貫通之特別見地，故所論與近代西方之史家言多有冥契。」（見中國歷史研究法第二章）胡適曾著有章實齋年譜，多所推崇。

中國歷史研究法 中國歷史研究法一書，乃梁啓超在南開大學的講詞；繼又以在清華演講而成五千年史勢烏瞰，爲第二卷。全書分爲六章：一曰史之意義及其範圍；二曰過去之中國史學界；三曰史之改造；四曰說史料；五曰史料之蒐集與鑑別；六曰史蹟之論次。他欲示人以讀史的新途徑，故其自序中曾說：『新史之作，可謂我學界今日迫切之要求，故（一）爲客觀的資料之整理，（二）爲主觀的觀念之革新。其指摘中國史學家過去的缺點，以爲（一）無論何體何家，總不離貴族性；（二）舊史家什九爲死人而作，文人學者，多著墓誌傳記，即爲此故；（三）舊史實都不過是年代人物兩種原素揉合而成，故可謂爲年代學與人名辭典學；（四）舊史皆含主觀作用，以明道經世爲目標，即所謂文以載道；（五）舊史料之缺佚，不無東拼西補之弊；（六）舊史不相連續，或以一人爲起訖，或以一事爲起訖，而事事之間不相聯絡。故主張史之改造。

新史學　梁啓超可以說是新史學的創造者，他在中國歷史研究法裏，指出歷史應改造的途徑，即根據上述的六條，加以積極方面的主張：（一）不應爲少數特別階級所專有，應注意發展國民的團結互助；（二）應以生人本位來代替死人本位；（三）應收縮其範圍，使各專門科學，另擴其領域；（四）應忠實於客觀的敍述，以史爲目的而不以爲手段；（五）應重新估定史蹟的價值，而努力於蒐補考證；（六）應注意於其來因去果，而謀事實的銜接。這是梁氏對於史學改革的意見，同時，又注意於如何鑑別史料。鑑別史料的最要先決問題，莫如辨僞，其辨僞的標準，則曰：

（一）其書前代從未著錄或絕無人徵引而忽出現者，什九皆僞。

（二）其書雖前代有著錄，然久經散佚，乃忽有一異本突出，篇數及內容等與舊本完全不同者，什九皆僞。

（三）其書不問有無舊本，但今本來歷不明者，即不可輕信。

（四）其書流傳之緒，從他方面可以考見，而因以證明今本題某人舊撰爲不確者。

（五）眞書原本，經前人稱引，確有左證，而今本與之歧異者，則今本必僞。

（六）其書題某人撰，而書中所載事蹟在本人後者，則其書或全僞或一部分僞。

（七）其書雖眞，然一部分經後人竄亂之蹟旣確鑿有據，則對於其書之全體須愼加鑑別。

（八）書中所言確與事實相反者，則其書必僞。

（九）兩書同載一事，絕對矛盾者，則必有一僞或兩俱僞。

（十）各時代之文體，蓋有天然界畫，一望文體，即能斷其僞。

（十一）各時代之社會狀態不同，若書中所言社會狀態與情理相去懸絕者，即可斷爲僞。

（十二）各時代之思想，其進化階段，自有一定，若書中所表現之思想與其時代不相銜接者，即可斷爲僞。

在上述鑑別僞書之外，又條舉如何證明某書之必眞與鑑別僞事之方法。此種理論，實有造於新史學的發展。如今所稱爲新史學家的，即爲顧頡剛等的疑古派。

疑古派

疑古派的代表作，則爲古史辨。（古史辨爲顧頡剛等所輯，迄今已出至第七集）此派的開端，不能不說是本於梁啓超胡適錢玄同等人，胡適所著中國哲學史大綱，把東周以前的史事，認爲不可靠，卽置而不論，而他的弟子顧頡剛始有系統化的見解，他曾說：

『我很想做一篇層累地造成的中國古史。第一，說明時代愈後，傳說的古史期愈長。第二，說明時代愈後，傳說中的中心人物愈放愈大。第三，我們在這上，卽不能知道某一件事的眞確的狀況，但可以知道某一件事在傳說中最早的狀況。』(見古史辨與錢玄同先生論古史書)

胡適稱他的見解爲『剝皮主義，』以爲這種剝皮主義，比崔述還要澈底，崔述的剝古史之皮，不過剝到經爲止，而顧氏則過之。並且說：『我在幾年以前，也曾用這個方法來研究一個歷史問題，井田制度。其實古史上的故事，沒有一件不曾經過這樣的演進，也沒有一件不可用這個歷史演進方法去研究。』(見古史討論的讀後感)其實這種疑古的風氣，在清代今文家早已開其端，梁啓超曾說過：

『辨僞的風氣，清初很盛，清末也很盛；清初最勇於疑古的，應推姚立方際恆，他著有尙書通論，辨僞古文；有禮經通論，辨周禮和禮記的一部分；有詩經通論，辨毛詩。其專爲辨僞而作的，則有古今僞書考。此後專爲辨證一部或幾部僞書著爲專篇者，則有閻百詩的古文尚書疏證，惠定宇的古文尚書考，萬充宗的周官辨非，孫志祖的家語疏證，劉申受的左氏春秋疏證，康長素的新學僞經考，王靜安的今本竹書紀年疏證，崔觶甫的史記探源。……而尤嚴正簡潔者，則有崔述的考信錄，此書雖非辨僞而作，但他對於先秦的書，除詩書易論語外，幾乎都懷疑，連論語也有一部分不相信，他的勇氣眞可佩服。』（見清代學者整理舊學之總成績第四章）

可見胡顧等的疑古，是直接受清代今文家的影響，其實在清代以前，對於古史踏的懷疑，要算唐劉知幾爲最早，他在史通裏有疑古與惑經二篇，很大膽地加以議論，此後有宋朱熹等的疑尚書，都是抱着『盡信書則不如無書』的精神去讀古書，不可謂非輓近新史學家的遠據。

由疑古而考古　古史既多可疑的地方，但是如何考信？不能不憑藉書以外的材料，書以外材料的可以考信古史，尤莫如殷墟出土的甲骨，據容庚在甲骨文字之發見及其考釋中說：

『甲骨文字發見於河南安陽縣城西北五里之小屯中，東西北三面，洹水環焉，……清光緒二十五年，始出見於世。其文字刻於龜甲獸骨上，估客攜至京師，售於王懿榮。二十六年秋，王氏殉國難，所藏千餘片，盡歸劉鶚，以後所出，亦盡歸之。曾撰拓千片印行，名曰鐵雲藏龜。』

此後如孫詒讓羅振玉王國維等加以研究，以考信殷商的文明，不獨在文字學上增闢一門徑，即在新史學方面亦多一考據材料。抗父最近二十年間中國舊學之進步一文中，曾說：

『及殷虛文字出，瑞安孫仲容氏詒讓，即就鐵雲藏龜考其文字，成契文舉例二卷。嗣是羅君（振玉）之殷商貞卜文字考，殷虛書契考釋，殷虛書契待問編，王君（國維）之戩壽堂所藏殷虛文字考釋，先後成書。其於殷人文字，蓋十得五六，又羅君考釋一書，兼及書契中所見之人地名及制度典禮，王君復纂其業，成殷卜辭中所見先公先王考、續考、及殷周制度論各一卷，就經傳之舊文，與新出之史料，爲深邃綿密之研究，其於經史二學，裨益尤多。』

並舉王國維的研究，以考證古史的事實，又說：

『商自成湯以前，絕無事實，史記殷本紀惟據世本書其世次而已。王君於卜辭中發見王亥王恆之名，復據山海經竹書紀年楚辭天問呂氏春秋春秋中之古代傳說，於荒誕之神話中，求歷史之事實，更由甲骨文之斷片中，發見上甲以下六代之世系，與史記紀表顛殊，眞古今所不能夢想者也。又書序史記均謂盤庚遷殷，卽是宅亳，羅君引古本竹書謂殷爲北蒙，卽今彰德。王君於三代地理小記中證成其說，遂無疑義。又王君之殷周制度論從殷之祀典世系，以證嫡庶之制，始於周之初葉，由是對周之宗法喪服及封子弟尊王室之制，爲系統之說明。其書雖寥寥二十葉，實近世經史二學上第一篇大文字。』

可見殷虛的發見，實爲史學上獲得的新材料，糾正了古史上不少的問題，而爲新史學張目不少。

第十章　文字學

文字學亦稱小學　小學之名，始見於漢書藝文志，其言曰：「古者八歲入小學，故周官保氏掌養國子，教以六書」，又舉史籀等十家四十五篇文字之書，列入小學門類以附於六藝之後。漢律：「太史試學童能諷籀書九千字以上，乃得爲史」，諷誦其音，籀繹其義，書寫其形，是小學中特別注重的學課。禮記內則有曰：

「六年教之數與方名，九年教之數日，十年出就外傅，學書計。」

可知學童在十年以內所學習的，不出乎書與數的二種，書就是文字，周官外史氏掌達書名於四方，瞽史諭書名，聽聲音，是皆注重於文字的教授，故文字學亦稱爲小學。

八卦與文字　未有文字之先，相傳爲結繩以記事，大事大結其繩，小事小結其繩，易繫辭說：

『上古結繩而治，後世聖人易之以書契，百官以治，萬民以察』。

是言發明書契，乃所以繼結繩的不足，因爲結繩只是一種暗記，書契方是形諸筆畫。

原始形諸筆畫的記號，厥爲八卦，易繫辭說八卦乃伏羲所發明，其言曰：

『伏羲氏之王天下也，仰則觀象於天，俯則觀法於地，觀鳥獸之文，與地之宜，近取諸身，遠取諸物，於是始作八卦』。

八卦爲形於筆畫的起頭，由畫的奇偶交錯而組成，長畫爲奇，畫斷而爲二則爲偶，當時僅有畫而無文，與結繩之法並用，故在說文序中猶曰：

『神農氏結繩爲治而統其事，庶業其繁，飾僞萌生，黃帝之史倉頡，見鳥獸蹄迒之跡，知分理之可相別異，初造書契』。

神農是在伏羲之後，還是用結繩來記事，似不承認八卦爲文字，其實六書始於一畫，故說文亦以一居首，與八卦不無關係，西人拉克伯里竟謂畫卦是出於巴比倫的楔形文字，並且說神農曾置書萃玉山以陶瓦刻楔文，直承認八卦爲中國最早的楔形文字，故有人以爲乾坤坎離的卦象，卽爲天地水火的字形。——天字草書作≋似乾卦，坤字古作巛爲坤卦之倒形。水字篆文作𣱱爲坎卦倒形，火字古文作火似離卦。——因此，承認畫卦與結繩都爲創造文字之本。鄭樵起一成文圖：

『橫爲一，從爲丨，邪爲丿，反丿爲乀，至乀而窮。折一爲𠃌，反𠃌爲厂，轉厂爲𠄌，反𠄌爲亅，至亅而窮。折一爲𠃋者側也，有側有正，正折爲∧，轉∧爲∨，側∨爲く，反く爲〉，至〉而窮。一再折爲冂，轉冂爲凵：側凵爲匚，反匚爲コ，至コ而窮。引一而繞合之，方則爲口，圓則爲〇，至〇則環轉無異勢，一之道盡矣』。

近人劉師培據此以爲此皆結繩畫卦時代的本體字，一切文字，皆由此演出：一加一爲二，卽古文上字；一加二爲三，三之倒文爲川，川加一爲示，卽古文示字；一加丨爲丅，再加一爲工，く加く爲巜，再加く爲巛，卽古文坤字；〇加一爲曰，卽古文日字；亅加亅爲』，卽古文曲字，等等，說雖新穎，然多臆測，宜乎章太炎氏斥爲『矯誣眩世，持論不根。』總之：八卦起於一畫，不可謂非創造文字的根原，故八卦雖不能算爲文字，卻不能否認它是文字之本。

中國文字的創造與其演變 創造中國文字的人，大家都承認是倉頡，然而倉頡是何時人？說者却不一致：有謂是黃帝的史官，有謂係禪通紀首的皇帝，有謂在伏羲氏之前，有謂在神農黃帝之間。又有謂作書者並非倉頡一人，荀子說：『好書者衆，而蒼頡獨傳，』衛恆則說：『作書者有沮誦蒼頡』（四體書勢）世傳黃帝時有雲書，少昊時有鸞書，高陽時有科斗書，高辛時有仙人書，說雖無可稽考，然亦足見古代文字的種類甚多，即就今存的鐘鼎彝器碑版石刻觀之，猶有許多不同文字。夏代文字之見於左傳的有九鼎之銘，見於吳越春秋的有洞庭禹書，與及今流傳的岣嶁碑；商代文字除彝器文外，有安陽發現的甲骨文，以及周代的鐘鼎等等，爲一般金文家所考釋的爲數甚多，可見古代文字的體式，極不相同，決不是一時一人所創造可知。此種不同體式的古文，除在鐘鼎彝器上有一部分的保存外，很少流傳，只有在說文及史漢等書中，可以見到一二，錢大昕說：『說文所收九千餘字，古文居其大半』，其中標出『古文作某』云者，皆可以爲證。史記商本紀『仲虺作誥，』知嚚乃悤之古文，周本紀『穆王命伯嬰申誡太僕作嬰命』，知嬰乃冏之古文，孔子弟子中有曾蔵，知蔵乃點之古文。漢書百官表中有：『𦬣作朕虞』，知𦬣乃益之古文，郊祀志中有『天墜神祇之物皆至』，知墜乃地之古文。他如屮之為草，𥜿之為禹，桀之為列，悳之為德，等等，其例甚多，亦以見古文的體式不同，正如管子所說『封泰山者七十二代，文字靡有同焉。』

及至周宣王時，有太史籀出來謀文字的統一，而加以改造，名為籀文。漢志列籀史十五篇云：『史籀篇者，周時史官教學童書也，與孔氏壁中古文異體。』說文序中亦說『與古文或異。』如今我們從說文中所考見的籀文，其筆畫有簡於古文的，也有繁於古文的，然要之，是為求文字的統一，為文字演變中的一個重要階段，今存的石鼓，雖眞偽莫辨，然歐陽修則謂『非籀史不能作。』當時自籀文盛行以後，文字已漸趨於統一，故孔子曾有『今天下，車同軌，書同文』的話。但是到了戰國，諸侯惡其害己，而皆去其典籍，於是是非無正，人用其私，乃至文字異形，言語異聲，又入於混亂狀態。

秦始皇統一政局，李斯乃奏請罷去與秦文不合的文字，而別作倉頡篇，稱之爲秦文，其大部分根據籀文古文而加以省改，到漢朝便稱此種文字爲小篆，稱史籀文字爲大篆，段玉裁注說文，曾曰：

『說文所列小篆，固皆古文大篆，其不云古文作某籀文作某者，古籀同小篆也；又云古文作某籀文作某者，則所謂或頗省改也』。

同時，因爲秦政統一，奏事繁多，此種篆文，猶嫌難寫，又下令下杜人程邈另造一種簡易文字，以便用於公家案牘的隸事，故稱之爲隸書，與篆書並行。書斷云：『秦造隸書，以赴急速，爲官司刑獄用之，餘尙用小篆也。』如今所遺存的泰山嶧山諸石刻，故仍爲篆文。到了漢朝，隸書的應用，漸漸推廣起來，書師教學童，儒生寫六經，大都取用隸書，且更由隸書而變化出所謂八分書與眞書，再由眞書而變化出所謂草書與行書，實則此種眞草書體，皆不過是隸書的一種。

總漢一代，書體雖有六種——古文、奇字、篆書、隸書、繆篆、蟲書——而實際應用的，只有篆隸二種，古文已漸漸地失傳了。如司馬相如史游李長揚雄班固在文字方面的著作，每每違背古義，譌訛甚多，如說文序中所說：『馬頭人爲長，人持十爲斗，虫者屈中，苛者止句』等類，於是許愼乃根據古籀，撰成說文解字，分列爲五百四十部，九千三百四十字，可謂集字書的大成。此後凡研究文字學的人，莫不以許書爲根據，最著名的如五代時的徐氏弟兄，所作的說文解字篆韻譜與說文繫傳，實爲昌明許學的第一人，其後雖有周伯琦趙撝謙等亦治說文，然而併合部居，與原著不符。直至清代，昌明許學的人乃多，如段玉裁、桂馥、王筠，苗夔——等人，都有著作，尤以段的說文解字注最爲許學功臣。至如戴震王念孫父子錢大昕郝懿行等人，大都研究古經傳中的字義與聲音，並述嚴朱駿聲等人，由說文而研究到古籀及音韻，此外有專研音韻的如顧炎武等，有專研古籀及金石的如吳大澂孫詒讓阮元等，晚近自甲骨文發現後，則有羅振玉王國維等人加以研究，在文字學上有很新的貢獻。清代文字學上的殿軍，要以章太炎爲著。近人爲謀普及教育起見，有勞乃宣等提倡簡字，錢玄同等提倡簡筆字，與讀音統一會所頒行的注音字母等等，皆有關於文字上的變遷的。

六書 六書的名稱，始見於周官，而詳說其意義的則爲漢儒，許愼之言曰：『一曰指事，視而可識，察而見意，二二是也；二曰象形，畫成其物，隨體詰詘，日月是也；三曰形聲，以事爲名，取譬相成，江河是也；四曰會意，比類合誼，以見指撝，武信是也；五曰轉注，建類一首，同意相受，考老是也；六曰假借，本無其事，依聲託事，令長是也。』

這是最概括的說明，茲且再本此以申其義：

（一）指事類。凡指事字，可以分爲三類：1.獨體指事類，前述所舉上二下二爲例，（二亦作丄，二亦作丅，長畫一，爲假定的界線，短畫或點在一之上的爲上，在一之下的爲下，）由所指以明其意，故曰『視而可識，察而見意，』爲指事字的正例。推至於丶、入　、厶　、五　、中　、八　、等字，但爲意符而非物象的，皆屬此類。2.合體指事類，凡就他文而加以點畫符記以明其意的皆是，似會意字而實不同，如：示、刃　、寸　、叉　、立　、等字，皆屬此類。3.變體指事類，凡取一字，或變易其位置，或增損其筆畫，使人察之而其事自見，亦與會意字不同，如：禾　、夕　、凵　、匕　乆　、永　、幻　、等字，皆屬此類。

（二）象形類。六書之中，以象形字爲最多，說文五百四十部首，象形幾居其大半。前述所舉日　月　爲例，（日，實也，太陽之精不虧從○一；○以象其輪郭，一以象其不虧。月，闕也，月多虧少盈　，象其不滿之形，其內則象地影。）頗似圖畫，故曰『畫成其物，隨體詰詘，』由此推至气　、雲　、雨　、等爲象天文之形；山　、水　、厂　、泉　、等爲象地理之形；耳　、目　、手　、等爲象人體之形；隹　、犬　、魚　、虫　、等爲象動物之形；屮　、瓜　、竹　、米　、等爲象植物之形；鬲　、皿　、瓦　、矛　、等爲象器物之形；凡此皆爲獨體象形字。其次則有合體象形字，例如：果　、石　、爲　、巢　、齒　、等。再其次又有變體象形字，例如：尸　、虍　、丫　、烏　、等。

（三）會意類。段玉裁說：『會者，合也，合二種之意也。比合人言之誼，可以見必是信字，比合戈止之誼，可以見必是武字，會意者，合誼之謂也。』今約之爲五類：1.純會意例，如：天　、皇　、公　、僉　、祝　、局　、兵　、寒　、号　、等字；2.變會意例，如：多　、品　、从　、𠀤　、翏　、匠　、等字；3.會意兼形例，如：卥　、㕣　、疾　、㚇　、等字；4.會意兼事例，如：莽　、甾　、㕡　、等字；5.會意兼聲例，如：詹　、妻　、拘　、筍　、等字。

（四）形聲類。段玉裁說：『形聲者，其字半主義，半主聲。』王筠分爲形聲、亦聲、省聲三種。今亦約之爲五類：1.純形聲例，如：虹　、梁　、寶　、等字；2.亦聲例，如：禮　、胖　、此　、齡　、等字；3.省聲例，如：禜　、黹　、齋　、事　、匋　、寋　、犖　、皮　、商　、家　、等字；4.二聲例，如：竊　、韡　、等字；5.省形例，如：屨　、歸　、釁　、弑　、等字。

（五）轉注類。六書中惟轉注一類，意見最爲複雜，大概可以分爲三派：1.爲主形派，此派根據許慎『建類一首』之意，以徐鍇江聲爲代表，江氏以爲『建類者係建形類；類卽說文之五百四十部，『一首』卽每部之首字，凡從某部之字，其義皆從某，卽爲『同意相受』，其實同部而非同義之字甚多，故不合轉注的本意。至於如裴務齊孫愐等的『左回右轉』，與周伯琦等『側山反人』之說，皆從字形上解釋，尤遠本意。2.爲主義派。此派以清人爲最著，戴震言轉注卽爲互訓，其在爾雅釋詁中釋『始』字可與初字等互訓，卽爲轉注，段玉裁王筠等皆附和其說，其實這只可以說是『同意相受』之意，不合於『建類一首』。3.主聲派。此派可以章太炎爲代表，他解釋轉注二字，則曰：『何謂建類一首？類謂聲類，首者，今所謂語基。考老同在『幽』類，其義相互容受，其音小變；按形體，成枝別，審語言，本同株。……是故明轉注者，經以同訓，緯以聲音，而不緯以部居』。是本於音韻上的解釋，部居可以不問，雖較他說爲長，然亦不足以賅轉注之全，因爲轉注之字，不獨訓同音近，且亦形似的。可分爲三類：1.雙聲轉注，此類字訓詁既同，且聲紐相轉，例如：逆與迎、頂與顚、究與窮、謀與謨、等字：2.疊韻轉注，此類字同韻而紐或異，例如：遺與遂、走與趨、刑與剄、標與抄，等字；3.同音轉注，此類字則爲紐韻皆同，例如：皓與皞、晏與晉、永與羕、洪與洚、等字。是皆音義形三者相近的。

（六）假借類。許愼說：『本無其字，依聲託事』，言借他字以爲此字之用，與轉注適相反，一義生數字者爲轉注，一字攝數義者爲假借。許氏以『令長』二字爲例：令，發號也，从亼卩，乃引申爲令善，又借以爲縣令；長，久遠也，從兀匕，兀高遠意，久則變化，𠂤倒亾也，乃引申爲長老，又借以爲縣長。推至於『道』本爲道路，乃借以爲道德，理本爲攻玉，乃借以爲義理，此則本無其字，借用他字，爲正例的假借。至若本有其字，而借用他字的，則有如『前』本翦斷義，借用爲前後之歬；『左右本爲佐佑義，借用爲左右：又如周易『箕子之明夷，』趙賓作荄滋，箕與荄、子與滋、乃雙聲，尙書『方鳩僝功，』說文作旁，旁與方乃疊韻；凡此初由於口授之誤，後來便成爲假借字。王念孫經義逃聞有曰：『無本字而後借用他字，此謂造作文字之始；至於經典古字，聲近而通，則有不限於無字之假借者，往往本字現存，而古本則不用本字而用同聲之字』。例如：光借爲橫，如尙書『光被四表；』有借爲又，如論語『惟恐有聞』；政借爲征。如禮記『無苛政』，僞借爲爲，如荀子『其善者僞也』等類。又有借用實字爲虛字的，如：之，草出地也，云，山川氣也，於，孝烏也，爲，母猴也，必，弓檠也，而，頰毛也，則，等畫物也，不，鳥不下也，等等，本有其本字的意義，而借爲虛助字之用，習慣既久，則其本意漸失，完全成爲表示神氣的字了。此外如稱謂中的『彼』『女』『他』『爾』『孰』字等，亦各有其本字的意義，借作代名詞之用，也是一樣的。此則爲變例的假借字。

六書的次第 從來言六書的次第的，有不同的三說：一爲鄭衆，其在周禮注中則曰：『象形、會意、轉注、處事、假借、諧聲，』賈公彥正義因之。二爲班固，其在漢書藝文志中則曰：『象形、象事、象意、象聲、轉注、假借』，徐鍇說文繫傳、周伯琦說文字原、張有復古篇、王筠說文釋例等因之。三爲許愼，其在說文序中則曰：『指事、象形、形聲、會意、轉注、假借，』趙宦光說文長箋，段玉裁說文解字注等因之。三說之中，鄭以會意先處事，轉注假借又先處事與諧聲，次序未免淩亂，徐段皆已加以辯駁。惟班許二人，小有不同，班以前四者皆稱象，且以形居事先，徐鍇則云『六書起於象形，』王筠則云『有物然後有事，』孔廣森則云『無形事可象則會其意，無意義可會則諧其聲，』皆同意於班說。而許的意見則不同，以爲：『惟初太極，道立於一，』一乃卦之端，文之始，在上爲天，在下爲地，故爲指事之本，及至詰詘成形，方有物可象，指事宜所以先於象形。且文字之作，依乎語言，語言之興，本諸名物，循聲立字，然後比文合誼，故形聲必先於會意。就三說而論其得失，自以許說爲長。至於其他顛倒次第的，如鄭樵的『象形、指事、會意、轉注、諧聲、假借』，陳彭年的『象形、會意、諧聲、指事、假借、轉注』，楊桓的『象形、會意、指事、轉注、諧聲、假借，』戴侗的『指事、象形、會意、轉注、諧聲、假借』，更不足道。

六書的類別　獨體爲文，合體爲字，許慎說：『倉頡之初作書，蓋依類象形，故謂之文，其後形聲相益，卽謂之字；文者物象之本，字者言孳乳而寖多也。』指事象形二類，卽依類象形，是獨體的文；形聲會意，卽形聲相益，是合體的字；而後通之以轉注，變之以假借，轉注假借最爲後出，固無可疑。故徐鍇有三耦之說，以象形指事爲一耦，會意諧聲爲一耦，轉注假借爲一耦。從字體的作用說：有形必有事，故事與形耦；有義必有音，故音與義耦；或從義而長，或從音而長，轉注假借又各以其所長爲耦。前二耦爲文字之體，後一耦爲文字之用，故戴震又有四體二用之說，以爲指事、象形、形聲、會意四者爲字之體，轉注假借二者爲字之用。其言曰：

『造字之始無所憑依，宇宙間事與形兩大端而已；指其事之實曰指事，象其形之體曰象形。文字旣立，則聲寄於字，而字有可調之聲，意寄於字，而字有可通之意，是又文字之兩大端也；因而博衍之，取乎聲諧者曰諧聲，聲不諧而會合其意曰會意，四者書之體止此矣。由是之於用，數字共一用者，其義轉相爲注曰轉注，一字具數用者，依於義以引申，依於聲而旁寄，假此以施於彼曰假借，所以用文字者斯其兩大端也。』

其言文字演進的程序，至爲明晰，而文字的類別，雖分之爲六種，亦並不是絕對的，有許多字既可入此類，又可入他類，例如：

『齒』『胃』都是象形字，然而一個是從止字得聲，一個是從肉字見意，那末，是象形字而兼聲兼意了。

『畺』本古壃字，『𢇍』本絕字，都是指事字，然而一個是從田字，一個是從糸字，以表明牠的意義，那末，是指事字而兼會意字了。

『𠬞』本古拱字，『𠬜』本古攀字，都是會意字，然而一個是正，一個是反，那末，是會意字又兼指事了。

『訥』从言內，意爲言不外出，然而讀作內聲；『齅』从鼻从臭，意爲以鼻就臭，然而讀作臭聲；『原』从厂从泉，意爲水之源，然而從泉得聲；『室』从宀从至，意爲入所居，然而從至得聲；那都是由會意而兼形聲了。

『淺』从水戔聲，『綫』从糸戔聲，『賤』从貝戔聲，『錢』从從金戔聲，都含者狹小及細小的意義，然而却都由戔得聲；『放』从攴方聲，『汸』从水方聲，『雱』从雨方聲，都含着廣大及盛大的意義，然而却都由方得聲；那又見由形聲而兼會意了。諸如此類，其例甚多，足見六書的分類，又不可拘於一格的。

上面所討論的種種，皆屬於字的形體方面，現在且進而研究到音韻一方面。

字音的起源 當人類未有文字之前，必先有語言，未有語言之前，必先有聲音，故文字是語言的符號，聲音又爲語言的開端，可見聲音在文字上所佔的地位了。研究文字上的聲音的，稱之爲音韻學，其實音韻發生的次第，大概先有聲而後有韻，聲與韻合而後成爲音。說文中說：『聲生於心，有節於外謂之音，從言含一，』詩大序中說：『情發於聲，聲成文，謂之音，』這裏所說的『音』，就是我們現在所說的『韻』，也就是一個字音的收聲，現在我們把發聲的部分叫做聲，收聲的部分叫做韻，一聲一韻合起來方始成爲音。但古無韻字，惟通作均，如成公綏嘯賦云『音均不恆，曲無定制，』李善注：『均，古韻字也，』鶡冠子云「五聲不同均，然其可喜一也。」』李登所著，猶稱聲類，晉呂靜仿作，始辨韻集，徐鉉說文新附始有『韻，和也，從音員聲』的解釋，可知韻之一字爲後出的。文字學上，本來分形、聲、義、三部分，從此把關於聲的部分，稱之爲音韻，以爲『不明六書，則字無由識，不知音韻，則六書無由通，』（朱駿聲語）故不明聲韻通轉的道理，與古今讀音變遷的緣故，則屬於形義方面的意義，也無從了解的。現在且分古音，今音、等韻，三部分，加以叙述。

古音 漢以前雖無音韻之書，然在經傳諸子之中，往往有不少韻語，例如易經中的文言繫辭，書經中的明良喜起，左傳中的繇辭歌謠，禮記中的祀醮嘏辭，都爲韻語，他若國語國策老莊孟荀韓呂諸子中，亦往往有韻語錯雜其間，特別是屈宋的楚辭，純爲韻文，三百篇詩經更集韻語的大成。錢大昕曾曰：『三代以前，無所謂聲韻之書，然三百篇具在，參以經傳子騷，類而列之，引而申之，古音可僂指而分也。』自沈重著毛詩音義，始創叶韻之說。厥後顏師古注漢書，陸德明經典釋文，李善注文選，皆襲用其說，後人遂以叶韻爲轉讀。至宋吳棫始作韻補，蒐集羣書中之韻，其有異於今音的，則稱之爲古音，就陸法言

古韻源流分合表

學者	書名	部數	韻部
鄭庠	古音辨	六部	虞　陽　尤　先　覃　支
顧炎武	古音表	十部	歌　魚　庚　陽　東　蒸　蕭　真　侵　支
江永	古韻標準	十三部	歌　魚　庚　陽　東　蒸　蕭　尤　元　真　侵　覃　支
段玉裁	六書音韻表	十七部	歌　魚　庚　陽　東　蒸　蕭　侯　尤　元　真　諄　侵　覃　脂　支　之
孔廣森	詩聲類	十八部	歌　魚　丁　陽　東　冬　蒸　宵　侯　幽　原　辰　侵　合　談　脂　支　之
王念孫	廣雅疏證	廿一部	歌　魚　耕　陽　東　蒸　宵　侯　幽　元　真　諄　侵　緝　盍　談　祭　至　脂　支　之
江有誥	韻譜	廿一部	歌　魚　耕　陽　東　中　蒸　宵　侯　幽　元　真　文　侵　緝　葉　談　祭　脂　支　之
夏炘	古韻表集說	廿二部	歌　魚　耕　陽　東　中　蒸　宵　侯　幽　元　真　文　侵　緝　葉　談　祭　至　脂　支　之
嚴可均	說文聲類	十六部	歌　魚　耕　陽　東　蒸　宵　侯　幽　元　真　侵　談　脂　支　之
黃以周	六書通故	十九部	歌　模　耕　唐　東　登　宵　侯　幽　桓　真　合　覃　談　泰　質　灰　支　咍
章太炎	成均圖	廿三部	歌　魚　青　陽　東　冬　蒸　宵　侯　幽　寒　真　諄　侵　緝　盍　談　祭　泰　隊　脂　支　之

切韻二百六部，注『古通某，』『古轉聲通某，』『古通某或轉入某，』而開通轉之說，以爲上平之文殷元魂痕通眞，桓寒删山通先，下平之侵通眞，覃談咸銜通删，鹽沾嚴凡通先，其後鄭庠等始明分部類，以全部古音，合併爲若干部，列表如上：

上列十一家，爲吳氏以後研究古韻的著名人物，雖分合不同，然於古韻的闡明，正如剝繭抽絲，極其精徵了，尤其是章氏的成均圖出，說明陰陽，弇侈、對轉、旁轉、交紐、隔越等理，可謂集斯學的大成。原來陰陽對轉之說，是創始於孔廣森，他分：

陽聲九類		陰聲九類
原	—	歌
丁	—	支
辰	—	脂
陽	—	魚
東	—	侯
冬	—	幽
侵	—	宵
蒸	—	之
談	—	合

陰陽相配，可以對轉。以收聲帶有鼻音的爲陽聲，不帶鼻音的爲陰聲，合本入聲，惟爲閉口音，當入陽聲，只因發音短促，轉似陰聲，故入聲字居於陰陽之間，陰陽入得以通轉，嚴可均作說文聲類，據說文以諧字併爲十六類。

章太炎據此以作成均圖：

何謂侈弇？周禮云：『侈聲窄，弇聲鬱，』就是說凡韻之近於開口發揚的是侈，近於閉口鬱積的是弇。此圖分古韻爲二十三部，分爲陰陽兩軸與陰陽侈弇四聲。「陽」「魚」兩部爲陰陽的代表，凡帶鼻音的收爲陽聲，帶喉音的收爲陰聲。如「陽」則爲獨發鼻音；陽弇則須以半「那」字收聲，名爲上舌鼻音；陽侈則須以半「摩」字收聲，名爲撮脣鼻音。至陰聲則只收喉音，無他種分別。凡二部同居爲近轉。同列相比爲近旁轉，同列相遠爲次旁轉。陰陽相對爲正對轉，自旁轉而成對轉者爲次對轉。陰陽二聲雖非對轉，而以比鄰相出入者爲交紐轉。隔軸聲不得轉，然有間以軸聲隔五相轉者爲隔越轉。（說見國故論衡）

今音 秦漢以前，爲古音時代，詩三百五篇，可作根據；秦漢以後，其音漸異於古，爲今音時代。今音之書，實始於魏李登聲類，晉呂靜仿之爲韻集，書均不傳，南北朝時乃有沈約周顒等倡爲四聲，南齊書陸厥傳云：

『永明末，盛爲文章，吳興沈約，陳郡謝朓，琅琊王融，以氣類相推轂；汝南周顒善識聲類。約等文皆用宮商，以平上去入爲四聲，以此制韻，不可增減，世呼爲永明體。』

是故言今音之創始者，莫不以沈約爲宗。隋陸法言作切韻五卷，列萬二千一百五十八字，書已不傳，大略見之於廣韻，戴震聲韻考中言：『法言書今不傳，宋廣韻卷首猶題云陸法言撰本，長孫訥言箋注，——然則廣韻之二百六韻，蓋法言舊目。』與法言同撰切韻的，據其自序所言，有劉臻、顏之推、魏淵、盧思道、李若、蕭該、辛德源、薛道衡、八人，並言：

『以今聲調既自有別，諸家取舍亦復不同：吳楚則時傷輕淺，燕趙則多傷重濁，秦隴則去聲爲入，梁益則平聲似去；又支脂魚虞共爲一韻，先仙尤侯俱論是切；欲廣文路，自可清濁皆通，若賞知音，即須輕重有異。呂靜韻集，夏侯該韻略，陽休之韻略，周思言音韻，李季節音譜，杜臺卿韻略等，各有乖互，江東取韻，與河北復殊，因論南北是非，古今通塞，欲更擇選精切，除削疏緩，蕭顏多所決定。……」

其言作書的根據，獨不及沈約四聲譜，或其時沈書已佚，故至唐孫愐作唐韻，略有增補，書今亦不傳，所傳惟廣韻，今傳廣韻分二百六部，乃宋眞宗命陳彭年丘雍就陸書而重修的，清顧炎武戴震皆有考訂，尤以戴考爲詳，列表如下：

廣韻獨用同用四聲表

上平聲	上聲	去聲	入聲
東一　獨用	董一　獨用	送一　獨用	屋一　獨用
冬二　鍾同用	湩鳩字附見腫韻	宋二　用同用	沃二　燭同用
鍾三	腫二　獨用	用三	燭三
江四　獨用	講三　獨用	絳四　獨用	覺四　獨用

魂二十三	混二十一	慁二十六	沒十一
痕二十四	很二十二	恨二十七	
寒二十五 桓同用	旱二十三 緩同用	翰二十八 換同用	曷十二 末同用
桓二十六	緩二十四	換二十九	末十三
删二十七 山同用	潸二十五 產同用	諫三十 襉同用	黠十四 鎋同用
山二十八	產二十六	襉三十一	鎋十五
下平聲			
先一 仙同用	銑二十七 獮同用	霰三十二 線同用	屑十六 薛同用
仙二	獮二十八	線三十三	薛十七
蕭三 宵同用	篠二十九 小同用	嘯三十四 笑同用	
宵四	小三十	笑三十五	

肴 五 獨用	巧 三十一 獨用	效 三十六 獨用	
豪 六 獨用	皓 三十二 獨用	号 三十七 獨用	
歌 七 戈同用	哿 三十三 果同用	箇 三十八 過同用	
戈 八	果 三十四	過 三十九	
麻 九 獨用	馬 三十五 獨用	禡 四十 獨用	
陽 十 唐同用	養 三十六 蕩同用	漾 四十一 宕同用	藥 十八 鐸同用
唐 十一	蕩 三十七	宕 四十二	鐸 十九
庚 十二 耕清同用	梗 三十八 耿靜同用	映 四十三 諍勁同用	陌 二十 麥昔同用
耕 十三	耿 三十九	諍 四十四	麥 二十一
清 十四	靜 四十	勁 四十五	昔 二十二
青 十五 獨用	迥 四十一 獨用	徑 四十六 獨用	錫 二十三 獨用

蒸 十六 登同用	拯 四十二 等同用	證 四十七 嶝同用	職 二十四 德同用
登 十七	等 四十三	嶝 四十八	德 二十五
尤 十八 侯幽同用	有 四十四 厚黝同用	宥 四十九 候幼同用	
侯 十九	厚 四十五	候 五十	
幽 二十	黝 四十六	幼 五十一	
侵 二十一 獨用	寑 四十七 獨用	沁 五十二 獨用	緝 二十六 獨用
覃 二十二 談同用	感 四十八 敢同用	勘 五十三 闞同用	合 二十七 盍同用
談 二十三	敢 四十九	闞 五十四	盍 二十八
鹽 二十四 添同用	琰 五十 忝同用	豔 五十五 㮇同用	葉 二十九 怗同用
添 二十五	忝 五十一	㮇 五十六	怗 三十
咸 二十六 銜同用	豏 五十二 檻同用	陷 五十七 鑑同用	洽 三十一 狎同用

銜 二十七	嚴 二十八 凡同用	凡 二十九
檻 五十三	儼 五十四 范同用	范 五十五
鑑 五十八	釅 五十九 梵同用	梵 六十
狎 三十二	業 三十三 乏同用	乏 三十四

右表分韻爲四聲，戴氏以爲是陸法言所定，而又以平聲分爲上下，熊忠韻會舉要以爲『平聲字繁，故釐而爲二。』四聲韻部多寡不一，冬臻無上聲，臻又無去聲，祭泰夬廢無平上聲，入聲爲部特少。隋唐科試，均遵用之，唐貞觀時，許敬宗奏請將字少之韻，酌量通用，於是有獨用同用之分。

其後，宋仁宗時又有丁度等據以作集韻，頗多增改，成綸等又略取要字爲禮部科試之用，名爲禮部韻略，一詳一略，迭加修改。南宋理宗時，平水人劉淵於新刊的禮部韻略，增多四百餘字。歸併爲一百七部，——上平十五，下平十五，上聲三十，去聲三十，入聲十七——世稱爲平水韻，說者謂其『師心變古，一切改併，於古無合，』元人陰時夫撰韻府羣玉，併上聲拯韻以入迥韻，變為一百六部，成為近世七百多年來通行的詩韻。明初宋濂等纂修洪武正韻，誤以法言以來的韻書為沈約作，至謂『約多吳音，』乃欲更正其失，於是併二百六部為七十六部——平上去聲各廿二，入聲十——東冬互混，江陽不分，遂為後世所不取，明清科試，猶以平水為標準。

等韻 什麼叫等韻？就是用反切拼成字音的方法。其法把一個字音分為兩部分，一為發聲的部分，一為收音的部分，發聲的部分，稱之為聲紐，收音的部分，稱之為韻攝。前者為雙聲，後者為疊韻，根據雙聲疊韻的道理，用二字拼成一字音，便叫做反切。其起源甚早，顏氏家訓音辭篇有曰：

『鄭玄注六經，高誘解淮南呂覽，許慎造說文，始有譬況假借以證音字，而古語與今殊別，其間輕重清濁，猶未可曉；加以內言、外言、急言、徐言、讀若之類，益使人疑。孫叔然（孫炎）創爾雅音義，是漢末人獨知反語，至於魏世，此事大行，高貴鄉公不解反語，以為怪異。』

承認反切始於孫炎，然而證諸古書，知未必盡然，陸德明經典釋文中所引：寀字下：李孫並七代反，樊七在反；汽字下：樊孫虛乙反；儴字下：樊如羊反云，樊卽樊光，李卽李巡，皆用反切注爾雅，樊李又皆在孫炎之前，是知始用反切的，非僅孫炎一人。且據章太炎考據，云：

『經典釋文序錄錄王肅周易音之反語至十餘條，孫叔然受學於鄭玄之門人，而肅不好鄭學，假令反語始於叔然，王氏豈肯用其術乎？又尋漢書地理志梓橦下，應劭注：『潼水所出，南入墊江，墊音徒浹反。』逕東郡沓水下，應劭注：沓音長答反。是應劭時已有反語，則起於漢末也。』

由此可知應劭已知用反語，可見反語不是始於孫炎的，不但如此，反語在古書中早有其例，宋沈括曾曰：『古語已有二聲合爲一字者，如『不可』爲『叵』，『何不』爲『盍』，『如是』爲『尔，』『而已』爲『耳，』『之乎』爲『諸。』鄭樵云：『慢聲爲二，急聲爲一：慢聲爲『者焉，』急聲爲『旃；』慢聲爲『者歟，』急聲爲『諸』；慢聲爲『

而已，』急聲爲『爾』，慢聲爲『之矣，』急聲爲『只。』』顧炎武音論更考之經傳，謂不止此，他舉『蒺藜』爲『茨，』『丁寧』爲『鉦，』『僻倪』爲『陴』，『奈何』爲『那，』『和同』爲『降，』『句瀆』爲『穀』，『邾婁』爲『鄒，』『終葵』爲『椎』，『大祭』爲『禘，』『不律』爲『筆』等例以明反語的由來。並推至『矢引』爲『矧，』』『女良』爲『娘』，『舍予』爲『舒，』『手廷』爲『挺』，『目亡』爲『盲，』『目少』爲『眇』，『侃言』爲『諐，』『欠金』爲『欽』，等字，以明古人形聲字即寓反語之法。此種用兩字合成一音的方法，見之於詩經左傳等書中者甚多，即爲後來反切之本。

黃侃音論之論反切，則曰：

『反切之理，上一字是其聲理，不論其爲何韻；下一字是其韻律，不問其爲何聲。質言之：即上一字只取其發聲，去其收韻；下一字只取其收韻，去其發聲；故上一字定清濁，下一字定開合。假令上一字爲清聲，而下一字爲濁聲，切成之字，仍清聲，不得爲濁聲也。假令下一字爲合口，而上一字爲開口，切成之字，仍合口也。』

故上一字必與所切之字爲雙聲，下一字必與所切之字爲疊韻。所謂雙聲，卽古人之所謂和，切韻家之所謂同母，小學家之所謂一聲之轉；所謂疊韻，卽古人之所謂諧，切韻家之所謂同韻，小學家之所謂音近之字。在羣經諸子中所見的雙聲疊韻甚多，不過只從聲轉音近而定，初無確定標準，等到韻書既定，字母發明，然後聲乃有母，韻乃有攝，故欲明斯法，須先說明字母與韻攝之理。

〔字母〕字母共有三十六位，據王應麟玉海中稱僧守溫撰。守溫何時人？當在唐沙門神珙之後，神珙所作四聲五音九弄反紐圖，尙未提及字母。呂介孺云：『大唐舍利創字母三十，後溫首座益以『娘牀幫滂微奉』六字，』而有三十六母，其原圖已亡，惟宋儒司馬光所作切韻指掌圖，鄭樵通志七音略皆沿用之。列圖如下：（見下頁）

自此三十六字母發明以後，在音韻學上劃分出古紐與今紐的異點，古紐無輕脣音，凡輕脣音字，皆讀作重脣音，如扶服作匍匐，文作門，封作邦，望作茫，馮作憑，撫作謨。古紐無舌上音，凡舌上音字皆讀作舌頭音，如直爲特，倬爲菿，沈爲潭，陳爲田。古紐亦

三十六字母圖

見	全清	溪	次清	羣	全濁	疑	不清不濁			牙音
端	全清	透	次清	定	全濁	泥	不清不濁			舌頭音
知	全清	徹	次清	澄	全濁	孃	不濁不濁			舌上音
幫	全清	滂	次清	竝	全濁	明	不清不濁			重脣音
非	全清	敷	次清	奉	全濁	微	不清不濁			輕脣音
精	全清	清	次清	從	全濁	心	全清	斜	半清半濁	齒頭音
照	全清	穿	次清	牀	全濁	審	全清	禪	半清半濁	正齒音
影	全清	曉	次清	匣	全濁	喻	不清不清			喉音
來	不清不濁	日	不清不濁							舌齒音

無齒頭音，凡齒頭音字皆讀作正齒音，如信爲伸，眴爲瞬，栽爲菑，漸爲巉；『且』本在精清紐，然從『且』得聲的字，如鉏、租、沮、菹、詛、阻、俎、助、齟、等字，皆讀作牀紐；『則』亦在精紐，然從則得聲的字，如崱、側、等字作牀紐，如測、廁、等字作穿紐；『寺』本在斜紐，然從寺得聲的字，如時、恃、畤、侍、等字在禪紐，如詩、邿、等

字在審紐；可知古音凡齒頭音皆作正齒音讀。又『娘日』兩紐字，在古音皆讀作泥紐，如『涅』本從日聲，然涅而不滓，讀作泥而不滓；『狃』今在娘紐，然公山不狃，作公山不擾，乃在泥紐。又喻紐字讀作影紐，如『于於』二字，本爲同聲同義，而今則于屬喻紐，於屬影紐。諸如此類，可見古今聲紐的不同，及至字母發明，對於發聲部分，分別愈加細密，如上表所列的九類，雖有近轉、旁通、音和、類隔、等等議論，然而從字音的清濁以爲辨別根據，比較易以正確。清濁之分，本屬字韻，李登呂靜陸法言孫愐等人，皆言韻有清濁，宋楊中修切韻指掌圖始以清濁之名施於聲母，清濁之中又分輕重，於是有全清全濁次清次濁等等分別。從此辨別聲母清濁的人，意見甚多，有最清次清又次清——與半清半濁不清不濁等等名稱，說來很是麻煩，但究竟清濁是怎樣分別的呢？大概是發聲時聲帶受氣壓的關係，使聲音有浮沈，古人以上浮爲清，下沈爲濁，換句話說：凡作致氣息的壓力較高的，則爲清，氣息作致於內時壓力較低的則爲濁，同時，不經聲帶顫動而又不含韻母的，如『見溪端透』等都沒有尾音的是清聲母，經過聲帶顫動而又含有韻母的如『羣疑定泥』等略帶尾音的是濁聲母。從清濁之辨而又生聲的發送收之說：『發聲者不用力而出者也，送氣者用力而出者也，收聲者其氣收斂者也』（陳澧說）此說最為明白，然而討論的人，意見亦不一致，戴震以『見端知照精君』為發聲，『溪羣透定徹穿澄牀清從滂並』為送聲，『影喻微泥日疑娘明』為內收聲，『曉匣來審禪心邪非敷奉』為外收聲。其說亦有許多討論，不過發送收與清濁至有關係，畢沅這樣說：

『人生而有形，喉齶舌齒脣五物必備，五聲由此著焉；從五聲而區之，各有其出（發）送收，由輕而重，由清而濁，其輕且清者曰出，重且濁者曰收，重極復輕，濁極復清，故聲能以下為高，以高為下，由輕而漸重，由清而漸濁，重分其若輕，濁分其若清，皆謂之送。』

此則以清濁輕重來分別發送收，也可以為辨別聲母的一助。總之：所謂聲母，乃是口腔中五部分待發出聲音時的組織，與韻母連繫起來，方成一聲音，同時，用聲與韻兩部分的同類，而確定字音，與聲同類的——即同出於口腔中某部的——就稱為雙聲，所以反切

的上一字，必定是雙聲，而下一字又必是疊韻。試再說明疊韻的道理

韻攝 什麼叫韻攝？就是把一切字韻合併成幾類，而證明一切字音的收音，總逃不出這幾類的。切韻指掌圖，把廣韻韻目併列爲十三類，四聲等子與切韻指南皆合併爲十六類，就稱爲十六攝，康熙字典卷首所引字母切韻要法分爲十二攝，近人勞乃宣著等韻一得立十三攝，意見雖不一致，而把韻母歸於簡易是一樣的。等韻家又把此等韻攝歸併爲四類，稱爲等呼，卽以發聲時口的開合辨其洪細而分一二三四等，一二爲開口呼，在開口呼中又分一爲開口洪音，二爲開口細音；三四爲合口呼，在合口呼中又分三爲合口洪音，四爲合口細音，這是初期的等呼論。到淸初潘耒把一二三四改爲開口、齊齒、合口、撮口、四種，其言曰：

『初出於喉，平舌舒脣，謂之開口；舉舌對齒，聲在舌顎之間，謂之齊齒；斂脣而蓄之，聲在頤輔之間，謂之合口；蹙脣而成聲，謂之撮口。』

劉熙載以『款、意、烏、迂』四字爲代表，概括一切字音於此四者之中，亦由博返約

之一道。

根據上述雙聲疊韻以成反切，雖有少數例外，而大旨不會錯誤了。

反切 從上面的說明，已經可以知道反切是什麽一回事，現在且補充的說明其原則。

第一、上一字必同聲紐，下一字必同韻攝，例如：『公』古紅切，古與公同屬見母，紅與公同在東韻；『知』陟離切，陟與知同屬知母，離與知同在支韻。

第二、上一字不獨同聲，亦必同清濁，例如：『東』德紅切，東與德皆清聲，同屬端母；『同』徒紅切，同與徒皆濁聲，同屬定母。

第三、下一字不獨同韻，亦必同四聲，例如：『東』德紅切，東與紅皆平聲；『董』多動切，董與動皆上聲；『送』蘇弄切，送與弄皆去聲；『屋』烏谷切，屋與谷皆入聲。

第四、上一字不論四聲，下一字不論清濁，例如：『東』德紅切，東爲平，德爲入聲；東爲清聲，紅爲濁聲。

第五、下一字既同韻亦必同等呼，例如：『知』陟離切，離與知皆爲齊齒呼；『睡』

竹垂切，垂與僾皆撮口呼。

凡合乎上列條件，上一字既同聲又同清濁，下一字既同韻又同等呼，無絲毫乖迕的，謂之音和。但是聲母讀法，既多不同，往往有不能符合上列第二條件，例如：『椿』都江切，椿現屬知母，因前人讀知母之聲，每如端母之都，都與椿不同紐，遂產生類隔之說，此爲古今讀音不同之故，在古則爲音和，在今則爲類隔了。

注音字母與反切　讀音既有古今之異，又有地域之分，發生種種困難，於是晚近五十年間，遂有許多學者，欲謀讀音的統一，發明新字，先有王照的官話字母，勢乃宜的簡字，繼則有注音字母的頒行。注音字母共有四十個字，分做三部分：

(一)爲聲母二十四個

ㄅㄆㄇㄈㄪ——脣聲

ㄉㄊㄋ舌尖聲——ㄌ——舌邊聲

ㄍㄎㄫ——牙聲ㄏ——淺喉聲

ㄐㄑㄬㄒ——舌前聲

ㄓㄔㄕㄖ——舌葉聲

ㄗㄘㄙ——齒頭聲

此二十四聲母，大都由三六字母演化而出，試加以比較：

見	溪	羣	疑	端	透	定	泥	知	徹	澄	娘	幫	滂	並	明	非	敷	奉	微	精	清	從	心	邪	照	穿	牀	審	禪	影	喻	曉	匣	來	日
ㄍ	ㄎ		ㄫ	ㄉ	ㄊ		ㄋ					ㄅ	ㄆ		ㄇ	ㄈ			ㄪ	ㄗ	ㄘ		ㄙ		ㄓ	ㄔ		ㄕ				ㄏ		ㄌ	ㄖ
ㄐ	ㄑ		ㄬ																													ㄒ			

見溪疑曉四母，各分二母，ㄍㄎㄫㄬ表剛聲，ㄐㄑㄬㄒ表柔聲。北音無羣定澄從諸濁母，故刪去。非敷奉爲幫滂變聲，故都併入ㄈ母。知照徹澄與精從心邪發聲相近，故合爲一母。娘與疑近，故合於ㄬ，其餘諸母，皆就近合併。

（二）爲介母三、

一ㄨㄩ——包括聲母韻母，可作聲母用，亦可作韻母用，故稱介母。

（三）為韻母十三

ㄚㄛㄜㄝㄟㄞㄠㄡㄢㄣㄤㄥㄦ——完全表一個字的收音。

此十六字等於前述的韻攝，試與廣韻比較：

韻母	廣韻部目	切韻指南十六攝
ㄧ	支脂之微齊祭廢	止
ㄨ	模	遇
ㄩ	魚虞	
ㄚ	麻	假
ㄛ	歌戈	果
ㄜ	質職諸入聲中開口字	
ㄝ	麻韻中車遮者蛇等字	
ㄟ	灰	蟹
ㄞ	佳皆咍泰夬	
ㄠ	蕭肴宵豪	效
ㄡ	尤幽侯	流
ㄢ	元寒桓刪先仙等	山咸
ㄣ	真諄臻文殷魂痕侵	深臻
ㄤ	江陽唐	江宕
ㄥ	東冬鍾耕庚清青蒸登	通曾梗
ㄦ	支脂中兒耳二等字	

這種注音字母，一方面是根據固有的雙聲疊韻，一方面卻採用西文的拚音方法，在文字學上不能不說是一種比較進步的發明。

上述是關於字形與字音的方面，現在且再說到字義。

字義　字義就是文字的意義，解釋文字的意義的，叫做訓詁。原始本沒有訓詁這一門學問，因爲原始的文字，既然十分簡單，而且一個字就只有一個意義，所以用不着加以解釋，等到時代隔得長久了，文字漸漸地多起來，又因爲地域擴大，方言各異，更爲了語言與文字的分殊，遂使後人不能懂得古人的意義，於是有用今語來解釋古語的訓詁；甲地的人不能懂得乙地的方言，於是有用雅言來解釋方言的訓詁；語言與文字既多不同，於是又有用俗語來解釋文言的訓詁。訓詁這一件事，便在文字學上居於重要的地位了，錢大昕曾這樣說：

『有文字而後有訓詁，有訓詁而後有義理，訓詁者，義理之所由出，非別有義理出乎訓詁之外者也。』（見經籍纂詁序）

訓詁專書，要以爾雅爲最古，其次則揚雄方言、劉熙釋名、以及許愼的說文解字。爾雅在漢志中不列於小學門而附於六藝孝經，凡十有九篇，前三篇——釋詁、釋言、釋訓、——所以會通方言，後十六篇——釋親、釋宮、釋器、釋樂、釋天、釋地、釋丘、釋山、釋水、釋草、釋木、釋蟲、釋魚、釋鳥、釋獸、釋畜、——所以解釋名物。例如：釋詁中所釋『迄臻極到赴來弔艐格戾懷摧詹，至也』等類，乃是以今語釋古語；釋言中所釋『斯、誃、離也』等類，乃是以雅言釋方言；釋訓中所釋『番番、矯矯，勇也；桓桓、烈烈，威也；洸洸、赳赳，武也』等類，乃是以俗語釋文言，逃不出上面所說的三例。此外有數字同一義的，則如『錫，明也；茅，明也』之類；有一字具數義的，則如『公訓爲君，又訓爲事；徂訓爲往，又訓爲存』之類；有數字關聯遞相爲訓的，則如『干，求也；求，覃也；覃，延也』之類；有語殊義近類列爲訓的，則如『諧，輯，協和也；關關，噰噰，聲音和也』之類。至於其解釋名物，自釋親以下，莫不分門別類，意義周詳。鄭樵曾曰：

『古人語言於今有變，生今之世，何由識古人語？此釋詁所由作。五方言語不同，生於夷何由識華語？此釋言所由作。物有可以理言者，以理言之，有不可以理言者，但喻其形容而已——形容不可明，故借言之訓以爲證，此釋訓所由作。宗族婚姻稱謂不同，宮室器樂命名亦異，此釋親釋器釋樂所由作。人之所用者人之事耳，何由如天之物？此釋天所由作。生於此土識此土而已，九州之遠，山川丘陵之異何由歷？此釋地釋丘釋山釋水所由作。動物植物五方所產各有名，古今所名亦異稱，此釋草釋木釋蟲釋魚釋鳥釋獸釋畜所由作。」

這是把本書加以具體的說明，可以使我們了解牠的內容，關於這本書的注解，樊光李巡孫炎等所作音義，均已失傳，如今所存留的，只有郭璞的爾雅注，及清人郝懿行的爾雅義疏與邵晉涵的爾雅正義。至於仿效爾雅的小爾雅，相傳爲孔鮒所作；廣雅爲魏人張揖所作，依爾雅的十九篇舊目，加以補充，故稱爲廣雅，後來因避隋煬帝名諱，改稱博雅，清朝王念孫曾爲之疏證。另外有埤雅爾雅翼駢雅等書，都是由爾雅而來的作品。

揚雄方言十三篇，爲爾雅釋言系的專書，於一名一物，必詳載其語言的異同，亦包括上述的三例：例如其解釋『大』字，則云：『敦豐厖夼幠般嘏奕戎京奘將，大也：凡物之大貌曰豐；厖，深之大也；東齊海岱之間曰夼，或曰幠；宋魯陳衛之間謂之嘏，或曰戎；秦晉之間凡物狀大謂之嘏，或曰夏；秦晉之間凡人之大謂之奘，或謂之壯；燕之北鄙，齊楚之郊或曰京，或曰將，皆古今語也，初別國不相往來之言也，今或同，而舊書雅記故俗，語不失其方，而後人不知，故為之作釋也。』其解釋『至』字，則云：『假格懷摧詹戾艐，至也：邠唐冀兗之間曰假，或曰格；齊楚之郊會或曰懷；摧詹戾，楚語也；皆古雅之別語也，今則或同。』其解釋『知』字，則云：『黨曉哲，知也；楚謂之黨，或曰曉；齊宋之間，謂之哲。』諸如此例，說明同一字義而各處方言不同。至若方言不同而其中有深淺之別的，如：『咺晞怊怛，痛也：凡哀泣而不止曰咺，哀而不泣曰晞。於方，則楚言哀曰晞，楚之外鄙，朝鮮洌水之間，小兒泣而不止曰咺，自關而西，秦晉之間，凡大人小兒泣而不止謂之嗟，哭極音絕亦謂之嗟；平原謂啼極無聲謂之嗟哴；楚謂之噭咷；齊宋謂之喑，或謂之惄。』同一稱謂而所指不同的，如：『荆淮海岱，雜齊之間，罵奴曰臧，罵婢曰獲；

齊之北鄙，燕之北郊，凡民男而聟婢謂之臧，女而婦奴謂之獲；亡奴謂之臧，亡婢謂之獲。』同一用物而名目各異的，如：『汗襦：江淮南楚之間謂之襘；自關而西謂之祇裯；自關而東謂之甲襦；陳魏宋楚之間謂之襜，或謂之禪襦。』凡此種種，無非以今古語方雅語文俗語合洽於一爐而詮釋之。清戴震爲之疏證，錢繹爲之箋注，杭世駿又作續方言，章太炎後作新方言，爲釋言系中的專書。

劉熙釋名二十七篇，全本音訓譬況假借以證字音，六書中的轉注假借，幾乎發揮殆盡。其中一名而含數義，義又緣聲的，如：『乾，健也，健行不息也；又謂之玄，玄，懸也，如懸物在上也』之類。一字而有數聲，聲各求義的，如：『車，古者如居，言所以居人也；今曰車（讀如遮）行者所處若車舍也』之類。此外如『宿，宿也，星名止宿其處也；』『喘，湍也，湍，疾也，氣出入湍疾也；』文字滋乳出於衍聲之理，由此可見，清江聲爲之疏證，且作續釋名以推衍之。

在訓詁學上最完備的書，要算說文解字十四篇，其說字，必先字義而後字形，其分部，亦視字義而相隸屬，實爲訓詁的總匯。其體例：

有直解字義的，如：『元，始也；丕，大也』之類。

有以字形說字義的，如：『禷以事類祭天神，類爲右半，神則左半之示也』之類。

有不能直解而分情狀說明的，如『怏』字云：『不服懟也，不服其情也，懟其狀也』之類。

有不直解其意而牽連他義的，如：『伍，相參伍也；什，相什保也；佰，相什佰也』之類。

有即本字而加偏旁爲訓的，如：『帝，諦也；走，趨也；正，是也；丩，糾繚也』之類。

有即本字所從之聲爲訓的，如：『佼，交也；佮，合也；僻，辟也』之類。

有以今訓古的；有引經爲訓的；有引方言說字形的；有以假借字爲訓的，有說在字義之外的；有以雙聲字疊韻字爲訓的；……等等，其例甚多，馬宗霍文字學發凡列二十例，可供參考。

說文這本書，在東漢以後，很少有人注意，雖唐宋時有徐鉉徐鍇李燾吾丘衍等曾有著述，尙少發明，直至淸朝研究的人漸多，自惠棟江永等以下，要以段玉裁的說文解字注與朱駿聲的說文通訓定聲等書爲有價値。段能以歸納方法以發明其義例，如曰：

『漢人所注，於字發疑正讀，其例有三：一曰『讀如』『讀若；』二曰『讀爲』『讀曰；』三曰『當爲。』讀如讀若者，擬其音也；古無反語，故爲比方之詞。讀爲讀曰者，易以相近之字，故爲變化之詞。比方主乎同，音同而義可推也；變化主乎異，字異而義瞭然也；比方主乎音，變化主乎義；比方不易字，故下文仍主經之本字，變化字已易；故下文輒主所易之字；注經必兼茲二者，故有讀如，有讀爲。字書不言變化，故有讀如，無讀爲；有言讀如某，讀爲某，而某仍本字者，如以別其音，爲以別其義。當爲者，定爲字之誤，聲之誤，而改其字也，爲救正之詞。形近而譌，謂之字之誤；聲近而譌，謂之聲之誤；字誤聲誤而正之，皆謂之當爲。凡言讀爲者，不以爲誤；凡言當爲者，直斥其誤。三者分，而漢注可讀，而經可讀。三者皆以音爲用，六書之形聲。假借，轉注，於是在矣。』（周禮漢讀考序）

段注出，王念孫推爲『千七百年無此作；』阮元謂：『自先生此書出，學者凡讀漢儒經子漢書之注，如夢得覺，如醉得醒。』其價值可知。

形訓音訓與義訓　總上諸書以分析其例，不外乎形訓、音訓、義訓三法。形訓，就是根據字的形體以求其意義，說文中在某一字下云从某从某，就是形訓的證明。例如：『推十合一爲士。』說文云：『士，事也，數始於一，終於十，从一十。孔子曰：推十合一爲士。』『一貫三爲王。』說文云：『王者，天下所歸往也。董仲舒曰：古之造文者，三畫而連其中，謂之王；三者天地人也，而參通之者王也。』『反正爲乏。』正字篆文作正，反寫作[illegible]，即是乏字。『皿蟲爲蠱。』蠱字在說文作　　，从皿从蟲。又『雧』字在說文中云：羣鳥在木上也，从雥木，』省文作集。此皆形訓字之例。音訓，即以音近之字爲訓，推字音以明其義．其例：有以有偏旁字訓無偏旁字，如：易『咸，感也，』荀子『君羣也」之類，有以無偏旁字訓有偏旁字，如：論語『政者正也，』釋名『佐，左也，在左右也」之類。有以雙聲爲訓的，如：說文『戶護也，』戶護同爲匣母，乃同紐雙聲；釋名『疊，告也，』疊告同爲見母，亦同紐雙聲之類。有以疊韻爲訓的，如：禮記『仁者人也，』仁人同在眞韻；說文『貉之爲言惡也，』貉惡同在藥韻之類。

至於義訓，則爲訓詁的常法，其範圍較廣於形音二訓，例如：

以本字相訓的，則如易『蒙者，蒙也；』孟子『徹者，徹也』之類。

以他字相訓的則如易『艮，止也；』穀梁『路寢者，正寢也』之類。

以數字遞訓的，則如禮記『福者備也，備者百順之名也，無所不順之謂備；』莊子『庸也者用也，用也者通也，通也者得也』之類。

以增字爲訓的，則如左傳『星隕如雨，與雨偕也；』禮射義『射侯者，射爲諸侯也』之類。

以析事爲訓的，則如爾雅『善父母爲孝，善兄弟爲友』；論語『言未及之而謂言之躁，言及之而不言謂之隱』之類。

以別名爲訓的，則如左傳『凡師：一宿爲舍，再宿爲信，過信爲次；』禮記『凡祭，有四時：春祭曰礿，夏祭曰禘，秋祭曰嘗，冬祭曰烝』之類。

以狹義訓廣義的，則如：鄭玄注禮記『道，謂仁義也；』又『欲謂邪淫也。』仁義爲道之狹義，邪淫爲欲之狹義。

以虛義訓實義的，則如易『蒙者蒙也；』又『晉者進也。』上字爲名詞，下字爲形容詞。

以比喻爲訓的，則如詩『維天之命，』鄭箋云『命猶道也；』禮記『不興其藝，不能樂學，』鄭注云『興之言喜也，歆也。』

其最普通的訓例，則如易『震，動也；』孟子『洚水者，洪水也；』禮記『禮者，因人之情而爲之節文以爲民坊者也；』左傳『夫武，禁暴戢兵，保大定功，安民和衆，豐財者也；』凡直言某字訓某者，皆是此例，不但是直訓其義，且爲一切注釋家所常用的形式。

又有一種字義相反的訓釋，如論語『予有亂臣十人，』馬融注：『亂，治也；』左傳『乃擾畜龍，』注：『擾，馴養也；』易繫辭『其臭如蘭，』正義：『臭，香馥如蘭也；』曲禮『凡爲長者糞之禮，』注：『糞，掃除也』等類。亦有以兩字相連而反訓的，如詩毛傳：『不寧，寧也；不康，康也；不時，時也，』小爾雅廣訓：『無念，念也；無寧，寧也；不顯，顯也；不承，承也』等類。此例在詩經中最多。

上述爲形音義訓的大概，段玉裁說：『小學有形有音有義，三者互相求，舉一可得其二。有古形，有今形；有古音，有今音；有古義，有今義，六者互相求，舉一可得其五。古今者不定之名也；三代爲古，則漢爲今；漢魏晉爲古，則唐宋以下爲今。聖人之制字，有義而後有音，有音而後有形；學者之考字，因形以得其音，因音以得其義。治經莫切於得義，得義莫切於得音。周官六書：指事象形形聲會意，四者形也；轉注假借二者馭形者也，音與義也。爾雅方言釋名廣雅者，轉注假借之條目也。』王念孫說：『竊以訓詁之旨本於聲音，故有聲同字異，聲近義同，雖或類聚羣分，實亦同條共貫。譬如振裘必提其領，舉網必挈其綱，故曰本立而道生，知天下之至賾而不可亂也，此之不寤，則有字別為音，音別為義，或望文虛造而違古義，或墨守成訓而尠會通，易簡之理既失，而大道多岐矣。』（均見廣雅疏證序）此兩說對於研究訓詁的學者，實為一航海的南針，亦小學上的概括語，所不可或忽的。

中華民國三十二年七月出版

定價上中兩編國幣三十元

編著者　吳興王治心

發售者　作者書店　上海四馬路

印刷者　現代印書館